THE BUSINESS BOOK 経営学大図鑑

経営学大図鑑

イアン・マルコーズ ほか著

沢田 博 訳

THE BUSINESS BOOK

三省堂

A DORLING KINDERSLEY BOOK
www.dk.com

Original Title: The Business Book

Copyright © Dorling Kindersley Limited, 2014

Japanese translation rights arranged with

Dorling Kindersley Limited, London

through FORTUNA Co., LTD

For sale in Japanese territory only.

Printed and bound in China

執筆者

イアン・マルコーズ（編集顧問）

ロンドンのインスティテュート・オブ・エデュケーションで経営学と経済学を講じるかたわら、経営に関する入門書や教科書を多数執筆。未来の経営者を育てる「A-Z ビジネス・トレーニング」社を創設し、その運営にあたっている。

フィリッパ・アンダーソン

企業広報コンサルタントで、ビジネス関係の新聞・雑誌に頻繁に寄稿して、市場調査からリーダーシップ論までの幅広い問題をカバーしている。コカ・コーラや 3M などの巨大多国籍企業にもコンサルタントとしてかかわってきた。

アレクサンドラ・ブラック

企業広報の基礎を学んだ後、文筆業に転身。縁あって日本にわたり、日本経済新聞社のグループ会社やアメリカの投資銀行 JP モルガンの日本支社で経験を積んだ。その後オーストラリアのシドニーにある出版社勤務を経てケンブリッジ（イギリス）に落ち着いた。ビジネス関係はもちろん、歴史やファッションについての著作も多い。

デンリー・マシン

イギリスのキール大学で教鞭を執るかたわら、企業経営の考え方を教育に活かす方法を模索している。世界各地でビジネス教育を展開するハロウ・インターナショナル・マネジメント・サービスのプロジェクト・マネジャーも務める。著書・雑誌記事多数。

ナイジェル・ワトソン

入門レベルの経営学や経済学を長年にわたって教えるかたわら、数多くの著書や雑誌記事の執筆に参加してきた。

訳者
沢田　博〔さわだ・ひろし〕

1952 年東京都生まれ。「ニューズウィーク日本版」編集顧問。「図書新聞」、「ニューズウィーク日本版」、「エスクァイア日本版」の各編集長を歴任。編著書に『「ニューズウィーク」で読む日本経済』（講談社）、『ジャーナリズム翻訳入門』（バベルプレス）など。訳書にウォマックほか『リーン生産方式が、世界の自動車産業をこう変える。』（経済界）、R・ブランソン『宙へ挑む』（アルファポリス）、M・グラッドウェル『第1感』（共訳、光文社）ほか多数。

目次

10 はじめに

小さく始めて、大きく育てる
ビジネスを立ち上げ、しっかり育てる方法

20 夢見ることができるなら、きっと実現できる
起業は失敗を乗り越えてこそ

22 市場には必ずどこかにすき間がある。しかし、そのすき間に市場があるだろうか？
儲かるニッチを探せ

24 ライバルの実情について知るべきことのすべてはライバルのゴミ箱をのぞいてみればわかる
ライバルを知れ

28 成功の秘訣は他人が知らない何かを知るにあり
思いっきり目立とう

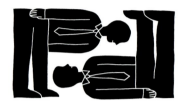

32 一番手になれ、それが無理なら一番手よりベターになれ
勝ち残るためのエッジを磨く

40 すべての卵を1つのカゴに入れろ。そして、そのカゴを注意深く見守れ
リスク管理

42 幸運は汗の結晶だ。汗をかけばかくほど多くの幸運をつかめる
幸運にめぐりあう幸運をつかむ

43 広い視野を持て、安定を維持しつつも前へ進め
2歩目を踏み出せ

44 ローマは1日にしてならず
成長を急ぎすぎない

46 経営者の役目、それはできる人材を育てること
起業家からリーダーへ

48 慣れは恐ろしい。最初は軽くて気にならないが、いずれ重くて抜け出せなくなる
仕事の仕方を進化させる

52 会社は生きもの。何度でも脱皮を繰り返して生きるのが定めだ
適応し、変身・刷新する

58 絶えざる成長と進歩を伴わなければ、どんな成功にも意味はない
グレイナー曲線

62 何かを信じるなら、夜も週末も働け。きっとそれでも苦にならない
身軽に起業する

部下のハートに火をつけろ
人を活かすリーダーシップ

68 マネジャーは物事を正しく行い、リーダーは正しいことを行う
リーダーの資質

70 どんな賢者も衆知の結晶には勝てない（三人寄れば文殊の知恵）
チーム力

72 イノベーションは誰にもどこにも浸透し、どんなときも持続させるべきだ
創造と革新

74 反対意見はスパイスとなり、気迫と活気をもたらす
イエス・マンの弊害

76 マネジャーもリーダーも天から降ってはこない
経営の神々

78 道を知り、その道を行き、
手本を示そう。
そうしてこそリーダーだ
求められる指導者像

80 チームワークは
個の力の総和を超え、
もっと大きな結果をもたらす
チームと人材の管理

86 持って生まれた才能を
誰もが仕事に
活かせるようにしよう
人材の活用

88 前に進むだけが
前向きな思考ではない
枠をはみ出す発想

90 達成感が大きければ、
それだけ人は「やる気」を出す
人は金で動くか

92 変化を促す触媒となれ
ゲームを変える

100 経営陣をむしばむ最悪の病気、
それは
うぬぼれとエゴイズムだ
おごれる者は久しからず

104 企業文化はその会社に固有な
問題解決のスタイルを表す
組織の文化（風土）

110 心の知能指数は
頭とハートをつなぐ
EQの開発

112 マネジメント、それは
アートと科学、そして職人技の
出会うところ
ミンツバーグのマネジメント論

114 おざなり会議が
ラクダをウマと言いくるめる
集団思考の回避

115 自分で考えつつ、でも
垣根を越えて一緒に考えよう
多様性の価値

お金をもっと
働かせよう
財務の管理

120 詐欺まがいの行為には
手を出すな
法令・規則の順守

124 経営幹部は私利私欲を捨てよ
自分の報酬より会社の利益

126 利益や配当のつく場所に
預けた資金は
増殖して戻ってくる
投資と配当

128 短く借りて、長く貸す
金に金を産ませる方法

130 株主の利益は自分の利益
説明責任と企業統治

132 最高の商品を、
最低のコストで作り、
みんなに最大限の給料を払おう
従業員もお客様

138 ひと様のお金を使わせてもらう
誰がリスクを背負うのか

146 流れに逆らえ、我が道を行け、
常識には目をつぶれ
群れない覚悟

150 借金漬けは最悪の選択
レバレッジの罠

152 キャッシュは王様だ
キャッシュフローの管理

154 潮が引いて初めて、
誰が裸で泳いでいたかわかる
簿外処理は厳禁

155 自己資本利益率の向上は
財務のゴールだが、
オウンゴールにはご用心
自己資本利益率の最大化

156 PEファンドが
大きな顔をすればするほど
リスクは膨らむ
PEファンド

158 どんな資源も、使えば
しかるべきコストが発生する
活動基準原価計算

ビジョンを忘れるな
戦略、その実行

164 禍を転じて福とせよ
失敗に学ぶ

166 もしも人に「何が欲しい?」と
聞いていたら、
彼らはきっと「もっと速い馬」と
答えただろう
市場を率いる

170 忘れるなかれ、本業は本業、
腐っても鯛（たい）だ
本丸を守れ

172 巨大な組織はいらない、
コンピュータ1台と
パートが1人いればいい
小さいことはいいことだ

178 中途半端の罠にはまるな
ポーターの戦略

184 まずは引き算、
「やってはいけない」を
選び出すのが第一歩
良い戦略、悪い戦略

186 シナジー効果は本当にあるか
買収の浅い夢

188 漢字の「危機」を見よ、
そこには「危」と「機」が含まれる
危機管理

190 短期利益を糧にしてこそ
長期の成長はある
長期か短期か

192 市場の魅力と事業の魅力を
かけ合わせれば成長が見える
MABAマトリックス

194 生き残れるのはパラノイアだけ
自己満足の罠

202 人の学習能力をフルに
活かして競争に勝つ
学びは一生

208 ビジネスの未来は
「少しずつ」を
たくさん売るにあり
尻尾の長さ

210 先行きを楽観したければ、
日頃から地獄への備えを
忘れずに
万が一の備え

211 「ありえない!」を想定して
クリエイティブな対策を
万全のシナリオ

212 収益性を左右するのは
市場に存在する
強力なフォースだ
ポーターの「5つの力」

216 競争上の優位がないところ
には手を出すな
バリューチェーン

218 居場所を知らなければ
地図は役に立たない
能力を育てる

220 カオスは居心地悪い。
でもその先には
創造と成長が待っている
カオスに備える

222 ずるがしこいより、愚直がいい。
常に正しいことをしよう
経営のモラル

223 「ちょっとだけ」でも許されない
談合は論外

224 正しいことはやりやすく、
悪いことはやりにくく
企業文化と倫理

成功するセールス
マーケティングを活用する

232 マーケティングはすごく重要だ。
だからマーケティング部門だけに
まかせておけない
マーケティングのモデル

234 顧客を深く知れば、
顧客の望む製品ができ、
そうすれば黙っていても売れる
市場を理解する

242 注意を喚起し、興味をもたせ、
欲望を刺激し、
行動に結びつける
AIDAモデル

244 近視眼的マーケティング
未来の市場にフォーカスする

250 キャッシュ・カウは
ビジネスの心臓だ
製品ポートフォリオ

256 事業の核は固めた。
しかし事業拡大にはリスクがあり、
多角化には倍のリスクがある。
アンゾフの成長マトリックス

258 差別化してこそ一番になれる
ブランド構築

264 顧客に仕えよ、お客様は神様だ
顧客に愛される会社

268 グリーンで塗り固められた
ごまかし
グリーンウォッシュ

270 人々は企業に、
利益の最大化を超えた
何かを求めている
企業倫理の確立

271 無料で何かがついてくれば
誰もが喜ぶ
インセンティブの活用

272 人は景気がいいと広告を
打ちたがる。
しかし景気の悪いときこそ
打つべきだ
広告を打つ

274 どうせなら
思いきり楽しく考えよう
ざわめきパワー

276 EからMへ、
電子商取引は
モバイルの時代に
Mコマース

278 未来予測は
バックミラーだけ見て
運転するのと同じくらい
難しい
売上げ予測

280 4つのPの配合で
マーケティング戦略を
盤石にする
マーケティング・ミックス

商品を届ける
生産後の勝負

288 安くても良いものを。
たった1ドルでも
価値は与えられる
顧客利益の最大化

290 コストは試算するために
あるんじゃない。
コストは削減するためにある
リーン生産方式

294 パイが足りないなら、
もっと大きなパイを作ればいい
需要の拡大

296 必要のない作業を
思い切ってなくす
シンプル・イズ・ベスト

300 ムダをなくそう、
そうすれば利益が湧いてくる
ジュランの理念

302 機械と設備、そして人材
3拍子揃えて、
価値を高めろ
日々の「カイゼン（改善）」

310 学びと革新は一心同体
試行錯誤

312 苦情を言ってくる消費者は
最高の先生だ
顧客に学ぶ

314 テクノロジーは
変化を進めるエンジンだ
正しいテクノロジー

316 ビッグデータを使わないのは
自殺行為、 高速道路を
目隠しして走るに等しい
ビッグデータの活用

318 製品が消費者の手に渡れば、
おのずと答えは返ってくる
品質で売る

324 今より少し良いものを、
今いるわけではないけれど
欲しいと思わせる
計画的陳腐化

326 時は金なり
時間の管理

328 クリティカルパスを
考えないプロジェクトは、
舵のない船
非常事態に備える

330 ベストなものからベストを盗め
ベンチマーキング

332 経営学人名録

340 用語解説

344 索引

351 訳者あとがき

352 出典一覧

はじめに

はじめに

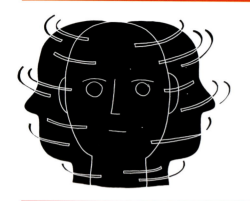

ビジネスの歴史は古い。それははるか昔、私たちがモノやサービスの交換を始めた頃に遡る。生産のスペシャリスト（専門家）が登場し、交換手段としての貨幣が流通し始めると、私たちの祖先はそこに、今ふうに言えば「稼げる」チャンスを見つけた。古代エジプト人もギリシャ人もローマ人も、そして中米のマヤ族も、商売のメカニズムで富を築けば権力を手にでき、それが繁栄の礎となることに気づいていた。

元祖商人たちの知恵は今日にも通じる。たとえば、生産のスペシャリストが数をこなせば製造コストは下がり、規模のメリットが生まれるという事実。貨幣の登場からは「付加価値」の概念（製造コストより高い値段で売れる）が生まれた。物々交換が主流だった時代にも、人は製造コストを下げ、製品の価値を上げれば儲かることに気づいていた。技術が進化し、市場がグローバルになった今も、このビジネスの基本は変わっていない。

変化の時代

しかしビジネスが独立した学問の対象となったのは、わりと最近のことだ。英語の文献にマネジャー（管理人）やマネージメント（管理）の語が登場し始めたのは、16世紀も後半のことと思われる。アルフレッド・チャンドラーは1977年の論文「見える手」で、ビジネスの歴史を1850年以前と以後の2つに分けている。1850年以前のビジネスは、もっぱら地元密着で家族経営の会社が主役だった。商売の規模は比較的小さく、事業のあり方を客観的に見つめる機会もほとんどなかった。

しかし1800年代半ばに鉄道が発達し、産業革命が始まると、ビジネスは家族や友人の範囲を超えて成長し、遠くまで商圏を広げることが可能になった。この新たな、そして国境を越えて広がるビジネス環境で成功するには、今までよりもしっかりした手順や組織が必要だった。市場が地理的に広がり、ビジネスがどんどん大きくなっていけば、作業の調整や連絡も一段と密にしなければならない。つまり「管理」が必要になる。

生産の管理

初期のマネジャーたちは、もっぱら生産過程に目を向けた。製造工程の主役が職人の手から機械へと変わり、増産に次ぐ増産が求められる状況で、アンリ・ファヨールらの理論家は最も効率的な操業方法を探し求めた。フレデリック・テイラーらが唱えた「科学的管理」の理論では、あるタスク（仕事）の遂行に「ベストな方法は1つだけ」とされた。そのため会社は厳格な作業手順を定め、その手順に従って人員を配置した。作業員の役目はひたすら機械を監視し、機械を動かし続けることになり、まるで機械の一部のように扱われた。そして20世紀初頭に流れ生産のラインが導入されると、標準化と大量生産がビジネスの合い言葉となった。

ヘンリー・フォードが送り出した世界初の量産車「T型フォード」は、この工業化の時代を画する業績とされているが、フォード自身は「人手が欲しいだけなのに、なぜ頭もついてくるのか」とぼやいてもいた。生産が飛躍的に増加する一方、管理する側とされる側の抗争も増えていたからだ。当時の労働条件は劣悪で、経営側は労働の社会学的な側面を無視していた。人より

経営の術は
人類の歴史と
ともにある。
エドワード・D・ジョーンズ
アメリカの投資銀行家
（1893-1982）

はじめに

 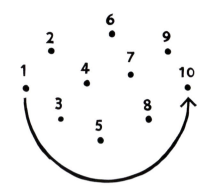 

も生産性が大事だったのである。

人間関係の探求

1920年代には、行動科学における人間関係の研究がビジネスにも影響を与えた。心理学者エルトン・メイヨーやエイブラハム・マズローの研究を通じ、経営側はビジネスでも人間関係が大事なことに気づいた。労働者はもはや単なる「歯車」ではなく、一個の人格とみなされるようになった。もちろん効率は最優先だが、働く人の社会的・情緒的なニーズを満たしてやれば生産性が高まることがわかり、現場のモチベーションを上げるには働き方や職場環境、チームワーク、報酬、その他待遇の改善が重要だという認識が生まれた。

しかし第二次世界大戦が終わると、再び流れは変わった。軍事面で格段に進んだテクノロジーの民生転用が可能になったからだ。数字の解析が容易になり、コンピュータの導入で在庫などの適切な管理が可能になった。人の問題を忘れたわけではないが、経営の目が測定可能な数字に向くのは当然の成り行きだった。

グローバルなブランド

戦後期にはまた、多国籍企業や複合企業が台頭した。世界のあちこちに拠点を持ち、さまざまな事業を手がける企業だ。あの戦争を経て各国の心理的距離は小さくなり、それが世界ブランドの誕生に道を開いた。ブランドのグローバル化はメディア革命の結果でもある。テレビや雑誌、新聞の普及により、企業は広告を通じて大衆にメッセージを送れるようになった。もちろん広告は古くからあり、商品の告知と購買意欲の喚起のために使われてきたが、マスメディアの出現によって新たな、もっと広い概念が生まれた。マーケティングである。

1940年代にはアメリカの広告人ロッサー・リーブスが、商品のユニークさを際立たせる販売戦略USP（ユニー

起業はサバイバルの術。
生き残ろうとするから
創造的な思考が生まれる。
ビジネスはお金の学問じゃない。
買って、売る。
それがすべて。
アニータ・ロディック
英ザ・ボディショップの創業者 (1942–2007)

ク・セリング・プロポジション）を提案した。1960年代には、マーケティングは消費者に商品を告知するだけでなく、消費者の声に耳を傾け、そのニーズに沿った製品やサービスを開発するためにも用いられるようになった。

当初、マーケティングには批判もあった。1960年代前半には商品の品質よりも（マーケティングの手法で作り出した）評判を重視する風潮が顕著になり、期待を裏切られた消費者から不満の声があがり始めた。

こうした不満に応えつつ、一方で安価な日本製品との競争を勝ち抜くため、欧米の企業は新たな考え方を採り入れた。それがＴＱＭ（総合的品質管理）やＺＤ（欠陥ゼロ）の活動だ。経営学者Ｗ・エドワーズ・デミングやフィリップ・Ｂ・クロスビーらのおかげで、品質の維持・向上は製造ラインだけでなく、会社全体の責任だという考えが定着した。これに人間関係重視（従業員のモチベーション向上）と消費者重視のマーケティング（品質への期待に応える）という流れが加わったとき、欧米の産業界も日本流の「カイゼン」を受け入れるようになった。「いつでもどこでも、誰もが職場の改善に努めよう」という活動で、あらゆる職場のあらゆるレベルにＱＣ（品質管理）サークルができ、事務部門でも生産部門でも効率と品質の改善が進んだのだった。

14　はじめに

今やＴＱＭに往年の輝きはないが、品質が大事なことに変わりはなく、その流れはシックス・シグマの活動に受け継がれている。シックス・シグマは1986年にモトローラが欠陥品の発生率を極小化するために始めた運動で、後にゼネラル・エレクトリック（ＧＥ）のジャック・ウェルチが採用したことで評判になった。

リーダーの責任

ビジネスの歴史が本格的な学問の対象となったのは1970年代だ。まずはアルフレッド・チャンドラーが、この分野を単なる企業活動の記述から分析的なものに変えた。ハーバード・ビジネススクールでの講義で、チャンドラーは組織の力と技術革新、そして継続的な学習の重要性を説いた。

これに続いたのが、1980年代から90年代に活躍したマイケル・ポーターやイゴール・アンゾフ、ロサベス・モス・カンター、ヘンリー・ミンツバーグらであり、著名なピーター・ドラッカーもその１人だ。彼らは経営者に、会社のおかれた社会的環境を考慮し、人々のニーズに応え、それらの変化にすばやく対応することの重要性を説いた。こうした成長の条件をそろえ、市場における自社製品の優位性を保つこと（適切なポジショニング）が経営戦略のカギとされた。従来の経営学は業務執行レベルの問題（製造部門の効率改善など）に目を向けがちだったが、彼らはむしろリーダーシップのあり方を重視した。チャールズ・ハンディは『パラドックスの時代』でリーダーシップ（人を動かすこと）の難しさを説き、中間管理職が抱える悩みや弱点を明らかにした。企業活動においてリーダーが引き受ける責任は重いのである。

デジタル時代の先駆者

第二次大戦後に台頭したテレビやマスメディアと同様、1990年代から21世紀初頭にかけてはインターネットの普及がビジネスのあり方を変えた。1997年から2000年にかけてはネット上で各種サービスを提供する新興企業が次々と生まれ、「ドットコム・バブル」と呼ばれた。このバブルは無惨にはじけたが、そこで淘汰され、生き残った企業がｅコマース（電子商取引）のパイオニアとなり、技術革新を成長の原動力とするビジネスの礎を築いた。実家のガレージで起業した伝説のハイテク企業（ヒューレット・パッカードやアップル）からウェブサイトやソーシャルメディアのようなネット上に生息するビジネスまで、現代のビジネスはますますテクノロジーへの依存を高めている。

資金調達の方法も多様化した。1980年代から90年代にかけては企業合併や敵対的買収が大きな流れとなり、企業は自社オペレーション（業務）の限界を超えて成長できるようになった。マーケティングやストラテジー（戦略）と並んで、レバレッジ（借入による買収資金の調達）が経営のキーワードとなったのはこの時期のこと。90年代後半にはベンチャー・キャピタルも登場した。小さな新興企業に出資して大きく育て、その後に株を売却して投資を回収する仕組みだ。

新たなテクノロジーがもたらすチャンスと、資金調達の道が広がったこと。この２つのおかげで、以前に比べると起業のリスクが少しは減った。利用しやすいマイクロ・ファイナンス（小口の融資）もあり、駆け出しの起業家を支援するネット上のコミュニティも登

ビジネスは
前向きな変化の源になりうる。
ジェリー・グリーンフィールド
アイスクリームの世界ブランド
「ベン＆ジェリーズ」の共同創業者 (1951–)

はじめに

 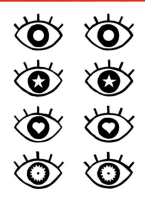 

場した今は、歴史上最も起業家にやさしい時代といえる。

現代のビジネスには、利益の追求だけでなく多様性や社会的責任も求められる。人種や性別、年齢などで多様な人材を雇用し、倫理的に行動することが求められ、法律で義務づけられるケースも増えている。先進国だけでなく、途上国でもそうだ。途上国でスポーツ靴を製造するナイキやアディダスのような世界ブランドは、各地の下請け企業に一定の労働条件を守らせている。サステナビリティ（持続可能性）や資源のリサイクル、環境保護も、これからの経営には欠かせない課題だ。

新たな地平

経営者の考え方だけでなく、ビジネス環境そのものも変わってきた。かつてあった地理的な制約は取り払われ、今や市場は真にグローバルになった。もちろん、おかげで競争は一段と激しくなった。新興市場には大きなチャンスがあるが、新たな脅威も潜む。低コスト国へ製造拠点を移すのはいいが、そういう国が力をつけ、新たな競争相手となるのは時間の問題だ。中国は今でこそ「世界の工場」だが、すでに一部の中国企業は欧米勢を脅かす存在になりつつある。2007-08年のグローバルな景気後退とその後の混乱を見れば明らかなように、今のビジネス環境はかつてなく相互依存的になり、それだけ困難になっている。起業は容易になったかもしれないが、生き残るためにはアイデアを商品にまで熟成させる継続力が必要だし、立ち上げた会社を儲かる事業体に変えていくビジネスセンスも、そして成長を支える資金を確保する能力も必要だ。

変化は続く

長年にわたり、私たちは社会的・政治的・技術的な制約の下でいかに利益を生み出すかを工夫してきた。遠い昔に隣の村と物々交換をしていた時代から、インターネット上のつながりで稼ぐ今の時代まで、ビジネスは社会のニーズに照らしてさまざまな製品やサービスを送り出し、社会に富をもたらそうと努めてきた。もちろん期待に応えられないときもある。2008年に始まる金融危機の時期がそうだった。一方でアップルのiPhoneのように、画期的な新製品が世の中を変えたこともある。

ビジネスの世界は奥が深い。私たちは日々、どこにいてもビジネスと接している。街を歩けば、店をのぞけば、あるいはインターネットで何かを検索すれば、そこには必ず何らかのビジネスがある。つまるところ、ビジネスとはサバイバル（生き残り）とサープラス（剰余価値）の術であり、そのおかげで自分も社会も前へ進める。

世界はますます開かれていき、商売のチャンスはますます増える。歴史を振り返っても、ビジネスが今ほどエキサイティングだった時代はないだろう。起業家精神の持ち主には願ってもない好機だ。

どんな職業にも増して、
ビジネスは常に未来と関わっている。
それは計算の連続であり、
未来を見据える眼力の
絶えざる訓練だ。
ヘンリー・ルース
米ニュース雑誌「タイム」の創刊者
（1898-1967）

小さく始めて、大きく育てる

ビジネスを立ち上げ、しっかり育てる方法

はじめに

どんなビジネスも始まりは同じ、たった1つのアイデアだ。そしてビジネスの成功はアイデアの育て方にかかっている。

米「アントルプルヌール（起業家）」誌によれば、新しい会社のほぼ半数は3年以内に消えてゆく。生き残るのは大変だ。まずもって必要なのは、すばらしいアイデアと揺るがぬ起業家精神（進んでリスクを引き受ける意志の力）の合体だ。起業家精神なしでは、どんなに立派なアイデアも実現しない。アイデアがお粗末でもいけない。よく考えも調べもせず、きちんとした計画もなしに新製品を市場に送り出すようでは起業家失格だ。どんな事業にもリスクはつきまとうが、賢い起業家はリスクを引き受けるだけでなく、リスクを管理する術も知っている。

ライバルを知り、市場を知る

アイデアが最初の一歩なら、次なるハードルは資金調達だ。ごくわずかな資本で起業できる場合もあれば、まれには資本ゼロの起業もありうる。しかし、たいていは相応の資金を必要とするし、成長の過程でもきっと追加の資金が必要になる。起業家に求められる資質の1つは、自分のアイデアが正しく、自分にはそれを儲かるビジネスに育てるだけのスキルもあれば知識もあることを銀行や投資家に説き、確信させる能力だ。

そこで大事なのは、きちんと儲かるアイデアを用意すること。紙の上ではすごいアイデアに見えても、やってみたらまるで商売にならないかもしれない。儲かるかどうかを見定めるには、まず競争相手を知り、市場を知る必要がある。顧客の時間と金を奪い合うライバルはいるのか。いるとすれば、こちらの商品は彼らの商品と直接ぶつかるのか、それとも彼らの商品から乗り換えてもらえるものなのか。ライバルたちの評判はどうなのか。そもそもどれくらいの市場があるのか。

たいていの市場は、今やグローバルでライバルが多く、競争は厳しい。簡単に儲かる市場のニッチ（すき間）は、なかなか見つからない。だから市場で成功するには、他人とは違う何かをしなければならない。いわゆる差別化戦略だ。USP（ユニークさで売る）やESP（情緒的なアピールで売る）と呼ばれる手法があり、要するに「私たちは他社では得られない何かを提供します」と顧客にアピールすることを意味する。

こうした差別化の試みは常に行われている。生産段階ではもちろん、原料の調達段階でも販売後のアフターサービスでも、誰もが自社の製品やサービスを他社から際立たせようと日々努力している。書店に足を踏み入れてみればわかる。中身は大同小異なのに、デザインやスタイル（上製本かペーパーバックか）、サイズなどの工夫で目立とうとする本が競い合って並んでいる。

市場で優位に立つ方法は、大きく分けて2つある。他社に先駆けて未開拓の市場（ニッチ）へ参入するか、既存の市場で差別化に成功するかだ。イーベイ（eBay）は1995年に、誰よりも早くオンライン競売（auction）の市場を開拓し、以来一貫して市場での優位を保っている。同様に、スウェーデンのボルボはインドで高級バスが売れることに気づき、真っ先に参入したから大きなシェアを確保できた。一方、フェイスブックはSNS（ソーシャル・ネットワーク・サービス）の元祖ではないが、その製品（サービス）が他社よ

> 何かを始めて
> 失敗するよりも……
> 最悪なのは
> 何も始めないことだ。
> **セス・ゴーディン**
> アメリカの著述家・起業家 (1960–)

小さく始めて、大きく育てる

 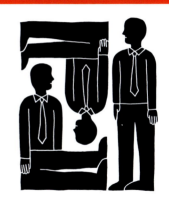

りも優れていたから No.1 になれた。

さて、会社を立ち上げ、順調に事業が走りだしたとしよう。その先には新しいチャレンジが待っている。販売を維持し、短期と長期の成長戦略を練ることだ。

適応して生き残る

会社を長続きさせるにはどうすればいいか。自己変革（reinvent）を恐れず、新しい状況に適応し、常にライバルの一歩先を行けばいい。ダイナミックな市場は常に成長と進化を続けているから、起業時に有効だったアイデアも、いずれライバルに真似されるのは必至だし、時が経てば時代遅れになりかねない。ビジネス社会の生態系は常に変化していて、その変化に対応できた者のみが生き残れる。ビル・フィッシャーとウンベルト・ラーゴ、ファン・リウの共著『巨大企業の再生』（2013）によれば、中国の家電大手ハイアール（海爾集団）は過去30年間に少なくとも3度は自己変革を遂げている。逆に20世紀カメラ業界の巨人コダックはデジタル技術への適応に失敗し、あえなく倒産してしまった。

会社だけではない、オーナー経営者も環境の変化に適応せねばならない。たいていのビジネスは小さく始まり、小さいままで終わる。たいていの起業家は、家族や知人友人の範囲を超えて従業員を雇う段階まで進もうとしないし、進むノウハウもない。この段階へ踏み出すには、起業家からリーダーへの変身（自己変革）が必要となる。会社の立ち上げにはアイデアと意欲、行動力があれば足りるが、会社を大きくするには組織（システム）や意思決定の手続き、作業手順などの明確化が必要になる。それが経営（マネージメント）というもので、この段階で起業家には他人への権限委譲や他人との対話・協調のスキルが求められる。そうしたスキルが自分に欠けていれば、誰か有能な人材を雇うことになる。

ラリー・グレイナーが1972年の論文「成長に伴う組織の進化と革命」で指摘したとおり、ビジネスの成長につれて求められる資質は変わっていく。いわゆる「グレイナー曲線」は、成長の初期段階で大事なのは個人（起業家）の行動力だが、走り始めた事業を持続可能な成長軌道に乗せるには経験豊かな人材と鉄壁の組織が不可欠なことを示している。必要なのは起業家精神とは別な、真にプロフェッショナルな経営感覚だ。

もちろんビル・ゲイツやスティーブ・ジョブズのように、起業家から大企業経営者への変身に成功した例もある。しかし現実には、この変身でつまずく人のほうが多い。無理して失敗するくらいなら、小さいままでいいと割りきる起業家もいる。

絶妙なバランスを

どこまで成長を追い求めるかは、起業家自身の持つスキルと意欲のバランスで決まる。立ち上げたビジネスが生き残れるのは、最初のアイデアで市場のニッチ（すき間）にしっかり食い込み、起業家精神でそれを推進できる場合のみ。しかもライバルの動向や市場の変化に応じてアイデアを修正し、起業家自身も変わっていく柔軟性が求められる。このすべてがバランスよくそろい、さらに運に恵まれてこそ、小さく始めた事業が大きく育つのである。■

自分のアイデアの価値を証明して
他人の金を
引き出そうという段になれば、
いい加減な考えは
吹っ飛んでいく。
ティム・オライリー
オライリーメディアの創立者（1954–）

夢見ることが できるなら、 きっと実現できる
起業は失敗を乗り越えてこそ

背景知識

テーマ
起業（会社の立ち上げ）

歴史に学ぶ

18世紀 アントルプルヌール（起業家）という語はヨーロッパで「リスクを覚悟で何かをある価格で購入し、それより高い価格で売ろうとする人」を意味していた。

1946年 アーサー・コール教授が『起業入門』を著し、注目を集めた。

2005年 零細企業に少額融資を行う目的で、非営利のサイトキヴァ（Kiva.com）が登場。

2009年 クラウドファンディングのサイト「キックスターター」が登場。誰でも好みの事業に、少額でも出資することが可能になった。

2013年 ロス・レヴァインとヨナ・ルビンスタインの調査によると、起業家として成功した人の多くは少年時代に攻撃的で規則を守らず、しばしばトラブルを起こしていたという。

失敗を乗り越えて起業するには
- 良いアイデアに必ず**絶妙な事業計画**を添える。
- 進んでリスクを引き受ける**起業家精神**を忘れない。
- 計画を実行に移す**ビジネスセンス**を磨く。
- 計算が狂ったときも**初志を貫く強い意志**をもつ。

人はなぜ自分の会社を作りたがるのか。理由はさまざまだろう。他人に使われるのはイヤだ、好きなことをやって稼ぎたい、自分の創造性に賭けたい、がんばった分だけ大きく報われたい、等々。ウォルト・ディズニーは「夢見ることができるなら、きっと実現できる」という名言を残しているが、実際に夢を追うことはリスクを伴う。今までのキャリアを潔く捨ててわが道を行き、不確実な未来に敢然と立ち向かう起業家精神がなければ夢は追えない。ある程度の余裕（たっぷりの退職金とか）が必要な場合もあろう。一方で若い人の起業も増えている。20代前半で早くもビジネ

小さく始めて、大きく育てる

参照： 儲かるニッチを探せ 22-23 ■ リスク管理 40-41 ■ 幸運にめぐりあう幸運をつかむ 42 ■ 2歩目を踏み出せ 43 ■ 起業家からリーダーへ 46-47 ■ 失敗に学ぶ 164-65 ■ 小さいことはいいことだ 172-77

スに必要なスキルを身につけ、自分の会社を経営する自由と刺激を楽しむ人もいる。

迷いは禁物、自分を信じろ

起業の理由が何であれ、起業家たる者は誰でも進んでリスクを引き受ける。最初からうまくいく例はほとんどない。失敗してもくじけず、立ち直る意志の強さが必要だし、顧客や銀行、投資家から「ダメ」と言われても落ちこまず、常に前を向き続ける胆力も必要だ。大事なのは自分のアイデアを信じること。わずかな資本で起業できる例はめったになく、たいていは初期の成長段階で資金調達が必要になる。だから起業家には、銀行や投資家を説き伏せ、自分のアイデアは正しく、自分にはそれを儲かる事業に変えるスキルもあると信じこませる能力が必要だ。もちろん利益を出すには時間がかかる。アマゾンでさえ、利益を出すには6年かかった。

それでも今は起業家が資金を確保しやすい時代だ。新興企業に対する公的な融資や助成金の制度があり、有望なアイデアに潤沢な資金や経営上のアドバイスを与えるベンチャー・キャピタルもある。小規模な起業で、手持ち資金がゼロに近い場合でも、今ならマイクロ・ファイナンス（少額融資）やアメリカの「キックスターター」のようなクラウドファンディング（ネットを通じて小口の出資者を大量に集めること）の仕組みを利用できる。

大事なのは事業計画

資金を確保する上で大事なのは、しっかりした事業計画だ。まずは核となるアイデアをきちんと説明し、それを裏づける市場調査のデータを詳細に示し、どのように事業を進め市場を開拓するかを述べ、収支の見通しを示すことが必要だ。また事業計画では長期の成長戦略の大筋を提示し、計画どおりにいかなかった場合の対策（別なアイデア、別な市場など）も用意しておくべきだ。

どんな事業も、資金が枯渇すれば立ち行かなくなる。当座は融資や出資金でしのげても、いずれは事業収入で支出を支えていかねばならない。だから

事業の継続は
地獄の連続であり、
半分までは
ハングリーな日々だ。
ウェンディ・タン・ホワイト
イギリスの会社役員 (1970–)

事業計画では将来のキャッシュフローを的確に分析し、どんな場合に損失が生じるかも明確にしておく必要がある。

アイデアを必ず実現させるという強い意志、十分な資金を確保する能力、そして良いアイデアを長期にわたって利益を生める事業に変えるビジネスセンス。これらがそろってこそ、幾多の困難を乗り越えて起業を成功させることができる。■

トニー・フェルナンデス

タンスリ・アンソニー（トニー）・フェルナンデスは1964年、クアラルンプール（マレーシア）の生まれ。父はインド人、母はマレーシア人だ。イギリスで学び、1987年にロンドン・スクール・オブ・エコノミクス（LSE）を卒業。リチャード・ブランソンの下でヴァージン・レコードの経理部長を務めた後、1992年にワーナー・ミュージックの東南アジア担当副社長となるも、2001年に独立。自宅を担保に借り入れた資金で、業績伸び悩む新興航空会社エアアジアを買収した。彼の低価格戦略は「これからは誰でも飛べます」というキャッチフレーズに要約されている。1100万ドルあった負債を買収の1年後には解消して経営を建て直し、世界有数のLCC（格安航空会社）に育て上げた。フェルナンデスの見るところ、同社顧客の約半数は初めて飛行機に乗る人だという。

2007年には「1つ星の価格で5つ星の寝心地」を合い言葉に、低価格ホテルのチェーン店チューン・ホテルズも立ち上げた。起業を目指す人たちへのアドバイスは「不可能な夢を見ろ。ダメと言われても引き下がるな」だ。

市場には必ずどこかにすき間がある。しかし、そのすき間に市場があるだろうか？

儲かるニッチを探せ

背景知識

テーマ
ポジショニング戦略

歴史に学ぶ

1950-60年代 市場を支配していたのは、コカ・コーラのように1つの量産品を売りまくる大企業だった。消費者の選択肢は限られていたが、それだけ市場には未開拓の領域（ニッチ）があったことになる。

1970-80年代 特定のユーザー層に向けた新製品を各社が次々に投入し、市場の細分化が進んだ。

1990-2000年代 あまりに多くの製品が競い合うなか、各社は一段とブランドの差別化に努めるようになった。

2010年代 実りあるニッチを見つけ、そこで勝ち残るためにインターネットを活用できる時代が来た。理論上は、製品開発でもマーケティングでも1対1のカスタマイズ（個々の顧客のニーズに合わせること）が可能だ。

たいていの市場には
ライバルが多い。
しかもたいてい、
同じ消費者を奪い合っている。

↓

この状況だと、
**熾烈な競争のせいで
利益率は下がる。**

↓

市場のニッチ（すき間）を見つけて
新製品を投入すれば
十分な利益率を確保できる
見込みがある。

↓

ただし、すべてのニッチに
利益の芽があるとは限らない。

↓

**市場には
必ずどこかにすき間がある。
しかし、そのすき間に
市場があるだろうか？**

市場に未開拓の、ライバルのいない領域（ニッチ＝すき間）を見つける。これはポジショニング（位置づけ）戦略の王道だ。しかし本当に未開拓かを見きわめ、そこに大きく花開く利益の芽があるかを見定めるのは容易でない。

ビジネスに競争はつきものだ。しかし競争の厳しい市場への参入は難しい。常に値下げ圧力がかかり、新製品の開発や販売促進で経費がかさみ、それでもライバルの一歩先を行かねばならないからだ。しかし、うまくライバル不在のニッチを見つけ、いち早く参入すれば価格を支配しやすく、コストを減らして収益を改善しやすい。

有望なニッチが見つかり、旺盛な起業家精神の持ち主がいれば、とりあえず起業はできるかもしれない。ツイッターの創業者ジャック・ドーシーは2006年に、ソーシャルメディアと短文投稿を組み合わせ、誰も気づかなかった新しいサービスを立ち上げた。一般ユーザーには無料で開放し、商品情報の伝達や販売促進に利用する企業には課金する仕組みで、2013年には5億8200万ドルの広告収入を上げていた。

ただしニッチのすべてに利益の芽があるとは限らない。1960年代にアメリカ人向けに開発された水陸両用自動

小さく始めて、大きく育てる　23

参照：思いっきり目立とう 28–31　■　勝ち残るためのエッジを磨く 32–39　■　適応し、変身・刷新する 52–57　■
ポーターの戦略 178–83　■　良い戦略、悪い戦略 184–85　■　バリューチェーン 216–17　■　マーケティング・ミックス 280–83

車「アンフィカー」は確かに目新しい商品だったが、市場が小さすぎて商売にならなかった。同様に、1994年にアメリカで発売された犬猫用のボトル入り飲料水も、愛犬家・愛猫家の支持を得られず失敗に終わった。

持続可能なニッチ

逆に、持続可能で利益の出るニッチをうまく見つけたのがヘルシーな紅茶・果汁飲料のスナップルだ。スーパーやコンビニの飲料コーナーには数えきれないほどのブランドが並び、消費者の目を奪い合っている。競争は熾烈で、新製品の成功は難しい。たとえばペプシは、かつて「朝専用のコーラ」というニッチを見つけてカフェインたっぷりの新商品「A. M.」を市場に投入したが、短命に終わっている。

スナップルの成功の秘訣は、製品のユニークさ（他社に先駆けて開発した100%ナチュラルな紅茶・果汁飲料）を際立たせたポジショニングにある。創業者らはニューヨークのマンハッタンで健康食品の店を営んでおり、以前から「100%ナチュラル」のスローガン

多くのブランドが競い合うアメリカの飲料市場で、スナップルは絶妙なポジショニングで成功をつかんだ。ヘルシーな飲料というニッチを見つけ、製造元も個性派の会社という位置づけで売り出したことで、スナップルはライバルを押しのけて大きなシェアを獲得できた（円内はブランド名。円の大きさはシェアに比例している）。

を掲げていた。スナップルは通勤客や学生、昼休みで街に出てくる会社員にターゲットを絞り、気軽に手に取れる健康的な飲料として開発された。いっぺんに飲み干せるよう、ボトルを小さくしたのもポイントだ。郊外大型店での競争を避け、都心部の小さな店舗へ集中的に商品を供給し、立ち寄った客が気軽に持ち帰れるようにした。こう

した作戦で他社製品との差別化に成功したスナップルは、1980年代から90年代にかけて人気を維持し、全盛期の1994年には6億7400万ドルの売上げを記録している。

まだ未開拓の市場のすき間、すなわちニッチは魅力的に見えるものだが、肝心なのは儲かりそうなニッチと幻のニッチを見分けることだ。1990年代には多くの会社が自然環境にやさしい「グリーンな」市場の可能性に期待し、あらゆる分野で試行錯誤を重ねたが、健全な利益を生み出せる市場には育たなかった。市場調査に基づいてニッチを探し当てたはずなのに、そこには思わぬ落とし穴があった。消費者はエコロジーのような流行や問題に強い関心を示しがちだが、それが購買行動に結びつくとは限らないのである。価格が割高な場合は、特にそうだ。ニッチの幻に踊らされてはいけない。■

スナップル

スナッピー（おしゃれな）とアップル（りんご）の語を合わせて縮めた「スナップル」の発売は1978年。製造元は「何も混ぜていない食品」を意味する Unadulterated Food Products (UFP) 社で、アーノルド・グリーンバーグらが1972年にニューヨークで立ち上げた小さな会社だった。

スナップルの人気が爆発的だった証拠に、UFPは1994年、食品大手クエーカーオーツに17億ドルで買収されている。しかし経営戦略の相違から売上

げは伸び悩み、1997年には3億ドルでトライアークに売却された。そのトライアークは2000年9月、スナップルを同業大手のキャドバリー・シュウェップスに14億5000万ドルで売り抜けた。2008年5月には再び売りに出され、現在はドクターペッパー・スナップル・グループの一員となっている。

お茶と果汁、そして水を混ぜただけの製品だが、「地球上で最高の原料を使用」という宣伝の効果もあって、スナップルは今も世界80か国以上で愛飲されている。

ライバルの実情について知るべきことのすべてはライバルのゴミ箱をのぞいてみればわかる
ライバルを知れ

背景知識
テーマ
分析のツール

歴史に学ぶ

1950年代 ハーバード大学のジョージ・スミスとC・ローランド・クリステンセンが企業・競争分析のツールを開発。

1960年代 アメリカの経営コンサルタントのアルバート・ハンフリーの研究からSOFT分析の手法が生まれた。これが後にSWOT分析へと発展する。

1982年 アメリカの経営学者のハインツ・ワイリックがSWOT分析を応用したTOWSマトリクスを発表。そこでは脅威や弱みの分析が重視される。

2006年 東京工業大学の新野秀憲、吉岡勇人らが、SWOT分析とAHP（階層的意思決定法）を組み合わせたソフトウェアを開発。

歴史のある会社でも生まれたての会社でも、その経営戦略に欠かせないのがコンペティティブ・アドバンテージ（競争上の優位）、すなわちライバルに競り勝つ強みだ。競争上の優位を確立し、維持し、守り抜くには、まずライバルを知る必要がある。市場で顧客を奪い合うライバルは誰か。ライバルの製品に競争力はあるか、こちらに勝ち目はあるか。ライバルの強みは何か、弱みは何か。市場での評判はどうか。

マクドナルドを創業し、ファストフード業界の王に育て上げたレイ・クロックは、ライバル会社のゴミ箱をあさって、その強みと弱みを探ったとされる。そこまでしなくても、今なら敵を

小さく始めて、大きく育てる

参照： 思いっきり目立とう 28–31 ■ 勝ち残るためのエッジを磨く 32–39 ■ 枠をはみ出す発想 88–89 ■ 市場を率いる 166–69 ■ ポーターの戦略 178–83 ■ MABAマトリックス 192–93 ■ ポーターの「5つの力」 212–15

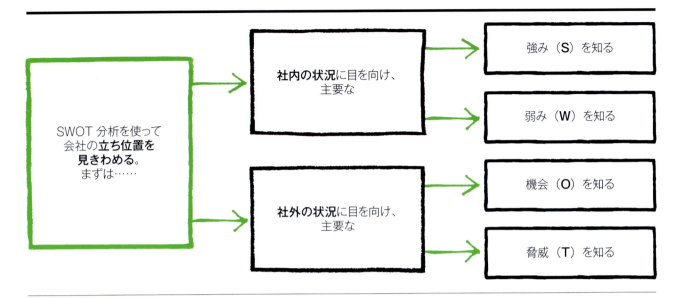

知り市場を知り、己を知るための便利なツールがある。

SWOT 分析

その代表的なものがSWOT分析だ。経営コンサルタントのアルバート・ハンフリーが1966年に開発したもので、会社の内なる強み（S = strength）と弱み（W = weakness）を知り、外にある機会（O = opportunity）と脅威（T = threat）を分析するのに使う。内なる強み・弱みでは経営の経験値や技量、従業員の技能、製品の品質、財務体質、ブランド力などが考慮される。外部の機会・脅威には市場の成長力、新しいテクノロジー、市場への参入障壁、海外進出の可能性、消費者の嗜好や人口構成の変化などの要因がある。

SWOT分析はあらゆる業種で利用され、経営学の授業でも定番となっている。現場の管理者がこれを使えば、市場における自社の立ち位置を見きわめ、将来の立ち位置を考察できるだろう。

実用的なツール

SWOT分析は経営戦略の策定や意思決定に役立ち、ライバルより優れている（あるいは劣っている）点を特定できる。脅威を最小化するには何が必要で、どの機会（チャンス）をつかめば競争上の優位に立てるかを知る手がかりともなる。健全な経営体質を保つには、社内外への目配りが欠かせない。大切なのは会社の内なる強みと外部のチャンスを合体させる一方、内なる弱みには早めに対処して外からの脅威に備えることだ。

実際にSWOT分析を行う場合は、従業員はもちろん、できれば顧客の視点も加えたほうがいい。すべてのステークホルダー（利害関係者）の評価を聞けるからだ。異なる視点からの評価が加わると、それだけ分析に深みが出て、有益な結論が導かれるものだ。

ただしSWOT分析にも限界はある。内なる強み・弱みはかなり正確に把握できるが、外にある機会・脅威の評価には未来の出来事やトレンドの予測が含まれるため、どうしても誤差が出る。

また分析に加わるステークホルダーの立場が異なれば、知っている情報の種類も異なるため、会社の立ち位置についての見解も異なってくる。大切なのはバランスだ。経営幹部なら大所高所から会社の全体を見渡しているはずだが、そこに現場からの異なる見解が加わってこそ、会社の本当の姿が見えてくる。

どんなに優れたビジネス・ツールもそうだが、SWOT分析も具体的な行動

ライバルの群がる場所へ
突っ込んだら、
生きては帰れない。
トルステン・ハインズ
携帯電話機のブラックベリー元CEO
(1957–)

ライバルを知れ

を伴わないかぎり成功とは呼べない。いかに分析が緻密でも、それが合理的な事業計画や作業手順の改善、生産性の向上につながらなければ無意味だ。

市場におけるマッピング

やや応用範囲は狭いが、企業の市場における立ち位置と競争力を、より緻密に分析できるツールがある。市場マッピングだ。市場を一種の地図（マップ）に見立て、特定の製品やブランドがどこに位置するかをグラフで示す手法で、ライバルとの力関係が一目でわかる。社内で自社製品の位置どりを理解するにも役立つし、社外の消費者がライバル製品をどう評価しているかを知ることもできる。

マッピングにあたっては、まず消費者の購買行動を左右する要因のうち、対になるものを見つける必要がある。ファッション業界で言えば、「ハイテク性対ファッション性」とか「パフォーマンス（機能性）対レジャー（遊び感）」といった対がありうる（チャート参照）。他に値段（高いか安いか）や品質（良いか悪いか）、見た目（派手か地味か）、耐久性（一生ものか使い捨てか）などもマッピングの軸となりうる。いずれにせよ、何らかの要因を縦軸に、別な要因を横軸にとる。

市場調査やスタッフの知識を総動員して、ある市場で競合するすべての製品やブランドの位置を地図に落としていく。その際、円の大きさで当該製品のシェアを示すことも可能だが、煩雑になるので、たいていはシェアを考慮しない。そのほうが各製品の分布を概観しやすい。

また異なる要因の対を用いて複数の市場マップを作成し、それぞれを個別に、あるいは比較して検討すれば、市場における自社製品の位置どりがより明確になる。

ニッチを見つける

市場マッピングの目的は、自社または自社製品が市場のどこに位置し、どう差別化されているかを特定することにある。そうすれば自社の提供するユニークな価値が明確になり、マーケティングの方向性も決めやすくなる。またマップ上でライバルの多い区画があれば、そこは激戦区であり、潜在的な脅威が高いことを意味する。

新興企業であれば、マッピングによって市場のどこに有望なニッチがあるかを見定め、自社の立ち位置を決めることができる。一人前の会社なら、マッピングとSWOT分析を組み合わせることで新たなニッチを見つけ、そこへ参入する力が自社にあるかどうかを判断できる。つまり市場マッピングは戦略的判断（ライバル製品に対抗して自社製品のポジショニングを変える、等）にも戦術的判断（もっとスポーティーな感じを出す、等）にも役立つ。

こうした市場分析で成功した例としては、たとえばシンガポール発の高級ティーショップ TWG Tea（ティー・ダブリュージー・ティー）がある。同社は2008年の創業だが、在来の喫茶店やトレンディなカフェに比べ、年齢・購買力ともにやや高い顧客層にターゲットをしぼった。そして先行するライバル各社の動向を研究し、有望なニッチ（豊かな中高年）を見つけ、そこに適した製品やサービス（落ち着いた雰囲

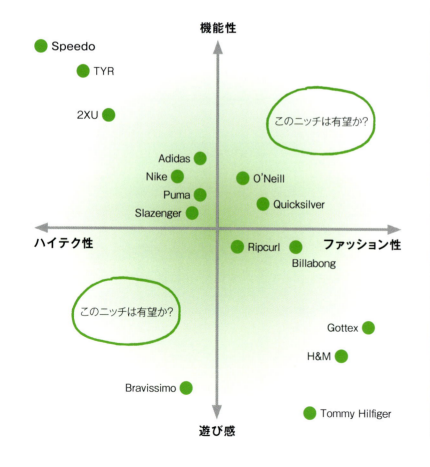

市場マッピングでは、製品またはブランドのもつ特性のうち、対になるものを縦軸と横軸に取り、市場にあるすべての製品をしかるべき位置にマークしていく。こうすると、どこにニッチ（すき間）があるかは一目瞭然だ。

小さく始めて、大きく育てる

アパレル業界は競争が熾烈で、それぞれに個性のはっきりしたブランドが競い合っている。Speedoも、機能性とハイテク性に優れた製品に特化することでブランド価値を保っている。

気、高級で稀少な茶葉、等）を提供することで、日本を含む世界各地に店舗を増やしている。

内なる強みを磨く

会社が大きくなり、製品数が増えてきたら、自社製品だけの市場マッピングをしてみるといい。結果を分析すれば、製品のオーバーラップ（市場の同じ位置で2つ以上の自社製品が競っている状態）に気づくかもしれない（どの製品を撤退させ、どの製品に注力するかを判断するのに役立つ）し、製品の立ち位置と販売戦略のずれが見つかるかもしれない。スイムウェアのSpeedo（スピード）を例に取ろう。このブランドはハイテク性と機能性で際立っているから、マーケティングでもその点を強調する必要がある。もしもSpeedo製品のファッション性を強調するような宣伝を行えば消費者は混乱し、ブランドが傷つくことになりかねない。

的確な市場マッピングには市場調査が欠かせない。社内の評価と社外の評価を比較してみるのもいいが、最も大事なのは市場（顧客）の声を聞くことだ。市場調査の結果と社内の評価がくいちがうこともあるが、顧客の声を正しく反映した市場マップにまちがいはない。もしもくいちがっていたら、経営陣は自社の強みと弱みを見きわめた上で戦略を修正していく必要がある。

SWOT分析も市場マッピングも、会社が自身の立ち位置を理解し、市場を理解し、ライバルを理解するのに役立つ。自社の弱みに気づけば、戦略的なミス（無謀な新製品の開発、競争熾烈な市場への参入、等）で経営資源を無駄にしないですむ。市場にあるチャンスと脅威を知り、ライバルの立ち位置とその変化に目を配ることは長期の経営戦略に欠かせない要素だ。自社の（そしてライバルたちの）立ち位置を確かめてこそ、進むべき方向も定まろうというものだ。■

アルバート・ハンフリー

アルバート・ハンフリーは1926年生まれ、米イリノイ大学を卒業後、MIT（マサチューセッツ工科大学）で化学工学の修士号を、次いでハーバード大学でMBAを取得した。1960年から70年まではスタンフォード・リサーチ・インスティチュート（現SRIインターナショナル）に在籍。その間に企業のステークホルダー（利害関係者）の概念を提起し、1100以上の会社で5000人以上の経営幹部にインタビューし、企業の経営計画が失敗に終わる理由を研究した。そこから生まれたのがSOFT分析で、現状で満足（satisfactroy＝S）できるものと将来的に期待できる（opportunity＝O）もの、現状で好ましくない（fault＝F）ものと将来的に脅威（threat＝T）となるものを明確にした。後に、Fは「弱み」を意味するW（weakness）に、Sは同じSでも「強み（strength）」のSに置きかえられ、現在のSWOT分析の語が定着した。

成功の秘訣は
他人が知らない
何かを
知るにあり

思いっきり目立とう

背景知識

テーマ
「違い」を打ち出す

歴史に学ぶ

1933年 アメリカの経済学者エドワード・チェンバレンが『独占的競争の理論』で、自社の製品やサービスをライバル社よりも高く売るためには差別化が必要だと説いた。

1940年代 アメリカの広告会社テッド・ベイツ（現ベイツ）の会長ロッサー・リーブスが、製品やサービスのユニークさ（個性、独自性）を積極的に売り込むUSPの概念を提唱。

2003年 アメリカのマーケティング学者フィリップ・コトラーが『コトラーのマーケティング・コンセプト』でUSPに代わる概念として、エモーショナル（情緒的）な訴求を重視するESPを提唱。

今の時代、市場を独占できる幸運に恵まれる会社はめったにない。市場がグローバルになればなるほどライバルは増え、競争は激化するものだ。そういう環境で成功を勝ち取るには、何か他人と違うことをやるしかない。ギリシャの海運王アリストテレス・オナシスがかつて言ったように、競争を勝ち抜くには「他人が知らない何かを知る」必要がある。

「ユニークさ」で勝負

ライバルが多い場合、たいていの会社は差別化によって競争を勝ち抜こうと考える。つまり、ライバル各社が提供できない（少なくとも現時点で提供

小さく始めて、大きく育てる

参照：儲かるニッチを探せ 22-23 ■ 勝ち残るためのエッジを磨く 32-39 ■ 適応し、変身・刷新する 52-57 ■ ポーターの戦略 178-83 ■ 良い戦略、悪い戦略 184-85 ■ バリューチェーン 216-17

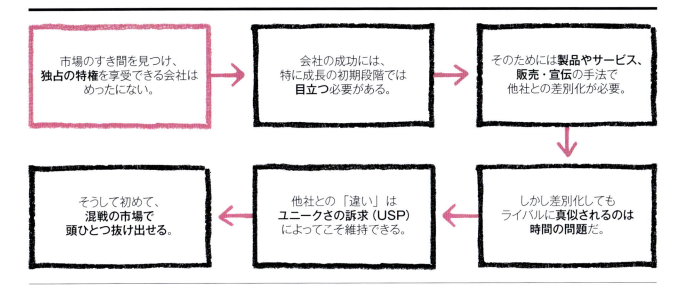

していない）ものを消費者に提供すればいい。商品のユニークさを際立たせるこの概念はUSP（ユニーク・セリング・プロポジション）と呼ばれ、1940年代にアメリカの広告人ロッサー・リーブスが提唱したもの。そこでは、値段が高くても買いたいと消費者に思わせるようなユニークさ（個性、独自性）が重視される。確立されたUSPを模倣・取得するのは難しいから、その競争上の優位は維持しやすい。

製品やサービスの差別化は、原材料の調達からアフターサービスまで、あらゆる段階で考慮すべきだ。コーヒーメーカーのネスプレッソやサンダルのクロックス、あるいは低価格ながら高級感のあるチューン・ホテルズ（p.21囲み参照）などは、いずれもライバルとの違いが明確で、したがって強力なUSPをもつ。

ユニークさを確立すれば、まずもって忠実なファンを獲得でき、柔軟な価格設定がしやすくなる。ライバルが低価格攻勢をかけてきても耐えられる。他社製品とは違うのだから少しくらい高くて当然、といえるからだ。そうして健全な利益率を守り、市場で際立つ存在になれば、競争上の優位を確保できる。

情緒的にも差別化

言うまでもないが、すべての製品がユニークであることは不可能だ。差別化には金もかかるし手間もかかる。ようやく機能面で差別化しても、すぐに真似されてしまう。たとえば携帯電話にタッチスクリーンの技術を採用したとき、アップルは自社の新製品iPhoneを明確に差別化できた。しかし今ではほとんどのスマートフォンがこの技術を採用している。違いが違いでなくなるのは、たいてい時間の問題だ。

機能面のユニークさが失われやすい点に注目し、むしろエモーショナル（情緒的）な差別化の必要を説いたのがマーケティング学者のフィリップ・コトラーだ。マーケティングによって顧客との情緒的な絆を強め、その点をライバルとの違いとして打ち出す。それがコトラーの言うESP（エモーショナル・セリング・プロポジション）だ。ナイキとアディダスを例に取ろう。両社製シューズのデザインや品質は際立っているが、機能面の違いはごくわずかだ。しかし、そこにマーケティングやブランディングを通じて築きあげた消費者との絆が加われば、わずかな違いも製品を差別化するに十分なものとなる。

またデジタル音楽市場の黎明期に、アップルは、使いやすいソフト（iTunes）とデザイン性の高いハード（iPod）を組み合わせることで差別化に

ありきたりの商品など存在しない。
モノもサービスも、
すべては差別化できる。
セオドア・レビット
アメリカの経済学者（1925-2006）

思いっきり目立とう

成功した。iPod自体は機能面で他社のMP3プレイヤーと大差なかったが、iTunesとの併用によって顧客にユニークなリスニング体験を提供できた。これがアップルのESPであり、それを端的に表現したのが"Think Different"(違う考え方をしよう)という広告キャンペーンだった。

とにかく目立て

競争熾烈なファッション界でユニークさを確立し、成功したのがイギリスのスーパードライ(Superdry)だ。2004年の創業だが、アジアや南北アメリカを含む世界各地に今や300以上の店舗を展開している。古き良き時代のアメリカンなスタイルに日本の文字やイラストをあしらい、そこにイギリス伝統の上質な仕立てを組み合わせたのが特徴だ。当初は英国内の学生街に出店し、若者向けのブランドという位置づけで、広告費も抑えていたが、その人気は急速に高まった。とにかく目立つので、自然とセレブの目にとまり、彼らが進んで着てくれた。デヴィッド・ベッカムが着たジャケットは大人気になり、気がつけばベッカムはスーパードライの事実上の(しかも無料の)広告塔になっていた。

デザイン性と仕立ての良さで売るスーパードライは、縫い目などの細部にも徹底してこだわる。顧客層は広く、休日のサラリーマンも学生も、スポーツ選手もセレブも着ている。差別化戦略では市場の特定セグメント(分野)にしぼりこむのが常識だが、スーパードライはすべてのセグメントを取り込んでいる。それでも差別化できるのは、仕立ての良さやデザイン性に謎めいた日本語の文字を組み合わせる手法が独創的すぎて、ライバル勢には真似できないからだ。

ユニークであり続ける

しかし人気が出るにつれ、違いを出しにくくなるのは世の常。スーパードライの服を世界中のみんなが着るようになると、ユニークさや「違い」は色あせてくる。どんどん客層は広げたいが、ユニークさも維持したい。個性で際立ちたいけれど、みんなに買ってほしい。成長の過程で、どんなブランドもぶつかる問題だ。

しかし差別化はバリューチェーン(付加価値を生み出す一連の段階)のどこででも行える。製品やサービス以外の面で個性を発揮し、際立つことで、顧客にユニークさを訴求することも可能だ。たとえばスウェーデンの家具販売店イケア(IKEA)は、そのデザイン性と低価格だけでなく、店頭でのユニークな購買体験でも際立っている。イケア製品の安さは、少なくともその一部は、顧客がセルフサービスで商品を選び、自ら組み立てるという販売方式に由来する。しかし、それだけではない。

イケアの店内では、顧客は一定のルートに従って進むよう「誘導」される。店側の用意したショールームや家具の配置を順々に見てまわることで、イケアの特徴である北欧モダンなスタイルを顧客に印象づけるわけだ。セルフサービス方式だから顧客は自由に買い物できるし、店員が少なくてすむので店にとってはコストの削減になる。

同じだからこそ違う

逆説的に聞こえるかもしれないが、「お馴染み」感で差別化することもできる。マクドナルドは世界中で同じハンバーガーを、同じ販売方式で、同じような店舗で売っている。この徹底した均質性こそが、マクドナルドを個性的だがローカルなハンバーガー店と差別化し、ここまでの均質性を維持できない他のファストフード大手からも際立たせている。

今は各社がユニークさを競い合い、手を変え品を変えて「違い」を際立たせようとする時代だ。消費者も賢くなり、口先だけの差別化にはだまされない。もちろん目に見えない差別化もある(顧客の心とブランドをつなぐESPなど)が、本物でないと納得してもらえない。顧客との情緒的な絆を築くには、そのメッセージを会社全体で常に

スーパードライ(Superdry)は2004年創業の新興ファッション・ブランドだが、急成長でみごとにシェアを拡大してきた。その秘密は超個性的なデザインとヴィンテージ感の演出にある。

小さく始めて、大きく育てる

自社製品が顧客の望みに合致し、かつライバル製品と競合しない場合、差別化はそれほど重要ではない。ただし顧客に喜ばれていても競合製品がある場合は、リスク覚悟の差別化が最も効果的になる。

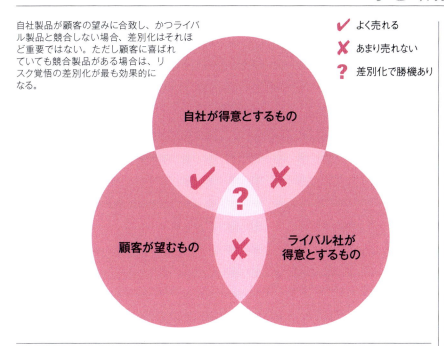

✓ よく売れる
✗ あまり売れない
? 差別化で勝機あり

発信し、かつ顧客に理解してもらう必要がある。顧客との接点のすべてでユニークさを実感させ、信じさせてこそユニークさは際立つ。そして信じてもらうには、本物でなければならない。

違いを持続可能に

機能面のユニークさも情緒面のユニークさも、ひとたび確立したら育て、守りぬく姿勢が必要だ。ライバルの多い市場で抜きん出た存在であろうとすれば、顧客はもちろん従業員の心もしっかりつかんでおく必要がある。またアップルとサムスンの特許権訴訟のように、ユニークさを巡る争いが法廷に持ち込まれる場合もある。

どんな業界にも、リーダーがいてフォロワー（追随者）がいる。そして確立したユニークさを最も有効に守りぬく者だけがリーダーとなりうる。製品の機能的な面であれブランド・イメージであれ、サービスであれプロセスであれ、スピードであれ便利さであれ、ひとたび確立したユニークさを常に市場へ、そして顧客へと発信し続け、ライバルとの「違い」を持続可能にする。これが長期にわたる成功のカギだ。■

ロッサー・リーブス

アメリカの広告人ロッサー・リーブス（1910-84）は、「広告は製品の価値を表現するものであって、コピーライターの腕を見せるものではない」という信念の持ち主だった。当初はバージニア大学で教えていたが、酒で不祥事を起こして地位を追われ、ジャーナリストに、次いでコピーライターに転身。1940年にニューヨークの広告会社テッド・ベイツに入社して卓越した才能を発揮、1955年には同社会長に推挙された。初期のテレビCMに大きな影響を与え、チョコレート菓子M&M'Sのコピー「お口でとろけて、手にとけない」などでも知られる。40年代から提唱していたUSPの概念は、1961年の『USP ユニーク・セリング・プロポジション』にまとめられた。彼が広告業界に与えたインパクトは大きく、その業績は今に語り継がれており、60年代アメリカにおける広告マンの生態を描いたテレビドラマ「マッドメン」の主役はリーブスがモデルとされる。

捨てられたくなかったら、
いつも他人とは違う
自分であることね。
ココ・シャネル
シャネルの創業デザイナー (1883-1971)

一番手になれ、
それが無理なら
一番手より**ベターになれ**
勝ち残るためのエッジを磨く

34 勝ち残るためのエッジを磨く

背景知識

テーマ
競争上の優位（強み、エッジ）

歴史に学ぶ

1988年 アメリカの経営学者のデビッド・モンゴメリーとマービン・リーバーマンが論文で「一番手の強み（先発者の優位）」を提唱、市場に一番乗りすることの利点を説いた。

1995年 アマゾンが起業。本格的なネット通販市場に一番乗りを果たした。

1997-2000年 「一番手の強み」を信じた新興企業が相次いでネット上のさまざまな市場に進出したが、その多くは市場のニーズを読み違えて敗退した。

1998年 モンゴメリーとリーバーマンが自説の欠陥に気づき、「一番手の弱み」と題する論文を発表。

2001年 アマゾンが初めて利益を計上。「一番手の強み」に安住せず、長期の経営戦略をもっていたことが功を奏した。

市場に一番乗りを果たせば、ライバルが出現する前に**市場を支配できる**可能性がある。

↓

しかし**市場が変化**し、どんどん技術革新が進めば、**一番手が失速する**可能性は高い。

↓

後発組は市場の現実を見きわめた上で参入できるし、先発組の**失敗を繰り返さないだけの知恵**もある。

↓

とりわけ**市場の変化が激しく、技術革新も急速な分野**では後発組が有利になりがちだ。

↓

競争を勝ち抜くエッジが欲しければ、一番手になるか、一番手よりベターになるしかない。

ンターネットで本を買おうと思ったら、真っ先にアクセスするのはどこか。ある本の著者を調べるとき、真っ先にアクセスする検索サイトは？　たぶん答えはアマゾンであり、グーグルだろう。どちらも市場で圧倒的なシェアを誇り、そのブランドは圧倒的な知名度を誇る。「ググる」は今や「検索する」の同義語だ。

どちらにも強烈なエッジ（競争上の優位）がある。しかしエッジ獲得の経緯は異なる。1995年創業のアマゾンは、本格的なオンライン通販市場に一番乗りすることでエッジを得た。そうして

ブランドを確立し、忠実な顧客層を囲いこんだ。

対するグーグルは1998年の創業で、当時の検索市場にはすでに有力ブランドがひしめいていた。それでもエッジを獲得できたのは、グーグルの検索スピードがライバル勢より速く、しかも抜群に正確だったからだ。

一番手が有利なのはもちろんだが、二番手にもそれなりの利点がある。先頭ランナーの背中を見て、追い越す作戦を立てられるからだ。

一番乗りを目指しても

「一番手の強み（先発者の優位）」を提唱したのはスタンフォード大学ビジネススクールのデビッド・モンゴメリーとマービン・リーバーマンで、1988年のことだ。それから10年して、みんなが「一番手の強み」に狂奔する事態が起きた。1997年から2000年にかけてのドットコム・バブルだ。アマゾンの成功に刺激されて多くの企業がさまざまなオンライン市場に参入し、大金をつぎ込んだ。市場のニッチ（すき間）に一番乗りを果たせばすばやくブ

小さく始めて、大きく育てる

参照：起業は失敗を乗り越えてこそ 20-21 ■ 思いっきり目立とう 28-31 ■ 成長を急ぎすぎない 44-45 ■ グレイナー曲線 58-61 ■ 創造と革新 72-73 ■ ゲームを変える 92-99 ■ 長期か短期か 190-91

アマゾンは本格的なネット通販市場に一番乗りを果たし、1995年の創業以来、その優位を武器に強固なブランドを確立し、巧みに顧客を囲いこんできた。

ランドを確立でき、そこで圧倒的なシェアを築けば二番手以降の参入は難しくなると、誰もが考えた。

しかし金をかけすぎ、浮かれすぎ、たいした需要もない市場に手を伸ばした結果、たいていの新興インターネット企業は足をすくわれた。とりあえず注目は集めても利益を生み出せず、気がつけば資金は底をつき、あえなく倒産。生き残れた会社は数えるほどだ。

一番手の強みを活かす

他人に先駆けた者が有利なのはまちがいない。ただしドットコム・バブルのときは、一番手ならなんでもありと過信する人が多すぎた。確かに一番手なら値段を高めに設定できそうだし、しかるべきシェアを確保し、ブランドを確立しやすい。後発組よりもプロセスやシステムの設計に時間をかけられるし、市場についての理解を深める余裕もある。目抜き通りの一等地に店を構え、優秀な人材を確保し、有利な条件で納入業者（潜在的なライバルであ

る）と契約できるかもしれない。自社製品に乗り換えコスト（消費者が他社製品に乗り換えると不利になるような仕組み）をかけることもできる。いい例がジレットだ。1901年に安全剃刀を発明したジレットは、一番手の強み

一番手の強みが実現されるのは、
その会社が巧みに
（あるいは運良く）
その優位性を利用し、
かつ後続のライバル企業への
優位を維持できる場合のみだ。
デビッド・モンゴメリー＆
マービン・リーバーマン

を活かして次々に新製品を送り出したが、その際に剃刀を差し込む持ち手（安価なものだ）と高価な剃刀の組み合わせで販売した。この持ち手はジレット製品にしか合わないので、顧客は他社製品に乗り換えにくかった。

市場戦略

アマゾンの場合はどうか。当時はネット通販そのものが目新しく、試してみようと思う消費者はたくさんいた。この好奇心を、アマゾンは巧みにくすぐった。書籍は比較的安く、まちがいのない商品（食品と違って鮮度や品質で文句を言われる心配がない）だから、試し買いにはぴったりだった。しかもウェブページのデザインがよく、簡単に使えた。一番手の強みで、試行錯誤を繰り返してシステムを改良する余裕もあった。ワンクリックで購入できる機能などを追加することもできた。

受注品を迅速かつ正確に配達するシステムも構築できた。そして後発のライバル勢が似たようなシステムを構築するころには、すでに顧客の信頼を勝ち得ていた。ひとたびブランド・ロイヤルティ（ブランドへの忠誠心）ができると、それが一種の乗り換えコストとなり、「本を買うなら、まずアマゾンへ」という顧客が増える。今ではアメリカの書籍売上げの3分の1がアマゾン経由だと言われている。

スマートフォン市場でも一番手の強みは存分に発揮されている。その結果が、アップルとサムスンの間などで繰り広げられている「特許戦争」だ。特

36　勝ち残るためのエッジを磨く

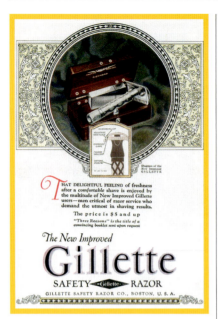

安全剃刀を発明したのはジレット。1901年に発売して「一番手の強み」を活かし、持ち手とセットの製品を開発して、消費者が他社製品に乗り換えにくいようにした。

許は企業のもつ技術を守る仕組みだが、競争の激しいスマートフォン市場では、他社に先駆けて新しい技術を投入すれば確実に（少なくとも短期的には）優位に立てる。消費者側の乗り換えコストが高い市場では、たとえ短期でも優位に立てればしかるべき増収を期待できる。

モンゴメリーとリーバーマンの論文が出た1988年以来、一番手の強みは学術的な研究によっても裏づけられ、しかるべき市場に適切なタイミングで一番乗りすることが成功の秘訣とされた。しかしモンゴメリーとリーバーマンは1998年に「一番手の弱み」と題する論文を発表し、10年前の自説を撤回してしまった。

どうやら二人は、ピーター・ゴルダーとジェラード・テリスの研究（1993年）を読んで「一番手の強み」という自説に疑問を抱いたようだ。ゴルダーとテリスは50の製品カテゴリーにおける500ブランドを精査し、一番手企業の半数近くが挫折していることに気づいた。一方で後発組が利益を出せず、市場で優位に立てないケースはまれであることもわかった。具体的にいえば、一番手企業の47％は破綻していたが、二番手組の破綻率はわずか8％だったという。

先発組の失敗に学ぶ

　一番手が苦戦するのは、いざ乗り込んだ市場が未知の領域だからだ。市場のサイズも顧客のニーズも、実のところはわかっていない。それでも自信満々で開発した商品を、およそ無関心な消費者に買わせようとする。よほどの幸運がなければ、そんなものは売れない。体力のある大企業なら、こういう先走った挑戦の失敗にももちこたえられる。だが新興企業や中小企業だと資金がもたず、無念の撤退を強いられかねない。

　後発組の強みは、先発組の失敗に学べる点にある。先発組の切り開いた市場の様子も、ひととおりわかっている。未熟でリスキーなシステムや技術に資金を注ぎ込む無駄も避けられる。逆に、先発組は時代遅れな技術や非効率なシステムを採用してしまい、それに足を引っ張られて新技術への対応が遅れる可能性がある。技術やシステムがある程度まで成熟した時点で参入すれば、後発組は無駄なコストや余計なリスクを背負わないですむ。

　もちろん、一番手がすでにブランドを確立し、顧客を囲いこんでいる場合もある。しかし顧客のニーズにしっかり応える製品やサービスを提供すれば、たいていは二番手でも市場を奪いとれる。ブランド力も大事だが、もっと大事なのはライバルよりも優れた技術力や製品力。これがあれば先発組との競争で優位に立てるはずだ。しかも先発組に比べて初期投資は少なくてすむから、浮いた資金をマーケティングに注ぎ込める。そうすれば一気に先発組のブランドを追い越すこともできるだろう。

　グーグルがいい例だ。同社がネット検索に参入した1998年当時、すでに市場はヤフーなどの大手企業に支配されていた。各社のブランドは認知され、顧客の囲いこみも進んでいた。しかしグーグルは先行各社のサービスの欠点に気づき、ベター（より良い）な検索エンジンを構築できた。ネット上にあふれる膨大な情報から漏れなく、しかも適切な情報だけを選び出すために、先行各社はさまざまな工夫をしていた。グーグルはそれらの長所を採り入れつつ、独自のアルゴリズムを開発して、誰にも負けない検索精度を実現した。だから市場を支配できたのである。

一番手の落とし穴

　市場に一番乗りした企業がエッジ（競争上の優位）を活かせず、あるいは維持できなかった例はたくさんある。たとえばネット上の交流サイトに先鞭をつけたマイスペース（MySpace）だ。まだ消滅してはいないが、サービスの質でもマーケティングでも後発のフェイスブックに圧倒され、今や見る影もない。玩具専門の通販サイトとして1999年に華々しくデビューしたeToys.comも、一番手の強みを活かしきれず2001年に倒産した（数年後に復活した

よきアーチストは模倣する。
偉大なアーチストは
（アイデアを）盗む。
T・S・エリオット
アメリカ生まれの詩人（1888-1965）

小さく始めて、大きく育てる

> 後発組が先発組を追い越せるなら、後から参入したほうが有利かもしれない。
> ピーター・ゴルダー＆ジェラード・テリス

ときは玩具店最大手トイザらスの傘下に入っていた）。皮肉なもので、アマゾンは同じ2001年に玩具の扱いを始めている。

衣類のネット通販に一番乗りしたboo.comの場合は、その技術が時代の先を行きすぎていた。boo.comのサイトは情報満載だったが、当時（1999年）のネット接続環境では重すぎてユーザーの不満が募り、翌年には倒産に追いこまれた。基本のビジネスモデルに欠陥があれば、いくら一番手でも成功は難しい。

ゴルダーとテリスの論文があり、グーグルのような実例を見せつけられても、いまだ一番手の強みに期待する企業は多い。スマートフォン向けのアプリ市場で一番乗りをねらう企業がひしめくさまは、20世紀末のドットコム・バブル期と変わらない。金の卵のニッチ（市場のすき間）を見つけたと信じる企業は次々に新しいアプリを投入しているが、2012年のある調査によれば、ユーザーがダウンロードしたアプリの65％までは90日以内に削除されているのが現実だ。

大事なのは参入のタイミング

いくら一番乗りしても、タイミングが悪ければ成功するのは難しい。フェルナンド・スアレスとジャンヴィト・ランツォーラは2005年の論文「一番手の強みの半分の真実」で、一番手の強みが生きるのは技術革新と市場の成熟のスピード次第だと論じている。

市場の変化が遅く、たいした技術革新もない場合は「一番手の強み」が効きやすい。いい例が電気掃除機の市場だ。1908年、この市場に一番乗りしたのはアメリカのフーバー社。以来、消費者のニーズもメーカー側の技術もたいして変わらずにきたから、同社は長年にわたり「一番手の強み」を享受でき、気がつけば「フーバー」の語は英語で「掃除機をかける」の意味になっていた（ただし今はダイソンの革新的な製品により、その優越的な地位を脅かされている）。

しかし技術や市場の変化が速い分野では、一番乗りの企業が苦戦する例が目立つ。ネット検索の市場では、先発組は急速な技術革新に追いつくために度重なる投資を迫られた。

市場の変化が速ければ、昨日までの強みが一転して弱みになることもある。そのとき勝ち残れるのは、先行企業の欠点を見つけて改善し、いち早く市場の変化に応じた製品やサービスを提供して競争上の優位を確立した後発組の企業だ。一番手の優位は束の間で、なかなか長続きしない。iPhoneでスマートフォンの市場を開拓し、大成功したアップルも例外ではない。韓国のサムスンを先頭とするライバル勢はiPhoneに対する顧客の苦情を精査し、顧客が本当に欲しい機能は何かを調べあげ、それを提供できるような製品を続々と送り出している。しかし先駆者たるアップルはiPhone独自のOS（基本ソフト）を踏襲しなければならず、そのために新機能への対応が遅れがちで守勢に立たされている。

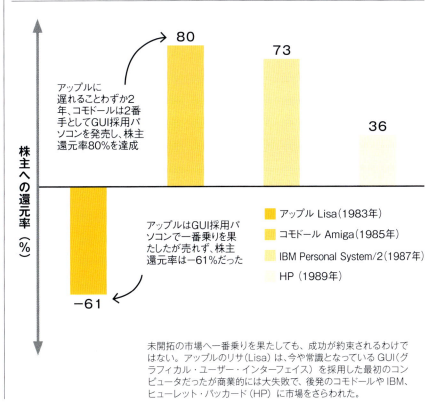

未開拓の市場へ一番乗りを果たしても、成功が約束されるわけではない。アップルのリサ（Lisa）は、今や常識となっているGUI（グラフィカル・ユーザー・インターフェイス）を採用した最初のコンピュータだったが商業的には大失敗で、後発のコモドールやIBM、ヒューレット・パッカード（HP）に市場をさらわれた。

たとえ二番手でも、顧客のニーズを知れば勝てる

見てきたように、一番手でなくてもエッジ（競争上の優位）は磨ける。たとえば日用品大手のプロクター・アンド・ギャンブル（P&G）は、長期にわたり業界No.1かNo.2のポジションを確立できる見込みがないかぎり新規市場に参入しないというポリシーを掲げている（この点はGEも同じだ）。当然、むやみに一番乗りはしない。

P&Gがねらうのはサイズ（潜在的な顧客数）が大きく、構造的に参入しやすい（初期投資が少なくて済み、高い利益率を期待できる）市場だ。しかも同社は当該市場の顧客ニーズを徹底的に調べあげる。新規市場に一番乗りするより、市場の成熟を見届けてから参入するわけだ。

顧客とも納入業者とも長い付き合いをしたい。P&Gはそう考える。だから技術革新に対する考え方も独特だ。小さな新興企業ほど破壊的な技術（市場の秩序を揺るがすような技術革新）に頼り、エッジの効いた新製品を投入して一気にシェアを奪おうとするものだが、P&Gはそういう短期決戦型の戦略を嫌う。むやみに技術革新（新製品の投入）を急げば既存の自社製品が売れなくなり、収益が悪化して新製品開発に投じる資金が減るだけと心得ているからだ。

たとえば使い捨ておむつの場合、P&Gが「パンパース」ブランドで参入したのは1961年で、先行するジョンソン・エンド・ジョンソンの「チュー」（1949年）より10年以上も遅かった。「チュー」の発売当時、消費者は「使い捨て」という概念にとまどい、なかなか手を出そうとしなかった。だからP&Gは「チュー」が消費者に受け入れられるのを待ち、5年近くもリサーチを続けて「チュー」の欠点を洗い出し、より吸収力が強くて漏れにくく、かつ赤ちゃんに快適な新製品を開発した。サイズも2種類用意した。もちろん製造コストも大幅に下げた。結果として「パンパース」は世界最強ブランドの1つに成長し、今は100か国以上で販売され、そのブランド価値は85億ドル以上と評価されている（『フォーブズ』誌調べ）。対する「チュー」は売上げが激減し、1970年代には市場から姿を消したのだった。

> 上手にやれるなら、もっと上手にやりなさい。
> **アニータ・ロディック**
> 英ザ・ボディショップ創業者（1942-2007）

先を急ぐ前に、まず足場を固める

「早い者勝ち」という言葉がある。確かにそのとおりだろうが、現実の市場で起きている企業間のサバイバルゲームでは、たぶん早いだけでは競争に勝てない。新規市場への参入にあたって大事なのは、おそらく早さよりもタイミングの適切さだろう。

先頭を切るか二番手か（あるいはあえて最後尾につけ、最後の直線で一気の追い込みを決めるか）の選択も大事だが、もっと大事なのは事前の準備だ。市場のニーズにぴったり合った製品やサービスを、本当に用意できているか。いざ参入したら（欠陥品のリコールなどという事態を招かずに）ブランド・イメージをきちんと維持していけるだろうか。長期にわたる会社の繁栄を望むなら、そこまでの準備をしてから新規市場に参戦すべきだ。

ちなみにアマゾンは、一貫して書籍のオンライン販売市場における「一番手の強み」をキープしているが、それだけであれほどの成功を収めたわけで

1997年発売のPDA（個人用携帯情報端末）パームパイロット（PalmPilot）は二番手で成功した例だ。一番手はアップルのニュートン（Newton）だったが、こちらは惨敗に終わっている。

小さく始めて、大きく育てる

はない。一番手の強みを活かしつつ、アマゾンは競争力のエッジを磨いて優位を保つ努力を怠らなかった。

アマゾンのウェブサイトはどんどん改良されて使いやすくなっている。書籍以外にもさまざまな商品を提供するようになり、常にコスト削減に努め、書籍だけでなくペットボトル入りのミネラルウォーターでも、他社の追随を許さぬ低価格を実現している。しかも同社は、2001年までは利益をまったく計上せず、稼ぎのすべてをサービスの改良に注ぎ込んでいた。つまり株主への配当をせず、利益のすべてを事業に再投資してきた。言い換えれば短期の成功に踊らず、長期にわたって競争上の優位を保てるような経営の土台を、しっかり築いてきた。ここにアマゾンの成功の秘訣がある。

一番乗りで市場を開拓した企業に、一定のエッジがあることは誰も否定できないだろう。パイオニアとして世間の注目を浴びるから消費者にブランドを認知させやすく、高い「乗り換えコスト」をかけることもできる。原材料や部品の調達でも有利な立場を獲得できる。こうしたエッジをうまく磨けば市場で確固たる足場を築けるはずだ。

しかし二番手、三番手の企業にも別な強みがある。先発企業の失敗や商品の欠陥に気づき、そこから学べば、より高品質で信頼性の高い製品やサービスを低価格で提供できるだろう。その上で巧みなマーケティングの手法を駆使すれば、先発組の牙城を切り崩すこともできる。ネット検索市場におけるグーグルが、その典型だ。

どんな市場であれ、そこでリーダーとなるためには一番手で突っ走る（アマゾン型）か、後発だけれど一番手よりもベターな商品を提供する（グーグル型）必要がある。

要約すれば、「一番手であれ。さもなければベターであれ」である。消費者の記憶に残るのは、このどちらかに徹した企業だ。■

> 急ぎすぎて罰を受けるのは
> ふだんのスピードが
> 遅いからだ。
> **プラトン**
> 古代ギリシャの哲学者（BC429-347）

ジェフ・ベゾス

ジェフ・ベゾスは1964年1月12日、ニューメキシコ州アルバカーキの生まれ。子ども時代から科学とコンピュータが大好きで、プリンストン大学でコンピュータ・サイエンスと電気工学を学び、1986年に優秀な成績で卒業。

ウォール街の投資会社D・E・ショーに入社。1990年には史上最年少の上級副社長に抜擢されたが、4年後の1994年、書籍ネット販売のアマゾン・コムを立ち上げるべく職を辞した。このとき、まだ30歳。ネット系新興企業の常として、ベゾスも数人の仲間とともに自宅のガレージで起業したが、後に一軒家を借りている。

アマゾンのウェブサイトを正式に立ち上げたのは1995年の7月16日。97年に株式を公開したが、初めて黒字を出したのは2001年のことだ。今やベゾスはアメリカで最も裕福な資産家の一人（「フォーブズ」誌調べ）で、アマゾンのグローバルな成功はインターネットの歴史に残るものとして語り継がれている。

すべての卵を1つのカゴに入れろ。そして、そのカゴを注意深く見守れ

リスク管理

背景知識

テーマ
リスク管理

歴史に学ぶ

1932年 アメリカでリスク・保険協会設立。

1963年 ロバート・メーアとボブ・ヘッジズが『企業経営におけるリスク管理』を発表し、リスク管理の究極の目的は生産効率の最大化にあるとした。

1970年代 インフレと国際金融システムの変化(いわゆるブレトン＝ウッズ体制の崩壊)により商取引に伴うリスクが高まった。

1987年 メリル・リンチが銀行として初めてリスク管理部門を設置。

2011年 アメリカ政府の金融危機調査委員会が、2008年金融危機の原因の一端は金融会社が「リスクを取りすぎたこと」にあるとの結論を下した。

起業家の条件は、すすんでリスク(とりわけ事業で失敗するリスク)を引き受けること。新しく立ち上げた会社の半分以上は5年ともたずに消えていく。起業とは、そのリスクを引き受けることにほかならない。順調そうな会社にも、それなりのリスクがある。新製品が失敗したり、ブランドが傷ついたり、評判を落とすような社員がいた場合などだ。どんな種類のリスクであれ、会社はそれに気づき、慎重に管理しなければならない。偉大な実業家アンドリュー・カーネギーは言っている。すべての卵を1つのカゴに入れて、そのカゴを注意深く見守ること、それが最善のリスク管理だと。

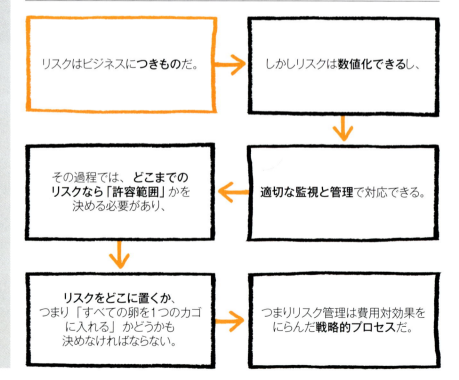

小さく始めて、大きく育てる 41

参照：成長を急ぎすぎない 44-45 ■ おごれる者は久しからず 100-103 ■ 誰がリスクを背負うのか 138-45 ■ レバレッジの罠 150-51 ■ 簿外処理は厳禁 154 ■ 自己満足の罠 194-201 ■ 万が一の備え 210 ■ 万全のシナリオ 211

2008年のリーマン・ブラザーズ経営破綻や2010年のメキシコ湾におけるBP深海石油掘削基地ディープウォーター・ホライズン事故を経験したことで、リスクに対する認識は大きく変わった。今の企業は、ふつう「監視」と「管理」という2つの視点でリスクと向き合っている。リスクの監視は、重大なリスクを特定し、順位づけ、管理するプロセスに目を光らせ、そのプロセスが機能しているか否かを継続的にチェックすること。またリスク管理は、リスクを回避し、あるいは減らすための具体的な手順や方針をさす。

リスクは常にある

ビジネスにリスクはつきものだ。新興企業には、たとえば顧客が想定よりも少なすぎて利益が出ないリスクがある。他人にアイデアを盗まれ、一歩先を行く製品を開発されてしまうかもしれない。銀行から資金を借りた場合は、金利の上昇で返済が困難になるリスクがある。輸出で稼ごうとする企業には為替変動のリスクがつきまとう。

それだけではない。起業したばかりで、勝負できる製品が1つしかないこともリスクとなりうる。大きな企業なら複数の市場に異なる商品を投入してリスクを分散できるが、新生の小さな会社は、たいてい1つのアイデア、1つの商品、あるいは特定の地域で勝負するしかない。選んだ市場や地域が小さすぎ、あるいは勢いを失ってしまえば、会社の成功はおぼつかない。市場は変化するものだから、起業に際しては変化に合わせて適応する柔軟性をもつことが必要だ。

写真の共有サイトとして成功したインスタグラム（Instagram）がいい例だ。あの会社も、最初は別な名前で地域的なサービスを提供していたが、競争が厳しくなったので路線を転換し、ソーシャルメディア型の写真共有ビジネスに乗り出した。競争激化というリスクにすばやく対応し、その後も多様なサービスを追加していったから、インスタグラムは成功できた。

リスクは戦略に関わる問題だ。起業に際しては調達から販売にいたるオペレーション上のリスクを注意深く監視する一方、新製品の投入や新規事業の立ち上げに関わるリスクを見きわめる

> ありそうもないことが
> 絶対に起きない
> という保証はない。
> **エミール・ガンベル**
> ドイツの統計学者（1891-1966）

必要がある。それは攻めるか耐えるかの戦略的選択の問題でもある。どんなリスクも利益や損失の額といった数値で把握し、管理しなければならないし、その変動に常に備えなければならない。幸運の女神は大胆な者にこそ微笑むが、従業員の暮らしや会社の存続がかかっている以上、十分な慎重さも必要となる。■

BPはディープウォーター・ホライズンの事故により巨額の罰金を支払わされ、その安全管理等について4年間もアメリカ政府の監視下に置かれた。

深海の悲劇

巨大な多国籍企業でさえ、時にはリスクを読み違え、巨額の損失を出すことがある。2010年の4月20日、イギリスの石油会社BPの運用する深海石油掘削基地ディープウォーター・ホライズンで爆発が起き、従業員11名が死亡、メキシコ湾に膨大な量の原油が流出する事態となった。

この事故では、経営側がリスクを正しく計量化しておらず、かつリスク管理を誤ったことが原因とされる。公的な調査では「一銭たりとも無駄にするな」の企業風土の問題が指摘された。BPは深海での操業に伴うリスクよりも得られる利益を優先していたとされる。CEOのトニー・ヘイワードは2007年の就任当時、同社の業績低迷の原因は慎重すぎる点にあると語っていた。株主から配当の増額を求められていたこともあり、同社は大幅なコスト削減を進める一方で攻めの経営に転換したが、その過程でリスク管理がおろそかになったと思われる。

幸運は汗の結晶だ。汗をかけばかくほど多くの幸運をつかめる

幸運にめぐりあう幸運をつかむ

背景知識

テーマ
チャンス（幸運）の最大化

歴史に学ぶ

1974年 米スリーエム（3M）の従業員アーサー・フライは6年前に同僚が開発し、欠陥品として捨てられていた接着剤に目をつけ、讃美歌集にはさむ栞（しおり）に塗ってみた。この偶然＝幸運から「ポスト・イット」は生まれた。

2009年「ハーバード・ビジネス・レビュー」誌に載った論文「『偉大な』企業は幸運なだけか？」によれば、調査した優良企業287社のうち、自社の活動なり特徴なりがその成功に直結していたのは半数にすぎなかった。

2013年 5年に及ぶ地道な努力の末に、ロック・グループ「ダフト・パンク」の「ゲット・ラッキー（幸運をつかめ）」が大ヒットした。それは多くの人の協力と市場調査、強力なマーケティングと宣伝の賜物で、綿密なビジネスプランが商業的な成功に結びついた典型といえる。

幸運は文字どおり運まかせ、どうあがいても人が支配できるものではないという。しかしマクドナルドの創業者レイ・クロックは「汗をかけばかくほど多くの幸運をつかめる」と言っている。つまり、幸運は自らつかめるということだ。正しいのはどちらか。実は、どちらも正しい。グローバル市場の変化が激しく予測しがたい今の時代、企業の成功に幸運は欠かせない。2社が同時に同じ製品を投入した場合、勝敗を分けるのは幸運かもしれない。

幸運を手繰り寄せる

よく練りあげられたビジネスプランは、もちろん幸運になど頼らない。アイデアが良く、綿密な市場調査ができていて資金の準備も完璧なら、ゼロから始めた新興企業でも成功をつかめる。市場の変化に備え、予測不能な事態に備え、ライバルの出現に備える。そこまでのプランがあれば勝てる。

きちんとしたプランがあれば、市場の微妙な変化を商機に、そして勝機に変えられる。つまり、プランがしっかりしていれば幸運を手繰り寄せることができる。いい例がスリーエム（3M）の貼ってはがせる糊つきメモ用紙「ポスト・イット」だ。その発明自体は偶然だったが、その幸運を成功に変えたのは経営者の確かな目だ。

変化が激しい今の時代、新興企業が生き残るには運を味方につけることも必要だろう。しかしその前に、運に頼らないビジネスプランを練りあげる必要がある。■

> ビジネスにおける幸運の第一法則は、ひたすら正しいことをやり続けること。そうすれば、チャンスは自ずとめぐってくる。
> **ロナルド・コーエン**
> アメリカのベンチャー資本家（1945-）

参照：起業は失敗を乗り越えてこそ 20-21 ■ 勝ち残るためのエッジを磨く 32-39 ■ 市場を理解する 234-41 ■ 売上げ予測 278-79

広い視野を持て、安定を維持しつつも前へ進め
2歩目を踏み出せ

背景知識

テーマ
事業を拡大する

歴史に学ぶ
1800年頃 フランスの綿布製造業者ジャン＝バティスト・セイが「アントルプルヌール（起業家）」の語を広める。フランス語で「引き受ける人」の意だ。

1999年 香港の大物実業家・李嘉誠（リー・カシン）が、事業を育てるにはビジョンが必要だとして「広い視野を持て、安定を維持しつつも前へ進め」と説いた。

2011年 アメリカのハイテク起業家エリック・リースが著書『リーン・スタートアップームダのない起業プロセスでイノベーションを生みだす』で、持てる資源を最大限に効率的に使って成長を実現しようと説いた。

2011年 先進諸国で起業する人の数が20％ほど増えた。不景気で雇用が減った影響とみられる。

ビジネスを動かしているのは大企業なのだろうか。そんなことはない。数でいえば、小さな会社のほうがずっと多い。ただし、ほとんどのビジネスは経営者の目に届く範囲にとどまっている。小さく始めて、小さいままなのだ。アメリカの場合、99％の企業は従業員500人未満だ。2012年には従業員50人未満の零細企業が500万近くあった。対して従業員250人以上の会社は6000にすぎない。

成長を求めるか、求めないか。そこが起業家の分かれ道となる。今の商売、今の暮らしでいいと割りきる経営者は少なくない。そこに成長意欲はない。しかし成長をあきらめる理由のうち、最大のものは資金難だ。成長には資本が必要だが、零細企業にとって資金調達のハードルは高い。オーナーは無限責任だから、いざとなれば自分の家まで手放すことになる。たいていの人は、そこまではしたくないと思う。

しかし起業家とはリスクを引き受ける者のことだ。成長を求めるのであれば、リスクを引き受けて次の一歩を踏み出さねばならない。たいていの起業家にとって、それは家族や知り合い以外の人を雇用することから始まる。そうして事業を拡大し、人を動かし、システムを管理する技術とリーダーシップを身につけねばならない。■

大企業は見上げるような巨木かもしれないが、それでも最初は小さな芽だったはず。小さいままか大きくなるかは、リスクを引き受けるかどうかにかかっている。

参照：起業は失敗を乗り越えてこそ 20–21 ■ リスク管理 40–41 ■ グレイナー曲線 58–61 ■ 誰がリスクを背負うのか 138–45 ■ 小さいことはいいことだ 172–77

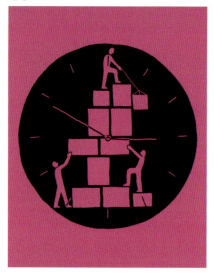

ローマは1日にしてならず
成長を急ぎすぎない

背景知識

テーマ
企業の成長（事業の拡大）

歴史に学ぶ
1970年代 コンサルティング会社マッキンゼーが大企業向けにMABAマトリックスを開発。それはどの事業部の成長を、どんなペースで加速すればいいかの判断に資するツールだった。

2001年 ニール・チャーチル（仏INSEAD教授）とジョン・マリンズ（英ロンドン・ビジネススクール教授）が「この会社はどれだけ速く成長できるか」と題する論文を発表し、SFGの概念を提唱。

2002年 トヨタ自動車が世界最大の自動車メーカーを目指すと宣言。だが8年後には品質問題で800万台以上のリコールが発生、拡大を急ぎすぎたことを認めた。

2012年 エドワード・ヘスが『偉大さへの成長』を著し、成長とは絶えざる変化の繰り返しだと説いた。

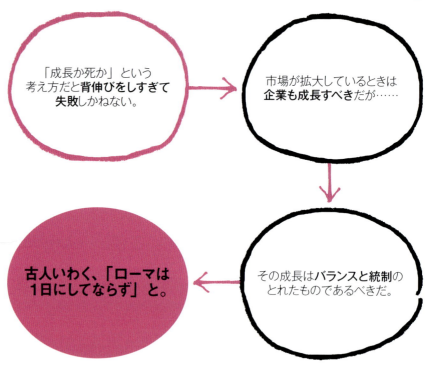

「成長か死か」という考え方だと**背伸びをしすぎて失敗**しかねない。

市場が拡大しているときは**企業も成長すべき**だが……

その成長は**バランスと統制**のとれたものであるべきだ。

古人いわく、「**ローマは1日にしてならず**」と。

新しい会社の多くが行きづまるのはなぜか。意外に聞こえるかもしれないが、成長を急ぎすぎるからだ。成長を急ぎすぎ、無理して背伸びすると、成長に必要な資金を確保できなくなる。つまり、事業を続ける手元資金が底をついてしまう。だから支出と収入のバランスに留意し、事業の拡大に伴うコスト増に見合うだけの手元資金を切らさないようにする必要がある。

経営学者のニール・チャーチルらは2001年に、企業が自己資金だけで成長できる速度を計算する数式を提唱した。SFG（自己資金成長率）と呼ばれるもので、これを使えば収支のバラン

小さく始めて、大きく育てる　45

参照： リスク管理 40-41　■　幸運にめぐりあう幸運をつかむ 42　■　グレイナー曲線 58-61　■　おごれる者は久しからず 100-03　■　キャッシュフローの管理 152-53　■　小さいことはいいことだ 172-77　■　MABAマトリックス 192-93

スを維持できるという。SFGで考慮される変数は、在庫が眠っている時間（資産計上される在庫が実際に売れるまでに要する時間）、販売に要する経費、販売で得られる売上げの3つだ。

持続可能な成長

このSFGの数式に正しい数値を入れれば、企業が外部からの資金調達に依存せず、自らの売上げだけでまかなえる成長速度が算出できる。つまり、SFGを使えば持続可能な成長速度を予想し、無理な成長を抑制できる。市場の拡大ペースが自社のSFGより速ければ、そこには成長余地があることになるが、これを活かす（自社のSFGをあげる）ためには3つの方法がある。在庫の回転を速める（キャッシュフローの速度を上げる）、コストを下げる、価格を上げる、の3つだ。いずれの方法も、成長の加速に必要な資金を生み出すことに役立つ。

ファッション・ブランドのスーパードライは爆発的な成長を遂げた新興企業の1つだ。2004年にイギリスで誕生した同社は、またたく間に店舗網を世界中に広げた。しかし徐々に利益が頭打ちになり、2012年になると「成功の犠牲」になりかけていることが明らかになった。成長を追うあまりブランドのルーツを忘れ、シーズンごとに新作を発表することもできなかった。調達面のトラブルや会計処理のミスがあり、ライバルの出現にもすばやく対応できなかった。そしてついに、新規出店計画の見直しに追い込まれた。これは成長の行きすぎを自ら認めたに等しい。

事業拡大の問題に詳しいエドワード・ヘスは言っている。成長（事業拡大）は会社の価値を押し上げるが、適切に管理されなければ「企業風土や内部統制、仕事のプロセスや社員にストレスを与え、結局は会社の価値を傷つけ、悪くすれば成長による死へと追いやりかねない」と。ヘスによれば、成長は戦略ではなく、むしろ複雑な変化のプロセスだ。それに対応するには適切な心構え（企業統治）と適切な手続き、適切な試行、そして成長を可能にする環境が必要となる。■

宇宙の彼方のらせん星雲は、拡大のためにエネルギーを使い果たし、爆発した星の残骸。成長を急ぎすぎると会社も同じ運命をたどる。

どんなに
儲かっている会社でも
成長を急ぎすぎれば、
手元資金が底をつきかねない。
**ニール・チャーチル＆
ジョン・マリンス**

エドワード・ヘス

フロリダ、バージニア、ニューヨークの各大学を卒業後、石油会社アトランティック・リッチフィールドに入社。その後はアーサー・アンダーセンを含むいくつもの有名企業の取締役を歴任した後、教職に転じた。

企業の成長に関するスペシャリストで、特に「成長は常に善であり直線的なものだ」という通説に異論を唱え、「成長か死か」ではなく、むしろ「成長による死」のリスクに備えよと説く。

ヘスは現在バージニア大学の経営学教授で、著書多数。発表した論文やエッセーは100本を超える。

主な著書

2006年	『有機的成長を求めて』
2010年	『スマートな成長』
2012年	『偉大さへの成長』

経営者の役目、それはできる人材を育てること
起業家からリーダーへ

背景知識

テーマ
事業を拡大する

歴史に学ぶ

1972年 経営学者ラリー・グレイナーが、企業は危機を乗り越えることで成長のステージを上がっていくのであり、最初に来るのがリーダーシップの危機だと指摘。

2001年 リーダーシップ論を専門とするジョン・コッターが「ハーバード・ビジネス・レビュー」誌に「リーダーが実際にすること」と題する論文を発表し、管理者（マネジャー）と指導者（リーダー）の役割の違いを明示。

2008年 インド系の経営学者バラ・チャクラヴァルシとノルウェーの経済学者ピーター・ロランジが論文「再生を進める力：管理できる起業家」を「ジャーナル・オブ・ビジネス・ストラテジー」に発表し、事業の再生には起業家の変身が必要だと論じた。

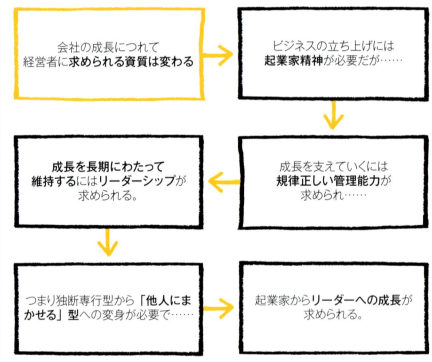

- 会社の成長につれて経営者に求められる資質は変わる
- ビジネスの立ち上げには**起業家精神**が必要だが……
- 成長を支えていくには**規律正しい管理能力**が求められ……
- 成長を長期にわたって**維持する**にはリーダーシップが求められる。
- つまり独断専行型から「他人にまかせる」型への変身が必要で……
- 起業家から**リーダーへの成長**が求められる。

　起業したての時期、創業者に求められる最大のものは起業家精神だ。チャンスを見きわめ、リスクを引き受ける覚悟である。しかし、事業が大きくなれば求められる資質も変わる。規律正しい管理能力や経営上の専門知識がなければ、会社の成長を支えていけない。こうした役割の変化に対応するのは、必ずしも容易ではない。

　大手会計事務所アーンスト・アンド・ヤングの2011年の報告によれば、典型的な起業家は妥協を嫌い、信念を曲げず、情熱的でまっすぐで、しかし機をみるに敏なタイプだ。起業家は変人で、失敗を恐れず、ひたすら成功を追

小さく始めて、大きく育てる

参照：2歩目を踏み出せ 43 ■ グレイナー曲線 58-61 ■ リーダーの資質 68-69 ■ 求められる指導者像 78-79 ■ EQの開発 110-11 ■ ミンツバーグのマネジメント論 112-13 ■ バリューチェーン 216-17

い求めるタイプだという説もある。言い得て妙だが、どちらの定義にも指導者や管理職に必要な重要な資質（細部へのこだわり、組織や連絡を大事にすること、人の心を読むこと、そして人にまかせる能力など）が含まれていない。しかしインド人経営者のヴィニート・ナイアーが言うように、すぐれた経営者には社内の人材を活用し、その能力を存分に発揮させることも求められる。

起業から組織運営への移行

カナダの有名な経営学者ヘンリー・ミンツバーグによれば、経営には3つの形がある。情報による管理、人による管理、行動による管理だ。そして起業家は、往々にして情報による管理に弱い。大きな企業体の構築に欠かせないシステムや連絡網を作りあげるのに必要なスキルを欠いている。

たとえば、1998年にLCC（格安航空会社）「イージージェット」を立ち上げたキプロス出身の起業家ステリオス・ハジ＝イオアヌは休むことを知らないタイプ。LCCだけでなく、同じ低コスト・低価格のビジネスモデルですでに20以上の「イージー」グループ企業を立ち上げている。彼には戦略眼もあるし、細かいところにも目を向けているが、指導者としての資質には欠け、やたらと細かい点にこだわりすぎ、そして何よりも人にまかせることができないとの指摘がある。

アメリカの経営学者ラリー・グレイナーの見るところ、創業者が単なる起業家からリーダーへと変身できるかどうかが、その会社の成功のカギを握っている。事業の拡大を成功に導くには、たいていの場合、経営のプロを雇う必要がある。金融や銀行に関する専門的な知識があり、そして何よりも複雑な組織を動かしていくスキルをもつプロだ。起業家はアイデアで勝負するが、そのアイデアをビジネスとして成功させるには、きちんとルールを守る経営が必要であり、会社を大きく育てていくリーダーシップが必要になる。

つまり、会社を立ち上げるには爆発的な起業家精神が必要だが、育てていくには別なスキルが必要ということ。すべてを自分で決める独裁者だった創業者が、節度をわきまえた管理者にな

リーダーの役割は
リーダーを増やすことであり、
追従者を増やすことではない。
ラルフ・ネーダー
アメリカの消費者運動家（1934-）

り、よき指導者になれるかどうか。この変身に耐えられない起業家は現場を退き、後を経営のプロに委ねるしかない。ただし、この移行が順調に運ぶ保証はない。■

張茵（チャン・イン）

古紙回収で財をなした中国の企業家・張茵は1957年、広東省の生まれ。中国の輸出企業が梱包用段ボールの確保に苦労しているのを見て、1985年に香港で古紙回収・販売の事業を立ち上げた。

張茵はすぐにビジネス・リーダーとしての資質を発揮し、ロサンゼルスに移って1990年に紙の輸出会社アメリカ・チュンナムを創業。同社はたちまちアメリカの同業トップとなり、対中輸出ではアメリカ最大の企業となった。1995年には香港に戻って夫や親族と九龍紙業を設立、同社を世界最大の段ボール製造会社に育てあげた。

2006年には、49歳にして女性として初めて中国の富裕層ランキングのトップに立ったという。翌年にはアーンスト・アンド・ヤングの選ぶ「2007年を代表する中国の起業家」に選ばれている。

慣れは恐ろしい。
最初は軽くて
気にならないが、
いずれ重くて
抜け出せなくなる
仕事の仕方を進化させる

背景知識

テーマ
中間管理職

歴史に学ぶ

1850年以前 たいていの会社は小さく、ローカルで、家族経営の域を出なかった。

1850-60年代 鉄道網の発達と産業技術の革新で、欧米各国で企業が大きく育つ可能性が生まれた。

1880年代以降 企業が大きくなるにつれて管理部門の重要性が増し、家族経営は限界を迎え、専門的な管理職（マネジャー）が生まれた。

1982年 イギリスの経済学者ノーマン・マクレーが「イントラプルヌール」（起業家的な思考方法をもつマネジャー）の出現を予言した。

組織を活かすのは人だ。起業家一人の号令であれ、何千もの従業員の共同作業であれ、人が動かなければ物事は進まない。ただし命令者と働く人だけではダメで、作業を指示し監督する人間が必要になる。個人のエネルギーを全体の力に変えるには組織的な手順（プロセス）が必要で、それを考え出し、実行し、管理する人材が必要だ。組織が大きくなればなるほど手順は複雑になるが、それを管理できるのは経験豊富な人材だけだ。

経験は仕事の潤滑剤となるが、逆に足かせとなることもある。経験は容易に「慣れ」となり、やがて惰性となる。市場の変化が激しい今の時代、経営が

小さく始めて、大きく育てる

参照： 起業は失敗を乗り越えてこそ 20-21 ■ 2歩目を踏み出せ 43 ■ 適応し、変身・刷新する 52-57 ■ グレイナー曲線 58-61 ■ 身軽に起業する 62-63 ■ イエス・マンの弊害 74-75 ■ 能力を育てる 218-19

> 品質改善のカギは、
> 従業員ではなく、
> 組織の構造にこそある。
> **W・エドワーズ・デミング**
> アメリカの経営学者 (1900-93)

惰性に流されたら成長は止まり、停滞に陥る。著名な投資家ウォーレン・バフェットは警告している。「慣れは恐ろしい。最初は軽くて気にならないが、いずれ重くて抜け出せなくなる」と。

中間管理の概念

経営と現場をつなぐ中間管理の大切さに光を当てたのは、経営史家アルフレッド・チャンドラーが1977年に発表した「見える手」だ。市場の自律的な力を「見えざる手」にたとえたのは近代経済学の祖アダム・スミスだが、こちらの「見える手」とは何か。

チャンドラーによれば、1850年までのアメリカは家族経営の時代で、まともな連絡網や命令系統はなく、教育のあるスタッフも限られていた。だから親族や親しい友人の範囲を超えて、有能かつ信頼できる人物に管理をまかせるような規模にまで大きくなることはめったになかった。

しかし1850年代に鉄道網が全国に広がると、経営のあり方もさま変わりした。交通・連絡手段の発達で会社の活動範囲が広がり、遠くの町にも進出

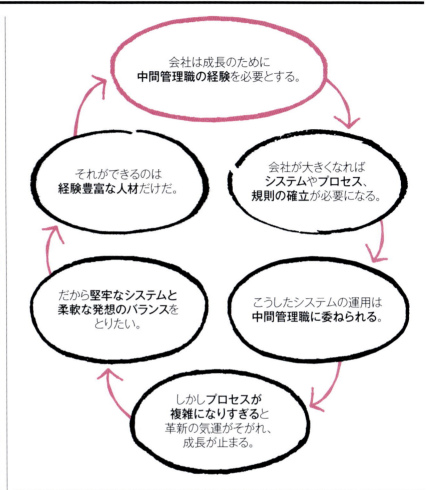

するようになると、もはや親族や友人だけでは目が届かない。そんなビジネス環境で成功を維持していくには、作業手順や組織構造を今まで以上にきっちっと決める必要があった。地理的にも事業的にも企業が大きくなれば、それに見合う規模の報告・連絡網が必要だが、それを一人で仕切ることは不可能で、どうしても管理・監督者のチームが必要になる。専門的な管理職（マネジャー）の誕生である。

20世紀の初期には作業手順の標準化と大量生産が始まり、管理・監督者の役割は一段と重要になった。一方で、事業はますますグローバルになる。まだ本格的な機械化は進んでいなかったが、マネジャーが現場を統制することで大量生産（たとえばT型フォードの量産）が可能になった。標準化と大量生産によってマネジメントは1つの科学となり、マネジャーは組織という名のマシンに不可欠な歯車となった。

執行者と経営者

2007年に「ハーバード・ビジネス・レビュー」誌に発表した論文「プロセス監査」で、アメリカの実業家マイケ

仕事の仕方を進化させる

ル・ハマーは、科学的マネジメントには執行力と経営力の分離が必要だと説いた。経営力はオーナーを含む経営幹部に由来し、企業風土や企業統治(ガバナンス)、そして企業戦略に関わる。一方、執行力を担うのは中間管理職で、彼らは会社の組織設計やインフラ構築、手順や規則の策定と遵守、そして現場の生産性管理などの責を負う。つまり、経営のビジョンを現実に変えるのが執行力だ。

ビジョンの実現

ハマーによれば、会社を大きく育てようという意欲はトップの経営力から生まれるかもしれないが、それを実現するのは会社の組織(インフラ)であり、組織を運用する中間管理職だ。組織(インフラ)なきビジョンは見果てぬ夢で、決して実現されない。成長企業の経営者なら知っている、成長の源は中間管理職にあるということを。

日本のアサヒビールは辛口の「スーパードライ」を開発し、たちまちシェアを奪ったが、それを開発したのは同社の中間管理職チームだった。米モトローラで、ある顧客企業のために(通常なら2年か3年かかるところを)わずか1年でデジタル無線通信網を開発したのも中間管理職のグループだ。

経営トップと現場スタッフの間に位置する中間管理職は、トップの意思を現場に伝え、現場の思いをトップに知らせる。アサヒビールやモトローラの例からも明らかなように、中間管理職は企業の成長の推進力であり、新たなアイデアを生み出し、実現していく上で欠かせない存在だ。中間管理職はまた、生産性向上の原動力ともなる。コスト、品質、スピード、信頼性などの改善は中間管理職の手腕にかかっている。

事業の成長・拡大

会社の成長につれて、管理の仕組みも変わっていく。成長の初期にものをいうのは個人のイニシアチブと起業家精神だが、日々の実践を持続可能な成長の軌道に乗せるには毎日の経験から学ぶ必要がある。ビジネスの現場経験を、反復可能で信頼できるプロセスに組み上げること。それができれば、今日の問題は明日のプロセスとなり、翌年の基礎体力となる。

プロセスは事業管理の要だ。プロセス(作業手順)が確立されていないと秩序は保てない。鉄道網とその運行規則が国のインフラであるように、プロセスは会社という組織の運営に欠かせないインフラだ。小さな店で始めた事業

> 技能としての中間管理が、今日見られるような組織を可能にした。
> **アルフレッド・チャンドラー**
> アメリカの経営史家 (1918-2007)

がチェーン店になり、従業員が増え、外国へも出店するようになる。そういう成長に伴って、プロセスも進化していく。

インフラの構築と中間管理層の強化で成功した例が、イギリスの小売業キャス・キッドソンだ。今でこそ明るい色彩の壁紙や楽しい家具で世界中に知られているが、1993年の創業時には年代物の布地や壁紙を仕入れて売る小さな単独店だった。それが、2013年には世界各地で120以上の店舗を展開するまでに成長していた。すでに欧州各国やアジアに進出し、北米への出店計画もある。

たった一人で始めた会社の常とし

キャス・キッドソン

キャサリン(キャス)・キッドソンは1958年生まれのイギリス人起業家・ファッションデザイナー・著述家。ハンプシャー州アンドーバー近郊で少女時代を過ごし、いくつかの寄宿学校を経て、18歳のときロンドンへ移った。

ショップのアシスタントとして働いた後、ロンドン市内のキングスロードで、友人と一緒に年代物のカーテン生地を扱うビジネスを手がけたが、5年後の1992年にこの事業を手放し、その1年後に年代物の生地や壁紙、家庭用品などの店を開いた。手持ち資金はわずか1万5000ポンドほど。すでに集めていた生地や壁紙に加え、ガレージ・セールや各地の青空市を回って掘り出し物を見つける一方、原価の安い東欧から生地を仕入れもした。大陸から仕入れたギンガム・チェックは、そのままではなくキルトや枕カバーに加工した。そうして、仕入れたままではなく、自分の発想で手を加え「切り貼りして別な製品に」仕立てたほうが売れることに気づいた。「キャス・キッドソン」ブランドの誕生である。

て、キャス・キッドソンも最初のうちは伸び悩んでいた。当初は月ごとの収支をまとめるのに１か月半もかかった。コンピュータの不具合で資金計画が狂ったこともあり、仕入れのトラブルもあった。だから２号店を出すまでに９年もかかり、３号店にはさらに２年かかった。

　しかし2010年に転機があった。有望な非公開企業に投資するアメリカのファンドに買収されたのだ（ただし創業者のキャス・キッドソンも20％の株式を保持）。これで成長に弾みがつき、成り行きまかせの経営に計画的なアプローチが持ち込まれた。経営のプロやコンサルタントが入って成長の道筋をつけ、デザイン・仕入れ・商品開発などの部門を分け、会社らしいシステムを構築した。その過程で新店舗の開設・運営に経験を積んだ中間管理職が育った。彼らは過去の失敗に学び、その教訓をもとに店舗運営のプロセスやポリシーを確立していった。おかげで店舗展開の効率とスピードが上がった。

行きすぎれば足かせに

　ただしプロセス（作業手順）や命令系統の確立も、行きすぎれば組織の足かせとなる。融通のきかない規則や官僚主義がはびこると従業員はやる気をなくし、革新の気運がそがれ、成長が止まってしまう。今は市場や技術の変化が速い時代だから、規則や手順に縛られているとチャンスを見逃してしまう。柔軟性を欠くシステムが戦略的敏捷性を損なうようでは困る。たとえばモトローラは、1990年代に衛星通信の技術を深追いしすぎ、もっと安価な地上基地局方式への進出でライバル勢に後れをとった。

　そして「慣れ」。慣れは真実を見えにくくする。たとえば多国籍企業タイコ・インターナショナルを率いるデニス・コズロウスキは、日頃から企業倫理の大切さを説いていたが、実は倫理

中間管理職は執行力の担い手。マイケル・ハマーによれば、今の会社経営には執行力と経営力の分離が必要であり、執行役の中間管理職がうまく機能していれば会社の成長は加速され、経営陣のビジョンを実現できる。

を説くことに慣れすぎて、倫理の実践を忘れていた。だから2005年に不正利得で私腹を肥やしたとして有罪判決を受け、投獄されている。

　慣れが過信となって手痛い失敗を招いたのは、サムスン・グループの総帥・李健熙（イ・ゴンヒ）だ。電子機器分野でのすばらしい成功に浮かれた李は、同じビジネスモデルが通用すると信じて自動車産業に進出したが思うようにいかず、2000年には仏ルノーによる救済合併を受け入れるしかなかった。その後、社名を「ルノーサムスン」に変更した同社にはルノーの管理職と彼らの経験が注入され、今も韓国市場で一定のシェアを確保している。

　どんな会社のリーダーも、中間管理職の（そして確立されたプロセスの）役割を軽んじればどこかで足をすくわれる。中間管理職がいればこそ、経営者のビジョンを現実に変えることができる。その活躍がなければ会社の成長は望めず、いつまでも小さくてローカルなままに終わるだろう。ビジネスの進化と成長には科学的な管理が不可欠なのだ。■

自分の仕事を
プロセスとして記述できない人は、
仕事の中身を
わかっていない。
W・エドワーズ・デミング

会社は**生きもの**。
何度でも**脱皮**を繰り返して
生きるのが定めだ

適応し、変身・刷新する

54 適応し、変身・刷新する

背景知識

テーマ
プロセスと製品

歴史に学ぶ

1962年 アメリカのエベレット・ロジャーズが『イノベーションの普及』で、いかにして技術革新が社会に広まるかを示した。

1983年 米コンサルタントのジュリアン・フィリップスが「ヒューマン・リソース・マネジメント」誌で、変化をいかに管理するかのモデルを提唱した。

1985年 ピーター・ドラッカーが『イノベーションと起業家精神』で、変化を管理するには「常に変化を探し求め、対応し、利用する」のが一番だと説いた。

1993年 米コンサルタントのダリル・コナーが「足場に火がついたら」というたとえ話を用いて、同じ場所にとどまっていたら会社はもたないと説いた。

人は成長・変化・適応を繰り返して生きていく。会社も同じだ。アメリカの未来学者アルビン・トフラーは1970年の著書『未来の衝撃』で、「あまりに短い間にあまりに大きな変化」が起きる時代の到来を予言した。そして変化の波はビジネスの世界にも広がり、会社はその製品や仕事の仕方を変化に適応させねばならず、さもないと競争の激化した市場で生き残れないと警告した。

技術の急速な進化がもたらす変化についてのトフラーの警告は、当時は大げさなものと受け取られた。しかし1980年代にパソコンが登場し、90年代にインターネットが普及すると、変化はトフラーの予言以上に速くなった。トフラーはいみじくも、いずれ「超つかの間」社会が来ると論じていた。それは思想も組織も、人間関係さえも長続きしない世の中。今のソーシャルメディアの世界が、まさにそれだ。人と人の新しいつながり方がどんどん登場しているし、ビジネスを立ち上げ、育てる新しい方法も登場している。

コンピュータの権威アラン・ケイは1989年に、ある技術革新が生まれてから商品となり、一般に普及するには10年かかると語っていた。しかしツイッターの技術は、わずか4年で世界

日常生活の刷新。
それは地図からはみ出して
進むことだ。
ボブ・ブラック
アメリカの活動家 (1951–)

中に広まった。今はどんな品物も、どこにいてもオンラインで買える。しかも消費者の反応は瞬時に、世界中から返ってくる。もちろん会社はすぐに対応し、その商品やサービスを改良していかねばならない。

製品とプロセス

個人の生活もビジネスの現場も、1960年代以降、徹底的に変わってきた。誰もが変化の波をかぶり、適応を強いられてきた。音楽産業や映画産業を見ればいい。新しいテクノロジーの台頭で、映画や音楽の購買・消費の形態は

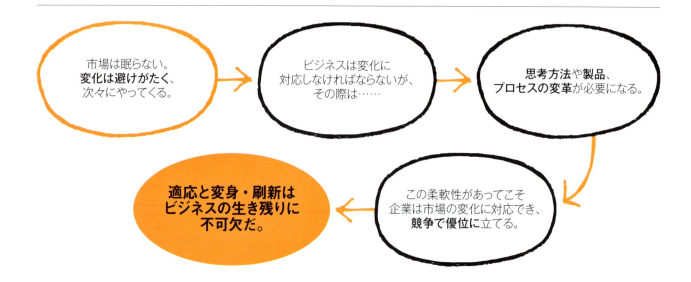

小さく始めて、大きく育てる

参照：勝ち残るためのエッジを磨く 32–39 ◾ 仕事の仕方を進化させる 48–51 ◾ 創造と革新 72–73 ◾ 枠をはみ出す発想 88–89 ◾ ゲームを変える 92–99 ◾ 自己満足の罠 194–201

急激に、しかも大きく変わった。どんなに巨大な映像・音楽ビジネスも（周辺の関連業界も含め）、この変化にしっかり対応し、高いレベルで変身しなければ生き残れなかった。

映像・音楽ビジネスの変身は、製品とプロセスの両面で求められた。製品面の適応・変身にはアップデート（更新）とリデザイン（設計のやり直し）が含まれる。要するに日々の改良と革新・発明だ。映画産業は初期の白黒・無声映画の時代からトーキーの時代、天然色の時代を経て、CGで「実際にはありえない」映像を操る時代へと、何度も大きな変化を経験してきた。マーケティングの手法も、会員制の鑑賞団体から月ぎめのアクセスカードへと変わった。映画館も変わった。屋外での上映イベントが盛んになる一方、1館で複数の上映スクリーンを持つシネコンも増えて集客の効率を改善している。最新の3D映像技術は、映画ファンに海賊版の違法ダウンロードをやめさせ、やはり映画館で観るのが一番と思い直させる効果があった（3D映画のアイデア自体は昔からあったが、やはり何度も適応・変身を繰り返して、ようやく今日の姿になった）。

音楽産業も、21世紀の初頭にはCDの売上げ減少に苦しみ、ライブのコンサートを増やしたり、人気歌手の関連商品開発などに取り組んできた。しかし映像・音楽ビジネスに新たな命を吹き込んだのは、つまるところデジタル化とネットワーク化だった。アップルのiPodとiTunesの登場で革命が起き、製品とプロセス（ハードとソフト）が一新され、低価格で高品質な音や画像を合法的にダウンロードできる仕組みができた。2013年段階で、アップルのiTunesストアは世界119か国で、6万本の映画と3500万曲の音楽を提供している。

今までとは違う方法

今までと同じことを、今までとは違う方法でやれないか。そう考えるところからプロセスの刷新は始まる。新たな手順を加えることもあれば、余計な手間を省く場合もある。例をネットフリックス（Netflix）のような映像配信ビジネスにとろう。オンライン通販との競争や違法ストリーミングとの闘いを勝ち抜くには、変化を恐れず、常にライバルの一歩先を行くことが求められる。そこで同社は、テレビ番組「ハウス・オブ・カード」の1シーズン分（13話）をそっくり、いっぺんにダウンロードできる新機軸を打ち出した。簡単に合法ルートで買えるようにすれば違法ダウンロードが減ると読んだからだ。

それだけではない。ネットフリックスはこの斬新なプロセスの導入にあたり、会社のビジネスモデルをも大胆に変えた。番組製作に乗り出したのだ。2012年当時のネットフリックスはまだ成長の初期ステージにあり、ストリーミングによる映像配信に注力していたが、「ハウス・オブ・カード」（2013年〜）では製作も引き受けた。そうすれば収益源が増えるし、番組の内容にも注文をつけやすいからだ。もちろん、

> 優良企業は
> 優良さに安住せず、
> 常に改善と変化に
> 身をおいている。
> **トム・ピーターズ**
> 『エクセレント・カンパニー』の著者 (1942-)

音楽産業は新しいテクノロジーが登場するたびに製品の適応を強いられてきた。初期のラッパ型蓄音機からレコード、カセットテープ、CD、ミニディスク、さらにはMP3のファイルへと変身を繰り返し、そのたびに市場は大きくなったのだった。

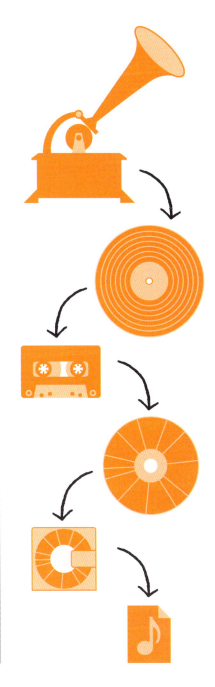

56　適応し、変身・刷新する

初めから勝算があったわけではない。しかし成長を維持するには新たな適応と変身が必要なことはわかっていた。だから単なる配信会社であることをやめ、映像製作＆配信の会社へと脱皮した。

内なる変化も大事

適応と変身・刷新は社内のシステムや反復的作業、また日常の業務執行についても必要な場合がある。こうした方面の改善は、総合的品質管理、いわゆるTQMなどの取り組みや客観的なデータから生まれるかもしれないし、現場をよく知るマネジャーの直感から生まれるかもしれない。いずれにせよ、社内的なプロセスを時代に合わせて変えていけばコスト削減と利益の最大化につながるはずだ。

たとえばマクドナルドの「マックラップ」は、現場スタッフが作るのに21秒しかかからない。作る時間が短ければ、同じ数のスタッフで同じ時間に大量の注文をさばけることになる。「ドクターマーチン」のブランドで知られる靴の製造会社R・グリッグス・グル

「ドクターマーチン」の靴は、ほんの数年でファッション系のニッチ商品からグローバルなヒット商品へと成長。需要に追いつくため、製造元のR・グリッグスは社内プロセスの刷新に踏みきった。

ープも、社内システムの刷新で世界に販路を広げることができた。ブランドの人気に火がついた1994年当時、同社の製造能力は需要に追いつかない状況だった。計画性も部門間の調整も欠いていたために生産が遅れ、せっかくの販売機会が失われた。その反省から、同社は全社的なITシステムを導入し、社内のシステムを一新した。こうして製品そのもの（クラシックな編み上げ式のブーツ）は変えることなく、社内システムの刷新だけで需要に見合った製品供給を可能にした（後に新しいデザインを加えて製品ラインを増やしている）。

不景気にも適応すべし

社内プロセスの適応力が真に問われるのは、市場が停滞し、あるいは縮小しているときだろう。そういう状況では増収を期待しにくいから、日常業務の効率を上げないと利益を確保できない。たとえば保険会社の場合、新しい商品の開発には限界があるから、どうしても価格（保険料）競争が熾烈になりやすい。不景気で消費者の財布のひもが固い時期にはなおさらだ。そういう時期に、価格を抑えつつ利益を確保するにはどうすればいいか。業務プロセスの改善と社内システムの刷新を通じて、同じ商品を、今までより費用をかけずに売っていくしかない。結果、個別訪問の保険セールスマンはほぼアメリカでは絶滅し、電話セールスやオンライン通販にとって代わられた。

会社そのものを変身させる

個々の商品やプロセスの刷新ではなく、会社自体を大変身させた成功例が韓国のサムスン電子だ。創業は1969年、サムスン財閥の傘下で、当時の韓国ではまだ珍しかったハイテク企業を目指して設立された。白黒テレビの製造から始め、70年代には各種家電製品に進出、80年代にはパソコンや半

自ら変化を仕掛けるタイプなら、不意打ちの変化にもうまく対処しやすい。
ウィリアム・ポラード
アメリカの実業家 (1938-)

導体の製造で力をつけた。

そして1986年、満を持して初の国産自動車電話SC-100を売り出したのだが、これが大失敗だった。品質が悪すぎてユーザーからの苦情が殺到、会社の評判は地に落ち、日本の高級な製品より劣るという烙印を押された。

しかし1993年6月7日、会長の李健熙（イ・ゴンヒ）は経営幹部を一堂に集め、わが社は生まれ変わると宣言した。「自分の妻と子どもたち以外はすべてを変えろ」という訓示に、彼の本気度が表れていた。李健熙は市場の変化も熟知していて、側近には「1994年までにモトローラに負けない携帯電話機を作れ。できないようなら撤退する」と伝えていた。この号令ですべてが動き出し、製品もプロセスも刷新され、品質と革新性を重視する企業風土が構築され、さらなる成長の礎が築かれた。

同社の変身は、それだけでは終わらなかった。1990年代後半のアジア金融危機によって、サムスンはさらなる変身を迫られ、より市場重視で消費者に寄り添うメーカーへの脱皮を繰り返した。競争熾烈な携帯電話端末の世界で生き残り、ブランドを維持するには絶えざる適応と刷新が必要だったのだ。

小さく始めて、大きく育てる

プロセスが進化すれば、新たな仕事が生まれる一方、消えていく仕事もある。この写真のような手動の電話交換システムは、とっくの昔に姿を消している。

長期のサバイバル

　時代や市場への適応と、そのための変身なくしてサバイバルできる企業はめったにない。ケロッグのコーンフレークやハインツのケチャップのように、ずっと変わらずに売れ続ける商品は例外中の例外だ。商品自体は同じでも、その製造や販売、マーケティングのプロセスは大きく変わっている場合が多い。100年、いや50年前の工場と今の工場の光景はまったく違う。気がつけばほとんどの仕事はコンピュータ化され、ロボットの出番が増えている。マーケティングの手法も、人口構成の変化や市場のグローバル化、顧客の嗜好に応じて変わってきた。どんなに確立されたブランドも変身を迫られている（砂糖抜きのコーラ、アルコール抜きのビールなど）。

　企業の変身を可能にするのは、大胆な発想や斬新な技術だけではない。地道な適応と変化の積み重ねこそが成功をもたらす。今もネット上のソーシャルメディアの台頭が、あらゆる業種の企業に新たなビジネス環境への対応を強いている。レコード会社でさえ、今は販促ツールとしてYouTubeなどの映像共有サイトを利用する時代だ。

　自然界の生態系もそうだが、ビジネスの生態系も常に変化している。そして企業とは、そういう生態系で生き残りを賭けて戦う生きものだ。変化に適応できない者は死に絶えるしかない。■

李健熙（イ・ゴンヒ）

　韓国を代表する複合企業サムスン・グループを率いる李健熙は1942年1月9日生まれ。日本の早稲田大学を卒業後、米ジョージ・ワシントン大学でMBAを取得。1968年にサムスン・グループ入りし、1987年12月1日に父の後を継いで会長に就任した。

　サムスンは韓国の典型的なチェボル（財閥）企業で、儒教的な価値観と家族の絆、政府との太いパイプをあわせもつ。李健熙の下で同社は国産の低価格ブランドから国際的な家電メーカーへと躍進し、ソニーと並ぶアジアの有名ブランドに変身した。グループの中核企業であるサムスン電子は半導体や薄型テレビのディスプレー、携帯電話端末で世界をリードしており、同社製スマートフォンは多くの国でiPhoneよりも売れている。

　米誌「フォーブズ」のまとめた世界資産家ランキング（2013年版）で、李健熙は69位。もちろん韓国では1番の資産家だ。

絶えざる成長と進歩を伴わなければ、どんな成功にも意味はない

グレイナー曲線

背景知識

テーマ
事業の成長

歴史に学ぶ

1972年 ラリー・グレイナーが論文「組織の成長に伴う進化と革命」で、5つの成長ステージと、それに関連する危機の存在を指摘。

1988年 マケドニアの経営学者イチャック・アディゼスが『コーポレート・ライフサイクル』を著し、企業の成長を5つの連続的なS字カーブとして説明。

1994年 経営学者デヴィッド・ストーリーが「成長ステージ」論の限界を指摘。むしろ成長を失敗、停滞、高速のカテゴリーに分けて考えるべきだと提案。

1998年 グレイナーが1972年の論文に加筆し、グレイナー曲線に成長の第6ステージを追加した。

金銭的な見返りを別にすれば、会社の立ち上げは起業家にとって最高にエキサイティングな仕事だろう。混沌のなかで状況は刻々と変化し、だんだんと方向性や手順が見えてくる。やることは山ほどあり、エネルギーが満ち、アイデアがあふれる。しかしビジネスの成長につれて、人にも組織にもプレッシャーが重くのしかかってきて、やがて高揚感はストレスに変わる。

　混沌と高揚の時期は、いわば新興企業の少年期。大人になるにはいくつものステップを踏み越えていかねばならない。ラリー・グレイナーは1972年に、こうした段階を「成長の危機」と呼んで図示してみせた。「グレイナー曲線」

小さく始めて、大きく育てる 59

参照: 起業は失敗を乗り越えてこそ 20-21 ■ 2歩目を踏み出せ 43 ■ 成長を急ぎすぎない 44-45 ■ 起業家からリーダーへ 46-47 ■ 仕事の仕方を進化させる 48-51 ■ 身軽に起業する 62-63

である。どんな会社にも避けがたい危機が訪れるが、それを乗り越えれば新たな成長のステージに乗れる。そして成長を積み重ねていくには、大胆な組織改革が必要とされる。

成長のステージ

グレイナーは当初、5つの成長ステージを想定していたが、後に6つ目を加えている。まず最初は「創造性による成長」のステージ。生まれたての会社はまだ小さく、創業メンバーの情熱が成長の原動力だ。管理や連絡の手順はもちろん、顧客の声を聞く仕組みも未完成だが、特に問題は生じない。しかし従業員が増え、生産が拡大し、さらなる資金が必要になる（たいていは融資を受けるか外部資本を受け入れる）と、社内の決裁手続きや命令系統をきちんと整えねばならない。ところが創業メンバーはたいてい技術系か起業家精神の塊だから、管理職には向いていないし、経営管理の訓練も受けていない。誰が先頭に立って混乱から抜け出し、管理の問題に対処していくのか。これが第1の危機、すなわち「リーダーシップの危機」だ。

成長の第2ステージで求められるのはリーダーシップの変化だ。運がよければ社内の組織をいじってスタイルを変え、初期のカジュアル感を減らしてフォーマル感を加え、システムや手順を厳格にする程度で済むかもしれない。しかしたいていの場合、創業メンバーはそうしたフォーマルなリーダーシップを備えていないし、それを学ぶ意欲もない。有名シェフのジェイミー・オリヴァーは2002年にレストラン・チェーン「フィフティーン」を立ち上げ、若い人たちに職業訓練と就労機会を与えるプロジェクトも始めた。しかし店舗数が増えると、彼は経営のプロを招いてCEO（最高経営責任者）の座につけ、自分はキッチンに戻り、ふたたび売れっ子シェフとして活躍を始めたのだった。

経営管理のプロが入ると、会社の組織が固まり、予算が計画的に執行され、生産部門と販売部門の分離といった機構改革も行われ、そうした環境で成長が維持されていく。だからこの段階は「命令（ディレクション）による成長」のステージと呼ばれる。新たに経営を委ねられた人が指示を出し、中間管理職はそれに従って忠実に役割を果たすスペシャリストと位置づけられる。だ

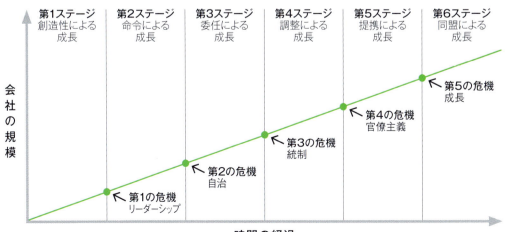

グレイナー曲線（ここでは簡略化して直線で描いた）には、どんな会社も避けて通れない成長の6ステージが示されている。どのステージもいずれ危機を迎えるが、それを乗りきれば次のステージへ進める。

グレイナー曲線

が中間管理職の人たちが、もっと裁量権をよこせと要求し始めるのは時間の問題だ。第2の危機、すなわち「自治の危機」の到来だ。この危機を乗り越えるには中間管理職を杓子定規な官僚主義から解放し、会社を次なる「委任（デリゲーション）による成長」のステージ（グレイナーのいう第3ステージ）に導く必要がある。現場の管理を部下にまかせてこそ、経営幹部はもっと長い目で成長戦略の構築に専念できるわけだ。

小さくてもいいか、大きくなりたいか

実をいうと、若い企業にとってはここが最大の危機、「統制の危機」だ。創業メンバーや経営幹部は意思決定を（どんなに信用して雇った人間であれ）他人に委ねることに抵抗を覚えるかもしれない。そんなことをするくらいなら、会社は自分たちの目の届く範囲の規模であればいいと考える（言いかえれば、成長に限界を設ける）かもしれない。

そういう判断にも一理はある。すべての会社がグローバルになり、一番になれるわけではない。現にビジネスの世界を見渡せば、中小零細企業のほう

> 人は安全を求めて後退することも、成長を求めて前進することもできる。
> エイブラハム・マズロー
> アメリカの心理学者 (1908-70)

が圧倒的に多い。会社勤めにうんざりし、人間関係のしがらみから逃れたくて起業する人もいる。そういう人なら、ここで成長にストップをかけるという選択もありうる。

なかには、英ヴァージン・グループを率いるリチャード・ブランソンのような永遠の起業家もいる。彼はとにかく新しい会社を立ち上げて育てることに情熱を燃やすが、組織的な管理が必要な段階まで大きくなると興味を失い、後はプロの経営者にまかせ、自分は別な新しい事業を立ち上げて、常にクリエイティブかつエキサイティングな場に身をおこうとする。

いずれにせよ、小さいままの会社にも危機は訪れる。どんな事業でも、どんな規模の会社でも、そして成長を求めていなくても、市場が予想外の変化をすれば対応を迫られる。それでも小さいままでいいのなら、次の「調整（コーディネーション）による成長」のステージには進まないですむだろう。

この成長の第4ステージでは、どうしても社内の中央集権化が進む。会社はかなり大きくなっているが、業務はすべて本社がコントロールしなければならない。そうなれば経験豊富な経営管理のプロを雇う一方、日常の業務に関しては標準化を進めることになる。

だが標準化も、行きすぎれば次なる危機、すなわち「官僚主義の危機」を招く。融通のきかないシステムや手続きで成長の息が止められてしまう危機だ。

縛りを破るとき

この危機を乗り越え、第5の「提携（コラボレーション）による成長」のステージに入れば、不思議なもので創業当時のカジュアルで柔軟な雰囲気が（ある程度は）戻ってくる可能性がある。垂直的な命令系統に代わって水平的なチームワークが重視され、会社の組織図は創業当初のような、いわばネットワーク型になっていく。つまり、硬直し肥大化した組織が、かつてのような柔軟で無駄のない、そして創造的な組織に回帰するわけだ。

ここまでくれば勝ったも同然だが、グレイナーによれば、次なる危機がある。社内努力による成長の限界という危機だ。この頃になれば、投資家は経営陣に無限の成長を求めるようになっている。もっと配当を増やせ、もっと株価を上げろという株主の圧力が弱まることはない。この場合、会社はライバル企業を取り込んで一気にシェアを増やすしかない。だから成長の第6ステージは「同盟（アライアンス）による成長」と呼ばれる。企業買収や業務委

ラリー・グレイナー

ラリー・グレイナーは南カリフォルニア大学教授で、専門は経営学と組織論。カンザス大学を卒業後、ハーバード・ビジネススクールでMBAと博士号を取得。

企業の成長と発展、経営コンサルティング、戦略的変化について数多くの論文を執筆しており、1972年の「組織の成長に伴う進化と革命」は企業の成長に関する古典的論文となっている。またコカ・コーラやメルク、アンダーセン・コンサルティング、タイムズ・ミラー、キンダーケアなど、国内外の多くの企業や政府機関にコンサルタントとして助言してきた。

主な著作

年	著作
1972年	論文「組織の成長に伴う進化と革命」
1998年	『権力と組織の発展』
1999年	『新しいタイプのCEOと戦略の変化』

小さく始めて、大きく育てる 61

スポティファイの CEO ダニエル・エクは共同創業者のマーティン・ロレンツォンとともに、大きくなっても小回りの利く会社を育ててきた。グレイナー曲線に示された成長の危機を回避するため、同社はトライブの下に小規模で自立したスカッドを配している。

託、合弁会社の設立といった手法を駆使して、社内の資源だけでは不可能な成長を追い求める。そうやって、内なる成長では足りない分を外の成長で補っていく。

グレイナー曲線の各ステージにおける実際の成長率（顧客数や売上げ、純益などで測られる）は、企業ごとに異なる。たとえばフェイスブックは、第3ステージを経て統制の危機を迎える段階で、すでに巨大企業になっていた。一方でリーダーシップの危機すら迎えず、ずっと小さいままでいる会社もたくさんある。

グレイナー曲線を使いこなす

グレイナー曲線の知識があれば、行く手に待ち受ける危機を予測し、早めに手を打てる。エキサイティングな最初の成長ステージにいるうちから、賢い起業家は次なるステージに備える。できるだけ早く組織を固め、フォーマルなシステムを構築し、経営管理のプロを招き入れる。そのほうが社内的な抵抗を抑えられるし、持続的成長の基礎を固めやすいからだ。

グレイナー曲線に示された危機の数々は、いわば成長に伴う自然な過渡期だ。どんな組織も過渡期を経験し、成長の痛みに耐えて大きくなる。その過程で事業の規模や価値、目的も修正され、定義しなおされていく。それが成長というものだ。ベンジャミン・フランクリンも言っている。「絶えざる成長と進歩を伴わなければ、どんな改善や成果、成功にも意味はない」と。

大きくても小回り抜群

グレイナー曲線の教訓をよく活かしている企業がある。インターネット音楽配信のスポティファイ（Spotify）だ。スウェーデン出身のダニエル・エクとマーチン・ロレンツォンは2008年の創業時点で成長の追求を目標に掲げていたが、一方で創業時の若々しさとダイナミックさを失いたくないとも考えていた。

そこで同社は、プロジェクトごとのスカッド（戦隊）をベースとする組織を築き上げた。個々のスカッドが1個の新興ビジネスと位置づけられ、グレイナー曲線の第1ステージにある企業と同様、完全に自立している。経営トップとダイレクトに話ができ、異なるスカッド間で依存しあうことはほとんどない。

それでも成長に伴う危機（自治の危機や官僚主義の危機）は避けがたいので、関連するスカッドをまとめて1つのトライブ（部族）の下に置いた。トライブは各スカッドに助言し、その活動を支援する役割を担う。要するに、新興企業に対するベンチャー資本家の役割だ。そして各トライブの人員を最大100人に抑えることで、小回りの利く体制を維持している。

こうしてスポティファイは、今のところ成長の恩恵と新興企業のダイナミズムのバランスを巧みに維持しているようだ。もちろん、このシステムが完璧でないことは創業者たちも承知している。いずれ全社的な戦略を必要とする段階に来れば、この会社もグレイナー曲線に示されたような成長の危機を迎えることになろう。■

いかなる成長にも行動が必要だ。
肉体的にも精神的にも、
努力なくして発展はない。
そして努力とは、
働くことの意だ。
カルヴァン・クーリッジ
第30代アメリカ合衆国大統領（1872-1933）

何かを信じるなら、夜も週末も働け。きっとそれでも苦にならない

身軽に起業する

背景知識

テーマ
ゼロからのスタート

歴史に学ぶ

1923年 ウォルト・ディズニー、叔父ロバートのガレージを借りてマンガ描きの仕事を始める。

1976年 スティーブ・ジョブズの実家の物置きで、アップル製コンピュータの最初の50台が組み立てられた。数か月後、アップルの「本社」は実家のガレージに移転した。

1978年 ビール醸造で財をなしたインドのキラン・マズムダル＝ショウ、バンガロールの別荘のガレージでバイオ・テクノロジー企業、バイオコンを創業。

2004年 ケビン・ローズ、テレビ会社の職を辞してニュースサイト「Digg」を創設、絶頂期には月に3800万のユーザーを獲得した。その段階でも、仕事場は自分のベッドルームだった。

- たいていの場合、起業に必要なのは**技量**であって**資本**ではない。
  ↓
- 身軽な起業の場合、失われるのは**時間**であって**金銭**ではない。
  ↓
- 最初のうちは、**夜間や週末の時間を割いて働く**しかないが……
  ↓
- **信念があれば、きっとそれも苦にならない。**

会社を立ち上げるには膨大なエネルギーがいる。揺るぎない献身と、引き受けたリスクに対処する粘り強さも必要だ。しかしインターネット上のビジネスの可能性が広がるにつれ、身軽な会社の立ち上げも可能になってきた。こういうビジネスはたいした資本を必要としないが、そのかわり個人の技量と時間を惜しみなく投資しないと実を結ばない。

会社の立ち上げには個人の犠牲と情熱が欠かせない。インターネット企業のDiggやRevision3、Milkを次々と立ち上げたケビン・ローズは言っている。「何かを信じるなら、夜も週末も働け。きっとそれでも苦にならない」と。食品のネスレ（スイス）や重工業のシーメンス（ドイツ）のような巨大企業でさえ、始まりは夢多き少人数のグループだった。こうした起業家たちは強い信念をもってリスクに立ち向かい、夢の実現に向けて突き進んだ。深夜まで働き、ストレスに耐え、大小の失敗にもめげずに。つらくても、自分の選んだ道ならば平気なのだ。

今までは、時間と資本の制約が起業の主たる障壁になっていた。よほどの資産家でないかぎり、新しいビジネスを始めるにはまずもってフルタイムの仕事が必要だった。そうでないと自分（と家族）の生活を支えられなかった。

小さく始めて、大きく育てる

参照： 起業は失敗を乗り越えてこそ 20-21 ■ 幸運にめぐりあう幸運をつかむ 42 ■ グレイナー曲線 58-61 ■ ゲームを変える 92-99 ■ 小さいことはいいことだ 172-77

ヒューレット・パッカード

1912年生まれのデービッド・パッカードと翌13年生まれのビル・ヒューレットは親友で、ともにスタンフォード大学で電気工学を学んだ。その後、パッカードは結婚してカリフォルニア州パロアルトのアパートの1階に引っ越し、ヒューレットはその建物の裏手にある小屋に住みついた。この建物のガレージが彼らの工房となった。ハイテクには程遠い場所だったが、彼らはここで1938年から39年まで寝食を共にし、ついにオーディオ発振器200Aと200Bを開発した。ヒューレット・パッカードの、記念すべき製品第1号だ。

同社はガレージから生まれたアメリカ初のハイテク企業とされる。創業資金はわずか538ドル。今日の同社は世界を代表するハイテク企業で、2012年の売上げは270億ドルを超えていた。創業時のガレージは復元され、カリフォルニア州の歴史的建造物に指定されている。

ヒューレット・パッカード（HP）はデービッド・パッカードのガレージから生まれた。同社が修復したこのガレージは、今や「シリコンバレー発祥の地」としてカリフォルニア州の史跡に指定されている。

だから20世紀には、十分な蓄えがないかぎり、起業のリスクを引き受ける人は少なかった。今は違う。起業は以前よりもずっと簡単になっている。

マイクロ起業家

21世紀の初頭には、すでに「マイクロ起業家」の概念が登場していた。個人で、たいていはフルタイムの仕事とは別に手がけるささやかなビジネスだ。マイクロ起業家の出現はネット上の商取引の台頭と軌を一にしていた。オンライン通販サイトの立ち上げが容易になり、夜間や週末だけの作業でも運営できるようになった。eBayや中国のタオバオ（淘宝網）、日本の楽天などが提供するプラットフォームを使えば、自前のサイトや決済システムを準備しなくてもオンライン通販に参入できる。

マイクロ起業家が扱う商品は、手作りファッションからアンティーク、中古の電子機器まで、何でもありだ。そして自分の時間以外に失うものはほとんどない。資本は最小限、自分で負担できる範囲ですむ。こうしたマイクロ起業家の成否は、正しい商機をつかむかどうかで決まる。事業の規模は、使える時間（と夢の大きさ）次第だ。

マイクロ起業に満足せず、サイドビジネスや趣味の範囲を超えた挑戦をする場合でも、小さく始めて大きく育った例はたくさんある。ヒューレット・パッカードやバイオコン（インド）のような大企業も、始まりは自宅のガレージだった。もちろん自己犠牲と情熱は不可欠だが、資本は最低限でいいし、必要な機器や装置は借りたり中古品を譲り受けたりすればいい。そうして友人や家族に（無報酬で）働いてもらい、自分の睡眠時間を削ればいい。必要なのは時間と腕（技術）、そして不屈の精神だ。

ただし成功への一本道はありえない。いくら失敗してもめげずに努力を重ねる究極の献身が必要だ。アマゾンのジェフ・ベゾスが言うように、「新しい発明には、どんな誤解にも耐え続ける覚悟が不可欠」なのだから。■

とにかく自分を信じること。最悪の場合、つまり失敗した場合にも、君が何かクールなことをやり遂げたのはまちがいない。
ケビン・ローズ

部下のハートに火をつけろ

人を活かすリーダーシップ

はじめに

小さな会社が世界的な大企業に育つには、ビジネスに情熱をもち、スタッフの意欲を引き出すリーダーの存在が欠かせない。ビジネスが育つかどうかは、つきつめれば、いかに人の力を活用できるかにかかっている。

先人たちに聞けば、経営の問題はビジネスじゃない、人だ」という答えが返ってくる。それだけ人をマネジメントするのは難しい。どんな組織も、異なる哲学や、弱点、意欲、長所、短所をもった個人の集まりでできている。それぞれの違いを受け入れ、個々の才能を最大限に活かせる組織文化を作ることこそ、効果的なリーダーシップだ。つまり、それぞれが能力を出し合えるようにすること。未来を思い描き、戦略の方向性を決め、組織と人を1つのビジョンに向かって引っ張っていく、それがリーダーの役割だ。

リーダーとマネジャー

「宇宙をへこませたい」と語った希代のリーダー、スティーブ・ジョブズ。ジョブズのようなタイプのリーダーは、慣例に縛られない。枠にとらわれずに物事を考え、唯一無二のアイデアで現状を突き破る。熾烈な競争が繰り広げられる現代の市場において賞賛されるのは、ただ人より先を考え、ライバルを出し抜いて競争に勝つだけでなく、業界のあり方を壊し、ルールそのものを変えてしまうようなリーダーだ。

しかし、リーダーだけで偉業を成し遂げることはめったにない。リーダーを支えるマネジャーの力が必要だ。目標（ビジョン）の設定がリーダーシップの役割なら、マネジメントの役割は仕事のプロセスやプランニング、予算、人事、総務に関わる部分、つまり組織を動かしていくことだ。ヘンリー・ミンツバーグは「管理者の仕事」の中で、マネジメントが担う分野を大きく3つ挙げている。情報（情報を用いたマネジメント）、対人関係（人のマネジメント）、そして意思決定（決定と行動のマネジメント）だ。さらにミンツバーグは、リーダーとマネジャーの役割は完全に独立したものではなく、上下や優劣でもないとした。リーダーシップとマネジメントの能力をうまく使い分けるのが優れたリーダーだ。

成果を出し続けるための組織力を育むには、組織内のチームをまとめ、各自の才能をマネジメントすることも求められる。有能なチームのもつ力はとても大きい。人は一人で働くよりも、チームで働く方が生産性や革新性が増し、より力を発揮できるからだ。また、チームには自己管理能力もある。個々のメンバーが互いをサポートし合うことで、チームの働きが維持される。有能なチームは個人に比べて管理や指導が少なく済むうえ、その成果は集団の規範に基づいて導きだされ、個人で出す成果のように各自の意欲に左右されることはない。

ゆえに、成功している組織がチームの価値を認めているのは驚くことではない。たとえばグーグルでは、社員が自由にコラボレーションするための「ハングアウト・スペース」を用意している。見た目に楽しい家具が並び、無料の食べ物があって、異なるチームが一緒に仕事をし、交流できる場だ。グーグルのリーダーたちは、社員どうしの関わり合いを推奨している。チームワークが高まると仕事の満足感や創造性が増し、その結果さらなる革新が生まれることを認識しているからだ。自由な発想を促す遊び心のある職場こそ、社員と会社双方に利益をもたらす

よきリーダーシップには、
並みの人間に
上級者の仕事ぶりを
見せることも含まれる。
ジョン・D・ロックフェラー
アメリカの実業家（1839-1937）

部下のハートに火をつけろ

ことをグーグルはよく知っている。

満足感とやりがい

チームワークを大切にし、創造性を促す組織文化を育むことで、企業は「お金がモチベーションなのか？」という永遠の問いに答えることができる。ほとんどの場合、その答えはノーだ。確かに、給料が上がれば従業員は進んで新しい仕事に取り組むだろうし、もっと効率よくまじめに働こうとするかもしれない。だが人は誰しも、いずれはお金よりも仕事の満足感ややりがい、上司からの信頼を求めるようになるものだ。（たとえばヴァージンアトランティック航空は、給料が特に高いわけではないが、働きがいのある職場として評判が高い。）

それゆえ、組織が成果を出していくためには、強い組織文化が欠かせない。会社は、その伝統や歴史、体制を通じてアイデンティティを確立する。独自の風習や信念、ストーリー、意義、価値観、規範、言語によって形作られる会社の性格が、「自分たちの仕事のやり方」を決める土台となる。

忘れるなかれ、人をマネジメントすることは自分自身をマネジメントすることでもある。ビジネスの歴史を振り返れば、成功に目がくらみ、判断を誤ったり無謀な賭けに出たりして悲惨な結果に終わったリーダーたちの例にこと欠かない。リーダーが自分に失敗はないと過信するあまり、危険信号を見逃し、ビジネスが暴走することもある。しかし成功するリーダーは、無敗のビジネスという幻想に惑わされてはいけないと知っている。そして、人気取りや、同調したがることの危うさも認識している。卓越したリーダーは、集団的思考に飲み込まれぬよう自分を守り、自分も周りもイエス・マン精神に陥ってはならないと心得ている。イエス・マン的なアプローチでは、意見の衝突もなく意思決定がなされ、精査されないまま計画が進行してしまう。優れたリーダーになるには、自分がマネジメントの天才ではないことを受け入れ、いつも「イエス」と言われ続けるより、時には「ノー」と言われる方が

> 誰にもつらい時期はある。
> それにどう耐えるかは
> 決意と献身しだいだ。
> **ラクシュミ・ミタル**
> インドの鉄鋼王（1950–）

はるかに有益であることを知らなければならない。

心の知能を備える

こうした問題に悩まされない組織文化を育むには、多様性を重んじることだ。さまざまな経歴をもつ人々が集まり、性別や年齢、人種のバランスがとれた組織では、意思決定において異なる視点からの意見が交わされやすい。

そこできわめて大切なのが、最近の研究も示しているように、成果を発揮するリーダーの最も重要な資質とされる心の知能だ。ダニエル・ゴールマンはベストセラーとなった著書『こころの知能指数』(1995) の中で、心の知能指数（EQ）の5つの領域を挙げている。自分の感情を自覚する、感情をマネジメントする、自ら動機付けを行う、他者の感情を認識し理解する、そして対人関係をマネジメントすることだ。EQに乏しいリーダーは、いくら優れたスキルをもちアイデアに溢れていても、効果的に成果をあげられない。一人で商売するなら直観だけでやっていけるかもしれないが、人を雇った瞬間からEQがカギとなる。まずは部下のハートに火をつける。そして、その火を絶やさぬこと。それがリーダーの役目だ。■

マネジャーは物事を正しく行い、リーダーは正しいことを行う
リーダーの資質

背景知識

テーマ
組織における役割

歴史に学ぶ

1977年 アメリカの学者アブラハム・ザレズニックが「マネジャーとリーダー：その似て非なる役割」と題する論文を執筆。

1985年 ウォーレン・ベニスとバート・ナナスが共著『リーダーシップの王道』において、優れたリーダーシップを可能にする4つの戦略を提言。

1990年 アメリカの経営学者ジョン・コッターの著書『リーダーは何をすべきか』が刊行された。

1995年 ウォーレン・ベニスらが『リーダーシップの再創造：組織を強化するための戦略』を出版。

1997年 ロバート・ハウスとラム・アディティアが、マネジメントは「リーダーが示すビジョンと方向性を実践すること」だと論じる。

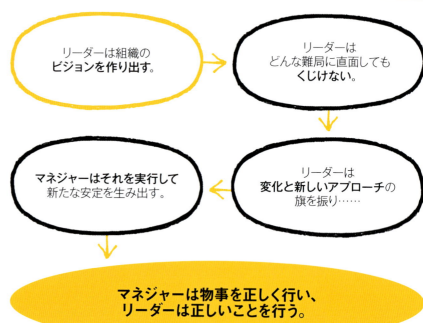

良いマネジャーが良いリーダーになるとは限らないし、リーダーとして優秀でもマネジメント力には乏しい場合もある。人（ひいては組織）の能力を引き出すという役割は共通していても、2つの仕事は別物だからだ。1985年にウォーレン・ベニスとバート・ナナスはこう述べている。「マネジャーは物事を正しく行い、リーダーは正しいことを行う」。

ビジョンと戦略を通して激しい競争を乗り越えようとするのがリーダーなら、その戦略を効果的に実行していくのがマネジャーの役割だ。

効果的なマネジメントができるかどうかは、組織の成功を大きく左右する。マネジメントは、組織が事業を継続していけるよう、プロセスやプランニング、予算、総務、人事に関わる部分を担う。どれだけ良いリーダーがいても、

部下のハートに火をつけろ

参照：チーム力 70-71 ■ 経営の神々 76-77 ■ 求められる指導者像 78-79 ■ チームと人材の管理 80-85 ■ EQの開発 110-11 ■ ミンツバーグのマネジメント論 112-13

マネジメントができていなければ組織はまとまりを欠き、規律を失ってしまう。しかし、マネジメントはリーダーシップとは異なり、組織を新しい方向性へ導くことはできない。

断固としたリーダーシップ

ジョン・コッターは1990年にリーダーの役割を論じ、困難な状況においても変化に対応し、ビジョンを示して組織を率いるのが仕事だと述べている。さらに、コミュニケーションを図って組織全体にビジョンを浸透させ、組織で働く人——特にマネジャーたち——が必要な変化に応えられるよう動機づけを行う。リーダーシップとはつまり、課題を設定し、価値ある変化を生み出すよう人々を動かしていくことだ。

「良いリーダーシップ」がいつも人を満足させるものとは限らない。部下に好かれることと、成果を出すことは両立しない場合が多い。単刀直入で荒っぽく、ときに無礼ですらあっても、最高のリーダーと言われる人たちがいる。ゼネラル・エレクトリック（GE）のジャック・ウェルチや、アップルのスティーブ・ジョブズ、「ニューヨーク・タイムズ」紙のジル・エイブラムソンらだ。

リーダーは、不確かな状況においても怯まずにビジネスのビジョンを堅持しなくてはならない。物事が計画どおりに進まない時、何が問題かを見きわめ、誰を雇い辞めさせるかという難しい決断をし、戦略的ビジョンを達成できる組織文化を育んでいかねばならない。

次世代を育てる

真に優れたリーダーは、自分が一生現役ではいられないことを自覚し、後継者となりうる人材の雇用・訓練・育成が重要な責務だと考えている。後をまかせられる人材を身近に置くことも優れたリーダーシップの条件だ。

GEのジャック・ウェルチCEOは、退任する9年前にこう語っていた。「今後は後継者選びが私にとって最も重要な決断になる。ほぼ毎日、かなりの時間を割いて考えている」。マネジメントよりリーダーシップを優位に考える企業は少なくないが、それは愚かだ。チャンスを見きわめるリーダーと、そのチャンスを実現させるマネジャーの両方を重んじてこそ、組織は成功する。■

ジル・エイブラムソンは女性として初めて「ニューヨーク・タイムズ」紙の編集長に抜擢されたが、同社会長のアーサー・ザルツバーガー・ジュニアが警告したとおり、かげぐちに「つきまとわれ」た。

人にもっと高いビジョンを抱かせ、
能力をもっと高いレベルに
引き上げ、
通常の限界を超えた
強い人格を築かせる。
それがリーダーシップだ。
ピーター・ドラッカー
アメリカの経営コンサルタント（1909-2005）

リーダーシップとマネジメントの融合

選手の力を引き出す見事なリーダーシップで知られるのがポルトガル人のサッカー指導者、ジョゼ・モウリーニョだ。指揮したチームのうち、2チームを欧州王者に導き、8年間で14個のトロフィーを獲得した、サッカー界の名将だ。

ビジネスの組織と同じく、スポーツのチームにおいても、優れたマネジメントと優れたリーダーシップの融合が成功を導く。モウリーニョは両方に長けた希有な存在だ。彼はまず、リーダーとしての才覚をごく短期間であらわした。イングランドのクラブ、チェルシーの監督に就任すると、選手たちと話し合いの場を持ち、不満があれば率直に言うか、それができないなら文句を言わないよう求めた。

モウリーニョは、スペインのFCバルセロナの二人の監督、ボビー・ロブソンとルイ・ファン・ハールに仕え、アシスタント兼通訳として働く中で、いかに相手チームを研究し、戦略を立て、勝負強いチームを作るかを学んだという。

どんな賢者も衆知の結晶には勝てない（三人寄れば文殊の知恵）

チーム力

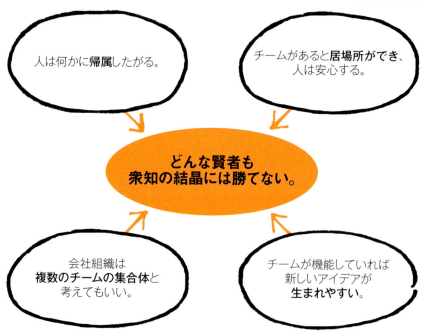

背景知識

テーマ
チームワーク

歴史に学ぶ

1924-32年 エルトン・メイヨーによる「ホーソン研究」により、職場においてグループが個人の行動に与える影響に注目が集まった。

1930年代 メイヨーの研究をきっかけに盛んになったのが、ヒューマン・リレーションズ（人間関係）の考え方。管理・配慮の行き届いたグループで働けば、従業員の満足度や生産性は上がるとされた。

1940年代 エイブラハム・マズローの研究成果やメイヨーの「ホーソン研究」により、チームワークの重要性が経営の分野で認知され始めた。

21世紀 20世紀には独立した作業室や個室型のオフィスが主流だったが、今ではコラボレーションを促す開放型のレイアウトが増えている。

人はルーチンワークや惰性に不満をもつが、研究によれば、もともと人間にはある程度の安定性を求める欲求があるのだという。ルールや規律、価値観、見通しがないと、人は不安になり、居場所を見失い、混乱してしまう。この状態は「アノミー（社会的規範・価値観の崩壊による社会の不安定）」と呼ばれ、人がしばしばグループを作ろうとする要因となっている。グループに属することで生じるルーチンや惰性は、アノミーを防ぎ、安心感と目的意識を与えてくれる。

グループ作りには2つの目的がある。まずは組織（そして組織内の諸グループ）の存在自体が、何かに属したいという人間の欲求を満たすと考えられる。心理学者のエイブラハム・マズローは1943年の論文「人間の動機に

部下のハートに火をつけろ 71

参照：創造と革新 72-73 ■ チームと人材の管理 80-85 ■ 人材の活用 86-87 ■ 組織の文化（風土） 104-09 ■ 集団思考の回避 114 ■ 多様性の価値 115

関する理論」の中で、グループは帰属意識を芽生えさせるものだと述べている。マズローは、人の欲求には階層があると考えた。人は根源的な欲求――空腹や喉の渇きなど生理的なもの――が満たされると、第2の欲求、安心感を求め、さらに第3の欲求、帰属意識を求める。これらがすべて満たされると、自分の才能を創造的に発揮して、達成感から生まれる自信、最終的には自己実現を追い求めるようになる。

マズローの理論を職場にあてはめれば、グループで働くことにより帰属意識が得られ、スタッフの能率は上がるはずだ。帰属欲求が満たされているので、人は他のこと――目標の達成や自己実現など――に集中できる。スタッフの欲求の段階を上げていくことが、組織の利益につながるのだ。アノミーと無縁なグループの中で人は生き生きと働き、アイデアを豊かにすることができる。慎重にメンバーを選び、よく指揮されたチームでは、一人一人の安心感が増し、スタッフどうしの協力や創造性がいっそう促される。アメリカの経営学者ケン・ブランチャードも言うように、「どんな賢者も衆知の結晶

には勝てない」。しかし、グループでプロジェクトに取り組めば個人間の連帯が強まり、ひいては組織全体の目的意識も高まる。

それぞれの居場所をつくる

優れた組織は、チーム力と職場環境の重要性を知っている。IT企業のシスコシステムズでは、社員が働き方や就業環境をフレキシブルに変えられ、会社への帰属意識を常に感じられるようなオフィス作りをしており、「コネクテッド・ワークプレイス（つながる

シスコシステムズの職場は、小グループ単位の作業にも大人数の会議にも柔軟に適応できる設計になっている。スタッフに「つながり」の意識をもたせ、コミュニティ感覚を育てるためだ。

職場）」と呼んでいる。

どんなに才能があっても、一人の力だけでビジネスが成功することはめったにない。チームワークを通じ、一人一人の才能を最大限に引き出してこそ、最高のリーダーだ。■

エイブラハム・マズロー

アメリカの心理学者。1908年生まれ。ニューヨーク市ブルックリン区で育ち、ウィスコンシン大学で心理学の学士・修士・博士号を取得した。卒業後は、1937年から51年までブルックリン・カレッジで教職に就き、その後ブランダイス大学の心理学部長に就任。ここで、自己実現のアイデアを提唱したクルト・ゴールドシュタインに出会い、人間が「完全なる自分」へ向上していく過程に強い関心をもつようになる。多くの心理学者と異なり、マズローは精神的健康のポジティブな側面に注目した。論文「人間の動機に関する理論」で展開した人間の欲求階層説は、今も社会福祉（ソーシャルワーク）からマネジメントまで幅広い分野において影響を与えている。

主な著作

1943年　論文「人間の動機に関する理論」

1954年　『人間性の心理学――モチベーションとパーソナリティ』

1962年　『完全なる人間』

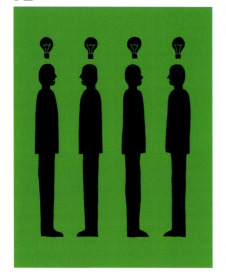

イノベーションは誰にもどこにも浸透し、どんなときも持続させるべきだ
創造と革新

背景知識

テーマ
創造性

歴史に学ぶ

17世紀 ポーランドの詩人、マチェイ・カジミェシュ・サルビエフスキーが人間の活動について「創造性」という言葉をあてた。それから1世紀半以上、人間の創造性という概念は否定され続けた。「創造」とは神が手がけるものとされていたからだ。

1970年代 心理学者のエイブラハム・マズローやフレデリック・ハーズバーグによる動機づけに関する研究がもととなり、従業員が創造性を発揮できる仕事のあり方が考えられるようになる。

2010年 IBMが、ビジネス・リーダーに求められる第1の資質として「創造性」を掲げた。

2013年 ブルース・ナスバームは著書『創造的知性』において、創造性は経済的価値の最大の源泉だと主張した。

子どもの頃、自由気ままに遊んだり、想像力を限りなく働かせて空想の世界に浸ったりしたときの楽しい思い出は、誰にでもある。ところが大人になってさまざまな責任が生じると、私たちはクリエイティブな喜びを封印して、仕事の世界に閉じこもりがちだ。

しかしコンサルタントのスティーブン・シャピロに言わせれば、創造性とイノベーション（革新）は会社の「すみずみまで浸透し、いつまでも続く」べきもの。この考えに同調する会社は、エキサイティングな職場作りを心がけている。グーグルやフェイスブック、プロクター・アンド・ギャンブル（P&G）は、創造性に富む人材を採用・育成し、従業員の想像力や革新性を奨

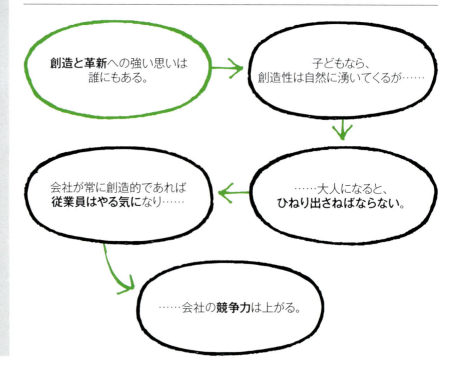

部下のハートに火をつけろ

参照： 思いっきり目立とう 28-31 ■ 勝ち残るためのエッジを磨く 32-39 ■ 枠をはみ出す発想 88-89 ■ ゲームを変える 92-99

励する社風でよく知られ、何千人もの就職希望者が集まる人気企業だ。創造性は、経済的価値を生み出すアイデアの素となりうるだけではない。変化が激しさを増すグローバル市場においては、個人にとっても企業にとってもかけがえのない資産だ。

創造性とは何か

創造性とは、アイデアや代替案、可能性を考え、さまざまな状況や課題について新たな見方をする力だ。そしてその創造的な思考を実践したものが革新になる。創造と革新が形になれば、それが大きな動機づけとなり、人は本来もっている自主性や目的意識、向上心を発揮できる。さらに、エイブラハム・マズローが1943年に説いた欲求階層説の「上位の欲求」の中でも重要な「達成感」も得られ、自信をつけ、自己実現に到達できる。

創造性が活きる社風を育てれば従業員の満足度が高まり、会社の競争力も高まるだろう。みんなで新しいことをやろうという熱気があれば、誰もが集中力を高め、ときには時間を忘れて仕事に取り組むようになる。そうすれば斬新な課題解決策や経費削減策、ある

いは収益性の高い新製品も生まれてくる。

つまり、創造性は競争力を高める。だからこそ2010年にIBMが行った調査でも、リーダーに最も求められる資質として創造性が挙げられた。高級ブランド「マルベリー」のクリエイティブ・ディレクター、エマ・ヒル（ブランドのイメージを一新させた立役者）の辞任が2013年に発表された時、同社の株価は一時9％以上も下がった。スティーブ・ジョブズがアップルで示したように、「人と違う考え方」ができるリーダーとは、単にクールなだけでなく、従業員にも顧客にも株主にも大きな影響を及ぼす存在なのだ。

創造性を養う

会社にとって課題となるのは、創造性と費用のバランスだ。なにものにも縛られない自由な創造性は、商業的な成功につながりにくい。しかしビジネスである以上、会社が生き残るためには収益を出さねばならない。マルベリーからエマ・ヒルが去ったのも、このバランスが崩れたためだ。2007年に入社したヒルは、「アレクサ」や「ベイズウォーター」などのハンドバッグシリーズを手がけて大ヒットさせ、ブランドの革新と成長の時代をリードしてきた。しかし2013年、売上げが低迷すると、経営陣はクリエイティブ・ディレクションを刷新すべきだと判断した。どれほどクリエイティブなブランドでも、革新は更新の繰り返しなのだ。

創造的な組織は、従業員と会社の利益のため、創造と革新を誰にもどこにも浸透させ、どんなときも持続させていかねば成功できないことを知っている。■

> 「革新をやりたいなら、みんなから変人扱いされるのを覚悟しておけ。」
> **ラリー・エリソン**
> 米ソフトウェア会社オラクル創業者 (1944-)

エマ・ヒル

イギリス生まれのファッション・デザイナー。1989年にウィンブルドンスクール・オブ・アートで学んだ後、レイベンズボーン・カレッジ・オブ・デザイン・アンド・コミュニケーションに進み、1992年に卒業した。その後は高級ブランド「バーバリー」を皮切りに、イギリスの小売業マークス&スペンサー、アメリカのデザイナーズブランド「マークジェイコブス」、アメリカの小売業ギャップでファッション業界のキャリアを積み、2007年に世界各地に店舗を展開するマルベリーにクリエイティブ・ディレクターとして迎えられた。

マルベリーでは、ヒルがデザインしたハンドバッグが人気モデルのケイト・モスや芸能人たちが愛用したことで人気に火がつき、予約待ちが続出した。より価格に敏感な消費者にアピールするため、小型のレザーグッズ（鮮やかな色合いのカードホルダーなど）を開発した結果、ブランドの売り上げは大きく伸びた。ヒルが入社した当時、マルベリーの株価は111ペンスだったが、2013年の辞任時までにおよそ10倍になった。ヒルの功績により、マルベリーは2010年にイギリスの最優秀デザイナー・ブランド賞に選ばれた。

反対意見はスパイスとなり、気迫と活気をもたらす
イエス・マンの弊害

背景知識

テーマ
行動マネジメント

歴史に学ぶ
1992年 インドの経済学者アブヒジット・V・バネルジーが、「群集行動の単純モデル」において、意思決定者がいかに前任者の選択を指針として参考にするかを論じた。

1993年 アメリカの経済学者キャニス・プレンダーガストは、「イエス・マンの理論」において、部下が上司の言いなりになる傾向は「市場での失敗」につながると論じた。

1997年 アメリカの心理言語学者スゼット・エルギンが『険悪にならずに意見を言う方法』を出版。

2000年代 リーダーシップ理論の広がりにより、建設的な意見のぶつかり合いはビジネス環境において健全かつ必要なものだとリーダーたちが考えはじめる。

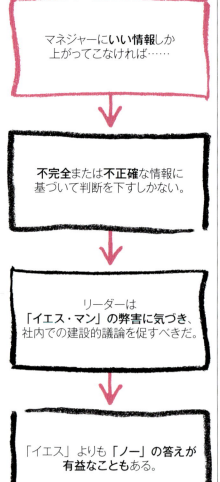

たいていの従業員にとって、組織で働くということは永遠に「イエス」と言い続けることでもある。クビになるのが怖い、上司を喜ばせたい、とにかく出世したい、そんな気持ちから、部下はいい話ばかりを報告したがり、悪い話は口が重くなる。これでは、マネジャーのエゴは満たされても、ビジネスにとっては痛手となりかねない。部下が悪い話を隠していたら、マネジャーには重要な情報が伝わらず、適切な判断を下せないことになる。

組織の上層部で同じことが起これば、事態は悲惨だ。ロイヤルバンク・オブ・スコットランド（RBS）について2012年に規制当局がまとめた報告では、2008年にRBSが大規模な損失を出した原因の一つとして、「CEOの提案に対して役員や執行役が有効な反論を出さず、結果としてリスクが見落とされ、戦略的失敗を招いた」と指摘している。

耐性のある企業文化

リーダーたる者は、常に正しくあることは不可能と知るべきだ。信頼できる同僚からの批判的な意見を積極的に求め、寛容に受け入れ、バランスのとれた視点をもとうとする。部下が悪い

部下のハートに火をつけろ　75

参照：チーム力 70-71　■　求められる指導者像 78-79　■　おごれる者は久しからず 100-03　■　群れない覚悟 146-49　■　失敗に学ぶ 164-65　■　自己満足の罠 194-201　■　企業文化と倫理 224-27

> 革新の起きている組織では、しばしば秩序が無視される。
> **ロバート・サットン**
> アメリカの経営学者

報告をできる、それもすすんでできる環境を作れるかどうかで、リーダーの力は試される。喜べない内容の報告でも、声を荒らげたり、非難したりせずに耳を傾ければ、従業員も臆することなく情報を出すようになるだろう。問題が起きたとき、単に責任の所在をはっきりさせるだけでなく、同じ失敗を繰り返さないよう指導できるのが優れたリーダーだ。

「イエス・マン」文化に陥らないためには、従業員それぞれが責任感をもつ文化を創ることが大切だ。会社に必要なのは、状況がいかに悪くても真実を伝える勇気と誠実さをもった従業員である。

従業員にとって、悪い報告ができることは1つのスキルでもある。解決策を併せて提案し、問題の原因を無視せず明らかにできればなお良い。また、報告は迅速さがカギとなる。問題の特定が早ければ早いほど、問題の解決は早くなるし、それだけマネジャーにも喜ばれるはずだ。

自分のアイデアを試す

ゲッティ・オイルの創業者、ジャン・ポール・ゲッティは、率直に意見を言う従業員の価値を認めていて、「反知見はスパイスとなり、気迫と活気をもたらす」と語っていた。

デジタル・イクイップメントの創業者、ケン・オルセンは、活発な意見のぶつかり合いを企業文化に組み込み、ディベートや紛争解決技術を、意思決定に採り入れていた。GEのジャック・ウェルチは、「激しい論戦に耐えられないアイデアは、まちがいなく市場で

何にでも「イエス」と答え、いい話しかリーダーに伝えないマネジャーはかわいがられるだろうが、いずれは部下を苦しめ、リーダーにはまちがった決定をさせることになる。

も負ける」として、ノールールのディベートを行うことを奨励した。

お互いの考えをぶつけ合えるマネジメント・チームは、戦略の選択肢についてより深く理解でき、最終的により良い意思決定ができる。批判と議論をうまく使いこなしてこそ、優れたリーダーだ。誰もが「イエス」と言う組織は、深刻な問題を抱えている。■

ジャン・ポール・ゲッティ

1892年、アメリカのミネアポリス生まれ。弁護士だった父親は、1903年に石油事業に参入した。ゲッティは米国、英国の大学で学んだ後、父が経営するミネホマ・オイル・カンパニーで働き始める。最初の2年間で100万ドル儲けることを目指し、石油採掘権の売買によって見事達成した。

5度の結婚をしたゲッティに不満をもっていた父は、1000万ドルの資産のうち50万ドルしか息子に遺さなかった。それにもめげず、ゲッティはゲッティ・オイル・カンパニーを設立し、手持ち資金も合わせ、複数の石油会社を買収して傘下に組み入れた。1949年にはサウジアラビアとクウェートの間の土地の60年にわたる採掘権を取得。石油は出ないと考えられていたその地域で1953年に巨大な油田を掘り当て、ゲッティは一躍億万長者になった。1976年に83才で死去。

主な著作

1953年　『私の人生と富』
1965年　『富を得る方法』

マネジャーもリーダーも天から降ってはこない
経営の神々

背景知識

テーマ
組織の力学

歴史に学ぶ
20世紀 学問や社会のさまざまな領域で「分類」がブームとなり、経営学でも組織や人をいろいろなタイプに分類するようになった。そして何が個人の動機づけとなるかは、そのタイプによって決まるとされた。

1978年 チャールズ・ハンディは著書『ディオニソス型経営：これからの組織タイプとリーダー像』において、ある組織がどのタイプにあてはまるかを理解することによって、その組織で働く個人のタイプが理解でき、リーダーが先導する方向性も見えてくると述べた。

1989年 さらにハンディは『ビジネスマン 価値逆転の時代―組織とライフスタイル 創り直せ』においてシャムロック型組織に関する理論を展開した。

21世紀 従来のようなタイプ分けは万能ではなく、会社経営や人材管理における手段の1つにすぎないとの認識が広まった。

　チャールズ・ハンディは、1978年に出版し大きな反響を呼んだ著書『ディオニソス型経営：これからの組織タイプとリーダー像』の中で組織の体質を古代ギリシャの神々にたとえて説明している。マネジメントのスタイルは4つに分類でき、たいていの組織ではそれが適度に組み合わされている。ゼウス神は役職や地位よりもリーダーとの関係性が重視される「クラブ文化」。アポロ神は、機能や分担、ルール、合理性を軸とする「役割の文化」を表す。知を司るアテナ神は、専門家の集まったチームで問題解決にあたる「タスク文化」を表す。そして酒神ディオニソスは、「実存的文化」の象徴で、組織は個人のエゴを満たすためにあると考える。

　ハンディによる分類は、マネジャーが社内の人間関係を把握し、独特な習慣や偏見、信念を理解する際の便利な手段として歓迎された。しかしほどなくして、組織は巨大かつ多様で、変化し続ける存在であるため、組織の行動様式も時とともに進化することが明らかになった。つまり、会社は内外からの圧力を受けて常に流動的な状態にあり、予測も計画もできない想定外の状況で適応と変化を繰り返していく存在なのだ。

チャールズ・ハンディの「経営の神々」論は**組織内力学の諸タイプを**明らかにしたが……

→ ……現実の企業組織は全体としても個人レベルでも、**もっと複雑**だ。

↓

神のように全能な人がいればいいが、あいにく**リーダーは天から降ってこない。**

←

だからこそ組織や人間を理解する上で、今も**タイプ分けは役に立つ。**

部下のハートに火をつけろ 77

参照: リーダーの資質 68-69 ■ 求められる指導者像 78-79 ■ 組織の文化（風土） 104-09 ■ ミンツバーグのマネジメント論 112-13

チャールズ・ハンディによる経営の神々

ゼウス神＝クラブ文化
古代ギリシャの神々の頂点に立つ者として、ゼウスは権力と影響力の中心に位置する。ゼウスとの、すなわちクラブ文化の中心との距離が、メンバーの立ち位置を規定する。投資銀行などがそうだ。

アポロ神＝役割の文化
秩序と規則を重んずる神ゆえ、安定した状況には強い。しかし急速な変化を求められると、つまずきやすい。保険会社などはアポロ型経営の典型だ。

アテナ神＝タスク文化
知恵の女神アテナはひたすら問題解決を引き受けるから、その文化は革新が急務な状況でこそ活きる。しかし平穏な状況では出番がない。広告会社やコンサルティング会社が典型だ。

ディオニソス神＝実存的文化
酒神ディオニソスは個人の自由を体現し、その実存的な問いかけを支持する。一芸に秀でた者の判断が評価され、管理職の役割を軽視しがちだ。弁護士事務所はこのタイプ。

チャールズ・ハンディ

1932年、アイルランド生まれ。最も著名なマネジメント学者の一人。オックスフォード大学を卒業後、1965年よりマサチューセッツ工科大学（MIT）で研究を行う。1967年にはロンドン・ビジネススクール（LBS）に移り、MIT流のMBAプログラムをアメリカ以外で唯一提供した。ハンディは、その斬新なアイデアや雄弁さ、挑発的な比喩表現（企業組織の非人間的な仕組みについて論じた『パラドックスの時代』）など）から、同時代の思想家とは一線を画していた。ハンディは自身をマネジメント学者というよりも社会哲学者と捉え、自らの著作は成功の「マニュアル」ではなく「解説書」だと考えていた。ハンディの提言は、今も各方面に影響を与えている。

主な著作

1976年	『組織とは何か』
1978年	『ディオニソス型経営：これからの組織タイプとリーダー像』
1994年	『パラドックスの時代』

組織の複雑さ

組織の複雑さは、何か国で展開しているかや、一人のマネジャーがいくつのブランド／製品を扱っているかなどで測られることが多い。それは確かにやっかいな問題だが、従業員一人一人はもっと複雑だ。たとえば、ある年に従業員のモチベーションとなったものが、その翌年も同じ効果があるとは限らない。何千人もの従業員を抱える会社では、人間も組織も、「経営の神々」が表す型よりもずっと複雑であることは明らかだ。

ハンディは後に、シャムロック型組織についても論じている。シャムロック（三つ葉のクローバーに似た植物）型組織とは、いわゆる「正社員」を核としてその周囲に業務委託先のスタッフがいて、その外側にさらに流動的な労働力がいるような組織だ。3つのどのカテゴリーで働くかによって、組織との関係性、組織のビジョンの捉え方、仕事に対するモチベーションは異なる。リーダーシップの役割は、こうし異なる集団を束ね、共通の組織のゴールへと導いていくことだ。

組織の力学が大事なのは、そもそも人が大事だからだ。類型論だけでは、複雑な組織において十分にリーダーシップを発揮できない。リーダーは、従業員が一人一人が違った目で会社を捉えており、能力を発揮できる条件もそれを妨げる条件もそれぞれ異なるということを知らねばならない。アメリカの実業家トム・ノーサップが言ったように、優れたリーダーは「天から降ってはこない」けれども、神のような全知を目指すことはリーダーにとって（もちろん到達はできないけれど）最高の目標であるだろう。■

道を知り、その道を行き、手本を示そう。そうしてこそリーダーだ
求められる指導者像

背景知識

テーマ
リーダーシップ

歴史に学ぶ

1520年代 イタリアの外交官、ニッコロ・マキャベリが著書『君主論』の中で、政治におけるリーダーシップに伴う危険について論じた。

1916年 フランスの企業経営者アンリ・ファヨールが著書『産業ならびに一般の管理』の中で、リーダーとは「責任を受け入れる勇気をもち、周囲にも行き渡らせる」ことのできる人物だと定義した。

1950年代-60年代 高圧的な「指揮統制」によるマネジメントが盛んになる。カリスマ性のあるリーダーが人格の力で組織を支配する傾向が強まった。

1980年代-90年代 アメリカのウォーレン・ベニスをはじめとするリーダーシップの思想家らが、高潔さと信頼性、組織の変革力を育てる力を基盤としたリーダーシップのあり方を推奨するようになる。

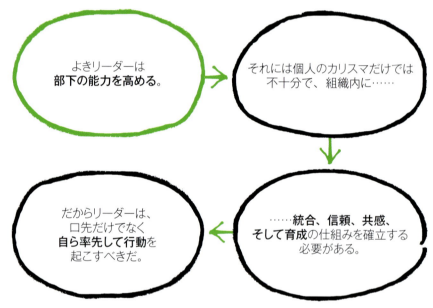

学者たちは何百年も前から、優れたリーダーのあるべき姿、特性、資質について明確にしようと試みてきた。しかしあまたの研究にもかかわらず、真のリーダーシップとは何か、の答えは出ていない。しかし、どの議論にも共通しているのは、効果的なリーダーシップには知力だけでなく行動力が求められるという点だ。

リーダーはカリスマ性だけでは力を発揮できない。カリスマ的なリーダーシップが成功する場合もある（ヘンリー・フォードはその好例だ）が、一方で巧みな弁舌（レトリック）が現実から逸脱してしまう危険がある。カリスマ的リーダーはしばしば、部下に権限を与えずに仕事を細かく管理し、従業員が達成感を得る機会を奪ってしまいがちだ。また、組織を成功に導いた英雄として賞賛されることも多い反面、それが逆に呪縛となる可能性もある。カリスマ的リーダーが去った後の穴を埋めるのは簡単ではないからだ。英雄と讃えられればエゴをくすぐられるだろ

部下のハートに火をつけろ

参照： リーダーの資質 68-69 ■ 経営の神々 76-77 ■ ゲームを変える 92-99 ■ EQの開発 110-11 ■ ミンツバーグのマネジメント論 112-13

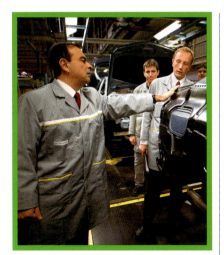

リーダーは役員会の席だけでなく、製造や販売の現場にも入って存在感を示さねばならない。日産自動車のカルロス・ゴーン（左）も、そうやって従業員との信頼を築いた。

うが、真に優れたリーダーは組織をしっかり育て、自らが退いた後も衰えないようにしておくものだ。

効果的なリーダーシップのカギ

有能なリーダーには、自信と安定感、そしてオープンで親身な態度が求められる。リーダーシップを効果的に発揮するには、従業員との関わり合いや情報交換を大切にし、部下の話に耳を傾け、才能を育て、信頼を築きながら、その能力を引き出していく手腕が必要だ。部下を支配するのではなく、部下の力を引き出すこと。それがリーダーの役目だ。大事なのはエンパワーメント、つまり従業員のやる気と自主性を高めることだ。

現代のビジネス界において有能なリーダーの代表格といえば、自動車メーカーのルノー及び日産自動車のCEOを務めるカルロス・ゴーンだ。ゴーンは1999年のCEO就任から1年以内に日産を黒字化させ、倒産寸前の状態から救った。この日産の復活劇は現代のビジネス史に残るものだ。

ゴーンの優れたリーダーシップの秘訣の1つが、リーダーシップは「実践する」ことで学ぶものだという彼の信念だ。日産のCEOとして就任後、ゴーンは工場内をくまなく回り、従業員全員と握手を交わした。今でも、彼の姿を工場内で見ることは珍しくない。リーダーの誠実さや信頼性は、進んで「自らの手を汚し」、ビジネスの現場に関わり続ける姿勢を見せることで認められるのだとゴーンは考えている。

スタッフの自主性を引き出す

リーダーには強いビジョンを組織に浸透させていく役割があるが、それ以上に、従業員が自ら意思決定できる力を育む役割も求められる。大規模で複雑な企業では、リーダーがすべての決定を下すことはできないし、そうすべきではない。従業員に変化の必要性を理解させ、その変化を実現させるツールを与えることこそ、リーダーの大切な役割だ。また、異文化の混じり合うチームをマネジメントするゴーンの高い能力も、日産が成功したもう1つの要因だ。ゴーンの言葉によると、リーダーは自国の出身者だけでなく異なる国や文化の従業員に対しても聴く力と共感する力をもたねばならない、という。

そして指導者たる者は、そのビジョンを具体的アクション（行動）に導かねばならない。弁舌の巧みさだけでは達成できない。口先だけでなく、実行してこそ、リーダーシップを発揮できるのだ。■

カルロス・ゴーン

1954年、フランス人とレバノン系ブラジル人の両親の間に生まれる。ミシュランに勤めたのち、1996年にルノーに転じ、1999年に同社が日産と資本提携したのに伴い、日産のCEOに就任した。当時、日産の負債総額は2兆円にのぼり、48車種あるうち、利益が出ているのは3車種のみだった。ゴーンは年内に黒字化できなければ辞任すると宣言し、日本的経営の常識を破って2万1000人を解雇し、収益の出ていない国内工場を閉鎖した。それから3年のうちに、日産はトップクラスの利益を上げる自動車メーカーに生まれ変わった。営業利益率は9％を超え、業界平均の2倍を上回った。

ビジネス史上まれに見る復活劇を指揮したゴーンを、「フォーブス」誌は「世界の自動車業界で最も勤勉な人物」と呼んで絶賛した。

世の中が評価するのは行動だ、思想ではない。
ラッセル・ビショップ
アメリカの経営幹部育成コーチ

チームワークは
個の力の総和を超え、
もっと大きな**結果**をもたらす
チームと人材の管理

チームと人材の管理

背景知識

テーマ
チームワーク

歴史に学ぶ

1965年 アメリカの学者ブルース・タックマンが、チームは形成・混乱・統合・機能・解散の5つの段階を経ると提唱する。

1981年 イギリスのメレディス・ベルビンが著書『マネジメント・チーム』において、チームの成功に欠かせない9つの役割について論じる。

1992年 ピーター・ドラッカーが、「ウォールストリート・ジャーナル」誌に寄稿した論文「チームの種類は1つではない」において、3種類のチームのあり方を論じる。

1993年 ジョン・カッツェンバックとダグラス・スミスが『高業績チームの知恵』を出版。個人よりもチームで取り組む方がより大きな成果を出せると主張する。

有能なチームは優れた組織をつくるカギだ。ビジネスにおいては特にそれが言える。チームワークによって個人の才能が合わさると、個々で発揮できる以上の力になり、アメリカの実業家アンドリュー・カーネギーの言うように、「普通の人が並外れた成果を出せる」ようになるからだ。

1960年代から70年代にかけて、欧米の製造業界でチームワークの概念が注目されるようになった。当時、チーム作業を基盤とした日本の労働方式、「カイゼン」（従業員全員が組織の継続的な改善に取り組む）や「クオリティ・サークル」（品質改善にグループで取り組む）が成功していたためだ。1980年代に入り、組織全体の質の向上を目指すTQM（総合的品質管理）の手法を多くの企業が採用する中、チームワークの大切さは製造業界を超えて認知されはじめた。今日では、業種や規模を問わず、チームワークを重視していない企業はほぼないだろう。

チームワークの利点

チームワークを取り入れることで、欠勤率や離職率が大幅に下がり、収益性や仕事への満足度も著しく高まること

> 誰もがチーム内で自分の役割を探そうとするが、最高のパフォーマンスを発揮するのは最も自然な役割を引き受けたときだ。
> **メレディス・ベルビン**

がわかっている。ミネアポリスにある、ハネウェル社の民間航空事業部門では、チームワークの採用により航空・ナビゲーションシステムの市場シェア80％を達成し、予測の2倍の収益を上げたという。

チームワークが成功を導く理由は、チーム内で弱点を補い合い、個々人の強みを倍増させられるからだ。また、メンバーの誰かが十分力を出せないときや、個人の仕事で手一杯のときでも、パフォーマンスへのダメージを最小限に抑えることができる。メンバーが互いに助け合い、個人で抱える仕事やチームの仕事を評価し合う環境では、目標に向かって順調に進む見込みが高い。さらにチームは仕事を楽しめる環境をもたらしてくれる。グループに属することで安心感が生まれ、個人にかかるプレッシャーを軽減される分、リスクをとってより創造的になり、より力を発揮できるようになる。

混乱から統合へ

有能なチームが育つには時間がかかる。何人かが集まって、すぐに機能し始めることなどまれだ。ほとんどの場合、チームが機能し始めるまでにいくつかの段階を経る必要がある。アメリカの教育心理学者ブルース・タックマンは、形成・混乱・統合・機能・解散

メレディス・ベルビン

1926年にイギリス、ベカナムで生まれる。ケンブリッジ大学で古典の学位を取った後、心理学の博士号を取り、その間にチームワークの重要性に関する研究を行った。さらにクランフィールド大学で特別研究員として人間工学（機械やシステムを人間の特性に合わせて設計すること）の効果や生産ラインの効率向上について研究した後、経営コンサルタントになった。イギリス、アメリカ、オーストラリアでチームワークの研究を行い、1981年に出版した『マネジメント・チーム』は世界でベストセラーになった。アメリカ政府やEU、その他多数の企業や行政組織において助言を行ってきた。

主な著作

1981年	『マネジメント・チーム』
1993年	『仕事におけるチームの役割』
2000年	『チームを超えて』

部下のハートに火をつけろ

参照： リーダーの資質 68-69 ■ チーム力 70-71 ■ 求められる指導者像 78-79 ■ 人材の活用 86-87 ■ 組織の文化（風土）104-09 ■ 集団思考の回避 114 ■ 多様性の価値 115 ■ 日々の「カイゼン（改善）」302-09

の5段階があると唱えた。形成期は、メンバーが集まり、互いを知り合う期間だ。その後、チーム内の役割をめぐるメンバー間の競合や、仕事の手順の試行錯誤が始まる混乱期に移る。中間段階である統合期に入ると、チーム内が落ち着き、役割分担や仕事の進め方、ルールが定まる。機能期に入る頃には、メンバーどうしが打ち解け、仕事の役割や進め方にも適応するようになる。この段階で、チームの能率は最高レベルに達する。そして仕事が完結すると、チームは解散期を迎える。

ビジネスの世界では、チームが組まれてすぐに機能することが強く期待される。それゆえ企業は、さまざまな環境で難題に取り組む訓練を行うなど、チーム強化（チーム・ビルディング）を促す活動に投資を惜しまない。またメンバーの交流を促すためにオフィスを工夫している会社も少なくない。たとえばアメリカのCGアニメ製作会社、ピクサーでは、食堂や会議室、従業員用のメールボックス、トイレが、協働作業ができる広いワークスペースを囲むように並んでいる。たとえ所属部門が違うメンバー同士でも、打ち合わせや交流がしやすいように設計・レイアウトが施されている。これまでの研究で、積極的なチーム作りを進め、コラボレーションを促すような職場では、チームワーク力が向上することが知られている。最高のチームは、メンバーが信頼し合い、チームの意義をしっかり共有し、自分たちの能力に自信をもつことで生まれる。

効果的なチーム強化（チーム・ビルディング）

2005年、アメリカの研究者のジョン・カッツェンバックとダグラス・スミスが、有能なチームの条件を定義した。まず、メンバーの選抜は性格ではなくスキルを基準に行うこと。そしてチームが良いスタートを切るために、チームの雰囲気作りを大切にすること。雰囲気が気軽すぎてはいけない。力を発揮するにはある程度の緊迫感は必要だ。

また、チームの行動に関して明確なルールや規範について合意がなされていないといけない。打ち合わせに限らず頻繁に顔を合わせることも必要だ。できるなら、早い段階で何度か成功を体験できると良い。些細なことでもうまくいった経験があれば、その後のパフォーマンスに勢いが生まれるからだ。同じ理由で、チームやそのメンバーをよくほめ合うことも忘れてはならない。そしてモチベーションを保つには、仕事を新鮮でやりがいのあるものに感じられるよう、新たな課題を与えることが有効だ。

成功するチームの役割分担

チームを作る際には、一人一人の異なる才能や得意分野を考慮する必要がある。イギリスの社会心理学者メレディス・ベルビンは、チームの成功には9つの役割を明確にし、そのバランスをとることが不可欠だと論じた。たと

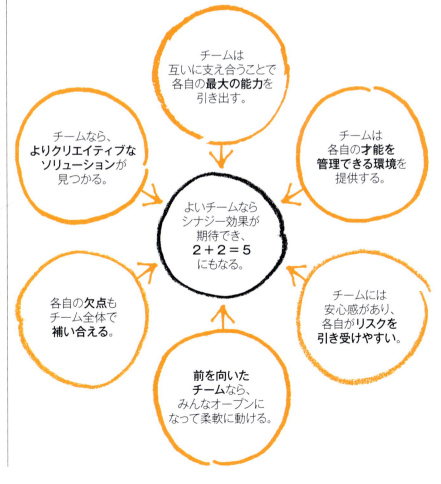

84 チームと人材の管理

ベルビン・チーム・インベントリー

チームでの役割	個人の才能	個人の弱点
プラント（ひらめき人間）	クリエイティブで自由な発想ができ、問題解決力に優れる	管理や対話（特に自分ほどクリエイティブでない人との）は苦手
資源調達役	外向的で話がうまく、外部の人脈を築きチャンスを見つけるのが得意	熱しやすくて冷めやすく、根気が続かない
調整役	自信と安定感があり、目標を明確にし、意思決定を促す能力に優れる	なんだか偉そうで、人を操っていると見られがち
シェイパー（号令役）	ダイナミックで積極的、何事にもチャレンジし、障害を乗り越えていける	挑発に乗りやすく、短気でキレやすい
監視役	冷静沈着かつ戦略的で、状況を見回して客観的に判断できる	攻める意欲を欠き、仲間を鼓舞できない
チームワーカー（協調組）	人がよく、社交的かつ協調的で、チーム内で波風を立てない	いざという場面での決断力を欠く
実行役	規律正しく期待を裏切らず、保守的で命令を着実に実行できる	柔軟性に乏しく、想定外の状況にうまく対応できない
仕上げ役	苦労を惜しまぬ律儀なタイプで、約束や締め切りは必ず守る	心配性で、仕事を他人にまかせたがらない
スペシャリスト（職人）	他人には滅多にない知識や技術をもち、命令されなくても働く	その得意とする分野以外では役に立たない

えば、プラント（創造的で斬新な発想ができる「ひらめき人間」）のいないチームはアイデアを生み出すのに苦労するが、逆にプラントの多すぎるチームではアイデア作りばかりに偏ってアクションが伴いにくい。同様に、シェイパー（行動力があり、チームの意思決定をリードする「号令役」）のいないチームは、活力や明確な方向性に欠ける。ただしシェイパーばかりだと、頻繁にもめごとが起きるようになり、連帯感の低下につながってしまう。

今では広く知られる適性診断ツール「ベルビン・チーム・インベントリー」は、チームの能率を最大化させるために多くの企業で採用されている。しかし、チームを作った後でこのツールを利用するというまちがいをしている企業が少なくない。ツールを正しく活用するには、チームを作る前に使うことが必要だ。

人材のマネジメント

世界トップクラスのサッカーチーム、マンチェスター・ユナイテッドの監督を務め、勝つチーム作りを極めた名将、アレックス・ファーガソン卿。その手法は、ビジネスの世界にも適応できる。ファーガソン率いるチームは、ある強い使命感で結ばれていた——勝ちたいという野心だ。チームがフィールド上で強く結束できたのは、ファーガソンがフィールドの外でも結束するよう求めていたからだ。卓越したチーム文化が選手一人一人に、スタッフ一人一人に浸透していた。ファーガソンは、集団には一定の前向きな規律が必要なことも知っていた。たとえば彼は、アルコールの摂取を選手に禁じた監督の最初の一人だ。チーム力を高めるための工夫（移動バス内でのクイズなど）を率先して行ったほか、並々ならぬ忠誠心を選手たちに求めた。そのかわり、ファーガソン、そしてクラブは、最大限に選手たちをサポートする。また選手たちどうしも、メディアの前で

部下のハートに火をつけろ

> 何か意味のある目的を
> 見つけようとするなかで
> チームは1つになり、
> 弾みがつき、強くなる。
> ジョン・R・カッツェンバック
> ＆ダグラス・K・スミス

は互いの悪口を言わないという約束を守る。この倫理を守れない選手は、直ちにチームから追い出される。

　チームのマネジメントで難しいのは、高い自尊心や際立った才能をもつ人材を相手にする場合だ。ファーガソンは、秀でた才能をもつ選手を枠にはめようとせず、エリック・カントナやクリスティアーノ・ロナウドに思う存分その才能を発揮させた。一方で、スキルが高くてもチームを大事に考えない選手は移籍させた。

　人材のマネジメントに悩む経営幹部は少なくない。優秀な人材はしばしば管理されることを嫌う。また組織の目標とのバランスをとりつつ、彼らにふさわしい課題を与え、モチベーションを維持するのも容易ではないだろう。しかし、チーム環境が才能を引き出し、開花させることもある。有能そうなスタッフにチーム運営をまかせたり、（リスクはあるけれど）個性的な選手ばかりを集めて競わせてみる。そうすれば個の才能がいちだんと伸びるかもしれない。いずれにせよ、チームは個の技量や能力にかかわらず、誰もが従うべき枠組みと価値体系を呈示しなければならない。

集団の産物

　スポーツと同じように、ビジネスも思うように成果が出ないという壁にぶつかるが、ここでもチームが強力なソリューションになる。なぜなら、チームは単なる一緒に働く人たちの集まりではないからだ。チームは個人の成果ではなく、「集団で生み出した結果」で評価される。商品の製造であれ、調査であれ、実験であれ、どの仕事もチームで協力して完成するものだ。ジョン・カッツェンバックとダグラス・スミスは、著書『高業績チームの知恵』の中で、チーム定義を「互いにスキルを補い合い、目的、目標、方針を共有し、各自が責任をもつ小人数の集まり」だとしている。成功も失敗も個人の責任ではない。チームでは、個人が単独で仕事をするわけではないからだ。メンバーが互いの意見を受け止め、建設的に意見交換をし、支え合い、互いの関心やスキル、成果を認め合えるのが、チームワークという働き方だ。

　チームが最高の力を出すのは、危機的状況やチャンスがめぐってきたときだ。そのときリーダーは、チームをしかるべく組織することが求められる。明確な目的、メンバーのバランス、規律のとれた仕事のプロセス、そして強い結束力でチームをまとめる一方、メンバーが各自のタイミングやアプローチで仕事に取り組む自由も与える必要がある。このようにしてリーダーは、従業員一人一人、ひいては組織全体が成果を出し最大限に輝く環境を創り出せるのだ。■

鳥たちの渡りはチームワークの結晶だ。群れをなして飛ぶことから、後ろにいる鳥は空気抵抗が減って楽に飛べる。しかもひっきりなしに声を出して先導役を交代している。

持って生まれた才能を誰もが仕事に活かせるようにしよう
人材の活用

背景知識

テーマ
労働力の効率性

歴史に学ぶ
1959年 アメリカの心理学者フレデリック・ハーズバーグが著書『仕事における動機づけ』の中で、仕事の満足感をもたらす要因を定義した。

1960年 アメリカの経営学者ダグラス・マクレガーは著書『企業の人間的側面』で、自らの能力を伸ばす努力を従業員に促す参加型マネジメント方式を取り入れるべきだと提唱した。

1989年 アメリカの経営学者、ロザベス・モス・カンターは『巨大企業は復活できるか』の中で、従業員は自主的な意思決定ができる状態にあるとき最も生産性が高まると論じた。

多くの組織の従業員が、自分は過小評価されている、負担が重すぎる、適性と合わない仕事を強いられていると感じているという。また、それが理由で十分に力を発揮できていないと考えている。もっといい仕事をしたくても、組織が足かせになっている、というのが従業員の思いだ。従業員が各自の得意分野でキャリアを築けるような、ウォーレン・ベニスの言葉を借りれば、「持って生まれた才能を仕事に活かせる」会社こそ、真に優れた会社だ。

現代の組織は、ダイナミックで変化の速い市場で生き抜かねばならず、フレキシブルで多様なスキルを持った人材を欲しがる。しかし、2012年の「世界労働力調査」では、仕事のやりがい、相性の良さを感じると答えたのは従業員の35％のみで、雇う側と働く側の求めるものにギャップがあることがわかった。また複数の研究で、仕事にやりがいを感じている従業員──仕事に全力を注ぎ、会社の価値観を共有する従業員──は、そうでない人よりはるかに生産的で、より良い顧客サービスを提供し、より良い成果を出すことが示されている。しかし世の中にはまだ、

みんなが力を発揮してこそ**組織の力**も発揮できる。

**優れたリーダーは、
誰もが持って生まれた才能を仕事に活かせるようにする。**

優れたリーダーは、株主と同じくらい**現場の人**を大切にする。

部下のハートに火をつけろ 87

参照：リーダーの資質 68-69 ■ 創造と革新 72-73 ■ 求められる指導者像 78-79 ■ チームと人材の管理 80-85 ■ 人は金で動くか 90-91

グーグルは革新的かつダイナミックな企業文化で知られ、従業員には得意分野を活かし、自分が夢中になれるプロジェクトを手がけるよう奨励して成果をあげている。

従業員を将棋のコマのようにしか考えていない会社が少なくない。アメリカの心理学者、フレデリック・ハーズバーグは、「二要因理論」を提唱し、仕事の達成感と動機は密接に関連していると指摘した。十分に力を発揮できれば、それだけで充実感が生まれる。長期的にみれば、どんなに高い給料も、やりとげた仕事から得る満足感には換えられない。逆に十分に成果を出せない不満を高い給料で打ち消すこともできない。つまり、従業員が能力を発揮できるツールとチャンスを与えてやれば、それだけ良いパフォーマンスを引き出せ、みんなが仕事に満足し、より生産的になり、結果として好業績につながるわけだ。

仕事の量ではなく質を上げる

グーグルは、米国の複合企業スリーエム（3M）が1948年に導入した制度を採り入れ、勤務時間の20％を自ら選んだプロジェクトに費やすよう奨励している。指示された仕事ばかりに振り回されるより、従業員の働きぶりが良くなるとわかったからだ。仕事に情熱をもてると、人はそれが「仕事」には感じじなくなる。従業員の自発的な努力、「もうひと頑張りしよう」という意欲の有無が、それなりの仕事と優れた仕事を分ける要素になる。優れた会社は、人から最大の能力を引き出すのではなく、最良の能力を引き出すことに注力する。ちなみにグーグルの「20％ルール」からは、同社の代表的なサービスの1つであるGメールが生まれている。

従業員の仕事の量ではなく質を上げるためには、株主だけでなく現場にも目を配る賢明なアプローチが求められる。仕事の量より質を、勤務態度（体調不良でも休まずに無理をするなど）より成果を重んじる会社は、人気就職先ランキングでも上位に並ぶことが多い。■

好きでもない仕事を、
ひたすら金のためにしていたら、
まず金は貯まらず
人生も楽しめない。
チャールズ・M・シュワブ
アメリカの実業家（1862-1939）

ウォーレン・ベニス

1925年3月8日生まれ。アメリカの学者、組織コンサルタントで、マネジメントに関する著作で知られる。1943年に陸軍に入隊したベニスは、第二次世界大戦に従軍した最も若い歩兵将校の一人で、名誉戦傷勲章とブロンズスター勲章を授与されている。退役後は、オハイオ州のアンティオーク大学で学び、その後マサチューセッツ工科大学の経営学大学院教授となった。現代のリーダーシップ研究の第一人者として広く知られる。2007年にはアメリカの「ビジネスウィーク」誌によって偉大な経営思想家10傑の1人に選ばれた。またイギリスの「フィナンシャル・タイムズ」紙は著書の『リーダーシップの王道』（1985年）を偉大なビジネス書50傑の1冊に選んでいる。

主な著作

1985年	『リーダーシップの王道』
1997年	『なぜリーダーはリードできないのか』
2009年	『リーダーになる』

前に進むだけが前向きな思考ではない
枠をはみ出す発想

背景知識

テーマ
イノベーション（変革）

歴史に学ぶ

1914年 アメリカのパズル作家サム・ロイドの「パズル百科事典」にナイン・ドット・パズルが登場する。

1967年 常識にとらわれず幅広くさまざまな角度から考察するプロセスを表す言葉として、エドワード・デ・ボノが「水平思考」という用語を生む。

1970年代 経営コンサルタントの間で創造性の大切さを主張する声が高まり、従来の軍隊型の組織では停滞と後退を招くと言われた。

2012年 アマゾンのジェフ・ベゾスが「新たなものを生み出し先駆者となるには、長い間周りから理解されないことを覚悟しなくてはならない」と語った。

ビジネスを取り巻く競争の波は、新しいアイデアや常識を覆す技術の登場、各国の経済力や市場の変動など、絶えず変化している。しかしビジネスの歴史をみると、こうした変化を無視し、古い環境を前提にした不適切な戦略で突き進んだ企業の例に事欠かない。こうした失敗を防ぐには、「枠をはみ出す発想」で決まりごとや思い込みを疑ってみる姿勢が大切だ。つまり、前に進むだけが前向きな思考とは限らないのである。

「枠をはみ出す発想（アウトサイド・ザ・ボックス・シンキング）」という概念は1960年代に入って台頭した。もとになったのは、経営コンサルタントらが発想力をきたえるために用いたナイン・ドット・パズル（9つの点を

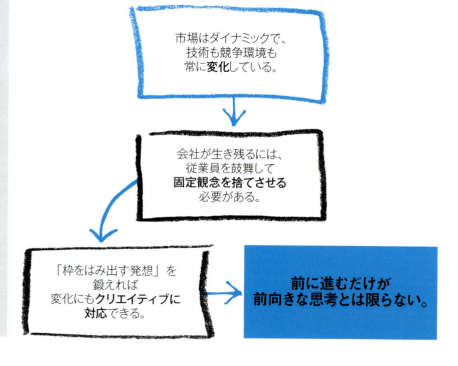

部下のハートに火をつけろ　89

参照：勝ち残るためのエッジを磨く 32-39　■　仕事の仕方を進化させる 48-51　■　創造と革新 72-73　■　ゲームを変える 92-99　■
売上げ予測 278-79　■　顧客に学ぶ 312-13

任天堂のゲーム機 Wii は水平思考の産物だ。ライバル勢との真っ向勝負を避け、家族で遊べるなどの新機軸を打ち出して成功を収めた。

ナイン・ドット・パズルは「図のように並べた9つの穴を4本以下の直線で結べ。ただし鉛筆を一度も紙から離さず、また同じ線をなぞってはいけない」というもの。このパズルを解くには、文字どおり「枠をはみ出し」て線を引く必要がある。

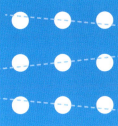

一筆書きで結ぶパズル）だ。このパズルを解くには、文字どおりパズルの「枠をはみ出し」て線を引く必要がある。この言い回しがそのまま、常識に縛られないあらゆる創造的な発想を意味するようになった。今日では、イノベーション、市場の変化に気づく必要性、凝り固まらない柔軟な思考を象徴する概念となっている。

勇気ある退却

変化のない直線的な思考、つまり「枠をはみ出す発想」とは対極の考え方は、事業失敗の原因になることが少なくない。2000年代前半にソーシャルメディア市場で圧倒的なシェアを誇っていたマイスペース（My Space）の例は、消極的な戦略がいかに企業にダメージを与えうるかをよく示している。マイスペースの場合、成果の出ていない戦略に固執し、新たなライバルへの対策や刻一刻と変わる市場への適応努力を怠った。結果、英米のマスメディアに君臨するルパート・マードックは5億8000万ドルで買収したばかりの同社を、6年後に3500万ドルで売り飛ばすことになった。フェイスブックで絶大な成功を収めたマーク・ザッカーバーグの創造的なビジョンには勝てなかったからだ。マイスペースが市場で生き残るには、考え方を新たにする必要があった。結果、マイスペースは音楽制作のプロフェッショナルをターゲットにしたコアな市場に再び注力し、マス市場はフェイスブックにまかせる戦略を選んだ。

より抜本的なアプローチを採用するリーダーを積極的に雇い、変化の激しい時代を乗りきろうとする会社もある。任天堂は、技術面で優位に立つエックスボックスやプレイステーションに対し、着眼点を変えて対抗した。価格やゲームの洗練度などあたりまえの

電話会社こそスカイプを発明すべきだった。しなかったのは、無料通話という概念が彼らのビジネスモデルと衝突するからだ。
アラン・ムーア
アメリカのシステム・アナリスト

土俵で勝負することなく、任天堂 Wii で、まったく新たな市場を作ったのだ。ワイヤレスのコントローラを握って自在に動かすユニークな操作性と、グループで遊ぶゲームを中心に揃えたことで、Wii は家庭向けのゲーム機として浸透し、またたく間に、ゲームは老若男女問わず楽しめる遊びになった。

このように「勇気ある退却」を選べるリーダーは、技術面や市場での優位を支配的な企業に譲りつつ、より安定性の高い、またしばしば収益性も高いポジションを確保することができる。

枠を捉え直す

どんなに創造的な発想をする人間でも、あたりまえと決めこんでいること（たとえば組織の構造など）が何かしらあると考えるリーダーは少なくない。そのため従業員に、文字通り「オフィスの壁を超えた」広い視野をもち、新しいアイデアを生み出すよう促す。プロクター・アンド・ギャンブル（P&G）の CEO、A・G・ラフリーは、従業員を消費者の家庭で一定期間生活させ、消費者のニーズや商品開発の可能性について探る機会を与えている。枠は自由な発想のじゃまにしかならない。■

達成感が大きければ、それだけ人は「やる気」を出す
人は金で動くか

背景知識

テーマ
モチベーション（動機づけ）

歴史に学ぶ
1914年 フォード社長、ヘンリー・フォードが、離職率を下げるために賃金を2倍にしたところ、就職希望者が殺到する。

1959年 フレデリック・ハーズバーグが、職場での満足・不満足を左右する要素に関して「動機づけ（モチベーター）・衛生（ハイジン）要因理論」を提唱する。賃金はモチベーションを下げはするが、上げることはないと強調した。

2000年代 賃金の最も高い会社が人気就職先の上位に並ぶわけではないことが「ベスト・エンプロイヤー」調査で明らかになる。

2012年 「フォーチュン」誌が最も働きやすいアメリカの会社としてグーグルを選んだ。グーグルはまた、インドをはじめとする新興国でも人気企業のトップに選ばれる。高賃金や福利厚生の充実が従業員の満足感につながっている。

動機づけ要因（評価、職業人としての成長、責任など）があれば仕事の満足度は増す。

衛生要因（賃金、職場環境、上司との関係、雇用の安定など）がきちんと管理されていないと不満が高まる。

↓ ↓

お金は大事だが、**やる気の出る職場を作る**には金銭以外の何かで報いることが必要だ。

給料が上がれば、より勤勉に働くか？ 答えはイエスでもノーでもあるだろう。給料が増えるなら転職もするし、休日返上で働いたりもする。しかし、その意気込みは仕事への満足度や、上司からの信頼、仕事のやりがいなど、他の要素によって簡単に減りも増えもする。

金銭的なメリットで、とりあえず人を動かすことはできる。しかし、動いた人の「やる気」を持続させるには金銭以外の何かが必要だ。アメリカの心理学者、フレデリック・ハーズバーグは、1950年代に職場での動機づけに関する研究をケース・ウェスタン・リザーブ大学で始めた。そして1959年にハーズバーグは「二要因理論」を提唱した。一連の動機づけ（モチベーター）によって仕事の満足度が上がる一方、管理の行き届いていない職場においては仕事をめぐる衛生（ハイジン）要因が不満を生じさせるという理論だ。

不満要素を取り除く

衛生（ハイジン）要因には、職場の環境や、雇用の安定性、従業員の人間関係、そして賃金が含まれる。動機づけ

部下のハートに火をつけろ

参照：リーダーの資質 68-69 ■ チーム力 70-71 ■ 創造と革新 72-73 ■ 求められる指導者像 78-79 ■ 人材の活用 86-87

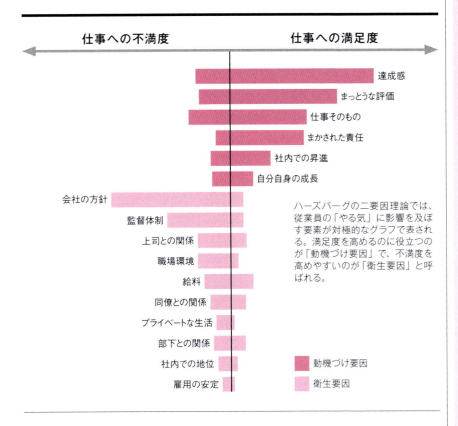

フレデリック・ハーズバーグ

1923年4月18日生まれ。アメリカの心理学者。ニューヨーク市立大学を卒業後、ユタ大学の教授となる。陸軍に従軍した経験、とりわけ第二次世界大戦中にドイツのダッハウ強制収容所に駐留した際の経験が、動機づけ理論に関心をもつ要因になったと考えられている。

ハーズバーグは、労働者の動機づけとなるのは賃金やその他の福利だけだとする考え方に異を唱え、物事を達成し認められることが強力な動機づけになると主張した。また、安全で居心地のいい職場を創り、仕事をおもしろくやりがいのあるものにすることがマネジャーのなすべき仕事だと論じた。ハーズバーグの理論は後の世代のマネジャーに長く影響を与えた。

主な著作

1959年	『作業動機の心理学』
1968年	『モチベーションとは何か』
1976年	『能率と人間性』

（モチベーター）となるのは、評価、責任、昇進、達成感、成長機会などだ。人は「できると思えば」、それだけやる気が出るものだとハーズバーグは述べている。

ハーズバーグは、仕事における不満は満足感と同じくらい重要だと主張した。衛生要因が適切に管理されていないかぎり、いかに十分な動機づけがなされていても、従業員の働きぶりは向上しないと考えたからだ。不満があればあるほど、動機も失われていく、とハーズバーグは指摘した。また、衛生要因そのものは動機づけにならないが、衛生要因が満たされると不満が低減し、動機づけの効果が生まれる状態になるとした。その一方、動機づけは仕事の満足度を大いに高めうるものだが、もしも動機づけ要因が欠けていても従業員の不満はさほど募らない（上図参照）という。

動機づけの実践

ハーズバーグの研究成果はビジネスリーダーにとって大きな意味がある。「二要因理論」は仕事の設計の重要性、つまり、従業員が達成感や責任感を感じながら働き、その仕事が評価される職場作りが欠かせないことを示した。給与水準は採用や離職防止において大切な要素ではあるが、仕事の効率を上げる上ではそれほど重要ではない。

毎日、世界各地で何千人もの就職希望者が集まる会社がある。ファストフード小売店のマクドナルドだ。「ベスト・エンプロイヤー」ランキング上位の常連である同社の人気の理由は、親しみやすい職場環境とフレキシブルな職務規程だ。「フレンド・アンド・ファミリー・コントラクト」（同じ店で働く家族や友人どうしが、互いのシフトをカバーし合える）など、従業員が責任感を分かち合い、職場への忠誠心を高められる制度が用意されている。

給与がトップクラスの企業が就職先ランキングのトップになることはめったにない。お金は大事だが、キャリアの向上や仕事の満足度、職場の人間関係こそが、仕事にいっそう精を出すための何よりの動機づけとなる。■

変化を促す触媒となれ

ゲームを変える

ゲームを変える

背景知識

テーマ
イノベーション（変革）

歴史に学ぶ

1997年 アメリカのクレイトン・クリステンセン教授が、企業運営の転換を引き起こす予期せぬ大規模な技術革新を指して「破壊的テクノロジー」という概念を提唱した。

2000年代 破壊的イノベーションとしてグローバル・ポジショニング・システム（GPS）が登場し、旅行業界をはじめ、健康器具や娯楽産業、スマートフォンのアプリなど幅広い業界で影響を及ぼした。

2014年 アメリカの経営学者、デヴィッド・マクアダムスが『ゲームチェンジャー：ゲーム理論と戦略的情勢を変える技術』で、ゲームチェンジャーとは「自らが有利になるためならゲームのルールを変えることも辞さない人」だと述べた。

フェイスブックの役員だったシェリル・サンドバーグ、偉大な投資家ウォーレン・バフェット、香港の大実業家スタンリー・ホー、英国の起業家リチャード・ブランソン、テレビの人気者からメディアの経営者に転身したオプラ・ウィンフリーなど、世界に名だたるビジネス・パーソンには共通点がある。人と同じ考え方をしないということだ。会社も同様で、他とは一線を画す商品やサービスを提供できる会社が歴史に名を残す。競合ひしめく中、同じことを同じようにやっているだけでは、すぐに忘れ去られてしまうだろう。業界の常識を破壊し、ゲームを変える力のある会社は、人々に高く評価され、崇拝の対象にさえなる。

今日のグローバル市場では、競争は熾烈で、たった1％のシェア争いにしのぎを削る。こうした市場での経営はゼロサムゲームに陥りがちだ。競争により価格の下落が進み、コストは上昇する。段階的に改善を重ねているだけでは競争で優位には立てない。ゲームに勝てそうにないなら、ゴールポストを動かす——そのくらい抜本的で破壊的な転換が必要だ。業界のルールや枠を定義し直すことこそ、「ゲームチェンジ」によるビジネス戦略の要だ。顧

> 私は宇宙を
> へこませてやりたいんだ。
> **スティーブ・ジョブズ**

客やライバル企業の一歩先をいき、現状を打破し、自社に有利な状況を作っていくしかない。

破壊的イノベーション

ハーバード・ビジネススクール教授のクレイトン・クリステンセンは、ビジネスに影響を与えるテクノロジーに2つのタイプがあることに気づいた。1つは、製品性能の段階的な改良に役立つテクノロジーの進展を指す「持続的テクノロジー」。2つめは、業界を破壊し、企業のあり方が問い直されるような抜本的な技術革新をもたらす「破壊的テクノロジー」だ。クリステンセンは後に、「破壊的テクノロジー」

スティーブ・ジョブズ

起業家、発明家であるスティーブン・ポール・ジョブズは1955年2月24日にサンフランシスコで生を受けた。1976年、21歳のジョブズはスティーブ・ウォズニアックとともにアップルコンピュータを設立する（最初のオフィスはジョブズの実家のガレージだった）。1980年には株式公開を果たし、企業価値は1億2000ドルに達した。

1985年、役員との対立がきっかけで、当時CEOに就いて間もないジョン・スカリーに解雇される。しかしジョブズはNeXTコンピュータを設立し、ピクサー・アニメーション・スタジオに投資し、莫大な利益を得た。1996年には思わぬ成り行きでアップルがNeXTを買収することになり、ジョブズは翌1997年にアップルへ復帰し、CEOに就任した。1998年にジョブズはアップルの代名詞となるiMacを発表し、歴史に残る企業再興を実現した。ジョブズ主導のもと、アップルは革新的な商品デザインと技術を武器に世界最高のテクノロジー企業に登り詰めた。

2010年には、タイム誌の「世界を変えた100人」の61番目に名を連ねた。2011年10月5日に死去。

部下のハートに火をつけろ 95

参照：思いっきり目立とう 28-31 ■ 勝ち残るためのエッジを磨く 32-39 ■ 創造と革新 72-73 ■ 枠をはみ出す発想 88-89 ■ 市場を率いる 166-69 ■ バリューチェーン 216-17 ■ ブランド構築 258-63

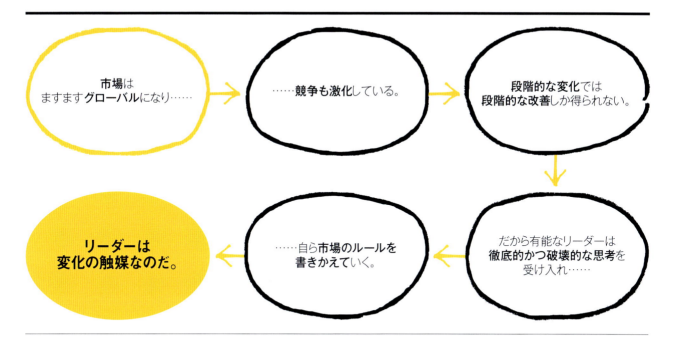

を「破壊的イノベーション」という用語に置きかえ、技術そのものだけでなく、技術がいかに使われるかも破壊的な力をもつことを示唆した。

テクノロジーを斬新に取り入れてゲームを変えた商品の一例が「光るキャップ」だ。処方薬のボトルの口に取り付けて使うもので、LEDと音声機能が内蔵されており、薬を飲むべき時間を光と音で知らせてくれる。さらに飲み忘れた場合には、WiFiを通じて利用者のスマートフォンに通知メッセージが送信される。他の多くのゲーム・チェンジャー同様、水平思考によって既存の課題に解決策を提示し、消費者のニーズを見事に捉えた商品だ。

破壊的イノベーションにより、企業はある商品へのニーズを消費者がそれに気づくよりも前に創出し、未開拓の市場で他社に先駆けて優位を確立することができる。とりわけ、新しい市場分野においてブランドイメージが定着する利点は大きい。たとえばドイツ企業のシーメンスは、1880年に世界初の電気式エレベーターを開発したし、1881年には世界初の電気式街灯を設置した。その後も照明、エネルギー、運輸、ヘルスケアといった市場で画期的な商品を生み出し続けており、「シ

ドイツ企業シーメンスがイギリスで建てた「ザ・クリスタル」は再生可能エネルギーを利用した世界で最も持続可能な建物の1つ。それは同社の革新の精神のシンボルでもある。

96　ゲームを変える

「破壊的イノベーション」とは、既存の市場を破壊する革新のこと。ある既存製品が改良を重ねて機能やサービスを増やしていくと、ある段階で消費者の求める水準を超え「使いこなせない」ものになりがちだ。製品の機能と消費者の求めるレベルの格差が広がると「破壊的」な新製品の登場する余地が生まれ、いずれは後者が市場を支配するようになる。

既存製品の機能過剰で消費者ニーズとのギャップが広がると、そこに新たな「破壊的」製品の参入余地が生じる

ここを超えると機能過剰になる

機能

時間

■ 主な消費者が求める機能レベル
― 求められる機能レベルの平均値
― 既存の会社または製品
― 新しく「破壊的」な会社または製品

ーメンス」の名前がもつ高い品質性や革新性のイメージをより確かなものにしている。

しかし、シーメンス創業者のヴェルナー・フォン・シーメンスのような「ゲームチェンジ」戦略を遂行するビジョンと勇気を持ち合わせたリーダーは、まれにしかいない。大きな勇気がなければ慣習を破ることはできないし、カリスマ性と説得力がなければ従業員を率い、さらに業界全体の現状を変えることはできないだろう。成功すれば報酬と名声が待っているが、失敗すれば冷笑と軽蔑に耐えねばならない。ゲームチェンジャーにとって、名誉と不名誉の境は紙一重なのだ。

ルールを書きかえる

アップルも、ゲームのルールを書きかえて成長してきた企業の1つだ。共同創業者でありCEOも務めたスティーブ・ジョブズの主導のもと、アップルはデスクトップコンピュータ業界を破壊し、音楽業界、携帯電話業界、タブレットコンピュータ業界も破壊してきた。

ユーザーの使いやすさを徹底して追求した設計とソフトウェアで、アップルのiMacはパーソナルコンピュータ業界に大きな衝撃を与えた。しかし、アップルが最初にゲームチェンジをしかけた商品は、2001年に発表されたiPodだ。当初は懐疑的な反応で迎えられたが、クリステンセンによれば、それはゲームチェンジャーが登場した際の典型的な反応だという。世に出てすぐ受け入れられる商品が、市場を大きく転換させることめったにない。初めは人々を驚かせ疑問を抱かせてこそ、本物のゲームチェンジャーだ。

群衆の中にいたら
率いることはできない。
マーガレット・サッチャー
元イギリス首相 (1925-2013)

テクノロジーの融合

初代iPodは、メモリ容量の少ないMP3プレーヤーと、ギガバイト単位の容量をもつハードドライブ内蔵のプレーヤーをかけ合わせて生まれたものだった。大同小異の競合製品が数ある中で、iPodは洗練された独特のデザインで際立った存在感を示した。小型で操作しやすく、「あなたのポケットに1000曲を」のキャッチフレーズで注目を集めた。

しかし破壊力を真に発揮したのは、iPodと連動ソフトウェアであるiTunesの組み合わせだ。利用者は1つの画面から膨大な数の楽曲にアクセスし、購入し、ダウンロードし、コンピュータとiPodの間でデータを同期させることができるようになった。さらに同期中に、iPodを充電することもできる。これらの機能があたりまえになるまでの変革をアップルはゼロから携帯オーディオ市場で実現したのだ。

そして2003年に登場したiTunes Music Store（現在のiTunes Store）は、音楽業界の常識を変えた。当時は、楽

部下のハートに火をつけろ

曲の海賊版デジタル音源をめぐる論議が盛んな時期だった。レコード会社各社はデジタル音源の流通に強く反発していた。業界における自らの支配力と、すでに落ちこんでいる売上げをこれ以上失いたくなかったからだ。ジョブズはレコード会社幹部の抱える懸念に乗じて優位に立ち、人々が合法的に、そして簡単に瞬時に音楽を購入できるシステムを提供した。

iTunes Store は音楽業界のビジネスモデルを永遠に変えてしまった。音楽を選び鑑賞する方法を変えただけでなく、アルバムの中から1曲単位で楽曲を購入することも可能にした。アーティストはもうアルバム制作のために何か月も拘束される必要がなくなり、かわりにシングル曲を次々に発売できるようになった。消費者は、アルバム単位での購入に縛られなくなったおかげで、無料の海賊版に手を出さずとも、曲単位で合法にダウンロードする方を選ぶようになった。

iTunes Store と iPod のシステムは非常にシンプルで、あまたある MP3 プレーヤーやネットでの楽曲入手方法を前に途方にくれていた利用者のニーズにぴたりと合致した。アップルは手順を簡素化するとともに、見た目にも魅力あるものに仕上げた。2013年までに、iPod は 4 億台、iTunes Store でのダウンロード数は 250 億回に達した。

ゲームチェンジし続ける

これほどに抜本的な業界破壊をして成功すれば、後は運にまかせてもよさそうなものだが、真のゲームチェンジャーは絶えずライバルと一線を画す努力を惜しまない。スティーブ・ジョブズは音楽業界を破壊しただけでは満足しなかった。2007年には携帯電話業界に狙いを定める。少し前から携帯電話の高機能化は進んでいたものの、iPhone の機能性は大きく先を行っていた。コンピュータに近い操作性をもつアプリケーションを提供し、さらにインターネットへのアクセスを場所を問わず可能にしたことで、またたく間に大ヒット商品になった。何より画期的だったのはタッチスクリーン技術だ。ジョブズは iPhone を「革命的製品」

> 不可能なことをやるのは楽しい。
> **ウォルト・ディズニー**
> ディズニーランドの創業者 (1901–1966)

であり、他の携帯電話の「5年」先を行っていると語ったものだ。

2011年に死去する少し前、ジョブズはもう一度革新を起こした。2010年4月に発表した iPad である。ビジネスや教育現場での活用を想定し、デスクトップ・コンピュータでなければできないと思われていた機能にネット経由のアクセスを可能にした画期的な製品だが、初めのうちは誰も、これほどの支持を得るとは思っていなかった。

アップルのロゴは、今や革新の時代のシンボルだ。それほどまでに、アップルはテクノロジーと製品開発のあり方を大きく変えた。

ゲームを変える

> 今日は奇妙で不要で見当外れ、はっきり言って冗談としか思えないものが、明日の問題解決には不可欠かもしれない。
> **ピエール・オミダイア**
> eBay 創業者 (1967-)

企業文化

アップルの起こした変化（ゲームチェンジ）はあまりに大きなインパクトを与え、そのブランドは文化的な時代精神を表す象徴になった。今ではいたるところでアップル製品を目にする。コーヒーショップでも、教室でも、テレビ番組の中でも。アップルのテクノロジーは場所を問わず使える製品を生み出し、顧客をアップルブランドの忠実な信奉者にした。そんな絶大な競争力を備えるアップルの企業価値は、当然、業界平均をはるかに上回る。

しかしどの組織においても、このようなゲームチェンジを起こすメンタリティをいかに組織全体に浸透させるかが課題となる。フランスの実業家でオンラインオークションサイトeBayの創業者であるピエール・オミダイアによれば、リーダーは「変化の触媒」でなければならないという。しかし組織が本当の意味で成功し、強力なリーダーが去った後も発展し続けるには、"破壊"への野望が組織全体で共有されていなければならない。そのためには、業界を破壊し続けていくのに必要なエネルギー、イノベーション、勇敢さを組織文化に深く浸透させるとともに、変化に対するフレキシビリティを備えた組織文化を育まねばならない。

eBayの場合、未来は予測できずまっすぐには進まないと気づいたオミダイアは、自らの前職でもあるソフトウェアエンジニアのアプローチで新たなベンチャーの仕組みを作ることにした。ソフトウェアエンジニアは彼に言わせれば、「設計において最大限のフレキシビリティをもたせる術を知っている人間」だという。ソフトウェアというものは一見、顧客が必要とする以上の機能を備えているようにみえるが、その余剰こそが、想定外の事態に合わせた変化に必要なフレキシビリティとなる。eBayの自立的なシステムは、ほとんど介入がいらず、顧客のニーズに合わせて適応・発展することができる。その設計の核となる部分には、「破壊」する力が効果的に組み込まれているのだ。ユーザーに互いの評価作業を委ねるというアイデア、つまりユーザーに「仕事」の大部分を担わせるビジネスモデルは、新しく、またリスキーでもあった。それでもその特徴ゆえに、eBayはオミダイアのアイデアと熱意だけでなく、eBayのコミュニ

> 問題が生じたときと同じレベルで考えていたら、その問題は解決できない。
> **アルベルト・アインシュタイン**
> 物理学者 (1879-1955)

ティ全体で共有する役割を軸に進化を遂げた。

失敗を大切にする

しかし、これほどゲームチェンジ精神が深く共有されるケースはめったにない。英雄型リーダー（あるいはゲームチェンジャー、リスクテイカー）はなかなか見つからないし、いたとしても替えがきかない。10あるアイデアのうち1つが製品化されるかどうかという中で、勇気と自信をもち、アイデ

ピエール・オミダイアはネット上の競売サイトeBayの創業者で、会社に革新と大胆な変化の文化を根づかせた。

部下のハートに火をつけろ

アへの熱意を貫き、自らのキャリアと名声をかけてリスキーな革新に挑もうとする人はそういないだろう。

ビジネスの歴史には失敗に終わった製品やサービスの例が山とある。そのため企業はたいてい、自然とリスクを避ける傾向にある。あのアップルにもいくつも失敗はあった。だがその失敗例はよい教訓となるものだ。ジョブズと言えば音楽業界を変え、コンピュータ業界、携帯電話業界を変革した人物として真っ先にイメージされるかもしれないが、彼はまた、「失敗」を受け入れ、そこから立て直しを図る経営者の象徴でもある。ジョブズは数々の失敗を乗り越えてきた。たとえば家庭用ゲーム機「ピピンアットマーク」は、ソニーの「プレイステーション」などにかなわず、まもなく撤退した。コンピュータ「アップル III」は設計上の大きな欠陥で苦戦し、同じく「Lisa」（後に生まれる「iMac」の原形となる）も販売数は伸びず、現在のスマートフォンの先駆けとも言える「ニュートン」は大失敗に終わった。

これらの失敗が原因となってジョブズは 1985 年に解雇される。2005 年、スタンフォード大学卒業式での祝辞のなかで、解雇されたことがゲームの戦い方を変えるきっかけになったと語っている。「成功者でいることの重みが、ふたたび新人として気ままに挑戦できる軽やかさに変わった。おかげで人生で最も創造的な時代に足を踏み入れることができた。」

歴史を振り返れば、つまずきながらも成功にたどり着いた先駆者たちが数多くいる。ハーランド・デヴィッド・サンダースは、自ら開発したケンタッキー・フライド・チキンの調理法を売り込んで回ったが、1000 件以上のレストランで断られた。R・H・メイシーは世界最大の百貨店メイシーズを創業するまでに何度も挫折を味わっている。ウォルト・ディズニーが設立したアニメーション・スタジオ、ラフ・オー・グラムは 1923 年に破産している。

現状の打破に挑む

アフリカ系アメリカ人の実業家、ジョン・H・ジョンソンは、当時は未開拓だったアフリカ系アメリカ人をターゲットにした出版市場の可能性に目をつけた。貧しい家庭に育ちながらも高校で優秀な成績を修めたジョンソンは、奨学金を得てシカゴ大学に進学し、保険会社で働きながら生活費を稼いだ。そこでの仕事で、アフリカ系アメリカ人の歴史や文学、芸術、文化を取り上げる雑誌「ニグロ・ダイジェスト」（後の「ブラック・ワールド」）のアイデアを思いついた。雑誌はまたたく間に人気を博し、わずか半年で発行部数は 5 万部に達した。1945 年に発刊した 2 冊目の雑誌、「エボニー」は絶頂期に 200 万部を超えていた。現状を果敢に変えてきたおかげで、ジョンソンはラジオ、テレビ、出版部門を擁する巨大メディア企業を築きあげた。1982 年には、「フォーブス」誌が選ぶ「最も裕福なアメリカ人 400 人」に名を連ねた。

ヘンリー・フォードは成功を収めるまでに事業を 3 度失敗させている。学校では発育が遅いと言われていたアルバート・アインシュタインや、テレビに合わないと言われながら今や億万長者のオプラ・ウィンフリーのようなゲームチェンジャーも、他人の予想を見事に裏切って成功を手にした人物である。

長期的思考

優れたリーダーとその他大勢を隔てるのは、失敗から立て直す能力と、ゲームチェンジし続ける勇気と信念があるかどうかだ。戦略的な側面からみれば、ゲームチェンジを伴う革新を追求することで、長期的な思考が促される。長期的な視点を戦略に取り入れれば、株主がリスクや不確実性を受け入れやすくなり、リターンを待つ忍耐も生まれる。投資金額の回収まで長くかかるかもしれないし、報酬を予測するのも難しいだろう。しかし、この長期的アプローチを効果的に行えれば、事業ブランドの強化、研究開発への投資促進、事業の仕組みの改善が進み、短期的な利益上昇のみをねらった（ダメージをもたらしかねない）戦略を避けることができる。

クリステンセンが著書『イノベーションのジレンマ』で示唆したように、ゲームチェンジできるリーダーは段階的な変化に満足せず、「変わるか滅びるか」の世界では現状維持を打破して自ら有利な状況を生み出せばライバルより二歩も三歩も先を行けることを知っている。熾烈な競争が繰り広げられる現代の市場を生き延びるには、ただ人より先を考え、機転がきき、ライバルに勝てるだけではなく、ゴール地点を動かし、ゲームをルールごと変えてしまうようなリーダーが求められている。■

誤解されることを
恐れてはいけない。
ジェフ・ベゾス
アマゾンの創業者 (1964-)

経営陣をむしばむ
最悪の病気、
それは
うぬぼれとエゴイズムだ

おごれる者は久しからず

背景知識

テーマ
成功と失敗

歴史に学ぶ
紀元前500年頃 古代ギリシャで「ヒュブリス」という言葉が生まれた。現実とかけ離れた自尊心、おごりを意味し、「ネメシス（因果応報や没落）」を招くとした。

2001年 エンロンのCEOケネス・レイが「我々の業績は過去最高に達している」と従業員にメールを送った。その4か月後、エンロンは破産申請をした。

2002年 アメリカの活動家ハーバート・ロンドンが、「ヒュブリス（おごり）」は古代ギリシャの時代と変わらず21世紀の現代においても非常に大きな脅威だと主張した。

2009年 ジム・コリンズが著書『ビジョナリー・カンパニー3』において企業衰退の5段階について論じた。

　どんなに有力な企業でも、つまずき、転び、まるで注目されなくなる日が来る可能性はある。スイス航空、エンロン、リーマン・ブラザーズなど、成功を極めていた大企業が転落する例は数多くある。転落を招く要因はさまざまだ。マーケティング、製品力、戦略の不十分さ、経済状況の悪さ、単に運が悪かった、など。しかし、矛盾しているようだが、成功が失敗の引き金となるケースが少なくない。
　成功によって自信過剰になった経営者やマネジャーは、往々にして現実を正しく見られないからだ。一方で、自分たちの過大な思いこみを信じ始めてしまう。危険信号はしばらく前から出

部下のハートに火をつけろ

参照：適応し、変身・刷新する 52-57 ■ イエス・マンの弊害 74-75 ■
良い戦略、悪い戦略 184-85 ■ 自己満足の罠 194-201

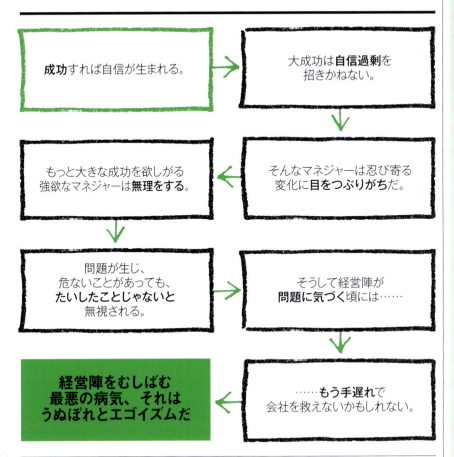

ジム・コリンズ

1958年アメリカ生まれ。ビジネスコンサルタント、著述家。

経営学と数理科学をスタンフォード大学で学び、複数の名誉博士号を授与されている。ヘルスケア、教育、芸術関連などさまざまな分野の企業に加え、宗教団体や政府機関などあらゆるタイプの組織で幹部やCEOを務めてきた。コリンズの関心は、普通の企業と優れた企業の差は何か、優れた企業はいかにして並はずれた業績をあげられるのか、という点にある。

1995年、ビジネスの卓越性についてリサーチを進めるため、コロラド州ボルダーにマネジメントの研究所を設立した。コリンズの著作は世界で1000万部以上売れ、35カ国語に翻訳されている。

主な著作

1994年 『ビジョナリー・カンパニー──時代を超える生存の原則』

2001年 『ビジョナリー・カンパニー2──飛躍の法則』

2009年 『ビジョナリー・カンパニー3──衰退の5段階』

ていたのに、永遠に続くかに思える成功に浮かれた経営陣は、それに気づかず手を打つこともできない。自尊心に目を塞がれ、会社が大惨事を迎えつつあるという現実が見えなくなってしまうのだ。

衰退の5段階

ジム・コリンズは企業衰退には5段階があると主張した。第1段階は、事業が順調な、場合によっては絶好調の状態を指す。世間で注目され、資金繰りもよく、従業員の意欲も高い。ところがそんな成功の後に、第1段階において最初の兆候が現れる──経営陣も従業員も自信過剰になり始めるのだ。

特に大成功している会社では、従業員が尊大になり、自分たちは成功してあたりまえ、成功すべきだと考え始める恐れがある。マネジャーたちはそもそも何が成功の要因であったかを見失い、会社や事業の強みを過大評価してしまう。

第1段階が「自分たちはすごい、だから何でもできる！」という感覚だとすれば、第2段階は「もっとやらなければ！」という感覚だ。コリンズは第2段階を、売上げや店舗数、企業の成長、何もかもを増やそうとする「規律なき足し算思考」だと表現した。尊大なマネジメントのあり方が続き、規律はますます失われ、強欲さに基づく意思決定がなされるようになり、警告の

102 おごれる者は久しからず

危険信号は見逃される。第2段階にある会社は、自社が競争力に乏しい分野にやみくもに飛び込み、専門外の分野で事業を拡大したり、賢明ではない合併や買収を行ったりする。第1段階で発生した自己満足が、第2段階ではブレーキの利かない大暴走につながってしまうのだ。

第3段階に入ると、さらに、問題が積み重なり始め、従業員はマネジメントの意思決定に疑問を抱き始める。さらに受け入れがたいデータによって、思っていたのとは異なる現状が示唆される。しかし、それでもまだ経営陣は現実に気づかないかもしれない。この段階での業績の不調は次のように説明をつけられがちだ。問題はどれも「市場が厳しいためだ」と。つまり、自社の事業は盤石であり、自分たちは基本的にまちがっていないと考えてしまう。市場が盛り返せば、もともと優れた事業は市場でのリーダーシップを取り戻すだろうと信じているのだ。

「悪玉トレーダー」の異名を取ったジェローム・カーヴィルは裁判で、会社は自分の危険な取り引きに気づいていたが、利益を上げたい一心で目をつぶっていたと証言した。

今を逃せば次がない

第3段階は「ターニング・ポイント」だ。この段階に至っても崩壊を何とか避けられる会社は少なくない。マネジメントが従業員（とりわけ営業部門など前線で活躍する従業員）の意見や株主の懸念に耳を傾け、現状の変化に応じて戦略を転換できれば、会社が復活できる可能性は高い。インテルのCEOだったアンディ・グローヴもこの戦略で同社を黒字企業に立て直した。しかし、リーマン・ブラザーズでは同じようにいかなかった。株価最高値を記録した2007年、同社は崩壊の初期の危険信号を見逃した。サブプライム住宅ローンのデフォルト率が7年ぶりの高水準となり、米国の住宅市場の危機的状況が明らかになっても、リーマン・ブラザーズは住宅ローン担保証券を扱い続けた。マネジメント、特にCEOのリチャード・ファルドは、ヒュブリス（おごり）で目がくらみ、現実を直視できずにいた。同社は誤った戦略のまま突き進み、まもなく第4段階に達した。

危機と向き合う

第4段階では、会社の苦境は否定できないものになる。どれほど頑固で尊大なマネジャーでも、何か問題があると気づかざるをえない。ここで大事なのはいかに対応するかだ。しかしあいにく、気づけば必ず適切な対応をとれるわけではないことをリーマン・ブラザーズの例がよく示している。

2007年8月に世界金融危機が発生し、リーマンの株価は急落した。リーマンを米国第4位の投資銀行に育て上げたファルドは、新たな戦略をとるべき時だということを受け入れられなかった。いよいよ先行きが見えなくなり始め、同行の展望について記者たちに問われると、ファルドはしぶしぶ資本注入の必要を認めた。そして、もともとファルドの選択肢にはなかった銀行

> すぐれたリーダーは、自分を成功に導いたすべての要因を完璧に理解したなどと思わないものだ。
> **ジム・コリンズ**

売却の交渉も行った。結局はこの決断を取り消すことになったが、時はすでに遅かった。2008年9月15日、リーマン・ブラザーズは倒産した。

成功とそれに伴うヒュブリス（おごり）が危機を招いた場合、肝心なのはマネジメントがどのように対処するかだ。根底にある問題に触れない「バンドエイド」式の解決策はめったにうまくいかない。そもそも危機を招いたのと同じ自信過剰に基づく手早い解決策（たとえば大胆だがリスキーな戦略、大ヒットを狙った製品、ライバルを呑みこむ企業買収など）をとっても、たいてい状況は悪化し第5段階に移行するだけだ。第5段階は、自社の敗北を認めること、つまり死を意味する。

敗北を認める

第5段階で、ついに会社は現実に直面する。多額を投じた戦略が行きづまって経営が逼迫し、従業員は積み重なる失敗から立ち直る意欲を失う。この段階で主要なマネジャーたちは会社を去り、残っていたわずかな顧客も他社へ移る。かつては無敵だった会社がついに転落する。マネジメント・バイアウト（自社株買い占め）や合併、買収によって事業を続け、雇用をいくらか守ることはできるかもしれない。しかし

無理なローンを組んで住宅を買ったアメリカ人は、不動産を担保にした複雑な金融商品で荒稼ぎしたリーマン・ブラザーズのような証券会社の犠牲者だ。同社の経営陣はローンが不良債権化するリスクへの警告に目をつぶっていた。

かつての繁栄を取り戻すことはほぼないだろう。この段階まで落ちた会社のほとんどは、仮に生き残れたとしても、創業時のようなニッチなブランドとして市場に残るしかない。

繁栄を取り戻す

もちろん、成功した企業がみな衰退が避けられないわけではない。会社が衰退段階の後期にまで至ってしまうのは、マネジャーが初期の兆候に気づけなかったり、不利な状況でも勝てると根拠のない自信をもっていたりしたためだ。しかし、第4段階まで行っても復活することはできる。コリンズによれば、必要なのは冷静で明晰なアプローチをとり、救世主となりそうな戦略に頼るのではなく、会社本来の強みであった基本的価値観、規律を取り戻すことだという。

スティーブ・ジョブズはアップルでまさにそれをやってのけた。1980年代終盤から90年代初頭にかけて、アップルのマネジメントは自分たちの会社が飛び抜けて優勢であると考え、他社との競争が増している現状に目を向けず、さらに品質や互換性に問題があっても顧客が「たまたまだろう」とあきらめてくれることを期待していた。

マイクロソフトがオペレーティングソフト、ウィンドウズ95を発売した1995年、アップルの衰退は始まった。売上げも利益も、アップルのイメージも転落し始めた。「ビジネスウィーク」誌は「アメリカの象徴の転落」と評した。そんな中でCEOのギル・アメリオは、経費削減、組織再編を行い、新しくインターネットサービスグループを加えた。それでも1997年には手がつけられないほど業績は悪化し、破産は時間の問題という状態だった。そこで新メンバーの取締役会が招集され、創業者のスティーブ・ジョブズを呼び戻してCEOに据えることが決まった。ジョブズは新製品を大量に出す戦略をとるだろうと多くの人が期待したが、実際にはその逆だった。ジョブズはニッチなポジションにいた頃の規模にまで会社を縮小し、製品の種類を極限までしぼりこんだ。プリンターの生産を終了し、ソフトウェア開発を縮小したほか、生産地を海外に移した。製品ラインを簡素化して、販売経路もしぼりこんだ。ジョブズがまず目指したのは、アップルの業績を安定させ、本来の価値観——イノベーションと品質の向上に注力する姿勢——に立ち戻ることだった。その結果、後にiMac、iPod、iPhone、そしてiPadといった製品が生まれたのだ。

引き算の思考をする

ビジネス失敗の原因はヒュブリス（おごり）だけではない。いかに優秀なマネジメントも、市場の大変動や、主要な仕入れ先の倒産、自分たちのコントロールの及ばない要因（たとえば2008年の金融危機は、すでに苦境にあった小売りのウールワースにとどめを刺した）で失敗することはあるだろう。ヒュブリスはしばしば企業衰退の一因となるが、事業の欠陥や単なる運の悪さも原因となりうる。

しかし、自信過剰が「規律なき足し算思考」の状態にまでいたったら、そこから抜け出すには、引き算の思考で規律を取り戻し、基本に立ち返るしかない。必要なのは、日本人の言う「裸一貫」になる覚悟だ。■

どんな成功も、
その衰退の種を
はらんでいる。
ピエール・ド・クーベルタン
近代オリンピックの父 (1863-1937)

企業文化は
その会社に固有な問題
解決のスタイルを表す

組織の文化（風土）

106 組織の文化（風土）

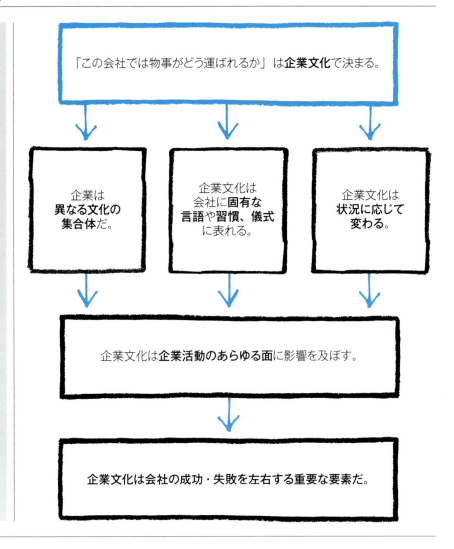

背景知識

テーマ
組織の成り立ち

歴史に学ぶ

1980年 オランダ出身のヘールト・ホフステードが著書『経営文化の国際比較』で企業文化の大切さを指摘した。

1982年 アメリカのコンサルタント、テレンス・ディールとアラン・ケネディが、企業の成功を左右するのは企業文化だと論じた。

1992年 米ハーバード大学のジョン・コッターが、11年にわたる調査の結果として、企業文化のしっかりした会社では756%も収入が増えたが、そうでない会社では1%にすぎないと発表した。

2002年 ワトソン・ワイアットが人的資本（ヒューマン・キャピタル）インデックスを発表、従業員の生産性を維持する上で企業文化が果たす役割を経済的価値として示した。

どんな組織にも、その伝統や歴史、構造によって育まれたアイデンティティ（個性）がある。そのアイデンティティを守っていくのが組織の文化（風土）と呼ばれるもので、これにはその組織に特有な儀式や信条、物語や価値観、規範、独特な言語などが含まれる。言いかえれば、「この会社では物事がどう運ばれるか」を規定するのが企業文化だ。

企業文化は、その会社が何であるかについての共通認識（見えざるもの）をもたらし、そこにあるもの（見えるもの）を明示する。文化はその会社の「物語（歴史の集成）」であり、独特な言語と自社ビジネスに関わる特定のシンボルによって語り出される。

1940年代には人間関係論の分野で、社会学的・人類学的なフィールドワークの成果をふまえ、組織を文化の側面から考察する動きが出現した。しかし「組織の文化」という語がビジネスの世界に定着したのは1980年代のことで、そのきっかけはオランダ出身の経営学者ヘールト・ホフステードの著した『経営文化の国際比較』だった。

組織の構造を詳しく観察したホフステードは、それが社会の文化によって形作られ、密接な関係にあることに気づいた。なかでもビジネスに影響を及ぼす文化的特性として、彼が注目したのは次の5つ。権力格差、個人主義 vs. 集団主義、男性性 vs. 女性性、不確実性回避、そして長期志向 vs. 短期志向である。

5つの文化的特性

ホフステードの見つけた特性の第1は「権力格差」で、上司と部下の心理的な距離感を意味する。権力格差の大きい企業文化は規則にうるさく、上下関係が固定されやすく、みんな「身分をわきまえ」がちになる。たとえばロシア企業では、一般従業員が経営幹部

部下のハートに火をつけろ 107

参照： 創造と革新 72-73 ■ 経営の神々 76-77 ■ おごれる者は久しからず 100-103 ■ 集団思考の回避 114 ■ 長期か短期か 190-91 ■ 学びは一生 202-07 ■ 企業文化と倫理 224-27

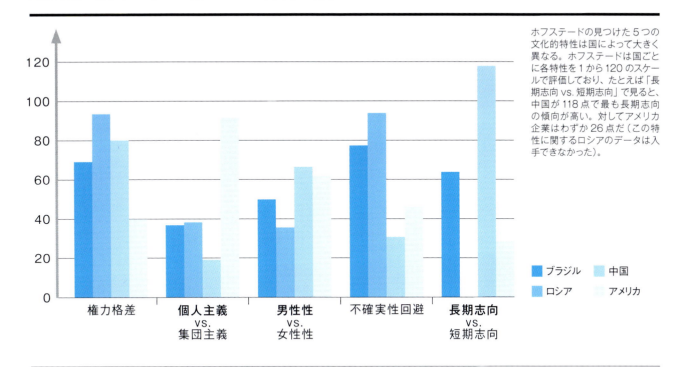

ホフステードの見つけた5つの文化的特性は国によって大きく異なる。ホフステードは国ごとに各特性を1から120のスケールで評価しており、たとえば「長期志向 vs. 短期志向」で見ると、中国が118点で最も長期志向の傾向が高い。対してアメリカ企業はわずか26点だ（この特性に関するロシアのデータは入手できなかった）。

と話せる機会はほとんどない（権力格差が大きい）。逆にオーストラリア企業では権力格差が小さく、意思決定の権限がより広く分散されている。

人類学の知見によれば、集団主義的な文化では人々を統率するのに外的・社会的な圧力（恥の意識）を利用しがちだが、個人主義的な文化ではむしろ内的な圧力（罪の意識）を利用する。これを企業文化にあてはめると、アジア企業とアメリカ企業では対照的な傾向が見られるという。たとえば問題解決にあたって、アメリカ企業は個人による解決を求めがちだが、アジア企業だとグループで問題に取り組む傾向が強い。

ホフステードの見つけた特性の第3「男性性 vs. 女性性」（性別による役割の固定）については、同じ文化圏でも会社による違いが大きい。男性的な特性（地位、自己主張、突進など）が強調される会社もあれば、女性的な特性（ヒューマニズム、協調、合議、育成など）を重視する会社もある。またイタリアの会社は一般に自己主張が強く、競争を奨励する傾向（男性性）が強いという。

ホフステードの第4の特性「不確実性回避」は、判断に困るような状況を従業員が避けたがる度合いを示す。現場で「どう対応したらいいかわからない」状況に直面するのを嫌う従業員が多ければ、そういう会社は作業手順などのルールやポリシーをより厳格に定めて不確実性を回避しなければならない。逆に、現場に不確実性を苦にしない従業員が多ければ組織は柔軟でよく、急な変化や不測の事態にも対処しやすい。一般にイギリスの組織は柔軟で、不測の事態にも強いとされる。

第5の特性「長期志向 vs. 短期志向」は、会社が短期目標（利益）と長期目標（価値の創出）のどちらを重視しているかの度合いを示す。一般に日本の会社は長い目で経営目標を立てる傾向があり、トヨタ自動車などは100年単位の経営計画をもっている。

なぜ文化が重要か

どんな組織の文化にも、これらの特性が大なり小なり含まれている。組織のリーダーとしては、組織内のどの部門に（世界中で事業展開する企業なら、どの国に）どの特性が強いかを見きわめ、それに合わせてマネジメントのスタイルを変える必要がある。たとえば

> IBMで学んだのは、
> 文化がすべてということだ。
> **ルイス・ガースナー・ジュニア**
> IBM元CEO (1942-)

組織の文化（風土）

欧米系企業の場合、アジアの支店や子会社では集団主義的なアプローチを採り入れたほうがいい。

今なぜ企業文化の重要性が高まっているのか。市場における競争の激化やグローバリゼーションの進展、買収・提携などの合従連衡の増加、多様な働き方の出現（在宅勤務、パート労働など）といった変化により、成功した企業ほど多彩で多くの、しかも世界各地に散らばるスタッフをまとめていく必要に迫られるからだ。ホフステードの指摘するとおり、さまざまな地方、さまざまな国で事業展開すればするほど、企業文化のまとまりを維持していくのは難しくなる。会社としての「1つの文化」を出先機関にも浸透させる一方、進出先のローカルな文化も採り入れていく。そのバランスを取ることが肝心だ。

米スポーツ用品のナイキやインドの自動車会社タタ・モーターズなど、強烈な企業文化をもつ会社では従業員の帰属意識も強い。たとえばナイキには、その有名なロゴマークを腕にタトゥー（入れ墨）した社員をよく見かける。こういう会社の従業員は自分が「どこの社員か」「何のために働くか」をよく自覚しており、社是・社訓をそらで言えたりする。一方でイギリスのスムージー製造販売会社イノセントのように、協調的な文化を大事にする会社もある。この会社では「大小を問わず、すべての決定にみんなが参加する。そうでないと、みんな疎外感を抱き、会社とその成功からのけ者にされたと感じてしまう」と考えている。

文化の威力

明確な企業文化があれば従業員の帰属意識が高まり、結果として仕事への満足度が上がり、従業員の定着率も上がる。現にナイキでは、勤続年数10年未満の従業員はルーキー（新人）と呼ばれてしまう。

確立された企業文化があれば行動規範が明確になり、迷いが減る。会社の掲げるビジョンや価値観、信念が共有されていれば意思決定は速く、かつ容易になる。会社を見る顧客の目も変わるだろう。従業員が自社製品・サービスに自信をもっていれば、その思いが顧客にも伝わるからだ。

確立された文化は、カリスマ的な指導者の気まぐれや移ろいやすい流行から組織を守る役割も果たす。もちろん指導者が企業文化に影響を与えることもあるが、しっかりした文化は経営陣が交代しても受け継がれていくものだ。

企業文化の4タイプ

強固な企業文化が弊害となることもある。集団思考（考えが似てくる）、閉鎖性（視野が狭くなる）、傲慢（外部の意見に耳を貸さなくなる）などだ。固すぎる文化は変化への抵抗力となり、新しい技術を「うちのやり方ではない」という理由で拒んだりする。

テレンス・ディールとアラン・ケネディは1982年の著書『シンボリック・マネジャー』で企業文化の中身を分析し、それが6つの要素で構成されていると論じた。その企業の歴史、価値観・信念、儀礼・式典、物語、企業の価値観を体現するヒロイックな人物、そして（クチコミで企業文化を伝え、形成する）人の輪である。

さらにディールとケネディは、リスクへの構えと評価（フィードバック）や報酬の迅速さによって、企業文化は4つのタイプに分けられるとした。男性的で「マッチョ」な企業文化ではすばやい評価・報酬を期待でき、大きなリスクを引き受けることも認められる（広告会社によくあるタイプ）。刻苦勉励をよしとするタイプ（セールス系の会社によくある）は、リスクを嫌うが評価・報酬は迅速で、従業員に対するプレッシャーは高い。「会社の存亡をかける」タイプの会社は、非常に大きなリスクを引き受けるかわり、長い目で見て成功・失敗を評価する傾向がある（石油掘削会社など）。そして「プロセス重視」のタイプはリスクを嫌い、評価・報酬にも時間をかける（保険会

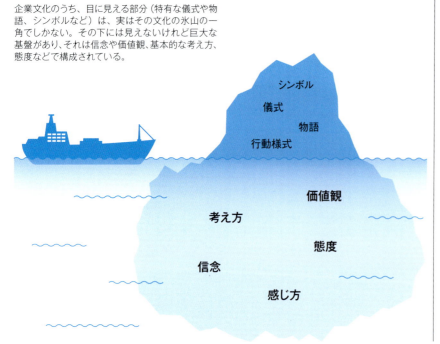

企業文化のうち、目に見える部分（特有な儀式や物語、シンボルなど）は、実はその文化の氷山の一角でしかない。その下には見えないけれど巨大な基盤があり、それは信念や価値観、基本的な考え方、態度などで構成されている。

部下のハートに火をつけろ

ディールとケネディは、クチコミで企業文化を伝え、形成する「人の輪」に注目した。それは組織内で流布される噂話やゴシップの非公式なネットワークだが、実は企業文化もこのルートで伝播される。

社や政府機関など）。

　企業文化と経営のリーダーシップは切っても切れない関係にある。長年にわたって会社を成功に導いてきた企業文化の核を、もしも経営者が放棄するようなことになれば一大事だ。2012年のことだが、アメリカの投資銀行ゴールドマン・サックスの従業員が、当時の経営陣を痛烈に批判する公開書簡を「ニューヨーク・タイムズ」紙に送った。そこには「この会社を大きく育て、143年にわたって顧客の信頼を勝ち得ることを可能にしてきたのは我が社の企業文化だ。……なのに今は、その文化の痕跡すら見当たらない」とあった。この公開書簡が紙面に載ったとき、同社の株価は3.4％も急落したのだった。

文化も変わる

　何か揺るぎない文化があって、それを守り、維持していけばいいのなら、どんなに楽だろう。組織を率いる立場にいる人なら、きっとそう感じたことがあるはずだ。しかし、揺るぎない文化など存在しない。経営者の頭の中にはあっても、経営の現場にはない。注意深く見れば、文化は社内の部局によっても事業部によっても、地方や外国にある支店や子会社によっても微妙に異なるはずだ。その差異（文化の多様性）を受け入れつつ、しかし全社的な文化の核心（企業理念など）はしっかり伝えていく。それがリーダーの役割だ。

　上掲のどのタイプであれ、企業文化は社内あるいは社外の状況に応じてダイナミックに変わっていくものだ。市場の要請（競争の激化、市場規模の縮小など）で、やむなく企業文化を変えねばならないこともあるだろう。そういう変化をうまく仕切ることが、リーダーたる者には求められる。

　企業文化を変える場合、大事なのは「小さく始める」ことだ。数字や○×で選べるものではないから、急に変えようとしてもうまくはいかない。新しい社是を掲げて組織を大幅に刷新し、急に「みんな楽しく働こう」などと呼びかけても、なかなか従業員はついてこない。社屋やロゴマークを変えても企業文化は変わらない。必要なのは、時間をかけて従業員の意識を変えていくことだ。

　企業文化はトップダウン（上意下達）では変わらない。むしろボトムアップ（下意上達）で、じっくりと育てていくものだ。リーダーたる者は先人から受け継いだ企業文化のダイナミズムを正しく理解し、しかしその「しがらみ」にとらわれることなく、その強みを活かしていく必要がある。■

ヘールト・ホフステード

　ヘールト・ホフステードは1928年、オランダのハーレムの生まれ。工業学校を経てデルフト工科大学に学び、機械工学の修士号を取得。2年間の兵役を務めた後、大学に復帰して産業経営を学んだ。1965年、学業を続ける一方で米IBMに入社し、人事の研究部門を立ち上げた。この時期に得た豊富なデータや知見が、「ボトムアップ」を重視する彼の組織観の基礎となった。

　現場を離れ、教職に転じたのは1973年。1980年に上梓した『文化の影響力』は企業文化に関する古典とされている。2008年には米紙「ウォールストリート・ジャーナル」によって「世界で最も影響力のある経営思想家20人」の1人に選ばれた。

主な著作

1980年　『経営文化の国際比較』
2010年　『多文化世界』

（企業）文化は朝食に
戦略を食べて育つ。
ピーター・ドラッカー
アメリカの経営学者（1909-2005）

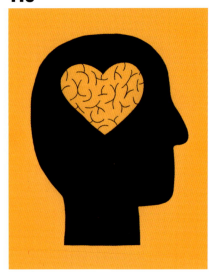

心の知能指数は頭とハートをつなぐ
EQの開発

エモーショナル・インテリジェンス（心の知能）とは、自分や他人の感情を読み取り、コントロールし、判断する能力のこと。IQ（知能指数）になぞらえて、しばしばEQ（心の知能指数、感受性指数）と呼ばれる。この概念は1930年代における社会的知性の研究に遡るが、今日的な意味では1990年代半ばにアメリカの心理学者ダニエル・ゴールマンが著した『EQ こころの知能指数』によって注目されるところとなった。著者は同書で、心の知能には5つのドメイン（領域）があるとしている。自分の感情を知る、自分の感情を管理する、自身を駆りたてる、他人の感情を読み取り理解する、人間関係を管理する、の5つだ。

ゴールマンによれば、ビジネスで成功しているリーダーにはEQの高い人が多い。高いEQがなければ、どんなにエネルギッシュでアイデアにあふれ、論理的な判断力と高い知性を備えた人物も、指導者としては成功しない。2001年9月11日にニューヨークの世界貿易センター・ツインタワーを襲ったテロ攻撃に際し、メリルリンチの顧客サービス部門を率いるボブ・マルホランドがとった行動は、EQの高いリーダーの模範とされる。同社の目の前にあるツインタワーに旅客機が激突するのを見て、居合わせたスタッフは当然のことながらパニックに陥った。あたりを走り回る者もいれば、恐怖で立ちすくむ者もいた。マルホランドはまず、一人一人に歩み寄って声をかけ、パニックを鎮めた。それから冷静に、みんな階段を使って降りよう、大丈夫、脱出する時間は十分にあると呼びかけた。彼は一貫して冷静かつ果断にふるまったが、泣きだす部下をどなりつけたりはしなかった。そうして全員、ケガひとつなく退避できた。もちろん例外的なケースだが、マルホランドの行動は不安な状況におかれた部下を動かす上で、いかにEQが大切かを示すも

背景知識

テーマ
心の知能指数（EQ）

歴史に学ぶ
紀元前400年頃 ギリシャの哲人プラトンが、いかなる学習の基礎にも感情的なものがあると見抜いた。

1930年代 アメリカの心理学者エドワード・ソーンダイクが、他人とうまくつきあう能力について「社会的知能」の概念を提唱した。

1983年 アメリカの心理学者ハワード・ガードナーが、人の知能は複合的で、対人関係、音楽、空間・視覚、言語など、それぞれの知能があると論じた。

1990年 アメリカの心理学者ピーター・サロヴェイとジョン・メイヤーがエモーショナル・インテリジェンス（心の知能）に関する初めての理論を発表した。

1995年 ダニエル・ゴールマンの『EQ こころの知能指数』が刊行され、世界的ベストセラーとなった。

優れたリーダーには
1つの重要な共通点がある。
みんなEQが高いという点だ。
ダニエル・ゴールマン

部下のハートに火をつけろ

参照： 起業家からリーダーへ 46-47 ■ 求められる指導者像 78-79 ■ チームと人材の管理 80-85 ■ 自己満足の罠 194-201 ■ 学びは一生 202-07 ■ 日々の「カイゼン（改善）」 302-09

```
心の知能には5つのドメイン（領域）がある。
```

| 自覚力
（自分の感情に気づき、理解する能力） | 自己統制
（自分の衝動や感情を管理する能力） | 動機づけ
（自分を目標に向けて駆りたてる能力） | 共感力
（他人の感情に気づき、理解する能力） | 社交的スキル
（相手の立場を理解し、良い関係を築く能力） |

のといえる。

ゴールマンはまた、指導者に不可欠な他の資質を発揮する上でも、高いEQが役立つと指摘している。たとえば他人の感情をきちんと理解する能力（共感力）があれば、その感情（と、その感情に由来する行動）を適切に管理しやすい。

良きリーダーとなるには

指導者の資質は生まれつきか、それとも習得できるものか。この点はビジネスの世界でも議論の的になっているが、ゴールマンによれば答えは両方ともイエスだ。つまり、生まれついての資質は重要だが、年を重ねて経験を積み、自省することで得られるEQも同じくらいに重要なのだ。

今やEQの開発はリーダー養成コースの欠かせない要素となっている。経験豊富なリーダーが若きリーダー候補生を教え、過去の事例や未来のシナリオを議論し合い、どんな対応がありうるかを検討し、感情が爆発するのはどんな状況かを見きわめる。こうしたプロセスの繰り返しによって、心の成熟度が高められていく。

ある国際的な大手コンサルティング会社のパートナー（経営に参画する上級社員）たちについて調べた1999年の報告によれば、EQの高いパートナーは低い人に比べて120万ドルも多くの利益を上げていたという。ビジネスで成功を収めるには、心のバランスが大事なのである。■

ダニエル・ゴールマン

アメリカの心理学者ダニエル・ゴールマンは1946年、カリフォルニア州の生まれ。両親とも学者で、自身も高校では生徒会長を務め、奨学金を得て東部のアマースト・カレッジに進学。在学中に1年間、カリフォルニア大学バークレー校に国内留学し、社会学者アーヴィング・ゴフマンの下で社会における儀礼の役割を研究した。

その後ハーバード大学の博士課程に進み、達成意欲に関する理論で有名なデイビッド・マクレランドに師事。博士号取得後はインドやスリランカを旅し、瞑想法や心の問題を研究した。帰国後はハーバード大学の客員講師を経てジャーナリスト、著述家に転身。主著『EQ こころの知能指数』は40近い言語に翻訳され、累計500万部を超す大ベストセラーとなった。

主な著作

1995年 『EQ こころの知能指数』
1998年 『リーダーの資質』
2011年 『リーダーシップとEQ』

マネジメント、それはアートと科学、そして職人技の出会うところ
ミンツバーグのマネジメント論

背景知識

テーマ
マネジメント（経営管理）の役割

歴史に学ぶ

1930年代 オーストラリア出身の心理学者エルトン・メイヨーがアメリカで「ホーソン研究」を発表。管理過程を重視する古典的な経営論に替えて、より人間関係を重視する経営論に道を開いた。

1949年 フランスのエンジニアで経営理論家のアンリ・ファヨールが、いわゆる「古典学派」の経営理論を発表し、マネジャーの主要機能は計画、組織、調整、指揮、統制の5つだとした。

1973年 ヘンリー・ミンツバーグが『マネジャーの仕事』を著し、ファヨール流の古典的な経営観は「フォークロア（俗信）」にすぎないとした。

> マネジャーが担う役割はたくさんあるが、それらは3つのカテゴリーに分けられる。

- **情報の管理**（監視者、伝達者、代弁者）
- **対人関係の管理**（会社の顔、リーダー、連絡役）
- **決断の管理**（起業家、混乱収拾人、資源の配分者、交渉役）

> マネジメントは、しばしば矛盾し合うこうした役割をすべて引き受ける。そこではアートと科学、職人技が出会う。

マネジャーの仕事とは何か。この古くからある問いは多くの専門家を、そして現場スタッフを悩ませてきた。経営学の大家ヘンリー・ミンツバーグは1975年の論文「管理者の仕事」で、マネジャーは一般に考えられているような思慮深くシステマチックで計画的な人間ではなく、むしろ「その仕事は簡潔さと多様さ、そして非連続性で特徴づけられる」と論じた。つまり行動志向が強く、反省を嫌うタイプだ。

ミンツバーグによれば、マネジャーには10個の基本的な役割があり、それは大きく3つのカテゴリーに分類できる。情報（情報を用いたマネジメント）、対人関係（人のマネジメント）、そして意思決定（決定と行動のマネジメント）だ。

マネジャーが情報を管理できるの

部下のハートに火をつけろ 113

参照： 起業家からリーダーへ 46-47 ■ リーダーの資質 68-69 ■ 経営の神々 76-77 ■ 失敗に学ぶ 164-65 ■
危機管理 188-89 ■ シンプル・イズ・ベスト 296-99 ■ 日々の「カイゼン（改善）」302-09

は、すべてとは言わぬまでも部下よりは多くの情報に接しているからだ。周囲の環境を見渡し、情報を処理するのはマネジャーの基本的な仕事。ミンツバーグに言わせれば、マネジャーは「組織の神経中枢」であり、組織内で何が起きているかを監視し、他の部署へ伝達し、また社外に向けてはスポークスマン（代弁者）の役割も果たす。

マネジャーに情報が集まりやすいのは、社内外の多くの人に接しているからだ。したがって、マネジャーは対人関係も管理していることになる。ここでの役割には、会社の顔となり、社内で指導力を発揮し、さまざまなグループ（部下、顧客、協力会社、納入業者、マネジャー仲間など）との連絡にあたることが含まれる。

第3のカテゴリーは意思決定だ。ミンツバーグによれば、マネジャーは財務から調達、人事までを監督して決定を下し（資源の配分者）、イノベーションを促し（起業家）、会社が予想外の事態に直面したときは状況を打開し、落としどころを探さねばならない（交渉役、混乱収拾人）。

もちろん、こうした役割は別個に存在するものではなく、どれかに専念すればいいものでもない。ミンツバーグによれば、有能なマネジャーはこれらの異なる役割を苦もなく使い分け、状況に応じて最適な役割を担うものだ。

マネジャーの虚実

古典的な経営観に従えば、マネジメント（経営管理）は科学であり、マネジャーの役目は組織の構成要素（人材と設備）を効率的に動かすことにあり、その人材も設備も予測可能で科学的に統制可能な動き方をするはずだ。しかしミンツバーグは、アートと科学、そして職人技の出会うところにマネジメントはあると考える。そこには情報を精査・処理し、システムとしての組織を動かし、（これが最も重要なのだが）すぐれて主観的で非科学的な人材を管理する仕事も含まれる。

要するに、「マネジャーの仕事とは何か」という問いに簡単な答えはないということだ。ミンツバーグのたどりついた結論はこうだ。マネジメントは複雑な行為であり、互いに矛盾し合う要求に応えねばならず、専門的なスキル

> 組織の有効性は、
> 合理性という狭量な概念に
> 由来するものではない。
> それは明晰なロジックと
> 強力な直感の融合から生まれる。
> **ヘンリー・ミンツバーグ**

や計画性、科学的ロジックと同じくらいに直感や判断力、機転にも頼らざるを得ない。ミンツバーグに言わせると、こうしたすべてを動員してこそ、マネジャーは仕事の進め方を考え、監視し、新たに開発することができる。■

ヘンリー・ミンツバーグ

ヘンリー・ミンツバーグは1939年9月2日、カナダのモントリオール生まれ。機械工学を学んで米マサチューセッツ工科大学（MIT）を卒業後、1968年にカナダのマギル大学経営学部で教職に就く。後に同大学と、フランスとシンガポールに拠点を置く国際的ビジネススクール INSEAD で経営戦略の教授に就任、今日までに150本以上の論文と（共著を含め）15冊の著書を発表している。経営論、特にマネジャーの役割についての著作が有名で、「ハーバード・ビジネスレビュー」誌に発表した論文「マネジャーの仕事」は1975年のマッキンゼー賞に輝いた。カナダ政府とケベック州政府からも勲章を授与され、2000年には経営学アカデミーからその年の「最も活躍した学者」に選ばれた。2013年にはフランス国立高等鉱山通信学校から初の名誉学位を贈られてもいる。

学究生活が長いが、会社組織やマネジャーの問題に興味を抱いたのは、大学卒業後に一時、カナダ国営鉄道に勤務していた時期だ。そのころ経験した悲惨な列車衝突事故について、それは無謀な企業合併のメタファーだったと回顧録に記している。

主な著作

1973年	『マネジャーの仕事』
1975年	論文「管理者の仕事、その伝統と実際の隔たり」
2004年	『MBAが会社を滅ぼす』

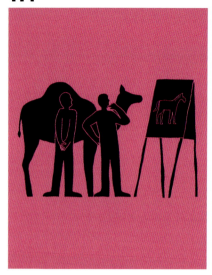

おざなり会議がラクダをウマと言いくるめる
集団思考の回避

人は誰しも、なんらかの組織に帰属していたいと願うものだ。仲間に入れてほしいと思えばこそ、人は時に自分の主張を抑え、会議で異論を唱えず、内心では反対でも、賛否を問われればうなずいてしまう。こうして個人の「メンタルな能力やリアリティ・チェック（現実性の評価）、道徳的判断」が損なわれる状況を、アメリカの心理学者アーヴィング・ジャニスは「集団思考」と呼んだ（1972年）。

この集団思考では、他人に迎合することが最優先され、事態の現実的な評価や分析が排除されてしまう。集団思考に陥ったグループでは反対意見が出ないから、自分たちの結論がそのまま正当化されてしまい、偽りの（あるいは不正確な）情報に基づいて非合理的な決定が下されかねない。

ジャニスによれば、集団思考に陥ったグループにはいくつかの特徴がある。不敗神話を築きあげて過剰なリスクを引き受ける、リアリティ・チェックをせずに結論を正当化する、外部からの警告に耳を傾けない、などだ。そうして自分たちには正義があると思い込み、自分たちの行動がもたらす倫理的な結末には目をつぶってしまう。

マネジャー（管理職や経営者）は組織内の集団思考に気づき、その浸透を防ぐ手を打たねばならない。異論反論を奨励し、会議や委員会に多様なメンバーを加え、上司たる自分の見解を表明する前に他人の意見を聞くことなどが必要だ。■

スイス航空が経営破綻したのは2001年のこと。かつては「空飛ぶ銀行」と呼ばれるほど利益率が高かったが、経営幹部が集団思考に陥り、不敗神話の罠にはまった。

背景知識

テーマ
集団力学

歴史に学ぶ

1948年 アメリカ広告業界の大物アレクス・オズボーンが「ブレーンストーミング」の活用を推奨。それはグループで、批判抜きでアイデアをまとめていく手法だった。

1972年 アメリカの心理学者アーヴィング・ジャニスが『集団思考の犠牲者』を刊行。

2003年 スペースシャトル「コロンビア」の爆発事故の調査報告で、NASAの「反対意見が上層部まで上がりにくい」体質が指摘された。

2005年 ロバート・バロンが論文「正しく見えて大まちがい」を発表し、集団思考に陥るのはグループ形成の初期段階に限られるのではないかと主張した。

2006年 アップルの共同創業者スティーブ・ウォズニアックが、クリエイティブな人間は「単独で働け。委員会に入るな、チームを作るな」と呼びかけた。

参照：チーム力 70-71 ■ イエス・マンの弊害 74-75 ■ おごれる者は久しからず 100-03 ■ 組織の文化（風土） 104-09

部下のハートに火をつけろ　115

自分で考えつつ、でも垣根を越えて一緒に考えよう
多様性の価値

背景知識

テーマ
従業員の多様化

歴史に学ぶ
2005年　ドイツの自動車会社ダイムラーが、2020年までに管理職の20％を女性にするとの目標を掲げた。年齢や社会的属性、国籍についても同様の目標を設定している。

2009年　役員会に女性がいることと企業価値の関係を分析した調査で、女性が多い会社のほうが男性主導の会社より高い評価を得た。

2012年　経営コンサルタントのジャック・ゼンガーとジョセフ・フォークマンが「ハーバード・ビジネスレビュー」誌に寄稿し、優れたリーダーシップを構成する16の能力のうち、12の能力では女性のほうが上だと指摘した。

2013年　イタリアで、2015年までに役員会メンバーの1/3を女性にすることを企業に求める法律が成立した。

　よく言われることだが、マネジャーが自分と似たタイプを集めたがるというのは本当だ。つまり、男は男を雇いたがる。こういう傾向を放置しておくと、会社は似た者どうしの、経歴も同じなら会社運営についての考え方も同じ人間の集まりになってしまう。

　逆に、積極的に多様性を追求する会社は文化や社会的・経済的な背景を異にする人、そして性別や世代の異なる人を雇い入れるから、それだけダイナミックで刺激的な職場ができる。

多様性はいいことだ

　従業員の多様性が増せば、それだけクリエイティブな職場ができる。意見を出す人の経歴や価値観が多彩であれば、思いもしなかったような発想や問題解決の方法が出てきやすくなる。多様性が増せば、革新と成長の停滞を招く集団思考に陥る危険が減るという研究もある。チームの構成員が多様であれば、異論を押さえこむことは難しいものだ。

　多様性は従業員の構成にとどまらない。社内の部門間交流を促し、たとえばマーケティング部のチームに製造現場や財務の人を加えて社内横断的な作業グループを結成すれば、縦割り組織の弊害をなくすのに役立つだろう。いずれにせよ、色の同じ人間ばかり集めた組織は停滞に陥りやすい。そうなる前に組織の多様性を高めて停滞を防ぐことが大切だ。■

経営における多様性は、単に好ましいだけでなく、事業に不可欠なものだ。
独ダイムラーの社是
（2005）

参照: チーム力 70-71　■　イエス・マンの弊害 74-75　■　枠をはみ出す発想 88-89　■　組織の文化（風土） 104-09

お金をもっと働かせよう
財務の管理

118 はじめに

財務には2つの異なる機能があるとされる。1つは過去の活動を記録する機能（財務会計）、第2は将来の決定に役立つ情報を提供する機能（管理会計）だ。そして今日では第3の機能が求められる。財務戦略である。これには将来的なリスクについての判断が含まれ、その大切さは、銀行などの金融機関ならば嫌というほど知っているはずだ。

リスクを知ろう

財務戦略を理解するには、レバレッジと過剰リスクの概念を知ることが重要だ。「レバレッジ」とは、どの程度まで事業が借金に頼っているかを計るものさしである。レバレッジが高ければ、リスクのレベルも高くなる。事業が順調なときほど、経営者は増益維持のプレッシャーを感じる。それには追加の投資が必要だから、借金してでも収益性の高い部門に投資することになる。しかし、ひとたび市場が縮小に転じた途端、多額の債務は重荷となり、身動きがとれなくなる。レバレッジは諸刃の剣だ。

レバレッジによるリスクが高まるのは、事業がオフバランスシート（簿外）で資金を動かしている場合だ。つまり、損失を抱えた投資をバランスシートに計上しないやり方で、結果として利益が上がっているように見える。ここで、現代の事業のあり方にかかわる重要な問い、「誰がリスクを引き受けるのか」という問いが生じる。従来なら答えは株主だ。集団で事業を所有しているのが株主だからだ。だが、起業を応援しようという機運が高まる中で、先進国ではルールが緩められてきた。オーナー（株主）の損失負担が軽くなったのだ。今では経営が破綻したときに損をするのはもっぱら顧客と従業員、納入業者であり、事業のオーナーはそれほどでもない。特に銀行が破綻したときがそうだ。あまりにも不公平だと危ぶむ声もある。

役員の責任

経営が苦しいとき、いくら投資にま

> 法外な役員報酬が
> 今回の景気後退を招いた。
> 会計規則が腐っていなければ
> 報酬の肥大化は防げたはずだ。
> **ニコラス・ジョーンズ**
> イギリスの映画製作者、元会計士

わして、いくら配当にまわすのか、役員たちは難しい決定を迫られる。平時のポリシーは決まっている。税引後利益の半分を株主配当に向け、残りは将来の成長に投資するといった具合だ。しかし景気の後退期には、できるだけ現金を手元に置いておくほうが賢明だろう。この場合、配当を削るという判断もありうるし、投資を減らすという判断もありうる。そうすれば手元により多くの現金が残ることになり、なんとか困難な状況を乗り切れる。

では、状況が悪化したときは誰の責任になるのか。それは各企業におけるアカウンタビリティ（説明責任）とガバナンス（企業統治）の体制次第だ。理想を言えば、役員会がしっかり目を光らせ、状況が悪くなり始めたらすぐに事業戦略の見直しを議論すべきだ。名ばかりの取締役では、いざというときCEO（最高経営責任者）の責任を追及しづらい。

常に眼光鋭く現場を見ている取締役は、自分の役員報酬にも目を向けなければいけない。本来であれば株主への配当や将来への投資の原資となすべき利益が損なわれるほど、過剰な報酬が支払われていないだろうか。「利益があってこそ報酬がある」、経営理念はそうでなくてはならない。

良好な企業統治に肝心なのは、大勢に従わないことだ。仮にアメリカのあらゆる銀行が南米諸国に手を広げ始め

お金をもっと働かせよう 119

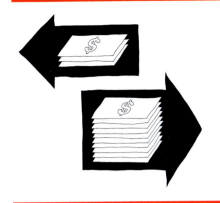  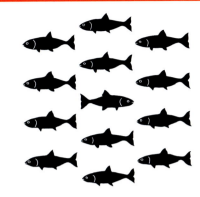

たとしても、韓国の賢明な銀行が同じことをする道理はない。しかし現実には、つられて南米に進出したくなる。いつも同じクラブや会合で顔を合わせている役員たちは、何かにつけて歩調を合わせたがるものだ。しかし、忘れてはいけない。アメリカのカリスマ投資家ウォーレン・バフェットは、投資家仲間の大勢に従うどころか背を向けることで世界長者番付の常連になったのだ。

マス・マーケットに目を向けよう

今は群衆(消費者)の知恵に耳を傾ける時代だから、きっと社員たちの間にも有益な知恵があるはずだ——そういう現代的な考え方を採り入れた役員会もある。「従業員は顧客でもある」と最初に悟ったのは20世紀初頭のヘンリー・フォードだ(世界初の量産車T型フォードの販売にあたり、従業員にも買えるようにと賃金を引き上げた)。だが、他の経営者はそのフレーズに秘められた可能性に気づくまで一世紀かかった。生産者であると同時に消費者でもある現場スタッフからアイデアを引き出せるというだけではない。マス・マーケットの秘める巨大な可能性を理解することにこそ戦略的な意味がある。今日の中国を見るといい。何億という消費者(みんな労働者であって、経営者ではない)の心をつかめる商品

を世に出せば、そこには巨大なチャンスがある。

お金は賢く使おう

管理会計において特に重要な2つの要素は、現金と経費(コスト)だ。新商品の価格をいくらにするか、業務の一部を外部に委託するか、どの商品のマーケティングにどれだけのお金をかけるか。マネジャーがこれらを決定するには十分な情報が必要で、そのために管理会計部門は生産コストの正確なデータを提供することに尽力する。それには活動単位あたりのコストを正確に割り出す活動基準原価計算が最適な方法だ。

しかし商売がうまくいかないと、管理会計部門はコストよりもキャッシュフローの管理に注力するようになる。世に「現金は王様」というとおりだ。景気が悪くなれば、会社は手元にある現金を手放そうとしなくなる。そういう会社と取り引きしている業者なら、正当な支払いを受けることも難しくなる。そうであれば、現金の流れが滞る前からキャッシュフローに目を配り、相手が現金を貯めこもうとする前に、まずは自分の手元に現金を集めておくのが賢い選択だ。

財務会計の世界には、昔からずっと「ルールに従って行動する」という大原則がある。正直であること、そして

慎重さや整合性を重んじる会計原則に従うことが最も大切と考えられてきた。しかし最近は、もっと「クリエイティブ」な会計もあっていいと考える風潮が生まれてきた。なぜか。「金に金を産ませる」テクニックがたくさん登場してきたからだ。会社の手持ち資金を高利で他社に貸しつける、外為市場や商品市場の相場を予測して投機的な先物買いをする、などだ。物づくりよりマネーゲームで稼ぐほうが手っ取り早い時代に、ひたすらルールを守り続けるのは愚の骨頂、ということかもしれない。■

私は本気で心配している。この会社は不正会計の波に溺れて破綻するんじゃないか。
シェロン・ワトキンス
粉飾決算がばれて破綻した
米エンロンの元副社長 (1959–)

詐欺まがいの行為には手を出すな

法令・規則の順守

背景知識

テーマ
企業統治と倫理

歴史に学ぶ

1978年 アメリカの学者ロス・ワッツとジェロルド・ジマーマンが『会計基準を決定する実証理論』を著す。

1995年 フランスの大学教授ベルナルド・コラスが「真実はどこにもない。あるのは『クリエイティブ・アカウンティング』の手法を駆使した結果だけだ」と主張した。

2001-02年 大手通信会社ワールドコムが38億ドル以上の利益を水増ししていた。

2009年 イギリスのデイヴィッド・ミドルトンが『会計における誤差』を著す。

2012年 共同購入型クーポンサイトを運営するアメリカ企業グルーポンの経営陣は、上場して5か月足らずで財務報告に「重大な欠陥」があったことを認めた。

企業内会計士には2つの役割がある。利益とキャッシュフローを記録すること、そして戦略を決める際の手助けになるよう、すきのないコスト見積もりを提供すること。その際、会計士は徹底して慎重であるべきだ。たいていの場合、コスト（資金の流出）は高めに、収益（資金の流入）は低めに見積もる必要がある。そうすれば想定外の事態が起きてもあわてずにすむ。たとえば、2009年1月に本田技研工業は世界的な景気低迷や円高の影響で全世界での売り上げが大幅に落ち込み、2008年度の第4四半期は37億ドルの赤字になると予測した。しかし結果的に赤字は33億ドルにとどまり、本田が慎重な分析をしていたことの証明となった。

お金をもっと働かせよう 121

参照：おごれる者は久しからず 100-03 ■ 自分の報酬より会社の利益 124-25 ■ 金に金を産ませる方法 128-29 ■
説明責任と企業統治 130-31 ■ 経営のモラル 222 ■ 企業文化と倫理 224-27 ■ 企業倫理の確立 270

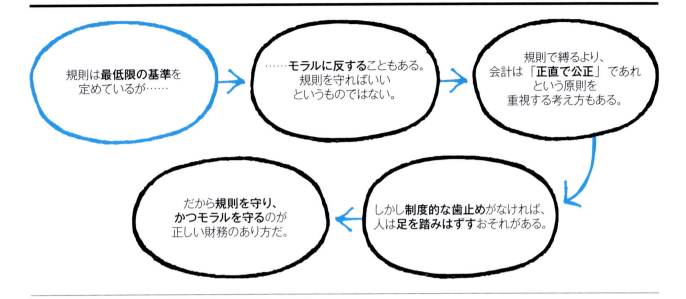

利益のための会計

　常に安全策をとっている会計士は枕を高くして眠れるが、出世は難しいかもしれない。株式市場が強気（上げ相場）なときは、どこの会社の経営陣も四半期決算で利益をできるだけ大きく見せたいと思うものだ。奇妙な言い方になるが、決算で発表される利益は単なる「事実」ではない。利益の計算（つまり推定）は仮定の連続に支えられており、会社が発表する利益の数字は仮定のおき方次第で動かせる。たとえ基礎となるデータが同じでも、別の経理チームが計算すれば違う数字が出る可能性もある。

　イギリスの銀行アナリスト、テリー・スミスは1992年に『成長のための会計』を著し、上場企業が自社の利益レベルを作為的に高く見せる方法をずらりと列挙してみせた。これは大きな衝撃だった。イギリスの会計基準審議会はその影響を受け、後にクリエイティブ・アカウンティング（粉飾決算）を厳格に規制する新たな会計ルールを制定するにいたった。

　現在は世界中のほとんどの国が国際財務報告基準（IFRS）のルールに従っているため、損益計算書と貸借対照表はたいてい同じ様式にのっとっている。また、いつ実現するかは不明ながら、IFRSと米国会計基準（GAAP）には互いのルールを統合してグローバルな基準を作ろうとする計画がある。

　しかし、いくらルールを明確にしても議論の余地は残る。たとえば社内で、経理部門と役員会の意見が食い違うこともあるし、外部の監査人と会社の見解が食い違うこともある。イギリスの

計上する利益を少しでも多くしろというプレッシャーはあるだろうが、企業の財務状況を報告する際に会計士は慎重な上にも慎重であるべきだ。

122 法令・規則の順守

時価主義会計では企業の資産を現在の市場価格で評価するから、市場の動向によるリスクが高い。取得原価主義のほうが慎重で信頼できる方法だ。

株式市場が**右肩上がりな時期には、時価主義**で自社の資産を評価すれば**バランスシートは実際以上によく見える。**

しかし株式市場が**下げに転じればバランスシートは悪化し、**会社の**先行きは怪しくなる。**

銀行ハリファックス・バンク・オブ・スコットランド（HBOS）は2008年に経営破綻したが、多額の公的資金で救済された後、ロイズ銀行に買収された。その年、HBOSの融資残高は預金残高を2130億ポンドも上回っていた。監査を担当する会計事務所KPMGはHBOSの破綻により厳しい非難を受けたが、彼らは早くからそのリスクについて警告していたのだった。英国金融サービス機構が2012年に発表したHBOSに関する報告書によれば、KPMGは不良債権への「備えを高めるのが賢明なアプローチだと一貫して助言していた」。しかしHBOSの経営陣はKPMGの警告を無視し、結果的に一線を踏み越えてしまったのだ。

会計は慎重に

イギリスの経営学者デイヴィッド・ミドルトン教授は、会計ルールの拡大に強く反対している。教授が支持するのは伝統的な会計原則だ。業種の違いを越えた会計事務に必要な柔軟性を備えているからだという。会社が財務諸表を作成するとき「唯一の正解」があると考えるのはおかしいと教授は主張する。規制強化論者は唯一の正解があると信じていて、規制を強化すれば不正はなくせると思っている。「だが、そんなことは絶対にない」と教授は言う。ミドルトンによれば、経営者に大事なのは「正直で公正」な考え方であって、会計ルールという他人の考えが作り出した筋書きに無理やり従うことではない。

いわゆる「クリエイティブ・アカウンティング」には、柔軟性をルールの限界まで拡大解釈して、誤解を招きかねない決算書を作成する場合もある。たとえば「時価主義」会計は、評価時点での市場価格に基づいて資産を評価する。つまり、株式市場が過熱気味のときには、どんな投資（他社の株式など）もまた過大に評価されがちだ。そうするとバランスシートの見栄えはよくなるが、ひとたび株式市場が下落すれば、持ち株の価値は大幅に下がってしまう。だからミドルトンは、「時価主義」よりも「取得原価主義」の会計をすすめている。取得原価主義であれば、資産を取得したときの原価を評価基準とし、減価償却を行って、現在の市場価値は考慮しないのが原則だからだ。

厳格な「規則」で経営者を縛るか、緩やかな「原則」で経営者の倫理に委ねるか。この違いは、アメリカのGAAPに従う会社とIFRSを採用している会社の合併交渉で必ずといっていいほど浮上してくる問題だ。今のIFRSは昔に比べるとだいぶ厳格になっているが、それでもアメリカのGAAPに比べると、ずっと「緩やかな原則で十分」の考え方を残している。

道徳上の義務

ジュリアン・ダンカートンはファッションメーカー「スーパーグループ」の創業者かつ大株主。同社は「スーパードライ」で知られる有名ブランドだ。イギリスを拠点に世界中でビジネスを展開している同社にとって、税金の支払いを最小限に抑えるような会計手法を採用するのは当然の選択だったかもしれない。だが彼らは遵法精神にのっとってビジネスを運営し、利益の30%に上る税金を支払ってきた。ダンカートンの道徳心が飛び抜けて高いからではない。同社の年次報告書によると「常に誠実に、正直に会社運営に携わり、責任と倫理感をもって実務にあたる。そうすることで、道徳上の義務を果たすばかりか、商業的価値もあがる」と考えているからだ。賢明なるダンカートンは、責任ある行動が長期的に利益に結びつくことを見抜いている。

2012年、米キャタピラーは買収した中国企業に、利益の水増しを含む大がかりな不正会計があったことに気づいた。

倫理的にふるまう

　どちらのタイプがいいかは別として、どんな会計方式も経営者による故意の偽りを防ぐことはできない。アメリカの建設機械大手キャタピラーは2012年6月、中国の重機メーカー年代煤砿機電設備製造（ERAマイニング・マシナリー）と、その傘下の鄭州四維機電設備製造を6億5000万ドルで買収した。それは中国市場を開拓したいキャタピラーの成長戦略の一環だった。ところが買収後まもない同年11月、実際の在庫が帳簿と合わないことが発覚したのをはじめ、四維の会計にブラックホールが次々と見つかった。翌年1月、キャタピラーはERAの評価額を5億8000万ドル引き下げ、その結果、買収はまったくの浪費に終わったことを実質的に認めることとなった。その後同社は不正会計を行ったとして四維の元幹部を非難したが、2013年5月に金銭的解決の合意に達すると、それ以上彼らを追及することはしなかった。

　状況が違えば厳格なルールに救われる経営者もいる。南アフリカ、カナダ、ヨーロッパでネット経由の短期融資事業を展開する消費者金融会社ウォンガは、いわゆるペイデイローン（給料を担保にした短期の少額ローン）の金利を年率5800％に設定した。これは法的に正当な金利だった。ウォンガが事業展開する諸国には法定金利の上限がなかったからだ。つまり同社はルールを遵守していることになる。しかしイギリス政府の発表した2013年の報告によると、ペイデイローン利用者の4人に3人が返済に苦労していた。ちなみにイギリスは寛容だが、フランスやアメリカ、日本などは消費者金融の金利を厳しく規制している。

　結局のところ、ルールを守っていれば倫理にかなうわけではないし、ルールがあるからといって不正会計を防げるわけでもない。経理部門に節操があれば、会計規則は柔軟なものであっていい。しかし手段を選ばずに利益をかさ上げしようとする者の手にかかれば、そうした柔軟性が徹底的に悪用され、モラルは無視されることになる。

　言うまでもないが、ルールとは企業に許される行為の最低基準を示すものだ。どこまでを規則で縛るか。規則を課すことで得られる利益と規則を守るために費やさねばならないコストのバランスをどこで取るか。議論は尽きないところだ。そのかわり、緩やかなルールはモラル重視の人たちが最低基準の先まで踏み込むことを促してくれる。■

時価主義会計は麻薬だ。
絶対に手を出すな。
アンドリュー・ファストウ
米エンロン社の元役員（1961–）

経営幹部は私利私欲を捨てよ
自分の報酬より会社の利益

背景知識

テーマ
報酬と業績

歴史に学ぶ

1776年 アダム・スミスが、雇われマネジャーは会社の共同経営者ほど本気で事業を監視しないと喝破した。

1932年 アメリカのアドルフ・バーリとガーディナー・ミーンズが「所有と支配の分離」という語を初めて使った。

1967年 アメリカの経済学者J・K・ガルブレイスが、もはや株主は会社をコントロールしていないと指摘した。

2012年 米ソフトウェア大手オラクルのラリー・エリソン会長が世界で最も高額の報酬(自社株も含め総額9650万ドル)を受け取ったCEOとなった。

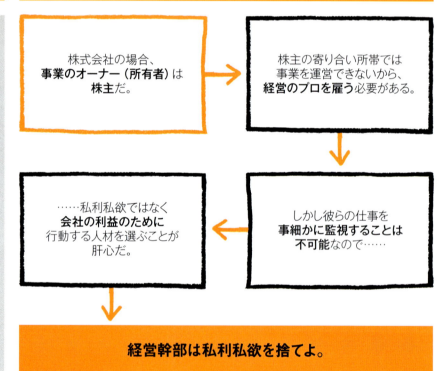

株式会社の場合、**事業のオーナー(所有者)は株主**だ。 → 株主の寄り合い所帯では事業を運営できないから、**経営のプロを雇う必要がある**。 → しかし彼らの仕事を**事細かに監視することは不可能なので**…… → ……私利私欲ではなく**会社の利益のために**行動する人材を選ぶことが肝心だ。 → **経営幹部は私利私欲を捨てよ。**

経営者は私利私欲に走らず、会社の目標に向かって邁進するもの。それが企業の理想だ。取締役に選任されると、給与やボーナスの交渉が始まる。それが終われば、後はビジネスの成功に頭を集中させるべき。しかし、目の前に生み出される富に目がくらみ、株主のために利益をあげることを目指すより、私益をあげることを目指してしまうといったリスクはつきものだ。

これが世に言う「所有と支配の分離」である。最初に問題提起されたのは19世紀、大規模な株式会社が設立され、

お金をもっと働かせよう 125

参照：イエス・マンの弊害 74-75 ■ 人は金で動くか 90-91 ■ 組織の文化（風土） 104-109 ■ 集団思考の回避 114 ■ 法令・規則の順守 120-23 ■ 説明責任と企業統治 130-31

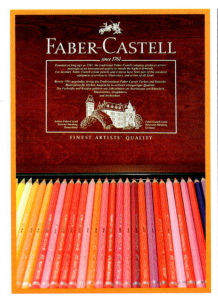

ドイツの中小企業はたいてい家族経営だ。筆記具メーカーとして世界をリードするファーバーカステルもそう。こういう会社の経営陣は長期のパフォーマンスを重視する。

株主の厳しい監視の目から離れて経営陣の自由な采配が可能になり始めた時期だ。会社が十分な利益をあげているかぎり、経営陣は自らが良いと思う方法で自由に業務を指揮できる。しかし経営陣が自己目的で突っ走るようだと、会社は株主利益の最大化のために存在するのか、経営陣の地位や報酬、あるいは権力を最大化するために存在するのかわからなくなってくる。

私利私欲は厳禁

なかには自分勝手にふるまう経営者もいる。そういった経営者は企業の繁栄よりも私利私欲を満たすことに熱心なのだろう。2008年の世界金融危機を経験した株主たちは、コーポレート・ガバナンス（企業統治）や役員報酬のあり方に疑いをもつようになった。たとえば英バークレイズ銀行の株主がそうだ。同行の2012年度株主総会が行われる直前にある事実が発覚し、彼らは総会で行動を起こさざるをえなくなった。前年度の利益が3％減少し、株価が26％下落したのに、ボブ・ダイヤモンドCEOにはボーナスの270万ポンドを含めた総額630万ポンド以上の報酬が支給されることになっていたからだ。

オーナーは王様ではない

未公開企業であれば、ことは簡単だ。株主はたいてい同族で、経営陣と株主はふつう一致している。そして自分の家族や友人しかいない集団の中で、自分だけ金銭的に得をしようとする人間はめったにいない。ドイツ企業では、会社の利益より自分の報酬を優先するような問題はまず起こらない。ドイツでは「ミッテルシュタント（中規模）」と呼ばれる家族経営的な中小企業がビジネスの主役だからだ。

しばらく前にスペインで家族経営の会社と上場企業の業績の違いを調査したところ、同規模・同業界の上場企業よりも家族経営企業のほうに軍配があ

> 指導者の地位とは
> 人々の暮らしを
> 改善する特権であって、
> 私腹を肥やすチャンスではない。
> **ムワイ・キバキ**
> ケニアの元大統領（1931-）

がった。そうは言ってもイギリスやアメリカなどでは上場企業の比率が大きい。経営陣まかせの時代は終わり、株主たちは今、企業統治や株主利益にふたたび注目しつつある。■

手当は少なく、利益は多く

一部の企業は経費削減策として諸手当の廃止・削減に動いている。ドイツテレコムの子会社でデータ通信を提供するTシステムズ・インターナショナルは、出張者の役職や行き先、飛行時間にかかわらずエコノミークラスの利用を義務づけた。同社の場合、ビジネスクラスからエコノミーへの変更だけで年間150万ドルの経費削減になったという。役員会は、自分たちのボーナスを減らすより出張費を削るほうが得策と判断したのである。

2008年の世界金融危機以降、財布の紐を固く締める会社が増えている。娯楽産業の巨人ディズニーでさえ、役員用の自動車手当を段階的に廃止している。経費削減と諸手当の廃止には、もっと稼げとマネジャーたちの尻を叩く意味もあるようだ。

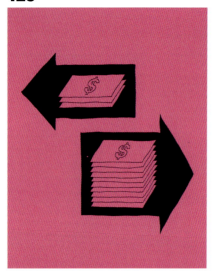

利息や配当のつく場所に預けた資金は増殖して戻ってくる
投資と配当

背景知識

テーマ
財務戦略

歴史に学ぶ

1288年 スウェーデンの製紙会社ストラ・エンソが、地元キリスト教会の司教に株券を発行。おそらくこれが世界初だ。

17世紀 オランダ東インド会社が大量の株式を発行。大規模な株取引のさきがけとなった。

1940年 ピーター・ドラッカーが、経営には短期の配当と長期の再投資のバランスが必要と説いた。

1961年 モジリアーニとミラーが、配当を出すか内部留保に回すかは企業価値に影響しないと主張した。ただしこれには異論があり、増配が企業の株価を押し上げることを示す研究もある。

1年の利益を計算した後、会社の経営者は株主に配当を支払うか、あるいは事業に再投資するかを選ぶ。配当は年に一度株主に支払うもので、毎年たいていの企業が払っている。銀行の預金金利を参考に、それに負けない程度の配当を出す会社もある。日本の本田技研工業の場合、2012年には270万ドルの利益を上げたが、その半分弱を配当に回し、残り

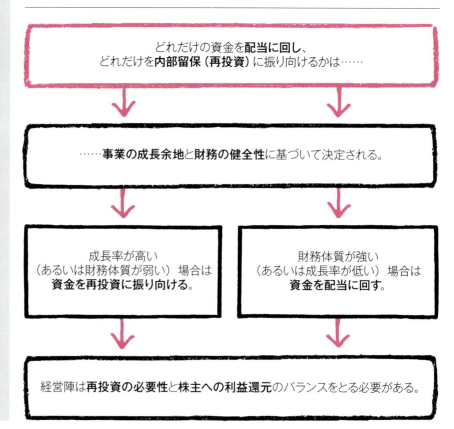

どれだけの資金を**配当**に回し、どれだけを**内部留保（再投資）**に振り向けるかは……

……**事業の成長余地**と**財務の健全性**に基づいて決定される。

成長率が高い（あるいは財務体質が弱い）場合は**資金を再投資に振り向ける。**

財務体質が強い（あるいは成長率が低い）場合は**資金を配当に回す。**

経営陣は**再投資の必要性**と**株主への利益還元**のバランスをとる必要がある。

お金をもっと働かせよう 127

参考：説明責任と企業統治 130-31 ■ 誰がリスクを背負うのか 138-45 ■ 群れない覚悟 146-49 ■ キャッシュフローの管理 152-53

オランダ東インド会社は世界初の株式会社。投資家は航海ごとに資金を出資し、成功すれば利益の分配を受けた。

は再投資に充てた。

歴史上、初めて配当金を支払った会社は17世紀のオランダ東インド会社だ。同社は資本金と引き換えに株式を発行した世界初の株式会社でもある。投資家に株式購入を促すため、年に一度の支払い（配当金）を約束したのである。そして1600年から1800年の間、オランダ東インド会社はおよそ18％の配当率を維持したのだった。

投資か配当か

企業による配当金の支払いは、経営陣からの贈り物にほかならない。彼らは税引後の利益からどの程度の配当を支払い、どの程度を再投資分として社内にとどめるかを決める。一般に、高い成長率が見込める会社はできるだけ多くの資金を社内に残しておこうとする。言いかえれば、成長率の低い会社ほど配当金の割合が高くなり、伸び盛

りの企業ほど内部留保を増やしたがる。返済や利払いを必要としない内部留保は最も安全な資金源だ。もうひとつ考えなくてならないのは財務の健全性だ。財務体質が弱ければ利益は留保すべきだ。逆に強い場合は気前よく株主に配当金を払えばいい。

配当の支払いには細心の注意が必要だ。2006年、ロイヤルバンク・オブ・スコットランド（RBS）は25％の増配を宣言した。市場はこの動きを歓迎し、経営陣を絶賛した。この増配のおかげで株主は大いに潤った。その2年後、自己資本の増強を迫られたRBSは市場から120億ポンドの資金を調達することにした。この時点の株価は1株200ペンス。しかし半年後には65ペンスまで暴落し、その3か月後にはわずか11ペンスになっていた。2006年に高い配当で潤った株主たちは、大きな代償を払わされたのである。

対照的に、米アップルは創業した1977年から2013年まで、一度も配当を支払わなかった。経営陣は一貫して、会社の全利益を再投資にまわすほうが長期的にみて株主の得になると説いてきた。しかし2013年には同社の成長率が低下し始めたため、配当の支払いを発表した。配当原資は毎年300億ドルで、2015年末まで続けるという。■

ジョン・ケイ

ジョン・ケイは1948年生まれのイギリス人経済学者。自由市場の企業行動に懐疑的な視点をもつことで知られる。現在ロンドン・スクール・オブ・エコノミクスの客員教授であり、英「フィナンシャル・タイムズ」紙へ定期的に寄稿している。2012年、株式市場についての詳細なレポートをイギリス政府に提出。株式市場の本来の目的は投機ではなく、企業に資本調達の機会を、そして貯蓄家に経済成長を分かち合う機会を与えるものだと強調した。一方で行きすぎた配当には強い懸念を示している。

主な著書

1996年	『ビジネスの経済学』
2003年	『市場の真実──「見えざる手」の謎を解く』
2006年	『ウサギとカメ：ビジネス戦略のガイドブック』

短く借りて、長く貸す
金に金を産ませる方法

背景知識

テーマ
金融商品

歴史に学ぶ
1650年頃 大阪のコメ市場で、初めて先物取引が導入された。それは収穫前に一定の価格でコメを購入することを約束するものだった。

1970-80年代 規制緩和により、銀行や企業は「金に金を産ませる」術を活用しやすくなった。

1973年 アメリカの経済学者フィッシャー・ブラックとマイロン・ショールズが、先物取引のリスクを算定する方程式を編み出した。

1980年代 多くの大企業が「金に金を産ませる」ために金融派生商品（デリバティブ）を活発に利用した。

2007-08年 世界的な金融危機で多くの銀行や金融会社が存亡の危機に立たされた。

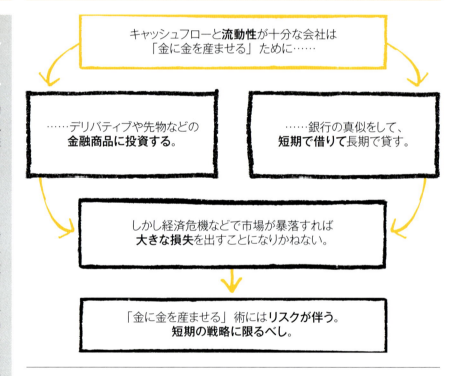

世の中には「金に金を産ませる」術に長けた会社もある。資金をさらなる製品開発に投じるだけでなく、金融市場にも投じて利益を生み出している会社だ。たとえば為替の相場を読んで巧みに投資すれば新たな収益源となるかもしれない。この「金に金を産ませる」術で活躍するのが「財務機能」と「シャドーバンク（影の銀行）」だ。

分散投資で損失を防ぐ

「財務機能」という用語は1970年代後半に登場した。オイルショックやスタグフレーション（高インフレと景気停滞の共存状態）によって経営環境が大幅に悪化した時期のことで、財務部

お金をもっと働かせよう　129

参照：リスク管理 40-41 ■ おごれる者は久しからず 100-03 ■ 投資と配当 126-27 ■
誰がリスクを背負うのか 138-45 ■ レバレッジの罠 150-51

ブラジルの製紙会社アラクルーズ（現フィブリア）をはじめ、多くの会社が1980年代以降、いわゆる「財テク」で稼ごうとして失敗してきた。

門の究極の役割（機能）は事業部門のもたらすキャッシュフローを用いて流動性と収入の最適なバランスを実現することにあるとする考え方だ。

2007～08年に金融危機を迎えるまでの数十年間、大企業では財務機能への期待が高まる一方だった。最初はリスクの最小化を目的として始めるのだが、やがて「金に金を産ませる」誘惑に勝てなくなるケースが多い。いわゆる「財テク」である。一時は巧みな為替ヘッジで、製品輸出による収益以上の利益を生み出す会社もあった。

たとえばブラジルの製紙会社アラクルーズは2008年に、為替の先物に思いきった投資をした。ブラジル通貨の値上がりが続くと想定しての投資だった。しかしその後、ブラジル通貨は急落し、最終的にアラクルーズは25億ドルの損失を出すはめになった。こうした失敗への反省もあって、今では財テクを禁じている企業もある。鉱業資源の多国籍企業リオ・ティントは2013年の年次報告書で、財務は「グループの事業を支えるためにあるのであって、プロフィットセンター（利益を生み出す部門）ではない」と宣言している。

影の銀行（シャドーバンク）

しかし、現に財務戦略で利益の過半を稼ぎ出していた企業もある。いい例が米ゼネラル・エレクトリック（GE）だ。同社の金融子会社は「影の銀行」（日本で言う「ノンバンク」）として機能し、2007年段階で5500億ドルの資産を保有していた。アメリカの銀行ランキングのトップ10に入るほどの資産額である。当時のGEキャピタルはもっぱら「短期で借りて長期で貸す」ビジネスにより、GE全体の利益の55％を生み出していたとされる。影の銀行（ノンバンク）に対する規制は銀行ほど厳しくないから、GEキャピタルは高リスクの顧客に高利で貸し付けて稼ぐことができた。しかし、このビジネスモデルは2008年の世界金融危機で破綻し、同年、アメリカ政府による救済をあおぐことになった。

結局、「金に金を産ませる」術に頼る会社は、運良く投資利益が出ていたとしても深刻なリスクを抱えることになる。財テクで稼げれば稼げるほど、会社は将来の成長に向けた研究開発よりも財テクに資金を振り向けたくなるものだ。ちなみに上場企業が財テクに走るのは、四半期決算で短期の利益を求められるからだという説もある。■

財務部門の悩み

20世紀末から21世紀初頭にかけて、金融市場で短期の資金を調達して長期の事業に投資するのは常識に等しかった。しかし2008年の世界金融危機で状況は一変した。銀行は次々と破綻、もしくは破綻寸前に追い込まれた。当然のことながら、会社の経営者は自社の手持ち資金は大丈夫かと不安になる。しかし財務部門でさえ、資金のありかを正確には把握していない場合があった。必ずしも透明性が高いとは言えない投資先や金融派生商品が多々あったからだ。

その結果、財務部門には一段の透明性と説明責任が求められるようになった。そして慎重になった経営陣は財務部門に不測の事態（資金調達が不可能になる、など）への備えを求め、流動性の危機に備えて手元資金を厚くするよう指示する。しかし、これは財務部門にとって新たな頭痛のタネとなる。内部留保を増やすのはいいが、そこで生じる過剰流動性を何に使って会社の成長につなげるか、という問題だ（使い途のない資金を貯めこめば株主や世間から批判される）。

投資と投機の線引きが
明確だったことは一度もない。
ウォーレン・バフェット
アメリカの投資家 (1930-)

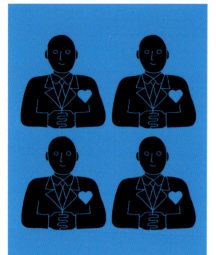

株主の利益は自分の利益
説明責任と企業統治

背景知識

テーマ
役員の役目

歴史に学ぶ

1981年 ピーター・ドラッカーが、世の経営者は「自らが権力者であるという事実に、そして権力には説明責任が伴うという事実に、いまだきちんと向き合っていない」と不満をもらした。

1991年 イギリスで、企業の不正行為や破綻、企業統治における説明責任の問題を調べるためにキャドバリー委員会が設立された。1年後に発表された同委員会の報告「企業統治の財務的側面」は各方面に大きな影響を与えた。

2002年 アメリカでサーベンス・オクスリー法（SOX法）が成立し、会計監査と情報公開（企業の運用リスク等）に関する厳しいガイドラインが設けられた。

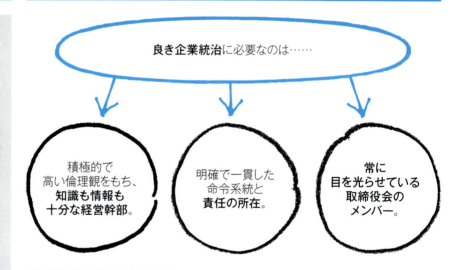

良き企業統治に必要なのは……
- 積極的で高い倫理観をもち、**知識も情報も十分な経営幹部。**
- 明確で一貫した命令系統と**責任の所在。**
- **常に目を光らせている取締役会のメンバー。**

　説明責任とは「個人あるいは組織が己の行為の責任を引き受ける」ことの意。ビジネスの世界では、最終責任の所在を明らかにする意味で用いられることが多い。現場の社員が上司から説明責任を問われることもありうるし、経営幹部が現場から責任を問われることもありうる。だが究極の責任は経営者に求められる。だから経営者は企業統治に積極的かつ倫理的に取り組むべきだ。

　大企業（エンロン、リーマン・ブラザーズ、あまたの銀行など）による一連の不祥事を受けて、企業統治への注目は世界中で高まっている。会社がきちんと説明責任を果たすには、経営に携わる役員たちの権限と役割の分担を明確にしておく必要がある。そうしておけば、ミスが起きてもその原因を根本までたどることができ、誰の責任かが明確になる。企業統治がうまく機能するには、役員たちが常に十分な情報をもち、かつ完全に独立していなくてはならない。そして力を合わせて会社にとっての（すなわち株主にとっての）長期の利益を目指すべきだ。また企業統治では社外取締役の果たす役割も大きい。会社と直接の利害関係をもたない彼らは、経営陣の誰にでも遠慮せずにモノを言える存在だ。

お金をもっと働かせよう

参照：自分の報酬より会社の利益 124-25 ■ 誰がリスクを背負うのか 138-45 ■ キャッシュフローの管理 152-53 ■ 長期か短期か 190-91

ダチョウのように砂地に頭を突っ込んでいたら外の世界が見えない。そんな会社は現実を直視せず、責任を逃れようとし、結果として企業倫理を疑われることになる。

役員会の役割

2011年、コンサルティング会社のマッキンゼーが会社役員1597人に聞いた調査の結果を発表した。そこで明らかになったのは、役員会の実態に関する興味深い事実だ。この調査によると、アジア企業の役員会では経営の実態や経営判断のチェックに全体の3分の1の時間しか費やしておらず、残りの時間は戦略の立案などに振り向けていた。合理的な配分といえなくもないが、説明責任や企業統治にあまり時間をかけていない証拠ともいえる。他方、北米の会社では役員会の時間の3分の2をチェックに費やしていた。

もっと興味深いのは、調査対象となった1597人の多くが、役員会の他のメンバーに不満を抱き、「役員の30％以上は会社の直面するリスクを十分に理解していないか、まったく理解していない」と考えていたことだ。これが真実だとすれば、役員会には経営陣の責任を問う能力が著しく欠けていることになる。

たいていの場合、たいていの会社では、特段のチェックなしでも役員会が適切な判断を下している。しかし「よき企業統治」を実現したければ、役員会は常に会社の状況に目を光らせ、ミスが起きた場合に備えておく必要があるだろう。経営戦略のミス（企業買収に際して高い金を払いすぎた、など）もあれば、企業倫理に関わるミス（児童を働かせている工場から仕入れてしまった、など）もありうる。そういう場合こそ、実務にタッチせず直接の利害関係をもたない社外取締役の出番である。

状況が悪化したとき

「良き企業統治」の重要性を世に知らしめたのが、日本の光学機器製造大手オリンパスのケースだ。2011年、新たに社長に選ばれたイギリス人マイケル・ウッドフォードの調査によって、同社が過去の企業買収に絡んで巨額の損失を隠していたことが判明した。歴代の首脳陣が損失を簿外で処理していたため、外部からの追及を免れていたのだ。このとき同社の役員会は、ウッドフォードを解任して簿外損失の隠蔽を続ける道を選んだ。しかしウッドフォードは外部に事実を公表し、結果としてオリンパスの主だった経営陣は詐欺罪で逮捕され、最終的には取締役全員が辞任に追い込まれた。この事件でわかることは2つ。1つは、オリンパスの社外取締役が機能していなかったこと。そしてもう1つは、どんな企業にもよき企業統治と説明責任が欠かせないという事実だ。■

ジャムシェトジー・タタ

ジャムシェトジー・タタは1839年3月3日、グジャラト州（インド）の生まれ。後に世界で屈指のコングロマリットに成長するタタ・グループの創始者。14歳のとき、バラモン（カーストの最高位）の家系に生まれながら実業家となった父のあとを追い、ビジネスの世界に飛び込んですぐに頭角を現す。1858年にムンバイのエルフィンストン・カレッジを卒業。父の会社で働いた後、1868年にムンバイに紡績工場を建て、最初の起業に乗り出した。鉄鋼会社をつくるのが長年の夢だったが、生きている間にはかなわなかった。しかし息子のドラブジーが夢を継いで、1907年にタタ鉄鋼会社を設立。製鉄業はタタ・グループの世界的な成功の礎となった。

ジャムシェトジー・タタは「公正さ」を重んじる人物で、その理念はグループの事業にも浸透していた。説明責任についても、彼の意見は明解だった。いわく、「私たちは健全で正直なビジネス原則をもって事業を始めた。そして株主の利益は自分たちの利益だと信じている」。

説明責任が責任を
引き受ける能力を育てる。
スティーブン・コヴィー
アメリカの経営コンサルタント (1932-2012)

最高の商品を、最低のコストで作り、みんなに最大限の給料を払おう

従業員もお客様

従業員もお客様

背景知識

テーマ
市場の拡大

歴史に学ぶ

1914年 ヘンリー・フォードが従業員の賃金を2倍に引き上げ、日当5ドルにした。

1947年 アメリカの心理学者アルフレッド・J・マローが、従業員が意思決定に参加すると生産性が上がると指摘し、参加型経営の概念を提唱した。

1960年 ダグラス・マクレガーが『企業の人間的側面』を著し、社員を信頼してその創造性やアイデアを事業に注入すれば会社の繁栄につながると主張した。

1993年 ブラジル・セムコ社のリカルド・セムラーが『セムラーイズム』を著す。

2011年 従業員の満足度が最も高い企業に、通信分野からグーグルが選ばれた。若き「グーグラー」たちは従業員であると同時に顧客でもある。

たいていの経済モデルはこう説明している。経済発展の初期段階においては、低賃金の労働者は中流・上流階級の消費者しか買えない商品を作っている。労働者はえてしてイモ、米、トウモロコシといった粗末な食事をとり、移動には歩くか、恵まれていれば自転車に乗るものだ。一方、雇い主は肉を食べ、豪華な移動手段（17世紀の立派な馬車から、当時は「夢のマシン」だった自家用車まで）を使う。

だが経済成長が大きく進む時期には、労働者も自分たちが作った製品を買えるようになり、肉を食べ、家財道具やレジャー用品を買う余裕すら出てくる。現在、そうなりつつあるのが中国だ。トイレットペーパーから冷蔵庫まで、生活用品の売上げはうなぎのぼりだ。

市場を作る

労働者が顧客になりうると気づいたのは、アメリカ自動車業界の父ヘンリー・フォードだ。1908年に販売されたT型フォードの値段は825ドル、当時の従業員の日当は2ドル以下だった。1913年にはベルトコンベアによる大量生産方式を導入し、T型フォードの生産時間を1台当たり750分から93分まで減らすことに成功。効率の改善に伴い、価格を550ドルまで抑えることが可能になった。

ところが問題も生じた。労働者たちはT型フォードの生産ラインを支える単調な流れ作業にやる気をなくし、その結果、労働者の定着率が急低下し、たいていの労働者が3か月もすれば辞めていくありさまだった。そこでフォードは日当を2倍以上の5ドルまで引き上げることを宣言、世界中のマスコ

流れ作業の生産ラインは効率的だが、従業員には不満がたまる。これに気づいたフォードは給料を大幅に上げることで「従業員＝顧客」の市場を生み出した。

- 会社は消費者に、**良い製品やサービスを安く提供すること**に全力を尽くす。
- 一方で従業員にも、できるだけ**良い給料で**報いるべきだ。
- そうすれば従業員が**自社の製品やサービスを買えるようになる。**
- そうすれば**売上げが増えるし、**使い勝手などの**貴重な情報を**従業員から得られる。
- だから従業員が同時に顧客にもなれば**会社はもっと潤う。**

お金をもっと働かせよう　135

参照：ゲームを変える 92-99 ■ 組織の文化（風土）104-09 ■ 市場を理解する 234-41 ■ 未来の市場にフォーカスする 244-49 ■ 顧客に愛される会社 264-67 ■ 顧客利益の最大化 288-89

ミに大きく取り上げられた。すると定着率は大幅に改善し、労働者一人当たりの生産量（全体の生産性を計る目安）も40％ほど増加した。

1914年になる頃には、フォードで3か月働けばT型フォードを買えるくらいの貯蓄ができるようになった。さらに1924年には、ふたたびT型フォードの値段が260ドルまで下がり、1か月分の給料で新車が買えるまでになった。同時期、フォード・モーターは世界の自動車販売台数の50％以上を売り上げた。

従業員に学べ

高い給料を支払うのはもっぱら従業員のためだと思わせるヘンリー・フォードのやり方は、すばらしい宣伝効果を生んだ。定着率の向上は経営に絶大な貢献をした。従業員が豊かになり、自社製品を買ってくれれば会社に莫大な利益が転がり込むからだ。それに、従業員が仕事にプライドをもって業務に前向きに取り組めば、マネジャーの元には製品や製造過程に関する有益な意見が集まってくる可能性も高い。日本のトヨタ自動車を見ればいい。同社の従業員の半数以上はトヨタの車を所有しているという。生産効率や品質の改善点について毎年従業員から40万件もの意見が集まるのも、こうした事実が大きな要因となっている。

新興市場

1924年、アメリカ政府は「アメリカにおける生活費」と題した報告書を発表した。それによると、当時のアメリカの平均的世帯の年間支出は1430ドル、うち38％が食費だった。これをインドの家計支出パターンと比較すると興味深い。インドはこの5年間で食費の割合が36％にまで下がり、1924年のアメリカより低くなった。それは平均的なインド人が豊かになった証拠でもある。中国の場合、所得に占める食費の割合が30％にまで落ちた段階で食品以外の消費財などへの支出が増え始めた。今日のアメリカでは、世帯収入に占める食費の割合は7％にすぎず、残った分を化粧品やスポーツジムの会費などに充てている。これらは本来なら「非必需品」だが、今のアメリカでは限りなく必需品に近づいている。インドの経済も、おそらく似たような段階に入りつつある。もしそうなら、ありとあらゆる日用品の売上げに影響を及ぼすだろう。

インドの農園で支払われる賃金は、2007年から2012年にかけて年率17.5％の上昇を示した。インド経済の底辺に位置する農業労働者の賃金がこれだけ上がったのは、インド社会全体で急速に賃金水準が上がっている証拠だ。

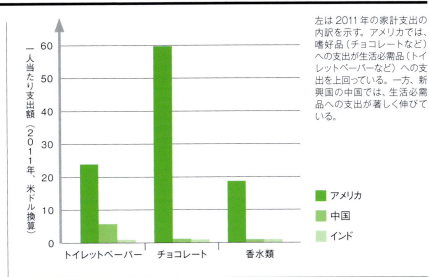

左は2011年の家計支出の内訳を示す。アメリカでは、嗜好品（チョコレートなど）への支出が生活必需品（トイレットペーパーなど）への支出を上回っている。一方、新興国の中国では、生活必需品への支出が著しく伸びている。

136 従業員もお客様

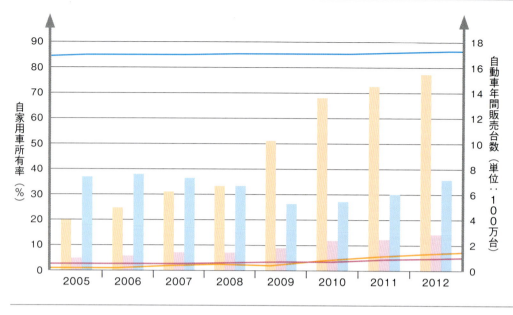

2005年から2012年まで、中国とインドの自動車販売台数は着実に伸びている。両国ともアメリカに比べれば自動車所有率が低く、市場の成長余地は大きい。一方、アメリカはすでに所有率が高いため、売り上げはほぼ横ばいだ。

このトレンドが重要なのは、なんといっても市場規模が巨大だからだ。もしインドが今後の5年で、トイレットペーパーへの支出を中国の水準まで押し上げれば、インドのトイレットペーパー市場は84億ドル（中国の1人当たり消費額6.72ドル×12億5000万人）に成長する。同じく中国の場合、アメリカの水準に追いつけば243億ドル（アメリカの1人当たり消費額17.98ドル×13億5000万人）まで市場は拡大する。

まったく同じ論理があらゆる開発途上国の日用品市場にもあてはまる。すでに中国はスイス時計や車のようなぜいたく品においても世界最大の市場だ。これからの数十年で、中国は日常品（歯磨き粉など）やサービス品（保険など）の販売も独占しそうだ。この国の潜在的な販売量は巨大である。現在、自動車を所有しているのは全世帯数の10％未満でしかないのに、中国の自動車市場は世界最大なのだから。

現実に触れよう

「アンダーカバー・ボス」というアメリカのテレビ番組がある。大企業の重役を、偽名を名のらせ変装をさせて自社の現場に送り込み、新たな視点からビジネスを見つめなおすという趣旨の番組だ。これを見れば、企業のお偉方は顧客や従業員の意見や感じ方に、たいてい無頓着であることがよくわかる。ネットの世界であれだけ褒められたり叩かれたりしていても、どこ吹く風といった企業も中にはある。

しかし「従業員もお客様」と考えている会社であれば、こんなふうにはならない。そういう会社の従業員は自社の製品やサービスに関心をもっている。なぜなら、自分たちが顧客として自社製品を使い、サービスを受けているからだ。それに、自分たちが仕事を続けられるかどうかは、顧客の変わらぬ満足度や会社の利益にかかっていることをよく知っているからでもある。たとえば顧客の待合室が汚れたり散らかったりしていれば、顧客でもある従業員がめざとく見つけ、きれいにしようとするだろう。

ヨーロッパのアパレル業者プライマークは、高級ブランドがひしめく目抜き通りに店舗を構えて大成功をおさめた。同社は最新ファッションをすばやく低価格の服に変えて提供するファストファッションの企業だ。市場ターゲットは15～35歳にしぼっている。だが、その成功の火つけ役となったのは、この業界では珍しいことに高齢の経営チームだった。2000年代にプライマークが急激な成長段階を迎えていた頃、経営者たちはすでに60代か70代だった。そのため彼らは若い従業員の意見に耳を傾け、若い顧客が何を欲しがっているかを探った。これをしていなければプライマークの今はなかった

大衆のための車を作る……
できるだけ安く、
まともな稼ぎのある人なら
誰でも車を持てるようにする。
ヘンリー・フォード
アメリカの実業家（1863-1947）

お金をもっと働かせよう　137

服飾チェーン店のプライマークは低価格ファッションを提供し、ヨーロッパ市場で評価を得た。成功の原因は従業員の意見を積極的に採り入れたことにある。

民主的な経営

ブラジルのセムコ・グループを率いるリカルド・セムラーは、世界でもっとも過激な雇い主だ。社長というものは従業員に権限を渡すことはもちろん、彼らが満足し、喜びを感じるようにしなくてはならないというのが持論である。セムラーは1959年生まれ。21歳で父親から事業を譲り受け、1982年から2003年の間に、セムコの売上高を400万ドルから2億ドルに押し上げた。セムラーは初出社日に経営陣の3分の2を解雇した。父親の官僚的な経営方法にどっぷりつかっているとみなしたからだ。1980年代の後半、3人の技術者の提案を受け、新規部門を立ち上げる。これが、新生セムコの中心部門となり、新しい構想のもと、すぐに事業全体の66%のビジネスを生み出した。セムラーのリーダーシップのあり方は、全従業員に自分の管理は自分でしろと焚きつけることだ。それは勤務時間の管理、スケジュール管理、そしてキャリアの築き方にまで及ぶ。そうすることによって、従業員が仕事だけでなく顧客にも心から関心をもつようになると信じている。

セムラーは自分のやり方を『セムラーイズム』(1993)に著し、社員が事業に深く関わることでどれだけ企業がその恩恵をこうむるかを説いた。セムラーの経営手法は「参加型経営」と呼ばれる。企業の目標に全力で取り組めば、従業員はおのずと自主的に判断し、行動できるようになるという考え方だ。そして、従業員が顧客でもあれば、それぞれの目から見た企業の目標はぴたりと一致することになる。■

仕事は喜びであるべきで、義務ではいけない。私は人道主義者ではないが、喜んで仕事をしている人ほど生産的だと信じている。
リカルド・セムラー

アーサー・ライアン

プライマークの創業者アーサー・ライアンは1935年、アイルランドの生まれ。高校を卒業すると百貨店に勤め、その後ロンドンの衣料卸売販売店に移り、それからダブリンに戻って小売業者ダンズ・ストアで働く。1969年、アソシエーテッド・ブリティッシュ・フーズ(ABF)のCEO、ジョージ・ガーフィールド・ウェストンがライアンを雇い、5万ポンドの資金で衣料品のディスカウント店チェーンを設立させた。1号店はダブリンに出店。国際展開に伴い、「プライマーク」のブランドを採用した。

1973年から退職する2009年までの間に、ライアンはプライマークを単なるディスカウント店から、手軽に最新のファッションを買えるチェーン店に変え、一大ビジネスを打ちたてた。2013年現在、欧州各国に店舗を拡大し、販売員は4万3000人以上にのぼる。ABFは現在も親会社だ。2009年は景気後退の年だったが、プライマークは既存店ベースの売上高を7%以上伸ばした。

ひと様のお金を使わせてもらう

誰がリスクを背負うのか

140 誰がリスクを背負うのか

背景知識

テーマ
金融リスク

歴史に学ぶ

1950年代 アメリカの経済学者ハリー・マーコウィッツが、金融リスクに備えて分散投資のポートフォリオ作りを提唱。

1990年代 さまざまな金融リスクに関する研究によって、異なる種類のリスクを科学的に管理する方法が登場した。たとえば市場リスク（株価、金利、為替、商品相場などの価値変動によるリスク）や信用リスク（相手方が支払い不能になるリスク）などだ。

1999年 イギリスの複合企業GECが社名を「マルコーニ」に変更し、中核的な事業を売却した。しかし、この変身戦略は失敗に終わり、2001年にマルコーニは破綻して株式取引は停止。社員のおよそ25％が解雇された。

会社が背負っている経済的なリスクの度合いは、長期的な生産能力やビジネスの成功、従業員、そして株主に深くかかわってくる。昔の企業構造なら、株主が最もリスクを負ったものだ。それもそのはず、事業が失敗すれば出資金は戻ってこないのだから。しかし、ますます複雑化する経済メカニズムと会計方法が普及したおかげで、オーナー経営者は失敗の最悪の結果からある程度は守られるようになった。ギリシャの海運王アリストテレス・オナシスは世界にまたがるビジネス帝国を築き、さまざまな業種の企業を組み入れた。彼を支えたのは複雑な資金調達法だった。オナシスは「ひと様の金」を使わせてもらおうと勧めていた。そうすれば、経済的な成功をもたらす可能性がある一方で、失敗したときのコストは他人が背負ってくれるかもしれないからだ。

従来のリスク

本来、市場経済においてリスクを負うのは実質的に企業を所有する株主だ。彼らは事業の立ち上げに資本を提供し、元を取るまではリスクを抱え続ける。運悪く会社が倒産した場合、普通株の持ち主は債権回収において最下位におかれる（ただし「優先株」の持ち主は株主総会での議決権をもたないかわりに配当と債権回収で優先される）。つまり普通株の持ち主のリスクは大きく、それゆえに尊敬を集める。新興企業に投資するベンチャー資本家も同様だ。

株主がリスクを背負うのは、いろいろな点で良いことだ。たとえば、リスクを背負った株主がいれば、多国籍銀行の経営陣も自社の資本や評判を傷つけかねない大きなリスクを引き受けよ

お金をもっと働かせよう   141

参照：リスク管理 40-41 ■ 法令・規則の順守 120-23 ■ 説明責任と企業統治 130-31 ■ レバレッジの罠 150-51 ■ 簿外処理は厳禁 154 ■ 長期か短期か 190-91 ■ 経営のモラル 222

ビノッド・コースラはインド生まれのベンチャー投資家で、サン・マイクロシステムズの共同設立者。彼はさまざまな企業に初期段階で投資し、失敗したときのリスクも引き受けているが、成功すれば莫大な投資利益を見込める。

事業に伴うリスクは、財務が複雑になるにつれて広がる一方だ。企業が破綻すれば、経営幹部や社員の一部は経済的に、場合によっては処罰という形で（実刑もありうる）打撃を受ける。ただし債権者や株主は経済的な打撃を受けるのみだ。また政府が公的資金で民間企業の救済に踏み切った場合、最悪のシナリオでは税金が上がり経済成長が下がるおそれがあり、納税者が最も重い負担を背負うことになりかねない。

うとはしないだろう。計算されたリスクならばいいが、事業の存続を脅かすようなリスクは問題外だ。リスクを引き受けた株主たちは、リスクを愛する経営陣にブレーキをかける存在であり、そうであることによって事業プロセスの健全性を保つ。18世紀に近代資本主義が成立して以来、そう考えられてきた。

納入業者と債権者

ところがこの伝統的な考え方は、新しいルールとシステムの台頭によって脅かされている。アメリカは起業を支援するために、連邦破産法第11条によって経営不振の企業を債権者（原材料の納入業者など）から保護している。会社に経営プランを見直し、もっと利益を生めるようなビジネスモデルを考えて再出発させるためだ。

イギリスの場合、経営不振の会社は「プレ・パッケージ型会社管理」の手続きに入ることを選択できる。これは事前に事業の譲渡先を決めておき、いったん管理下においた後に事業資産を売却するやり方だ。つまり資産や経営モデルのオーナーは別な人になるが、企業実体はそのまま残る。納入業者や他の債権者が回収できるのは本来の債権の10%程度にとどまるが、新たなオーナーは資産つき・借金ゼロの状態でビジネスを再開できることになる。この方法には批判も多い。元のオーナーがプレ・パッケージ（あらかじめ準備された）事業体を第三者に売却し、なおかつ自分たちが居座ることも可能だからだ。

実際、こんなケースもある。2008年8月のこと、ミシュランの星つき料理人トム・エイキンズがロンドンで展

142 誰がリスクを背負うのか

取引先が破綻した場合、納入業者のもつ債権の補償は後回しにされる。プレ・パッケージ型会社管理手続きに入った場合は債権の全額放棄を迫られることもある。

開していたレストラン事業が、この管理手続きに入った。ところが、資産を買い取ったTAホールドコは、トム・エイキンズをパートナー兼株主に指名したのだった。およそ160もの納入業者は債権回収の見込みもないまま放り出されたが、エイキンズのビジネスは2010年までには再建を果たし、新たに3店舗を開くまでになっていた。

プレ・パッケージ型会社管理手続きでは、納入業者が今までよりずっと弱い立場に立たされる。エイキンズの店が出した損失を実質的に引き受けたのは納入業者であり、株主ではなかった。こうした英米型の破綻処理では、株主よりも外部の債権者が割りを食うことになりかねない。

リスクにさらされる従業員

会社が破綻すると従業員もリスクにさらされる。米エネルギー会社エンロンの経営破綻（2001年）では従業員が悲惨な目にあった。当時、一般社員は「会社への忠誠心を示す」という名目で半強制的に、確定拠出年金で自社株を買わされていた。そして会社が清算されると、彼らは職だけでなく年金まで失った。破綻必至となった時点で会社側が従業員の年金口座を凍結してしまったからだ。

貪欲な投資家のせいで従業員が弱い立場におかれることもある。勤務先の会社がプライベート・エクイティ（PE）ファンドに買収された場合だ。

通常、PEファンドは上場企業を買収して上場を廃止し、自らの管理下におく。ただし、その買収資金は買収先企業の資産を担保にして調達する（レバレッジド・バイアウト）ことが多い。この場合、会社経営のリスクを負うのは事業体（とその従業員）であり、PEファンドの出資者ではない。

2012年、カナダの大手下着ブランド「ラセンザ」の英国フランチャイズ会社が経営破綻し、従業員約1100人が職を失った。こうしたケースでは、もしも会社が再建に成功しても、失職した従業員が得るものはほとんどない。逆に、再建が頓挫すればすべてを失う。納入業者（外部の債権者）の立場も似たようなものだ。ただしPEファンドの出資者は有限責任の原則によって保護される。

2005年には英サッカー界の名門クラブ「マンチェスター・ユナイテッド（マンU）」が、アメリカの実業家マルコム・グレーザーとその一族によって買収された。事実上のPEファンドによる買収で、グレーザー家はマンUを8億ポンドで買い取り、上場を廃止し、その金額を負債として新生マンUのバランスシートに乗せた。つまり、新生

「表が出れば私の勝ち」——再建が順調に進めば出資者は得をするが、従業員の状況はほとんど変わらない。

「裏が出れば君の負け」——再建が不調でも出資者の損失は出資額の範囲にとどまるが、買われた会社と従業員は苦汁をなめる。

PEファンドによる企業買収は、いびつな構造を生みやすい。事業再建がうまくいけばファンド側が儲かり、うまくいかなければ買われた会社が損をする。

お金をもっと働かせよう　143

マンUは利益を上げて負債の利息分を支払い続けなければならず、そのために現場スタッフは必死で働かねばならない。一方で会社運営のリスクは、グレーザー家ではなく非上場の新生マンUが負う。新生マンUの経営が行きづまっても、「有限責任」のグレーザー家が失うのは自らの出資金だけで、その他の債務の責任は問われない。

　PEファンドによって買収された企業105社と、そうでない一般企業105社の業績を比較した2013年の調査結果がある。調査期間は10年（買収前の6年と買収後の4年）にわたる。結果、PEファンドに買収された企業の59％ではその年に従業員を削減していた（一般企業では32％）。その後の年月でも、PEファンドに買収された企業では従業員の平均賃金が下がっていた。つまり、PEファンドの支配下に入った会社の従業員は短期で多くを失い、中・長期でみても損をする可能性が高いことになる。

PEファンドで得する人

　ではPEファンドによる買収で得をするのは誰か。2003年にイギリスの百貨店デベナムズを買収した3つのPEファンドの例をみてみよう。彼らは2006年に負債まみれのデベナムズを再上場するにあたり、12億ポンドの配当金を自分たちに支払っている。その後もデベナムズには経済的な負担が重くのしかかっており、2012年度の決算報告書によれば、依然として債務自己資本比率は51.5％と高く、手元の流動性は極端に低い。それでもPEファンドの出資者は大いに潤った。早々と12億ポンドを手にしているし、その後もデベナムズの株を所有していた。その後の売却益も含めると、彼らの投資は200％以上の利益を生んだ計算になる。

　PEファンドの経営陣が手にする報酬も莫大なものだ。米PEファンドのブラックストーン・グループを率いるバーナード・シュワルツマンの年俸は1億3000万ドルだ。カーライル・グループやアポロ・グローバル、KKRでも経営者の年俸は1億ドルを超えている。しかも英米では、彼らが税制上の優遇措置を受けている。この問題は2012年の米大統領選挙で大きな争点となった。共和党候補のミット・ロムニー（PEファンドの元社長）が負担していた所得税率はわずか14％、平均的な労働者の負担率よりずっと低かったのだ。

被告席の経営陣

　一方、上場企業ではCEO（最高経営責任者）が大きなリスクを背負っている。事業が順調ならば莫大な報酬を得られるが、失敗すれば失うものは大きい。経済的な損失だけでなく、信頼も失われるからだ。2008年に経営破綻したリーマン・ブラザーズのCEOリチャード・ファルドは、あっという間に「史上最悪」の経営者呼ばわりされた。ニューヨーク連邦準備銀行の理事まで務めたファルドが、社会からつまはじきにされたのだ。イギリスでも2008年に破綻したロイヤルバンク・

> 金融機関のマネジャーが
> 過大なリスクを
> 引き受けるのを防ぐには、
> それを犯罪にするのが一番だ。
> **ポール・コリア**
> イギリスの経済学者 (1949-)

オブ・スコットランド（RBS）のCEOらが社会的な責任を問われて厳しく糾弾された。

　事業が失敗したとき、経営責任者が個人的に責められるのは正しいのか。事業の失敗がCEOだけの責任ということはありえない。ところが知名度の高いCEOたちはふだんから「会社の顔」としてふるまい、あたかも自分と会社が一体であるかのように見せかけ、あげくにべらぼうな報酬をもらっている。それを考えれば、社会やメディアが彼らに厳しい目を向けるのも当然かもしれない。

納税者による救済

　先進国の成熟した経済では、本来企業はリスクを負って報酬を追い求めるもの。そうであれば、失敗はビジネスの死につながるはずだ。オーストリア系アメリカ人の経済学者ヨーゼフ・シュムペーターは、1942年の名著『資本主義・社会主義・民主主義』で、「創造的破壊の過程は資本主義に不可欠なものである」と喝破している。他の多くの経済学者と同じく、シュムペーターも不況は弱い企業が負け、より強く

> 自分たちの報酬を
> 毎年20％以上も引き上げる一方で、
> 何千人もの従業員を解雇する。
> そんな経営者がいるのは
> 社会の恥だ。
> **チャールズ・ハンディ**
> イギリスの経営哲学者 (1932-)

144 誰がリスクを背負うのか

2004年、イタリアの食品メーカー大手パルマラットによる100億ユーロの粉飾決算が発覚。詐欺罪にまで発展し、株主は大損し、従業員は職を失った。

て新しい企業の出現を促す一種の浄化機能と考えていた。

しかし現代の政府は違う見方をしているようだ。今の時代には「大きすぎてつぶせない」企業があり、そういう会社は公費(つまり税金)で救済するしかないという考え方だ。2009年にアメリカの自動車会社ゼネラルモーターズとクライスラーが破産寸前の状況に陥ったとき、アメリカ政府(つまりはアメリカ国民)は莫大な債務を肩代わりし、両社に再出発の道を与えた。

ヨーロッパでも各国政府は大手民間銀行の救済に巨額の公的資金を投じている。ユーロ圏各国の政府が債務危機に陥ったのも、元をただせばギリシャやポルトガル、イタリアの民間銀行が不良債権を抱えこんで身動きができなくなり、あわてた政府が公的資金を投じて救済に踏み切ったからだ。それは納税者がリスクを負うということにほかならなかったが、納税者の意見が求められることはなかった。このときトルコ系アメリカ人経済学者のヌリエル・ルービニは、「利益は私物化し、損失は社会に押しつける相変わらずのやり方。こんな救済は金持ちと有力者、金融界のための社会主義だ」と指弾している。

同様な問題は欧米のみならず、日本や中国にも見られる。いわゆるバブルの崩壊した1990年以降、日本の不動産価格は80％以上も下落し、今でも1988年の水準をはるかに下回っている。ほとんどの銀行が巨額の不良債権を抱え、事実上の債務超過に陥っていた。日銀による支援(つまり国民の負担)のおかげで、これらの民間銀行は生きながらえたにすぎない。本来なら民間企業が負うはずのリスクを納税者

> 自分の知らないことに
> 手を出すから
> リスクが生まれる。
> **ウォーレン・バフェット**
> アメリカの投資家 (1930–)

が肩代わりしたわけだ。

同じことが今の中国にも言えるとの指摘もある(ただし中国の銀行システムは不透明すぎて今のところ検証不能だ)。

リスクを負うのは誰か

損失は社会に押しつけ、利益は民間会社が握っているというルービニの言葉は、どうやら真実らしい。近年、世界中で目に見えて所得格差が拡大している。アメリカやイギリスのような先進諸国だけでなく、新興経済圏に属する中国やインドでもそうだ。

1979年から2007年にかけてのアメリカを例にとってみよう。この間に所得上位1％層の所得が266％も上昇したのに対し、下位20％層の所得は37％の上昇にとどまっている。つまり、政府による「大きすぎてつぶせない」企業の救済は、結果として現代の経済システムの恩恵を最も受けている最富裕層を一般納税者が助ける形になっている。

長い目で見れば、企業経営者はリスクを引き受けるかわりに相当な利益を享受し、さらに報酬を受け取っていると考えられる。だが、もしもそのリスク(と損失)を最終的に納税者が負担するのなら、なぜ経営陣や株主だけが好景気のときに利益を得ていいのかという疑問が生じる。

いずれにせよ、今のシステムでは従業員と納入業者が不当に大きなリスクを背負わされている。本来なら、成功の報酬をしっかり享受してきた株主こそが真っ先に失敗のリスクを負うべきなのだが。

今では労働組合が従業員を守ることもできない。アメリカをはじめ、世界の多くの国で労働組合員の数は減少しており、いまやアメリカでは民間企業労働者のわずか10％を占めるにすぎない。もちろん労働市場の柔軟性（多様な雇用形態を認めること）には一定のメリットがある。しかし現状は庶民の背負うリスクと富裕層を潤す報酬の不公平があまりに大きすぎるといえそうだ。■

2011年、ギリシャの緊縮予算案成立前にアテネで行われた市民の抗議活動。欧州連合の支援で銀行は救済されたが、国民には長くて苦しい試練が待っている。

リチャード・ファルド

　リチャード・ファルドは1946年、ニューヨーク市（アメリカ）の生まれ。1969年にコロラド大学を卒業、1973年にニューヨーク大学スターン経営大学院でMBAを取得。1994年から2008年（破綻当日）までリーマン・ブラザーズのCEO。その間、5億ドル以上の報酬を受け取っていた。「ウォール街のゴリラ」と呼ばれたファルドは、ワンマン社長として剛腕をふるい、サブプライム住宅ローンのビジネスに深入りした。2008年の信用収縮に直面してリーマンの資金繰りが行きづまったとき、投資家ウォーレン・バフェットと韓国産業銀行が救済を申し出たが、尊大なファルドは断っている。彼らのリーマンに対する評価額が、自分の考える金額よりも低かったからだ。結局、同年9月にリーマンは破綻に追い込まれ、後にファルドは「タイム」誌が選ぶ「金融危機の戦犯25人」の一人に、そして「コンデナスト・ポートフォリオ」誌が選ぶ「史上最悪のアメリカ人CEOたち」の1位に推挙されている。

流れに逆らえ、
我が道を行け、
常識には目をつぶれ
群れない覚悟

背景知識

テーマ
企業行動

歴史に学ぶ

1841年 スコットランドのジャーナリスト、チャールズ・マッケイが群衆行動について論じた『狂気とバブル——なぜ人は集団になると愚行に走るのか』を著す。

1992年 インドの経済学者アビジット・バナジーが論文「群衆行動の単純モデル」を発表。

1995年 ドイツの経済学者トマス・ルクスが論文「群衆行動：バブルとその崩壊」で、価格と感情は互いに影響しあっているとし、群集心理が価格に影響する（住宅市場への信頼が価格をつり上げる、など）と論じた。

2001-06年 アメリカとヨーロッパの一部で住宅投資のバブルが始まり、やがて過熱し、08年金融危機の伏線となった。

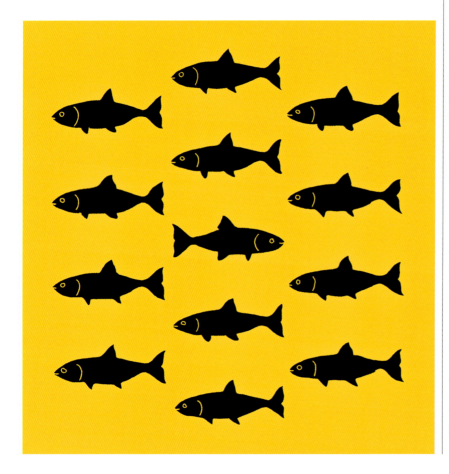

群れたい本能は自然の摂理だから、ビジネスの世界にも同じように働く。たいていの人間は一匹狼になるよりも、他人と同じ行動をとって安心したいと思う。群れに逆らうにはかなりの度胸と強い意志が必要だ。株価が急騰しはじめると、投資の初心者はすぐエサに食いつきがちだ。上がっている株に群がり、競って買い漁るから、株価はさらに上がるが、やがてピークを過ぎれば元の水準にまで下がる。そのときあわてて売り飛ばせば、たいていは大損する。

しかし流れに逆らう（逆張りする）投資家や、しっかり分散投資をしている抜け目のない会社は違う。株価が上がって新参投資家が市場に群れている時

お金をもっと働かせよう 147

参照： 思いっきり目立とう 28-31 ■ 勝ち残るためのエッジを磨く 32-39 ■ イエス・マンの弊害 74-75 ■ 枠をはみ出す発想 88-89 ■ 集団思考の回避 114 ■ 本丸を守れ 170-71 ■ 売上げ予測 278-79

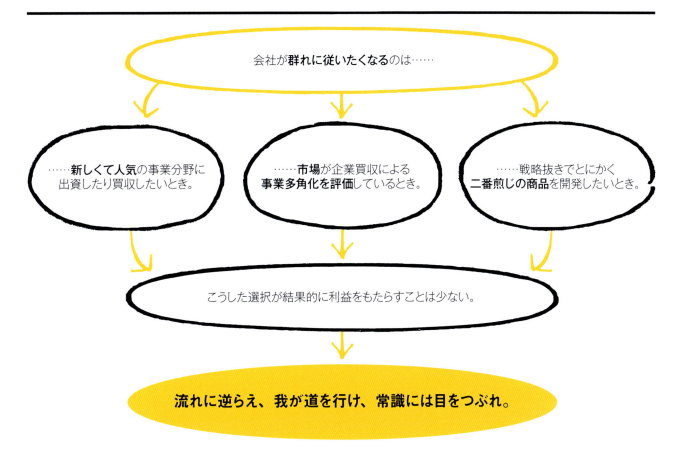

期には持ち株を売り、下がったときに買う。だが株式相場の潮目を読み取れるほどの炯眼の持ち主はそんなにいない。伝説的な投資家ウォーレン・バフェットは「誰もが貪欲になっているときには慎重になり、誰もが慎重なときだけ貪欲になる。それが我々のやり方だ」と言っている。バフェットの会社は 1965 年から 2013 年の間に、投資家たちに 90 万％以上の投資利益をもたらしている。

群れて大損した典型的なケースは、1997 年から 2000 年にかけてのドットコム・バブルだ。異常なまでに高騰した株価で利益を得て、その後に同じくらい巨大な損失を出した例は数えきれないほどあるが、そのひとつがｅトイズ（eToys.com）の場合だ。ｅトイズは 1997 年に開業した。1999 年 5 月には株式公開を果たし、1 株 20 ドルで売り出して、1 億 6600 万ドルもの資金を調達した。買いが集まって株価を押し上げた結果、初日の終値は 76 ドルまで上がっていた。同年秋には 1 株 84 ドルの高値をつけ、時価総額で玩具業界最大手のトイザらス（Toys R Us）を上回る勢いだった。しかし熱が下がるとプロの投資家たちはいっせいに株を売り始め、あとには売るに売れない群れだけが残った。2001 年 2 月には株価が 9 セントまで暴落し、しばらく後に破産宣告を受けた。

つまり、株を買うなら群れてはいけないということだ。同じ教訓は経営者にもあてはまるかもしれない。2008 年、米メディア大手の AOL タイム・ワーナーはソーシャルネットワークの成長

予想屋の群れたがる本能が、羊を独立した思想家に見せる。
エドガー・R・フィードラー
アメリカの経済学者 (1930-2003)

148 群れない覚悟

世界市場でのスマートフォンのシェアは2009年から2013年にかけて大きく変わった。アップルのシェアは比較的安定しているが、iPhoneの成功にあわてたノキアとRIMは没落した。サムスンの躍進は、流行に左右されない製品を開発してきたからか。

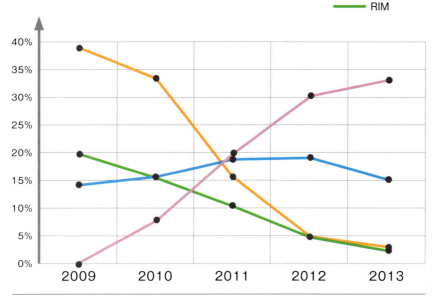

に目をつけ、新興の「Bebo」を8億5000万ドルで買収した。まさに群れに加わった格好だが、これが大失敗で、数年後にはタダ同然の価格で売り飛ばすはめになった。

トレンドを追いかけない

つまりは経営者も投資家と同様、流れに身をまかせるのは禁物ということだ。無視すべき群れのタイプは3つある。1つは企業買収に乗り出そうとする群れ。自社が買収に乗り出さなければライバル会社に買収され、さらに手ごわい競争相手が登場するのではないかという恐怖にかられた経営者は、値段をつり上げてでも買おうとしがちだ。いちおうは買収によるシナジー効果(相乗効果)に期待するという名目がつけられるが、あてにはできない。ある研究によれば、企業買収事例の60%から65%では落札した企業の株主価値が下がっている。つまり、たいていの企業買収は株主の支持を得ていないのだ。

2つ目の群れの動きは、事業の集中化と多角化の間で起こる戦略的な対立、及び常にどちらかの肩をもとうとしがちな市場のあり方だ。「集中化」が市場のスローガンになっているときは、事業の周辺部門やその資産を売却する企業の株価が上がる。2006年にエアバスの持ち株20%を売却したときのブリティッシュ・エアロスペース(BAe)がそうだった。当時、株式市場はBAeがエアバス株を18億7000万ポンドで手放したことを好感していた。これで同社が国防・軍事部門に集中できるとみなしたからだ。しかし2013年には、それは愚かな見解だったことがわかる。エアバスは力をつけて市場をリードしているのに、BAe本体は各国(特にアメリカ)政府の軍事予算削減のあおりで苦しんでいた。そこでBAeの経営陣はエアバスにすり寄って合併話をもちかけ、民間部門と軍事部門を併せもつほうが得策だと説いた。しかし、本当に2006年と2013年でそれほど状況が違っていたのだろうか。それともBAeは多角化の波に乗

ろうとしただけか。優秀なリーダーは長い目でものを見て、市場アナリストや経営コンサルタントの間で流行している動向などは無視するものだ。

先導者に従わない

3つ目の群れの動きは「先導者に従う」ことだ。これは、市場をリードする革新的な企業の真似をして模倣製品を作る企業にあてはまる。もちろん、すでに差別化された製品を持っている企業が新しいトレンドに目を向けるのは賢明な判断だ。しかしトレンドに乗り遅れたくない一心でコピー商品を発売する企業が多いのも事実だ。2007年にアップルのiPhoneが発売された時点で、ノキアはすでに世界のスマートフォン市場の40%以上を占めていた。ノキアもiPhoneに対抗する新製品を発売したが、それでも2013年第1四半期のシェアは約3%にまで落ち込んでいた。その間、ノキアは次々と新商品を市場に投入するだけで、じっくり戦略を練ることもなく、どんなイノベーションが必要なのかを見分けることもできなかったからだ。

ノキアの行動とアップルの行動の間には歴然たる差がある。2008〜09年、

> 群れに従う者は
> 歴史の洪水にのみこまれる。
> しかしよく観察し、考え、
> 慎重に動いた人は
> 洪水から逃げられる。
> **アンソニー・C・サットン**
> イギリスの経済学者 (1925-2002)

お金をもっと働かせよう　**149**

> 気がつけば
> みんなが
> 1つのモノに心を奪われ、
> 夢中で追いかけている。
> チャールズ・マッケイ

モバイル・コンピューティングの大きな波はノート型パソコンから遠ざかり、「ネットブック」に向かった。2009年、世界中のネットブックの売上げは72％増加した。このときビジネス界の群れ本能は、こぞってネットブックの製造に向かった（デルがその典型だった）。それとは対照的に、アップルのスティーブ・ジョブズは「ネットブックの問題は、何もとりえがないことだ」と言ってのけた。彼はネットブックよりも優れた選択肢を開発するのに取り組んだ——それがiPadだ。

iPadは2013年の半ばまでに1億4500万台以上を売上げ、かたやネットブックの本家（台湾のエイスース）は完全にネットブックから撤退することになった。

　群れに逆らう人々は、冷静な論理を自分の立場にあてはめ、将来起こりうるシナリオを見越して考えることができる。群れたがる人たちは、明日は今日の延長だと考えがち。一方、群れに逆らう人は時を超えた原理原則を見すえつつ、明日は何が違ってくるかに目を向けている。ウォルマートの創業者サム・ウォルトンが言ったように、ときには「流れに逆らって泳ぐ」覚悟が必要なのだ。■

iPadの成功は、アップルがネットブックに取って代わる優れた製品の開発に取り組んできたからこそ。アップルやサムスンのような企業は群れを率いるタイプだ。

ウォーレン・バフェット

　20世紀に最も成功した投資家と評されるウォーレン・バフェットは、1930年8月30日、米オクラホマ州オマハの生まれ。幼い頃から数学の才能を見せ、桁数の多い暗算が得意だった。父親は株式仲買人で、下院議員を務めた時期もある。バフェットが投資を始めたのは11歳のとき。十代のうちに小さな事業を立ち上げ、その後ペンシルベニア大学、ネブラスカ大学、コロンビア大学で経営を学んだ。1956年に自らの投資会社を設立、その後の投資の成功により、今や「オマハの賢人」と呼ばれている。2006年には個人資産の全額を慈善財団に寄付すると発表。2012年の時点で、その純資産は推定440億ドルにのぼる。

主な著作

2001年　『バフェットからの手紙　世界一の投資家が見たこれから伸びる会社、滅びる会社』
2013年　『バフェットからの手紙［第3版］』

借金漬けは最悪の選択
レバレッジの罠

背景知識

テーマ
リスク管理

歴史に学ぶ

1970-2008年 先進諸国の銀行が体力の限界をはるかに超えて貸付を増やした。

2002年 破綻した米エンロンについて、グローバル・エグゼクティブ・フォーラムが「エンロンはレバレッジは無限と信じていた」と報告した。

2007-08年 住宅ローンの返済に借金を充てる人が増加。結局は借金を返済できず、世界中の金融市場が破綻に向かった。

2013年 イギリス政府が銀行業界に、レバレッジ率（負債比率）を公表するよう通達。最もレバレッジの高いバークレイズ銀行では自己資本の35倍の負債があった。

2012年にアメリカの理論物理学者マーク・ブキャナンが著した『予測』と題する本がある。科学者の目で経済活動について考えた著作だが、著者は中央銀行（及び政府）が景気動向の判断でインフレ率と金利、為替レート、消費者マインドを重視していることに注目すると同時に、大事な要素が無視されていることも指摘した。過去のバブルとその破裂に大きくかかわってきた要因、つまりレバレッジだ。レバレッジ

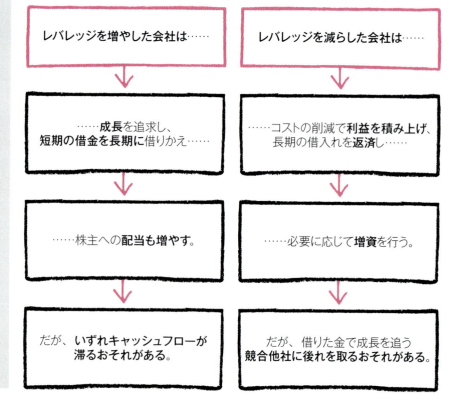

お金をもっと働かせよう

参照：誰がリスクを背負うのか 138-45 ■ キャッシュフローの管理 152-53 ■ 自己資本利益率の最大化 155 ■ PEファンド 156-57

レバレッジド・バイアウト

レバレッジド・バイアウト（LBO）は、会社あるいは投資家グループが多額の借入金を活用して企業を買収する手法。借入金はたいてい銀行融資か債券発行（資金調達のための有利子債務）で調達する。ふつう、買収資金の約90％は借入金でまかない、買収先企業の資産が借金の担保となる。つまり、買収先企業に稼がせて借金を返すことになる。なおLBOを手がける投資会社はPE（プライベート・エクイティ）ファンドと呼ばれる。

1980年代のLBOは悪評高かった。買い手企業が借入金の割合を100％に設定したため、債務の利率が高すぎてキャッシュフローが悪化し、買収先企業は破産に追い込まれたからだ。最近の例では、業績悪化に苦しむアメリカの大手映画製作会社MGMを救済するために28億5000万ドルのLBOが用いられたが、その後リストラが行われた。

クレジットカードで借金を重ねると地獄を見ることになりかねない。2007年から08年にかけて、アメリカでは多くの人が住宅ローンの返済にクレジットカードを使ったが、もともとカードの支払いができるだけの収入はなかった。

とは借金の額であり、欲しいものを買うためにどこまでの借金をするかの問題でもある。レバレッジに頼る人や会社は、「借金漬けは最悪の選択」だというイギリスの歴史家トーマス・フラーの警告など意に介さない。

一国の経済全体でレバレッジが高まる（個人も会社も金を借りまくる）と、運が良ければ短期のバブルがふくらむ（みんなが借りた金で買いまくる）。しかし、やがてバブルは破裂し、その後遺症（消費の低迷、不良債権の増大など）が長引く。

リスクの引き受け

2007-08年の金融危機は、かなりの部分までレバレッジの過剰が原因だった。個人がクレジットカードで大金を借りたり、自宅をそっくり担保に差し出したりしていたが、たいていは返済可能な収入のレベルにはなかったのだ。借金返済に行きづまり、住宅の価格が下がると莫大な数の人が債務不履行に陥った。同じように高レバレッジの銀行も足元があやしくなった。複雑な金融派生商品（これもレバレッジをベースにしていた）でつないでいたが、そこへ信用収縮が起きて金融システムが崩壊した。

レバレッジは一般の会社にも同様のリスクをもたらす。好景気で需要が高まり、利益率が上がると、会社はさらに成長率を高めたくなり、そのために必要な資金を手っ取り早く借金でまかなおうとする。借金を増やせばリスクも増えることには、たいてい気づかない。株主への配当は払えなければ払わないでいいが、借金の利息は必ず払わねばならない。気がついたときには、すでに売上げで返せるようなレベルの借金ではなくなっているかもしれない。利益を生むために借金したはずなのに、いつの間にかキャッシュフローが滞って返せなくなる。

大まかに言えば、借金は事業に投下する長期資本の合計の25～35％に抑えておくのが賢明だ。50％以上になると、通常の企業にとってはリスクが高くなりすぎる。結局のところ、経営者の任務は最大限の利益を目指すことにあるが、一方で企業の長期的な健全性（そして社員や顧客、納入業者の暮らし）にも責任を負わねばならない。■

無知とレバレッジが合わさると、かなり興味深い結果が得られる。
ウォーレン・バフェット
アメリカの投資家 (1930-)

キャッシュは王様だ
キャッシュフローの管理

背景知識

テーマ
財務管理

歴史に学ぶ
1957年 ジョン・マイヤーとエドウィン・クーが、キャッシュフローと投資の関係を考察した『投資の決定』を発表した。

1987年 米国財務会計基準審議会（FASB）が新たな規定を発表。貸借対照表と損益計算書、利益剰余金計算書に加えて、キャッシュフロー計算書の作成・公表を企業に義務づけた。

2013年 イギリスの協同組合銀行はロイズ銀行632支店の買収計画を破棄すると発表。買収資金と支店の運営資金が足りなかったからだ。

新規事業や急成長を遂げている企業、そして不況のときは、現金を持つべし。言いかえれば、利益よりも、とにかくキャッシュフローを重視するということ。会計上の利益というものは、ある取引期間に生まれた収益とコストを対応させることに基づく抽象概念とされている。たしかにそのとおりだ。ところが実際には、それがひどい資金不足につながることがある。たとえば建設業を考えてみよう。家の建築が完成し後は売れるのを待つばかりというときにコストと結びつけると、発生した多額の資金支出（アウトフロー）を無視することになり、家が売れる前に現金不足に陥ってしまうかもしれない。景気の良いときなら、資金不足を補うために当座借越

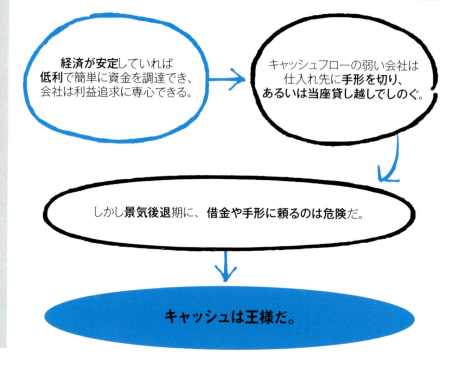

お金をもっと働かせよう 153

参照：成長を急ぎすぎない 44-45 ■ 投資と配当 126-27 ■ 金に金を産ませる方法 128-29 ■ レバレッジの罠 150-51 ■ 自己資本利益率の最大化 155 ■ 長期か短期か 190-91

に頼るという手もある。けれど不況のとき銀行に頼るのは、リスクが大きすぎるだろう。企業は、マイナスのキャッシュフロー期間を出さないようにするためにも、うまく資産を管理しなくてはならない。

優良企業が倒産するとき

現金はあらゆる新規事業にとって常にプレッシャーとなる。たとえ開業時の予算を守っていたとしても、キャッシュフローがプラスになるほど高い営業力がつくのは時間がかかるものだからだ。たとえばスポーツ用品店なら、利益が上がり始めるほどの常連客をつかむのに3年はかかるだろう。それまで店のキャッシュフローはマイナスになる。そこで、新規事業にとって肝心なのは、最初からキャッシュフローを最優先させること。設備は新品よりもリースにするか中古で買い、納入業者は店側が顧客に設定するのと同じ与信期間を与えてくれるところを選ぶ。後者の場合は少しコストが高くなってもしかたない。

キャッシュフローに問題があれば、有名企業でも経営がゆらぐし、破綻することもありうる。1998年、韓国の大宇グループは「運転資金と投資資金の準備がますます難しくなっている」ため深刻な局面を迎えていた。同財閥は積極的に事業を拡大し、そのたびに借金に依存してきた。そのためグループ全体の財務が不安定になっていた

ある会社が2万4000ドルの発注を受け、その製造に資金を投じる必要が発生した。6週目までに、この会社は2万ドルを支出し、その時点で納品・請求書を送ったが、支払期日は13週目になっていた。この場合、会社は第12週から第13週にかけてキャッシュフローが苦しくなる。

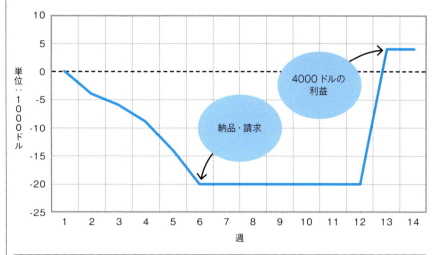

が、経営陣は一過性の危機だと言い張ってもいた。ところが翌年、世界有数のコングロマリットである大宇は、巨額の資金不足で破綻してしまった。■

金融詐欺

2009年、アメリカの投資顧問バーナード・マドフは投資家に約180億ドルの損失を与えたとして、詐欺罪で禁固150年の実刑判決を受けた。確実にハイ・リターンを生み出せる金融のプロともてはやされていた人物だが、実際は新たな投資家から集めた金を既存顧客への高額配当に回す自転車操業で、投資実態なきネズミ講に等しかった。

このタイプの金融ピラミッドは、十分な数の新顧客が常に資金を投入してくれるかぎり、なんとか成り立っている。しかし資金のインフロー（流入）がとまれば、ただちに破綻する。マドフの詐欺が発覚したのは、2008年の金融危機を受けて多くの投資家が資金を引き上げはじめたせいだった。

農場主が市場で家畜を購入する場合、その時点で支払いが発生する。ただし、その投資を回収する前にコスト（餌代、保管料など）はどんどん増えていく。

潮が引いて初めて、誰が裸で泳いでいたかわかる

簿外処理は厳禁

背景知識

テーマ
金融リスク

歴史に学ぶ

1992年 テリー・スミスが大企業における会計実務の内幕を暴露した『成長のための会計』を著す。

2001年 エンロンの劇的な破綻により、簿外の会計処理の危険性が誰の目にも明らかになった。

2010年 破綻前のリーマン・ブラザーズが「Repo 105」や「Repo 108」といった短期の現金担保付債権賃借取引を利用し、一部の取引を7〜10日ほどバランスシートから除外して企業価値を高く見せていたことが判明。

2011年 イギリスの老人介護施設運営会社サザンクロスが、50億ポンドに及ぶ簿外債務の重みに耐えかねて破綻した。

バランスシートは、会社の資産や債務を写すスナップショットのようなもの。だから企業が直面する財務リスクはすべて載っているはずだ。しかし現実には、すべての企業がそうしているわけではない。つまり、企業の負債を判断するとき、バランスシートだけですべてがわかるわけではない。2001年に破綻したエンロンがまさにそうだった。そして、2007〜08年以降経営不振に苦しんだ欧米の小売業者や銀行にもあてはまった。

2011年に日本企業オリンパスで起きたスキャンダルの中心にあったのは、経理の簿外処理だった。同社の取締役会は、割高な企業買収などの経営判断ミスを隠すために非連結子会社を設立し、そちらへ損失を「飛ばし」ていた。非連結子会社の損失は、本社の決算書に載せる必要がないからだ。金融アナリストや監査役がもっと早く不正に気づくべきだったが、実際は新しく社長となったマイケル・ウッドフォードが暴露するまで、誰にも見破られなかった。

ちなみに、最近は一部の自治体も簿外の取引に手を染めているようだ。中国では、地方政府が抱える債務は表向き6000億ドルとされているが、中央政府の監査機関によれば、実際にはその3倍にのぼる簿外の債務が隠されている可能性がある。それが本当なら将来の支払利息が大幅に増加し、ひいては2008年以降に欧米諸国を襲ったような信用収縮が、中国でも起きる可能性がある。■

米エンロンは評価損を抱えた資産を簿外に移して隠蔽していた。そのため経営破綻の寸前まで、エンロンの財務体質は健全に見えていた。

参照：法令・規則の順守 120-23 ■ 説明責任と企業統治 130-31 ■ 誰がリスクを背負うのか 138-45 ■ レバレッジの罠 150-51

お金をもっと働かせよう　155

自己資本利益率の向上は財務のゴールだが、オウンゴールにはご用心
自己資本利益率の最大化

背景知識

テーマ
目標とリスク

歴史に学ぶ

1978年 著名投資家ウォーレン・バフェットが、長い目で見れば自己資本利益率(ROE)は12%の水準に落ち着くものだと主張した。

1994年 ロバート・ハグストロームが著書『株で富を築くバフェットの法則』でバフェットの投資術を紹介し、バフェットはROEを重視していると説明した。

1997年 米スタンダード&プアーズ(S&P)株価指数によると、対象企業の平均ROEは22%に達していた。

2012年 有力なアパレル小売各社のROEは、H&Mが39%、GAPが40%だったのに対し、アメリカンアパレルは−139%だった。ROEだけを見れば、アメリカンアパレルは直ちに清算すべきだということになる。

多くの株式アナリストは自己資本利益率(ROE)を事業の成功を測る重要な尺度とみなしている。ROEはバランスシート上の自己資本に対する利益の割合のことで、ここでいう「資本」には株式資本(株式の発行で調達した資本)と利益剰余金(企業が積み立てて内部留保している利益)が含まれる。

ROEは事業の状況に左右される。2012年、前年の大震災の打撃からまだ回復しきっていないトヨタのROEは3.9%にとどまった。一方、ライバルの米ゼネラルモーターズ(GM)は16.7%だった。ROEに基づけば、GMのほうがトヨタよりも4〜5倍ほど多くの利益を生んでいたことになる。

誤解を生む指標

投資収益力の尺度としてみると、ROEは万能ではない。ROEが高いのは、自己資本が小さいせいかもしれないし、利益が大きいせいかもしれない。2012年におけるトヨタとGMの税引前利益は似たような額だったが、両企業の自己資本金額の違いが誤ったイメージを作ってしまう。長年にわたり利益を積み上げてきたトヨタはバランスシートに計上される自己資本が大きい。対して2009年に破綻したGMは、利益を吐き出していたから自己資本が小さかった。つまり、この年のGMのROEが高かったのは経営破綻と政府による救済のおかげということになる。

2000年代には、多くの銀行が自社株の買戻しによってバランスシートを圧縮した。現金は株主から株を買い戻すために使われ、それを貸借対照表の末尾に記して自己資本を減らしていたのだ。そうすることでROEは高くなったが、資本構造はリスクの高いものになった。ROEを最大化した結果、銀行には現金がほとんど残らず、2008年の金融危機に対応できなかった。■

企業のROEは、利益を平均自己資本額で割って算出される。数値が高ければ高いほど、より効率よく利益を上げ、株主に還元していることになる。

$$\text{ROE}(\%) = \frac{\text{利益}}{\text{平均自己資本額}} \times 100$$

参照： 投資と配当 126-27 ■ 説明責任と企業統治 130-31 ■ 誰がリスクを背負うのか 138-45 ■ 群れない覚悟 146-49

PEファンドが
大きな顔をすればするほど
リスクは膨らむ
PEファンド

背景知識

テーマ
利益とリスク

歴史に学ぶ

1959年 フェアチャイルド・セミコンダクターが誕生。ベンチャーキャピタルによって企業が立ち上げられた初の事例だった。

1978年 米投資グループKKRは製造業のフーダイル・インダストリーズを3億8000万ドルで買収し、上場を廃止した。PEファンドによる企業買収の最初の例とされる。

1988年 KKRがコングロマリットのRJRナビスコを250億ドルで買収。PEファンドによる買収案件では史上最大のもの。

2006-07年 PEファンドの攻勢がピークを迎えた。PEファンドによる買収はアメリカだけで654件、総額約3750億ドルにのぼった。

初期のPEは**大手機関投資家**で、長期の投資を想定していた。

しかし1980年代に、**借金**で企業買収に乗り出す投資家が登場した。

こうしたPEファンドは借金の利払いのため**短期の高利益**を必要とする。

結果的に長期の成長戦略が軽視される。

PEファンドが大きな顔をすればするほどリスクは膨らむ。

「プライベート・エクイティ（PE）」という言い方は誤解を招きやすい。しょせんベースにあるのは借金であって、エクイティ（個人あるいは企業が完全に所有する資産）ではないからだ。PEは借金を梃子（レバレッジ）にして企業のバランスシートを表向き改善させる。これはレバレッジド・バイアウト（LBO）でおなじみの手法だ。LBOでは、企業買収に際して資金の大部分を借入で調達し、買収先企業を担保に差し出すから、買収された会社が必死で働いて借金を返さなければならない。

当然、リスクは大きい。PEの傘下に入った会社のマネジャーたちは、金利負担を少しでも減らすために必死で利益を出そうとする。マネジャーの尻を叩くにはベストな方法だという議論もあるが、過度なプレッシャーを与えることにもなりかねない。公平にみても、PE傘下の会社は短期的な収益を最大化するために長期の成長を犠牲にしやすいといえるだろう。

プレッシャーを減らし、より集中させる

PE支持派に言わせれば、PE型経営の強みは「身軽になれる」点にある。まず、上場企業につきものの「株式市

お金をもっと働かせよう 157

参照： 起業は失敗を乗り越えてこそ 20-21 ■ 誰がリスクを背負うのか 138-45 ■ レバレッジの罠 150-51 ■ 長期か短期か 190-91

場からのプレッシャー」から自由になれる。たとえばアメリカの百貨店 J・C・ペニーは 2012 年に事業改革を断行し、高級品市場にフォーカスする戦略を打ち出した。しかし売上げは急速に落ち込み、すぐに戦略の見直し（と雇ったばかりの CEO の解任）を強いられた。上場企業ゆえに短期の落ち込みも許されなかったからだ。低迷だって認められないものだ。株価が下がれば貪欲な PE ファンドにねらわれるおそれもある。

もう 1 つは周辺事業を売却して身軽になり、本業ないし中核事業に集中できる点だ。日本の住友商事は 2012 年に通販子会社のジュピターショップチャンネルの持ち株 50% をアメリカの有力 PE ファンド「ベインキャピタル」に売却した。これでジュピターは総合商社の住友に気兼ねすることなく本業での利益を追求できるようになった。もちろん意思決定や戦略変更のスピードも上がった。

長い目でみると、PE の傘下に入ることには 2 つの決定的な疑問がある。

それで従来以上の利益をあげられるのか、そして持続的な成功（イノベーションの継続や従業員の忠誠、顧客満足度の維持を含む）につながるのか、である。

2013 年にイギリスの 3 つの大学が共同で行った研究によると、PE 傘下の企業では利益や雇用のレベルが下がる傾向が見られたという。PE による買収後 4 年経った時点で一般企業と比べてみると、PE 傘下の企業では従業員一人当たりの収益が 12 万ポンドから 16 万ポンドに増えただけなのに、一般企業では 25 万ポンドまで上昇していた。ただし PE が企業の収益に及ぼす影響については、まだ十分な学術的な研究がない。

いずれにせよ、PE ファンドによる買収が「借金を原資とする成長」を意味するかぎり、短期の成長の先には大きな損失が待っているかもしれない。しかし PE ファンドの出資者の多くは機関投資家だから、基本的には長期投資で大きく稼ぎたいと考えている。■

アレック・ゴアズ

アレック・ゴアズは世界で最も成功した PE 投資家だろう。2013 年の個人資産は推定 19 億ドルだ。ゴアズは 1953 年、イスラエルの生まれ。父親はギリシャ人で母親はレバノン人。1968 年にアメリカへ移住し、ミシガン州の高校に通う。

ウエスタン・ミシガン大学でコンピュータ・サイエンスの学位を取得後、1978 年、コンピュータ販売のエグゼクティブ・ビジネス・システムズを設立。自宅の地下室で作ったコンピュータを売ることから始め、7 年後には従業員 200 人を超えるまでになったが、33 歳でゴアズは会社を売却し、その資金で 1987 年に PE ファンドのゴアズ・グループを設立した。

同ファンドは株価の安い企業や大企業の不採算部門を買収して運営し、収益性の高い事業に転換させることを専門としている。マテルやヒューレット・パッカードのような大企業の不採算部門も含め、今日まで 80 以上の事業を買収している。

ジュピターショップチャンネルは日本で有名なテレビ通販企業だ。今は PE ファンドが株式の 50% を握っているので、コールセンター業務の効率化が進んでいる。

どんな資源も、使えばしかるべきコストが発生する

活動基準原価計算

背景知識

テーマ
原価と効率

歴史に学ぶ
1911年 経営学の大家F・W・テイラーが『科学的管理法の諸原理』を著し、正確な原価計算モデルの構築を提案した。

1971年 アメリカのジョージ・ストーバスの『活動原価計算および投入産出会計』が刊行され、活動原価計算に対する関心が高まった。

1987年 アメリカのロバート・カプランとロビン・クーパーが『会計と経営』で活動基準原価計算を厳密に定義した。

原価計算の目的は、直接原価（原材料など）を測定し、間接費あるいは固定費（光熱費など）を加えて製造原価を決定することだ。イギリスのクランフィールド大学経営大学院のデイヴィッド・ミドルトン教授によると、この計算方法はもともと不正確だが、それは企業が原価について知っておくべきことをあまり知らないからだという。企業は直接原価については比較的よくわかっているだろうが、特定の製品にかかっているは

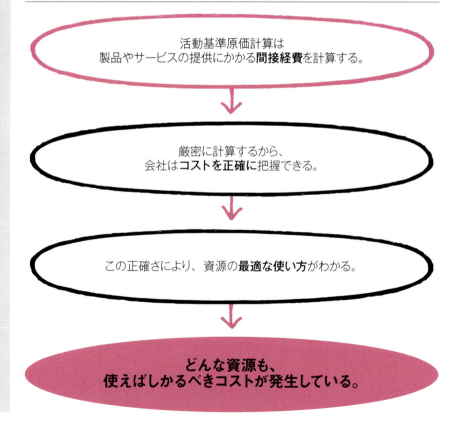

お金をもっと働かせよう

参照：法令・規則の順守 120–23 ▪ キャッシュフローの管理 152–53 ▪ 良い戦略、悪い戦略 184–85 ▪ バリューチェーン 216–17 ▪ 製品ポートフォリオ 250–55 ▪ ビッグデータの活用 316–17

ずの間接費については曖昧な知識しかないかもしれない。そのため、さほど利益をあげない製品にマーケティング費用をかけてしまうといった商業的にはまずい結果を生む可能性がある。結局、そんな誤った判断をするような企業は、ライバル会社に追いつくだけでも苦労することだろう。

活動基準の会計

会計システムについては、特定の製品やサービスに関するすべての取引と決定のあらゆる側面を査定するのが理想だ。それには活動基準原価計算が最も効果的な方法である。伝統的な会計システムが間接費を平均して割り振る（簡単に言えば間接費の総額を製品の数で割る）のに対し、活動基準原価計算は、はるかに正確だ。活動基準原価計算は間接費を解体して、どの活動がどの原価につながるのかを見きわめる。それによって、企業はチョコレート製品をひとつ製造するときの原価は、たとえば「およそ 65 ペンス」ではなく、正確に「59 ペンス」だとわかるようになる。

このレベルの正確性が特に重要となるのは、規格外の製品を開発する場合だ。たとえば 2016 年のリオデジャネイロ五輪用の特注品を開発するとしよう。この場合に活動基準原価計算を行っていれば、特注品の原価が規格品の原価よりどれくらい上がるかわかるはずだ。この情報は会社が五輪グッズの価格を設定するときに役立つ。

効果的に活動基準原価計算を行うために、企業がしなくてはならないことがある。まず、あらゆる直接的及び間接的な活動と資源をはっきりさせる。次に、間接的な活動ごとの原価を算出する。それから、各活動に対する「原価作用因」を特定する。

銀行の窓口係を例にとってみよう。窓口係には多くの活動が伴っている。受け取った小切手の処理を原価作用因として計算するのであれば、銀行側は、窓口係がその仕事だけにかける時間を算出しなくてはならない。これらの計算から、企業は、1つの製品あるいは1つのサービスに対する直接原価と間接原価の総計を計算できる。これらの原価を製造量で割ると、正確な単位あたり原価が得られる。そうすれば信頼

> しかるべき精度で
> コストを把握すれば、
> 会社の利益に大きく貢献できる。
> F・W・テイラー

できる損益分岐点が確立できるし、マーケティングにどれだけの予算をかけられるかもわかる。 ■

フレデリック・ウィンズロー・テイラー

F・W・テイラーは 1856 年、フィラデルフィア（アメリカ）の生まれ。機械工の見習いを経験し、後に「科学的管理法」の研究で有名になる。それは、効果的な管理法は明確に規定された法則に従う科学であるという考えに基づいていた。原価計算の父としても知られている。

19 世紀後半、テイラーは「毎月単位原価を決定する」新しい会計システムを確立。マネジャーが価格設定や何を作るか決定するときに利用できる情報として原価データの価値を強調した。有益な会計情報はタイムリーで、しかるべき書式に基づき、事業の将来性を一目で判断できるものであるべきだとテイラーは信じていた。1915 年に肺炎で死去、享年 59。

主な著作

1911 年　『科学的管理法の諸原理』
1919 年　科学的管理法に関する2つの論文：「出来高払制について」及び「ベルトの使い方」

ビジョンを忘れるな
戦略、その実行

はじめに

ルイス・キャロルの『不思議の国のアリス』で、チェシャ猫がアリスに言う。行き先を知らないなら、「どっちへ行っても同じだね」。言うまでもないが、ビジネスは「どっちへ行っても同じ」ではない。事業を始める前には明確なゴールを定め、そこへ突き進む戦略を用意しなければいけない。ゴールにたどり着いたとき何をもって成功とするかの明確なビジョンも必要だ。もちろん、そのビジョンは全員が共有しなければならない。

絶え間なき革新

ビジネス戦略の策定はSWOT分析などのツールを用いて進めることになる

> できる、やるしかないと覚悟すれば、おのずと道は見えてくる。
> **エイブラハム・リンカーン**
> アメリカ合衆国第16代大統領 (1809-65)

が、「絶対に手を出さない」物事や「絶対に足を踏み出さない」方向も決めておくといい。市場で最大のシェアを握るというシンプルな目標を掲げた場合も、「値段で勝負」と「品質で勝負」、どちらの戦略を採るかで進む道は大きく異なる。

いずれにせよ、戦略の策定にあたって参考になるビジネスモデルはたくさんある。たとえばマイケル・ポーターの著作は、市場を分析し、そこでの競争の本質を見抜き、どのようなポジショニングがベストかを見きわめるのに役立つ。

ひとたび戦略的方向性が決まったら、次に必要なのは状況に応じて戦略を修正する柔軟さだ(ただし当初のビジョンを逸脱してはならない)。とりわけリーダーたる者は常に外部環境の変化に目を光らせている必要がある。気づかなかったという言い訳は、リーダーには許されない。独善は禁物。変化は速くなる一方だし、競争は厳しい。トップであり続け、ライバルに後れをとらないためには絶え間なき革新(イノベーション)が必要だ。革新を忘れば、カナダのブラックベリーのような憂き目を見る。スマートフォンの先駆者として市場をリードしていたのに、より高機能なiPhoneの登場を予見できず、対応を怠ったため、同社はあっと言う間に転落してしまった。

バランスの維持

長期と短期の目標を設定し、そのバランスをとる必要もある。経営陣は長期ビジョンを忘れてはいけないが、一方で短期的な目標を迅速に定めて利益を出さないと事業を維持できない。先の読めない今の時代に、長期・短期のバランスをとるのは難しい。もとより未来の正確な予測は不可能だから、経営陣としては複数の仮定に基づくシナリオを用意しておくべきだ。それで不測の事態や不確実性を排除できるわけではないが、完全に不意を突かれることは避けられるだろう。

本業と無関係な分野にまで手を広げる多角化路線は今や影を潜め、2008年の金融危機以降は本業回帰がトレンドになっている。実際、C・K・プラハラードとゲイリー・ハメルの研究によれば、もともと強い本業に集中的に投資してこそ、ライバルとの競争で優位に立てるのだ。

柔軟性

グローバル化と技術の進化、そして不安定な政治情勢で、経営判断はかつてなく複雑になっている。こういう時代に縦割りで上意下達の組織では対応できない。もっと柔軟で、現場に権限を持たせ、チームワークで勝負する組織が必要だ。組織が柔軟なら誰もが深

ビジョンを忘れるな

く関与でき、変化への適応も早い。外部のパートナーとも、単なる商取引にとどまらない協力関係を築き、ともに学習していけるだろう。「学習する組織」という概念を提唱したのはアメリカのピーター・センゲだが、会社は従業員の学習を促すと同時に自らも学び、変身していかねばならない。そのとき経営は硬直した支配から柔軟なリーダーシップに変わる。

学びの文化と共通のビジョンをもつ組織では、異なる役割を引き受けた人たちが協力してアイデアを出し合い、物事を決めていく。だから新しい製品やサービスの開発も速くなる。そこでは従業員一人一人が起業家だ。失敗から学ぶことも重要なので、ミスを犯した人を責めてはいけない。責めたり罰したりすれば人はやる気を失い、新しいアイデアも出なくなる。

21世紀のデジタル経済は猛烈なスピードで変化を続ける。カオス(前代未聞の事態)に直面してもあわてず、勝ち残るためには会社も学び続けねばならない。カオスをチャンスに変えてこそ会社は成長できる。

今日のビジネス

事業の運営は簡単ではない。しかし最高におもしろく、エキサイティングでもある。もはや大きさは成功の条件ではない。インターネットの普及ですべてが変わり、今は小さくたって輝ける。市場のニッチ(すき間)をねらい、すぐれて趣味的な製品で参入した会社が、気がつけばグローバル企業という例も少なくない。一人か二人で、自宅のガレージかキッチンからスタートして世界の頂点に立った会社もある。大事なのは、消費者の欲しがるモノを作るだけでなく、それを確実に消費者に届ける方法も用意することだ。

加えて、今は企業倫理も大事だ。もはや利益至上主義は通用しない。会計処理に関する規制は厳しくなる一方で、裏金や贈収賄はもってのほか。しかも今の消費者は品質や価格だけでは満足しない。原材料がどこから来て、どこでどう加工されたか、それによる環境負荷はどうかも知りたがる。

すでに倫理的な企業文化を育て、倫理を守るための手続きやポリシーを設けた会社もある。すべての従業員に、求められる行動規範を教えるためだ。しかし、それでも違法すれすれの税金逃れや談合による価格調整、過剰なリスクの引き受けが後を絶たず、そのたびに経営幹部の私利私欲や強欲が指摘されている。2008年に経営破綻し、その後の金融危機の発端となったリーマン・ブラザーズの例もある。

しかし本章で以下に紹介する多くの事例が示しているように、成功への近道は揺るぎないビジョンを持ち、正しいことを、正しくやっていくことなのである。■

ビジョンをもちなさい。
いつでも明瞭に、
かつ力強く口にできるビジョンを。
信念なくして笛は吹けません。
セオドア・ヘスバーグ神父
アメリカの聖職者 (1917-2015)

禍を転じて福とせよ
失敗に学ぶ

背景知識

テーマ
経営思想

歴史に学ぶ
紀元前560年頃 古代中国の思想家・老子が、失敗は成功の礎であり、失敗を通じてこそ成功はあると説いた。

1960年代 本田宗一郎（本田技研工業の創業者）が「失敗と反省の積み重ねによってこそ成功は得られる」と説いた。

1983年 アップルが高性能ワークステーションのLisa（リサ）を発表。商業的には大失敗だったが、その技術は後のMacintosh（マッキントッシュ）に受け継がれた。

1992年 アメリカの経営学者シム・シトキンが著書『失敗に学ぶ』で「知的な失敗」の概念を提唱した。

何らかの行動を起こせば、必ず何らかの**経験を得られる**。

↓

その行動が失敗に終わっても、経験は**有益なフィードバック**をもたらす。

↓

そのフィードバックを分析し、どうすれば**違う結果、より良い結果**を出せるか考える。

↓

より良い方法、より良いアプローチで新規プロジェクトに挑む。

↓

あらゆる失敗は学びのチャンスだ。

　失敗を重ねて成功した例はたくさんある。アメリカの発明王トーマス・エジソンは特許登録や実験に失敗してもくじけずに研究を続け、ついに白熱電球を完成させたのだった。イギリスのジェームズ・ダイソンも、あの有名な掃除機を完成させるまでに5000回も試作を重ねたという。不屈の精神で試行錯誤を繰り返してこそ、起業家にとっての成功は訪れる。史上初めて資産総額10億ドルを超えた石油王ジョン・D・ロックフェラーも「禍を転じて福と」なした人物だ。当初は原油を精製して照明用の灯油を売っていたのだが、電球が登場すると灯油の需要は細ってきた。しか

ビジョンを忘れるな 165

参照: リスク管理 40-41 ■ 幸運にめぐりあう幸運をつかむ 42 ■ 適応し、変身・刷新する 52-57 ■ 創造と革新 72-73 ■ イエス・マンの弊害 74-75 ■ 枠をはみ出す発想 88-89 ■ 学びは一生 202-07

しロックフェラーはガソリン自動車の可能性に気づき、灯油の代わりにガソリンを作ることで危機を乗りきったのだった。

絶えざる学習

人は自らの経験を通じ学ぶもの。会社も同じだ。会社としての経験を重ねることで知識と能力を積み上げていく。今のグローバル市場は変化が速いから、追いつくための学習だけでも大変だ。しかし会社にとって最も大事なのは失敗を認め、そこから学ぶことだ。そのためにはまず、個々人のミスを責めたり罰したりせず、むしろ失敗から何かのヒントを見つけて次につなげるような企業文化を築く必要がある。

失敗を重ねてこそ成功はある。この理念をしっかり根づかせた会社としては、たとえばアメリカのスリーエム(3M)がある。同社は技術部門のスタッフに、勤務時間の15%を自分のアイデアの実験に使うよう促している。そうした実験の過半は失敗に終わるだろうが、そこからヒット商品が生まれる(その1例が、大ヒット商品となった貼ってはがせる「ポスト・イット」だ)可能性を理解しているからだ。

過ちに気づき、損失を減らし、新たなチャンスを見つけたら大胆に、ためらわずに進路を変えて突き進む。その判断は常に合理的で、情に流されず、進路変更の費用対効果を見きわめたものでなければならない。リーダーにとっては試練の連続だが、経営幹部が率先してチャレンジしてこそ従業員に正しいメッセージを届けられる。

1980年代半ば、コカ・コーラ本社はオリジナルの成分配合を変更し、より甘さの引き立つ新製品「ニュー・コーク」を発売した。ところがアメリカの消費者は、これに猛反発した。子どものころから愛飲してきた味が変わるのは許せなかったのだ。このとき同社はすばやく動き、当時のCEOが自らオリジナル版を「コーク・クラシック」と銘打って再投入することを発表した。この迅速な対応はメディアにも大きく取り上げられ、売上げも回復したのだった。

イギリス最大の小売チェーン店テスコは2007年にアメリカ本土へ進出し、「フレッシュ＆イージー」のブランドで店舗展開を始めた。しかし6年の歳月と23億ドル近い資金を注ぎ込んだ末に失敗を認め、撤退を余儀なくされた。アメリカ人の購買習慣(車で来店し、まとめ買いする)を読み違えていたせいだ。このとき会長のリチャード・ブロードベントは、常に心を開いて変化を受け入れることの重要性を学んだと語っている。柔軟性とフィードバック、そしてすばやい対応。禍を福に転じるには、この3つがカギとなる。■

> 私に失敗はない。
> 役立たずな方法を
> 1万個ほど見つけただけだ。
> **トーマス・エジソン**
> アメリカの発明家 (1847-1931)

ジョン・D・ロックフェラー

ジョン・デビッドソン・ロックフェラーは1839年、ニューヨーク州リッチフォードの生まれ。16歳のとき、委託販売業者に会計助手として雇われたが、わずか4年後には独立し、仲間と一緒に同業の会社を立ち上げた。この会社は初年度に45万ドルの売上げを残したという。1863年には石油精製ビジネスに進出し、スタンダード石油を創業した。

この会社の成功で、ロックフェラーは世界一の資産家となった。しかし彼のやり方は不評だった。いち早く流通網の重要性に気づいたロックフェラーは各地の鉄道会社と独占契約を結び、他社の石油を運ばせないようにした。これでライバルは次々と脱落、ついには全米の鉄路をロックフェラーが独占した。原油の精製から輸送、販売までを一手に握る彼の手法は1902年頃から問題になり、ついに1911年、スタンダード石油は連邦最高裁判所の命令で分割されるところとなった。

引退後はロックフェラー財団を設立して多くの慈善事業に力をそそぎ、各方面に約5億5000万ドルを寄付している。1937年、97歳で死去。

もしも人に「何が欲しい？」と聞いていたら、彼らはきっと「もっと速い馬」と答えただろう

市場を率いる

背景知識

テーマ
市場の先導者

歴史に学ぶ
1780年代 イギリスの発明家リチャード・アークライトが機械式の水力紡績機を発明、木綿糸の大量生産を実現した。

1860年代 アメリカの軍人ネイサン・ベッドフォード・フォレストが、勝利の秘訣は「最も多くの兵を率いて戦場に一番乗りする」ことだと論じた。

1989年 オランダの実業家アリー・デ・グースが、競争上の優位を維持したければ「ライバルよりも先に学ぶ」べしと語った。

1993年 アル・ライズとジャック・トラウトが共著『マーケティング22の法則』で、市場に一番乗りすることの優位性を説いた。

ちょっと待て。ライバルを先に行かせろ。そうして金を使わせ、失敗するのを待て。ビジネスの世界ではよくある賢明な戦略だ。しかし、機先を制して市場に一番乗りを果たしたほうが勝つ例も少なくない。

新しい市場に一番乗りすれば、とりあえず競争上の優位に立てる。うまく立ち回れば、その優位を長期にわたって維持できる。近代的な工場システムの発明者とされるリチャード・アークライトは18世紀後半のイギリスで、綿から効率的に糸を紡ぐ水力紡績機を考案した。彼の登録した特許は5年後に裁判で無効とされたが、その間に彼は一番手の優位を存分に活かして市場

ビジョンを忘れるな　167

参照：思いっきり目立とう 28-31　■　勝ち残るためのエッジを磨く 32-39　■
長期か短期か 190-91　■　バリューチェーン 216-17

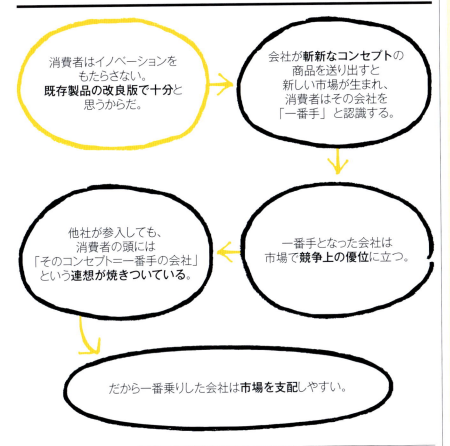

ヘンリー・フォード

ヘンリー・フォードは1863年、米ミシガン州の生まれ。子どもの頃から機械好きで、初歩的な蒸気機関を作ったりしていた。15歳で学校をやめ、父の農園で働いた後、1879年に工業都市デトロイトに移り、鉄道車両製造のミシガン車両会社に見習いとして就職。いったん実家に戻り、機械工として経験を積んだ後、再びデトロイトに戻ってエジソンの電球会社のエンジニアとして職を得た。

この頃自宅の庭先でガソリン自動車「シン・リジー」を試作。何人かの実業家を口説いて事業化を図ったが、経験不足により2度までも失敗した。しかしめげずに、1903年にはフォード・モーターを創業し、初代「A型フォード」を送り出した。その後、幾度かの改良を重ね、ついに成功をつかんだのが「T型フォード」だ。「大衆のための自動車」と銘打ったT型フォードは、1925年には24時間で1万台を製造するまでになり、当時アメリカ市場で60％のシェアを握っていた。なお彼の最大の発明はV8エンジンで、69歳のときだった。1947年死去。

を支配できた。しかも、市場からのフィードバックを参考に製品を改良することもできた。

一歩先を行く

自動車を発明したのはヘンリー・フォードではない。しかし20世紀初頭にアメリカの大衆が買える車を開発したのは彼だ。当時の自動車はもっぱら金持ちの愛玩品と考えられていて、フォード自身も（もし大衆に何が欲しいかと問えば）「もっと速い馬がいい」と答えただろうと語っている。

しかしフォードには、18世紀のアークライト同様、技術面で優位に立てるアイデアがあった。今で言う「流れ作業」で大量生産し、1台当たりのコストを削減するというアイデアだ。そして売れると見れば大胆に価格を下げた。こうして1918年までに、アメリカの道路を走る自動車の2台に1台はT型フォードになった。そしてフォードは1930年代の半ばまでアメリカの自動車市場をリードしたのだった。

もちろん、市場を引っ張っていくことには一定のリスクが伴う。新しい技術で革新的な商品を投入し、常識破りの価格をつけ、販売網を確立し、販売促進や広告にも巨費を投じなければなるまい。しかし、そうしたリスクを引き受ける会社だけが市場の先頭に立てるのだ。

リスクを覚悟で先頭を走り、常に新

市場を率いる

紡績は産業革命で最も早く完全に機械化された作業だ。イギリス政府はこの技術の海外移転を厳しく制限、おかげで同国の繊維産業は長らく一番手の強みを享受できた。

しい市場を切り開いていく。そういう戦略を一貫して掲げているのは、たとえばジレットのような会社だ。男性用ヒゲ剃りのトップメーカーとして、同社は常にライバルの一歩先を行くことにこだわっている。逆に、先頭ランナーのリスクを回避する会社もある。いい例が韓国のサムソンで、同社は一番手企業の成功や失敗に学び、常に二番手から追い上げることを戦略としてきた。

一番手の強み

新規市場に一番乗りした会社やブランドには、当然のことながら一番手の強みがある。ただし、この強みには長短の2種類がある。まず長期の強みとしては、まったく新しい市場を創出し、あるいは長期にわたって強固なシェアを確保できるから、会社は末永くその恩恵にあずかれる。その製品カテゴリーで長期にわたって市場を支配できるわけだ。いい例が「クリネックス」や「ネスカフェ」「味の素」などで、これらのブランド名は今や、その製品カテゴリーの代名詞のような存在になっている。

短期的な強みは、たいてい革新的な技術の採用によってもたらされる。今はどんな分野でもイノベーションが急速に進んでいるから、ある新商品が「特別な」商品でいられる期間はどんどん短くなっている。たとえばソニーは約20年間にわたって、その技術力で市場をリードしてきたが、今は新技術の台頭で厳しい競争に巻き込まれている。

ソニーには「誰もやろうとしないことをやれ」という企業哲学が生きている。第二次世界大戦後、焼け野原となった東京で創業した井深大は最先端の製品を開発し、誰よりも速く市場に送

> 何が欲しいかを知るのは消費者の仕事じゃない。
> **スティーブ・ジョブズ**
> アップル創業者 (1955–2011)

り出すことにこだわった。この考えは経営者の情熱となり、井深の後を継いだ盛田昭夫にも受け継がれた。

1979年、ソニーは世界初の携帯型音楽プレーヤー「ウォークマン」を発売した。ちょうどT型フォードが旅のあり方を変えたように、ウォークマンは音楽を聴く体験のあり方を変え、人々のライフスタイルを変えた。おりしもエアロビクス人気が沸騰していた時期で、世界中の人がウォークマンで音楽を聴きながらエクササイズに汗を流した。アメリカの雑誌「タイム」によれば、その人気絶頂期の1987年から97年にかけて、健康のためにウォーキングをする人は30%も増えたという。ソニーは通算で2億台以上のウォークマンを売りまくり、1986年には「ウォークマン」の語が『オックスフォード英語辞典』に載ったほどだ。

ウォークマンはその後、カセットテープからCDへの変化にも対応して生き残った。しかし2001年にアップルがiPodを発売し、CEOのスティーブ・ジョブズが「これの一番クールな点は、好きな音楽をそっくりポケットに入れて持ち歩けることだ」と宣言したとき、時代が変わった。以後、音楽はデジタル形式で持ち歩くものとなり、アップルが市場をリードする新しい産業が生まれたのだった。

一番手はいいことだ

市場に一番乗りした製品の成否を大きく左右するのは「アーリーアダプター（早めに採用する人）」と呼ばれる一部の消費者だ。いち早く最先端の商品を手に入れるためなら価格が高くても喜んで買うタイプである。その典型は2007年の夏、新発売のiPhoneに群がった人たちだ。iPhoneは数か月後に

値下げされたが、それで彼らが腹を立てることはなかった。最先端トレンドの先頭に立つ特権が高くつくことは承知の上だからだ。

ライバル勢が類似商品を出してくるまでの間、一番乗りした製品は市場で独占的な地位を享受できる。その間は価格の設定権を握り、顧客を囲い込み、ブランドの認知度を高めることができる。ライバル製品が登場しても、まだ一番手には強みがある。すでにブランドが確立されているからで、たとえライバル製品のほうが優れていても、その確立された地位を脅かすのは容易でない。

消費者の心に入る

アル・ライズとジャック・トラウトは共著『マーケティング22の法則』で、新規市場に一番乗りした企業の優位が続く理由を説明している。彼らによれば、まず大事なのは商品を見る消費者の目だ。一般に、「より良い商品」よりも「より早い商品」のほうが消費者の記憶に残りやすい。だから後続の企業は、まず消費者の頭から「より早い商品」のイメージを消し去り、その上で自社製品が「より良い」ことを証明しなければならない。ライズとトラウトによれば、たいていのマーケティング活動は「市場での競争は製品の現実（品質や価格）に根ざしている」との前提で組み立てられているが、実際の消費者は現実になど興味がなく、もっぱら心に残る印象に基づいて買い物をする。だから「最初に消費者の心に入ること。それがマーケティングのすべてだ。市場に一番乗りしても、消費者の心に真っ先に入り込めなければ意味がない」と彼らは言う。

前を走る車は……

トヨタも市場への一番乗りにこだわる会社で、英語圏の広告では"The car in front is a Toyota."（前を走る車はトヨタです）というキャッチコピーを使ったこともある。実際、電気モーターとガソリンエンジンを組み合わせたハイブリッド車を初めて世に送り出したのはトヨタだ。初代プリウスの日本デビューは1997年である。ハイブリッド車のコンセプト自体は1980年代にいくつかのメーカーが検討していたが、実用化には相当な投資が必要なため、開発は見送られていた。しかしトヨタは、自らが先鞭をつければ多く

> 成功の秘訣は、
> どんな事業でもそうだが、
> けっして
> 他人の後を追わないことだ。
> **井深大**
> ソニー創業者 (1908-97)

の点で競争上の優位に立てることを知っていた。第1に、割高でも環境にやさしい車に乗りたいと思う「アーリーアダプター」型の消費者をつかまえられる。第2に、ハイブリッド車はCO_2排出規制の厳しい米カリフォルニア州などで新しい需要を喚起できる。第3に、環境保護に熱心な会社というトヨタの企業イメージを一段と明確にできる。他にも、話題作りができる、技術力をアピールできるなどのメリットもあった。

プリウスの世界デビューは2000年だったが、10年以上たった今もトヨタはハイブリッド車の市場をリードしている。プリウスは2012年に、カリフォルニア州で最も売れた乗用車となった。その年のシェアは21.1％、2位ホンダの12.5％を大きく引き離していた。米フォードや独BMWなども独自のハイブリッド車を送り出しているが、一番乗りで市場を切り開いたトヨタの優位は今も揺るがない。■

ハイブリッド車プリウスによって、トヨタは低燃費車の市場で大きなシェアを獲得した。市場を牽引する地位を確立するため、同社は開発投資を惜しまなかった。

忘れるなかれ、本業は本業、腐っても鯛(たい)だ
本丸を守れ

背景知識

テーマ
事業戦略

歴史に学ぶ

1900-50年代 垂直統合型の巨大企業が成長。自らの資産を自ら管理していたから組織が肥大化し、機動的な組織運営は次第に困難になっていった。

1950-90年代 本業と無関係なビジネスの買収で成長を追求する会社が増えた。

1990年 ゲイリー・ハメルとC・K・プラハラードが「ハーバード・ビジネス・レビュー」誌に寄せた論文で「コア・コンピタンス」の概念を提唱した。

1995年 アメリカ企業が人件費や税金の安い外国へ業務の一部をアウトソーシング(外部委託)するようになった。

2000年代 多くの企業が周辺事業を分離・売却し、本業へ回帰するようになった。

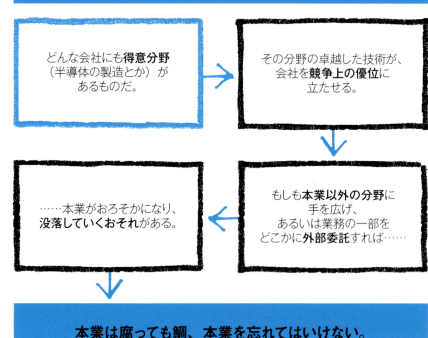

「器用貧乏」という言葉がある。何事もそつなくこなすけれど、特に秀でたところがないので稼げない人をさす。会社も同じで、ライバルに対する競争上の優位を最大限に発揮できる分野で勝負しないと稼げない。むやみと手を広げず、勝てるところで勝負することだ。勝てるところが会社のコア(中核)となる事業であり、文字どおりの「本業」だ。アメリカ陸軍のゲイリー・ハフマン准将が言ったように「本業は本業」なのである。本業が不調な時期には、多角化してよそで稼ごうと思う会社が増えるものだ。しかし、たいていは逆効果に終わる。

ビジョンを忘れるな 171

参照：ライバルを知れ 24-27 ■ 思いっきり目立とう 28-31 ■ 勝ち残るためのエッジを磨く 32-39 ■ ポーターの戦略 178-83 ■ 買収の浅き夢 186-87 ■ MABAマトリックス 192-93

20世紀の後半には、大企業が異業種の買収を通じて事業分野を広げるのが一種のトレンドだった。ヒゲ剃りメーカーのジレットは文具のペーパーメイトを買収した。菓子メーカーのキャドバリーは清涼飲料のシュウェップスを買収した。しかし2003年になると流れが変わった。ファストフードの巨人マクドナルドが、1990年代に買収したピザ店などのレストラン・チェーンを手放し始めたのだ。なぜか。コアのビジネスであるハンバーガー店に集中投資するほうがいいと考えたからだ。その後も、同様に周辺事業を切り離して本業に回帰する会社があい次いだ。

本業とは何か

なぜ周辺的な事業を手放すのか。企業は自分の得意分野にこそ人的・物的資源を集中して投じるべきだからだ。1990年代に始まったアウトソーシング（業務の外部委託）も、この考え方をさらに徹底したものといえる。それは今までずっと社内でやっていたけれども「周辺的」とみなせる部門を、第三者に委ねるという選択だ。このアウトソーシングのブームは、とにかく余計な仕事を切り離せば本体はスリムになれるし、コアとなる事業に専念でき、結果として費用対効果が上がるという信念に基づいていた。

たとえば冷蔵庫の製造会社が、自社の強み（コアとなる部分）は設計と製造、そしてマーケティングにあると気づいたとしよう。その場合、この会社は（特に価値を生まないように見える）流通部門や（決して得意とはいえない）情報技術部門の外部委託を選ぶかもしれない。

短期でみれば、その選択は理にかなっているだろう。だが長期的にはまちがいかもしれない。配送の仕方ひとつで消費者の印象は変わるかもしれず、もしも委託先の配送業者にミスが多ければ会社の信用に傷がつく。情報技術部門も、今は社内の連携にも顧客への対応にも欠かせない重要なものだ。外部委託は、委託先が信用でき、かつ委託する業務内容が周辺的なものである場合にのみ有効だ。そうでなければ本業が傷つく。

業務の外部委託にせよ周辺的な事業

マクドナルドは1990年代に、ピザ店を含む多くのレストラン・チェーンを買収して事業の拡大を図ったが、2003年にはそれらを売却し、原点のハンバーガー事業に回帰した。

の買収にせよ、大事なのは「本業」を守るという経営陣の強い意志だ。会社のもつビジョンと価値観を、すべての傘下企業と外部パートナーに共有させること。これが必要である。■

> 本業で世界一に
> なれないようでは、
> どうみても
> 大きな成功は見込めない。
> **ジム・コリンズ**
> アメリカの経営学者 (1958-)

コア・コンピタンス

どんな会社にも独自の技術があり、得意な生産分野がある。それを「コア・コンピタンス（核になる強み）」と呼んだのは経営学者のC・K・プラハラードとゲイリー・ハメルだ。物理的な資産は時間の経過とともに価値を損じていくが、こうした強みは社内で共有され、応用されることで蓄積され、強化されていく。みんなが関与し、連携し、社内の部門の壁を越えて共有していけば、どんどん強くなる。プラハラードらは会社を1本の木になぞらえた。根っこ（コア）には固有の強さがあり、それが幹（本業）を育て、たくさんの枝（周辺事業）に栄養を補給し、その先に実（個々の製品）がなる。コア・コンピタンスの概念は、社内にあるけれどもコア（中核的）とは呼べないものは何かを見定め、そうした分野への無駄な投資をやめるのに役立つはずだ。

巨大な組織はいらない、コンピュータ1台とパートが1人いればいい

小さいことはいいことだ

174　小さいことはいいことだ

背景知識

テーマ
インターネット・ビジネス

歴史に学ぶ

1974年　アメリカのヴィントン・サーフとロバート・カーンが通信プロトコルTCPを開発、コンピュータどうしの「対話」が可能になった。

1977年　米国防総省のARPANETを通じて史上初のeメールが送られた。

1991年　インターネット上で不特定多数の人が情報ファイルを共有する仕組みとして、ティム・バーナーズ＝リーがWWW（ワールドワイドウェブ）の第1版をリリースした。

1993年　ネットスケープが初の本格的ブラウザ（閲覧ソフト）、「モザイク」を発表した。

2013年　地上の店舗ではなくアマゾンに出店する外部の業者が200万を突破した。

科学者がネット上で簡単に情報を共有できるようにしたい。そう考えて、イギリス人のティム・バーナーズ＝リーはインターネットのWWW（ワールドワイドウェブ）を開発した。しかし、インターネットの破壊的なパワーはすぐに明らかになった。それはビジネスと私たちの暮らしを決定的に変え、膨大な数の個人と組織がモノとサービスを交換できる場＝巨万の富を生み出す場に変身した。

検索エンジンはもともと、ウェブ空間で増殖を続ける膨大な情報へのアクセスを容易にするために生まれた。院生時代のラリー・ペイジとセルゲイ・ブリンが開発したのも、欲しい情報（を含むウェブサイト）をすばやく、かつ効率的に探し出すためのツールだった。2人は1998年9月に友人宅のガレージを借り、そこを住所とし、「グーグル」という会社名で銀行口座を開設した。ペイジによれば、当時のグーグルは「コンピュータ1台とパートが1人」だけの会社だった。

しかし1年後には40人の従業員を抱え、2000年6月には検索対象のウェブサイトが10億を超え、世界最大の検索エンジンとなった。2013年時点で、グーグルの社員は全世界で約3万人。その53％は研究開発に従事し、同社の持続的な成長を支えている。

ウェブ上のビジネス

1990年代を通じてネット上の双方向コミュニケーションが現実になってくると、企業はそこで商売をする可能性に気づき始めた。いわゆるeコマース（電子商取引）の始まりである。ネット上で初めて本の販売が行われたのは1992年、ピザハットが米カリフォルニア州サンタクルスでネット経由のピザ宅配サービスを始めたのは1994年だ。

そして1995年、書籍の本格的なオンライン通販が始まった。ジェフ・ベゾスが米シアトル市内の自宅ガレージで立ち上げたアマゾン（Amazon.com）である。ほぼ同時期に、同じ西海岸のカリフォルニア州サンノゼではピエール・オミダイアが自宅で、競売サイトのオークションウェブ（後のeBay）を立ち上げていた。

オミダイアは試しに、壊れたレーザーポインターを売りに出し、14.83ドルの値をつけた。すると、世界のどこかから「買いたい」というメッセージが返ってきた。「壊れてるんですよ」と念を押すと、「私は壊れたレーザー

ラリー・ペイジ

ローレンス（ラリー）・ペイジは1973年、米ミシガン州の生まれ。父が初期のコンピュータ専門家で母もプログラミングを教えていた関係で、早くからコンピュータに親しんだ。ミシガン大学で工学を学んだ後、名門スタンフォードの大学院に転じてコンピュータ工学の修士号を取得。

スタンフォードの初日にキャンパスを案内してくれたのが、後にグーグルの共同創設者となるセルゲイ・ブリンだ。大学院在籍中の1997年、2人は共同で検索エンジンを開発、「バックラブ」と名づけて大学のサーバーで運用を始めた。改良を重ね、処理能力を向上させて「グーグル」に改称。数学用語のグーゴル（1の次に0が100個並ぶ数字）にちなむ命名だった。2人は2004年にマルコーニ賞を受賞。ペイジは同年、米工学アカデミーの会員にも選ばれた。今や世界最大の検索エンジンとなったグーグルは、1日50億件以上の検索を処理している。

ビジョンを忘れるな 175

参照：起業は失敗を乗り越えてこそ 20-21 ■ 成長を急ぎすぎない 44-45 ■ 身軽に起業する 62-63 ■ 創造と革新 72-73 ■ ポーターの「5つの力」 212-13 ■ Mコマース 276-77 ■ 顧客に学ぶ 312-13

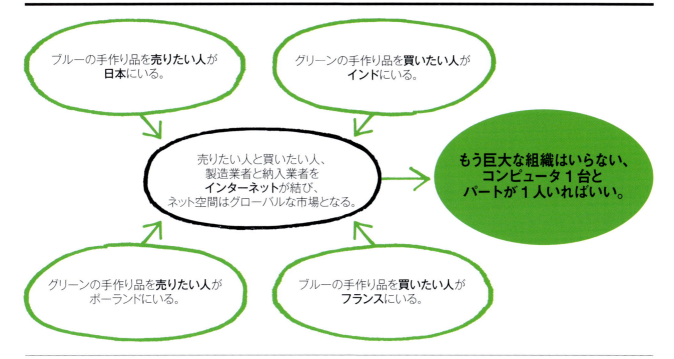

ポインターを集めてるんだ」という返事が来て、取り引きは成立。1年後のオミダイアは二人の従業員を雇い、720万ドルの年商を上げていた。「競売」という仕組みにより、オミダイアは自ら商品を売るのではなく、売り手と買い手をネットで結ぶという新たなビジネスモデルを確立した。

小さく始める

eBayもアマゾンも、小さく始めて大きな成功をつかんだ。これに刺激され、世界中でネットを利用した小規模な起業があい次いだ。こうして会社と顧客の関係はがらりと変わり、今までは考えられなかった形で売り手と買い手が向き合うようになった。eBayやアマゾンの成功で、「小さいことはいいことだ」が現実になった。

そこでは誰もが自分の商品の売り手になれる。職人が手作りの逸品を売るもよし、自前の通販サイトを立ち上げて巨大なオンライン・ショップを運営するもよし。売り手の規模にかかわりなく、ネット空間には同じチャンスが待っている。

インターネット以前の時代、人が何かを売るには場所（屋台、店、移動販売の車など）が必要だった。もちろん、大きな店ほど大きく売れる。伝統的な小売業では、目抜き通りに立派な店を構えるのが成功の近道だった。そうすれば客が集まるからだ。あるいは大量の販売員を雇って顧客の家を訪ねさ

事業の成功は
会社の伝統や規模の
おかげではない。
そこに生き、眠り、
夢見る人たちのおかげだ。
J・W・マリオット
アメリカのホテル王（1932-）

インターネット以前の時代、管理部門にはたくさんの人手が必要だった。しかしコンピュータとネットの出現でオフィス構造は劇的に変わった。

小さいことはいいことだ

デジタル技術でネットワーク化された社会では、場所や時間を選ばずに働ける。職場の概念も大きく変わらざるをえない。

せ、じっくり時間をかけて良好な関係を築く。在庫をストックする巨大倉庫も必要だった。注文の処理や伝票整理には多くの人手と広い事務所が必要だった。しかし、今は違う。

今の消費者はパソコンやスマートフォンを用い、ネット経由で売り手を見つける。だから売り手の規模は関係ない。売り手の側も、広い事務所や大型店舗は必要としない。伝票の山は小さなメモリーチップに収まった。店にいなくても、自宅でも旅先でも（ネットにつながっているかぎり）顧客と接触できる。

かつては大きい会社のほうが小さい会社より有利だった。スケール・メリットを活かせたからだ。コンピュータ時代になっても、初期のマシンは大きくて高価だから大手企業でないと手が出なかった。今のマシンはずっと安いし、しかもインターネットは無料で使える。クラウドコンピューティング（第三者の運用する巨大サーバーをシェアして情報を管理すること）を使えば、小さな業者でも最先端の情報処理システムを少ないコストで利用でき、サーバーを置く場所も必要としない。

場所の制約もなくなった。ネットと宅配業者があれば個人商店でも遠方の、地球の裏側にいる顧客とも簡単につながれる。1999年に決済サイトPayPalのサービスが始まってからはネット経由の送金や決済が容易になり、通貨の壁も簡単に越えられるようになって、グローバルなeコマースの可能性はますます広がっている。

小回りのきくサービス

ネット経由でモノやサービスをなんでも買える時代に、小さな業者が生き残るには、大手にはない何かを提供する必要がある。価格も大事だ（消費者はみんな価格比較サイトをチェックしている）が、それだけではない。配送コストとスピードも大事だ。配送料や返品時の送料を無料にすれば、消費者は安心して買えるだろう。「受注後1時間以内、土日も出荷」など、きめの細かいサービスを考えるべきだ。ネットでは消費者の顔が見えないから、それだけ顧客サービスが大事になる。

顧客からのフィードバック

扱う商品が何であれ、品質には十分に気をつけたい。インターネット空間では、顧客からのフィードバックが大きな影響力をもつからだ。すでにホテルやレストラン業界では、顧客の声やランクづけが広く利用されているし、新規顧客の多くは利用者のコメントを参考にして購買の可否を決めている。小さな家族経営のホテルでも、サービスの質にこだわり顧客の満足を徹底して追求していれば、トリップアドバイザー（Trip Advisor）のようなクチコミサイトでは大手の有名ホテルをさしおいて、その町で一番のホテルにランクされるかもしれない。

今では企業側もフィードバックの力に気づいていて、手をかえ品をかえ顧客に利用体験の書き込みを促している。ファッションや家具インテリアから病院や美容院にいたるまで、誰もがネット上に顧客の好意的な評価があふれるのを期待している。小さな業者には嬉しい傾向だ。規模が小さいほど小回りがきくから、それだけ好意的な評価を得やすい。

限りなくパーソナルに

インターネットの普及により、多くのビジネスから「仲介業者」が消えた。今では誰もが直接オンラインで航空券を予約できるから、旅行代理店の介在する余地は減った。出版の世界でも、

インターネットでは
極限まで情報をしぼり込み、
ターゲットをしぼり込める。
エリック・シュミット
グーグル会長 (1955–)

ビジョンを忘れるな 177

ウェブはマシンをつなぐ
だけじゃない。
人と人をつなぐ。
ティム・バーナーズ＝リー
WWWの開発者 (1955-)

小さな会社でも、インターネットを経由すれば大企業に負けないスピードで市場の情報を入手できる。しかも小さければ小回りがきくから、大企業よりも需要の変化にすばやく対応でき、顧客の要望に沿ったニッチな商品を製造し、届けることもできる。

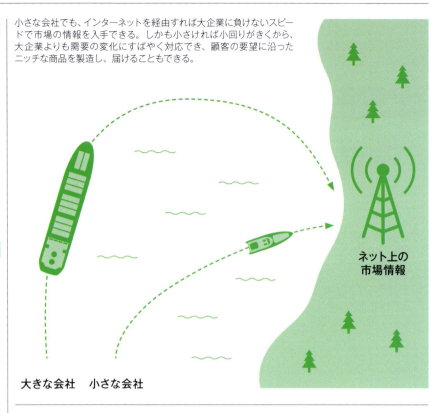

大きな会社　小さな会社　　　　　　　　　　　　　　ネット上の市場情報

今は著者が自分で、ネット上で作品を発表できる。もうエージェントを介する必要もないし、出版社を通す必要もない。実際、ネット上で自費出版した電子ブックがベストセラーになり、あとから大手出版社に買い取られた例もある。

かつては大量生産という方式や店舗スペース・立地の制約から、店が在庫できる商品は限られていた。しかし今はネットを通じて消費者とダイレクトに結ばれているから、小さな業者が特殊なモノやサービスを特定の消費者に向けて提供できる。古い車の部品1つ、稀覯本1冊でも、ネットを使えば世界中から探し出せる。

商品をカスタマイズ（顧客の好みに合わせる）できるのも小さな業者の強みだ。生産工程のデジタル化とオンライン販売のおかげで、今はごく少数の顧客に向けた商品でも利益を出せるようになった。自分だけの本、自分だけのマグカップが欲しいという注文にも、今の時代なら応えられる。服や自動車、家具、住宅でさえも、今はオンライン上でデザインを相談し、仕様を変えることができる。

つまり顧客は、自分の欲しいと思うモノを、自分の望む時に、自分の納得できる価格で購入できる。プリント生地を扱う小さな業者も、自前のウェブサイトを用意すれば顧客とオンラインで対話でき、CGでプリントのデザインを相談し、顧客のOKをもらってからデジタルで、一着分だけでもプリントできる。人手を要するのは梱包と出荷だけだ。

自前のウェブサイトを用意できなければ、ネット上の「店先」を貸してくれるポータルサイトを利用する手もある。こういうポータルサイトなら、自前のオンライン・ショップよりも多くの人に見てもらえるチャンスがある。小さく始めて大きく育ったポータルサイトの典型が、イギリスの「ノット・オン・ザ・ハイストリート（目抜き通りじゃないけれど）」だ。働く母親二人が、自分たちの手作り品を売るために立ち上げたもので、2006年の創業時に参加していたのはわずか100店（ほとんどは働く女性のサイドビジネスだった）。それが2013年には1600店に増え、年商は1500万ポンドを超えるまでになった。

「ノット・オン・ザ・ハイストリート」が成功したのは、すぐれて個性的な商品をそろえ、生産者の顔が見えるようにしたからだ。これで顧客は自分の欲しいものを、信用できる地元の生産者から買えることになった。インターネットは確かにグローバルな商売を可能にしたが、一方ですばらしくローカルで親密なコミュニケーションも可能にした。そこでは売り手と買い手がじっくり対話を重ね、本当に欲しいものを作り出し、提供できる。もちろん会社の大きさは関係ない。■

中途半端の罠にはまるな
ポーターの戦略

180 ポーターの戦略

背景知識

テーマ
事業戦略

歴史に学ぶ

1776年 近代経済学の父アダム・スミスが比較優位（特定のモノやサービスをライバルよりも低コストで提供する能力）の概念を提唱。

1960年 アメリカの経済学者セオドア・レビットが、自社製品を買ってくれる顧客を探すのではなく、顧客の望むところを知り、望むものを作るべきだと論じた。

1985年 アメリカの経営学者マイケル・ポーターが『競争優位の戦略』を刊行。

2005年 W・チャン・キムとレネ・モボルニュが「ブルー・オーシャン」戦略を提唱、ライバル不在の市場に新たな需要を創出すれば大きな成長を期待できるとした。

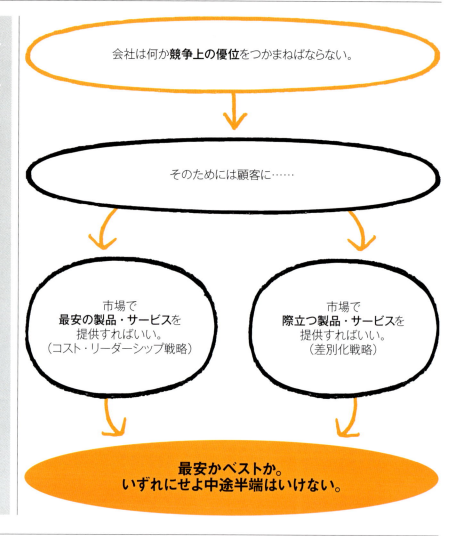

消費者には選ぶ権利がある。そして一人一人に、それぞれの選択がある。高くても豪華な品を選ぶ人がいて、とにかく安いものを探す人がいる。このことを前提に、会社はどの消費者にねらいを定めるかを決める。どっちつかずで漠然と売るのは最悪だ。

ハーバード・ビジネス・スクールのマイケル・ポーター教授は1985年の著書『競争優位の戦略：いかに高業績を持続させるか』で、競争上の優位を獲得するための基本戦略を提示し、その4つの戦略を説明するマトリックス（182ページ参照）を用意した。

まず最初に、2つの戦略の一方を選ぶ。「コスト・リーダーシップ（当該市場で最安値を目指す）」か「差別化（自社商品の個性を際立たせる）」か、そのどちらかだ。

ただしどちらの戦略にも「フォーカス（しぼり込み）戦略」を組み合わせられる。市場のニッチ（すき間）に目をつけ、そこに向けてしぼり込んだ商品を提供する戦略で、「コスト・フォーカス（ニッチ市場で最安値を追求する）」と「差別化フォーカス（ニッチ市場で徹底して個性を追求する）」の2通りがありうる。

コスト・リーダーシップ戦略

コスト・リーダーシップ戦略を採用した企業には2つの選択肢がある。コストを最大限に切りつめた上で「市場の平均的な価格で販売し、ライバル勢より大きなマージンを得る」か、「平均的な価格より安くして、さらにシェアを拡大する」かだ。ドイツのアルデ

ビジョンを忘れるな

参照：勝ち残るためのエッジを磨く 32-39 ■ 市場を率いる 166-69 ■ 良い戦略、悪い戦略 184-85 ■ MABAマトリックス 192-93 ■ ポーターの「5つの力」 212-15 ■ バリューチェーン 216-17

> ひとたび中途半端の罠にはまると、抜け出すには長い時間と持続的な努力を要する。
>
> **マイケル・ポーター**

ィやイギリスのテスコなどのスーパーマーケットは、後者の低価格路線でコスト・リーダーシップを追求している。彼らは納入業者と良好な関係を維持し、大量仕入れでコストを抑える一方、消費者には「お得感」を強調する。テスコは「塵も積もれば山となる」と呼びかけ、アルディは「ブランド品と変わらないのに安い」と強調、いずれも消費者の倹約精神に訴えている。

ポーターによれば、コスト・リーダーシップを握るには業界でトップの低コストを維持することが必須条件となる。今は競争が厳しいから、単なる「低コスト企業の1つ」であるだけでは、いつライバルに追い越され、シェアを奪われるかわからない。低コストNo.2ではダメで、絶対にNo.1の座を死守する必要がある。そのためには人件費から家賃までの徹底した低コスト体質、無駄のない技術、無駄のない調達、効率的な配送網、そしてコスト削減に必要な投資をする資金などが求められる。

ただし、こうしたことはライバル会社も考えるだろうし、ライバルに真似されるおそれもある。コスト・リーダーシップ戦略を採用した企業は、常にすべてのプロセスに目を光らせていないと低コストNo.1を維持できない。

差別化戦略

差別化戦略を採用した企業は、ライバル勢と明らかに異なり、かつ消費者に喜ばれる製品やサービスを提供しなければならない。この戦略は、価格よりも品質がものを言うような市場で、かつ消費者ニーズが満たされていない場合に最も有効だ。そういうニーズを満たす技術は、たいてい簡単には真似できないものだ。

音響機器のボーズは、この差別化戦略を貫いている。アメリカに本社をおく同社は非上場だから、配当を気にせず利益を再投資でき、より顧客を満足させるための研究開発に専念している。同社の高性能ヘッドフォンやスタイリッシュなスピーカーは、高くても消費者の羨望の的だ。

いかにして差別化を図るかは、商品の種類や業界によって異なる。しかしたいていは新機能の追加や耐久性の向上、そして顧客サービスの改善といった形をとる。したがって差別化戦略を採用した企業には積極的な研究開発とイノベーションに取り組む企業文化、そして高品質な商品を安定して届けるシステムが必要になる。

もちろん効果的なマーケティングも大切だ。「よそとは違う」というメッセージを、消費者に確実に届けなければならない。ブランド・イメージの確立、そしてそのイメージを傷つけない努力も必要だ。

ボーズはオーディオ機器メーカーとして差別化戦略を貫き、研究開発を重視し、ライバルには真似のできない革新的な製品を生み出している。

ポーターの戦略

フォーカス戦略

フォーカス戦略を採用した企業は、まず最初に、どのニッチ（すき間）にフォーカスするかをしぼり込まねばならない。その狭い市場での力関係を理解し、そこにいる消費者が何を望んでいるかを突き止めた上で、価格で勝負するのか個性と品質で勝負するのかを決める。顧客との関係を強化し、自社ブランドへの忠誠度を高めることも大切だ。しっかりと顧客を囲い込めば、ライバルが参入するのは難しくなる。

ニッチにフォーカスし、かつ差別化戦略で成功しているのがイタリアのフェラーリだ。高級スポーツカーという狭い市場にねらいを定め、デザインや走行性能、そしてF1グランプリへの参戦などで差別化を徹底している。

価格と個性、どちらで勝負するにせよ、ニッチにフォーカスすると決めた以上は、その狭い世界で勝ち抜くだけの強さを維持しなければいけない。ニッチ市場でコスト・リーダーシップを追求するなら、たとえば専門の納入業者と密接な関係を築いておく必要がある。ニッチ市場で差別化を追求するなら、顧客のニーズを誰よりも深く理解しておくべきだ。しかし、いずれの道を選ぶにせよ、大きな市場で勝負する体力がないからニッチで生き残ろうと考えるのはあぶない。力をつけた大企業がさらなる成長を求めてニッチに参入してきたら、ひとたまりもないからだ。

航空会社それぞれの戦略

民間航空業界は、マイケル・ポーターの基本戦略によってみごとに色分けされている。利用者にはどの航空会社を選ぶかの選択権があり、サービスは悪いけれど安い航空会社を選ぶことも、高くても快適な旅を楽しめる航空会社を選ぶこともできる。小さいけれど特定のルート（ハワイ、アフリカなど）に強い航空会社もある。だから会社側も、競争優位を確保するために顧客の選別（価格に敏感か、サービスにこだわるか）を進めている。

アイルランドを拠点とするライアンエアは「ヨーロッパで唯一の超格安航空」を自任し、一貫してコスト・リーダーシップを追求している。格安航空会社のビジネスモデルを確立したのは米サウスウエスト航空（本社テキサス州）だが、ライアンエアはその路線を継承し、使用する機材の種類をしぼって調達コストを下げ、間接費に常に目を光らせ、航空機の地上滞留時間を可能なかぎり減らす一方、得意客向けの割引サービス（マイレージなど）は行っていない。

2002年にはボーイング737-800を一度に100機も購入し、そのかわり単価を大幅に引き下げさせた。新しくて燃費のいい機材をライバルよりも早く導入しているから、ライアンエアは低価格で集客し、満席の状態で飛行機を飛ばせる。しかも同社は、チケット代以外のところで顧客に金を使わせる仕組みも採用している。機内食の有料化、ホテルの宿泊予約などだ。

コスト削減を続ける一方、運賃以外の収益源を見つけることで、ライアンエアは毎年のように増益を維持してきた。手荷物をすべて有料にしたのもそうだし、地上スタッフを減らすためにオンライン・チェックインを奨励したのもそう。座席の指定や優先搭乗（プライオリティ・ボーディング）も有料にした。昨日までのコストを新たな収益源に変える取り組みだが、コスト・リーダーシップを追求する上では不可欠なことだ。同社は2013年3月末までの1年間で8000万人弱の客を運び、

> そこに競争があるかぎり、どんな会社にも何らかの競争優位があるはずだ。
> **マイケル・ポーター**

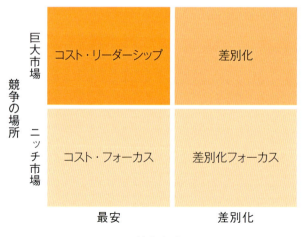

マイケル・ポーターの基本戦略は2つのカテゴリーに分けられる。「最安」と「差別化」だ。会社の規模にかかわらず、また市場の規模（巨大市場かニッチか）にかかわらず、どの路線を採用してもいい。

ビジョンを忘れるな

シンガポール航空の顧客サービスを象徴するのが、アジア的な優雅さを体現する客室乗務員だ。同社の広告には彼女たちの笑顔が常にフィーチャーされている。

燃料代の上昇があったにもかかわらず、5億6900万ユーロの最高益をたたき出している。

一方、シンガポール航空（SIA）は差別化を徹底している。新鋭機や新技術の導入、品質の向上、そして最高の顧客サービスがSIAの強みだ。機材は常に他の大手航空会社より新しいものをそろえ、性能のいい新型機が登場すれば積極的に旧型機と入れ替える。総2階建てのエアバスA380も真っ先に導入した。

航空業界ではイノベーションによる差別化が長続きしない。機材メーカーが限られていて、新技術・新サービスもすぐに真似されてしまうからだ。SIAはそれを承知で継続的なイノベーションに力を入れている。客室乗務員だけでなく、操縦室のスタッフにも接客サービスの訓練を徹底し、最高級の機内体験を提供するよう努めている。「シンガポール航空＝快適な空の旅」というブランド・イメージが確立されているからこそ、顧客は高くても喜んでSIAを選ぶわけだ。

ポーターの基本戦略はどの業界でも、競争上の優位を確立する上で役立つ。ただし競争環境は日々変化している。新しいライバルも出てくるし、消費者の好みや当局の規制も変わる。当然、会社の戦略も柔軟に見直し、必要に応じて変更する勇気が求められる。■

アイスクリームのこだわり

現在のベン＆ジェリーズは食品大手ユニリーバの傘下に入っているが、その差別化戦略に変化はなく、今も市場をリードしている。

「渦を巻いた世界平和」「でぶっちょ亭主」……そんな不思議なフレーバー名で異彩を放つブランドが「ベン＆ジェリーズ」のアイスクリームだ。ベン・コーエンとジェリー・グリーンフィールドが1978年に、「何か楽しいことをやろうよ」と考えて立ち上げたブランドだ。ベンによれば「味はわからないから食感にこだわった」そうで、そこからフルーツやチョコレートを大きな塊で入れる独特なスタイルが生まれた。

しかも天然の高品質な素材だけを使い、新しいフレーバーの開発には何か月もかけているから、値段が高くても消費者に支持される。さらに同社は、別な面でも差別化を図っている。同性婚支持のキャンペーンを張る、フェアトレードの原料しか使わない、工場でも配送段階でも環境への配慮を徹底する、などだ。

まずは引き算、「やってはいけない」を選び出すのが第一歩

良い戦略、悪い戦略

背景知識

テーマ
戦略的思考

歴史に学ぶ

1960年代 戦略立案への注目が高まり、経営コンサルタントが盛んにその必要性を説いた。

1962年 アルフレッド・チャンドラーが『組織は戦略に従う』を発表、企業はその戦略に沿って社内組織を築くべきで、その逆ではいけないと説いた。

1985年 マイケル・ポーターが『競争優位の戦略』で競争に関する考え方を整理し、戦略的思考の重要性に再び光をあてた。

1990年代-2000年代 戦略は今や経営幹部だけでなく、会社のあらゆるレベルで日常的に検証されるべき課題とされる。ノキアは戦略を「管理職の日常業務の一部」と位置づけている。

戦略という概念は軍隊から生まれた。それは本来、戦争に勝つための長期的な計画を指していたが、今はビジネスの世界でも安易に、しばしばまちがって使われている。簡単にいえば、戦略とは企業が現在の立ち位置を見きわめ、目標に到達するにはどうすればいいかの筋道を意味する。行く手に待ち受ける障害を想定し、それを乗り越えるには何が必要かを特定しなければならない。「やってはいけない」ことを割り出すのも「やるべきこと」を決めるのと同じくらい大切だ。マイケル・ポーターはこの点をいち早く1985年に指摘し、さらに1996年の論文「戦略の本質」でも詳述している。

良い戦略は有益だが、悪い戦略は百害あって一利なしだ。リチャード・ルメルトの『良い戦略、悪い戦略』(2011年)によれば、良い戦略は会社の実態とその目指すところ（目標）の分析から生まれる。その際によく使われるのは自社の強みと弱み、自社を待ち受ける機会と脅威を判別するSWOT分析だ。また戦略立案のための分析は経営陣だけでなく、管理職や現場レベルでも行われるべきだ。良い戦略には競争関係とあらゆる脅威の分析が不可欠で、時には痛みを伴う決断も必要になる。戦略は明確な目標に基づき、自社の強み

コダックに欠けていたのは、フィルムにこだわるのは「やってはいけない」ことだという認識。フィルムからの撤退を選んでいれば、コダックはデジタル時代にも市場をリードできたはずだ。

を最大限に発揮でき、かつ状況の変化に応じて柔軟に対応できるものでなければならない。

悪い戦略は、いい加減な目標やビジョンの副産物でもある。組織のリーダーは時に、現場を鼓舞するために勇ましいスローガンを掲げたくなる。しかし空疎な目標を掲げるだけなら誰にでもできる。難しいのは目標に到達するための戦略づくりだ。悪い戦略は自社の弱みや待ち受ける脅威に気づかず、可能なはずの選択肢に目をつぶる。厳しい選択を避け、既得の権益や縄張りを守り、現状維持に傾きがちだ。そうなると現場のマネジャーたちも古い発

ビジョンを忘れるな 185

参照：本丸を守れ 170-71 ■ 自己満足の罠 194-201 ■
ポーターの「5つの力」212-15 ■ バリューチェーン 216-17

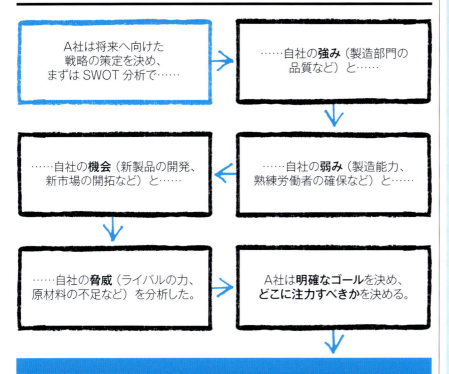

リチャード・ルメルト

1942年生まれのリチャード・ルメルトはカリフォルニア大学バークレー校で電気工学を学んだ後、1972年にハーバード大学で経営学の博士号を取得している。NASAのジェット推進研究所にシステム・エンジニアとして勤める一方、ハーバード・ビジネススクールにも籍をおいていたルメルトは、1976年にカリフォルニア大学アンダーソン経営大学院に移籍し、教授として現在に至る。

1993年から96年まではパリ近郊のフォンテーヌブローに滞在、ヨーロッパを代表するビジネススクールINSEADで教えた。また複数の企業や政府機関の顧問としても活動している。

主な著作

1982年 『多様性と収益性』
1991年 『産業の重要性』
2002年 『良い戦略、悪い戦略』

コダックの失敗

想や方法にしがみつき、新しいものにチャレンジしなくなる。

その典型が、カメラの老舗コダックだ。1888年創業のコダックは、1970年代までに写真関連の部門でアメリカNo.1の企業となり、カメラ用フィルムでは9割近いシェアを握っていた。世界的に見ても、そのブランド認知度はトップクラスだった。1975年には同社の技術陣がデジタル方式のカメラを開発していた……が、経営陣は新技術の可能性に目を向けなかった。フィルムこそコダックの強みと信じ、フィルムという名の「金の卵を産むニワトリ」を切り捨てる覚悟ができなかった。フィルム式カメラが時代遅れになり、フィルムの市場が消えていくことに気づかなかった。後にコダックもデジタルカメラを手がけたが、時すでに遅し。写真はカメラではなく携帯電話で撮る時代が近づいていた。戦略を誤った同社は2012年に破産宣告を受けている。

対照的なのが日本の富士フイルムだ。こちらも当初は写真フィルム専業だったが、時代の流れを読んで産業用フィルムなどにシフトする一方、インスタントカメラなどのニッチ市場に個性的な製品を送り込み、成長を維持している。■

直面する困難を素直に認め、
それを乗り越える道を見つける。
それが良い戦略だ。
リチャード・ルメルト

シナジー効果は本当にあるか
買収の浅き夢

背景知識

テーマ
合併と買収

歴史に学ぶ
1890-1905年 景気の低迷と法改正により、欧米各国で企業買収がブームになった。

1960年代 エイブラハム・マズローがシナジーの概念をビジネスに持ち込み、共同作業の効能を説いた。

2000年 アメリカで新興オンライン企業のAOLと伝統メディアのタイム・ワーナーが合併。しかし新旧メディアのシナジー効果は実現せず、2009年に両社は再び分離した。

2007年 アメリカでは10億ドルを超える大型企業買収が144件も起きた。

2009年 アメリカで10億ドルを超える大型企業買収は35件にすぎなかった。

成長なくして企業は生き残れない。他社を買い取り、自社の1部門に加えれば手っ取り早く大きくなれる。両社が合意の上で合体し、新会社を立ちあげる手もある。こうした買収や合併は、合併後の会社の株主価値を、両社の単純合計よりも高めるために行われることが多い。1＋1を3にする考え方で、これをシナジー効果と呼ぶ。

2つの会社を1つにすれば売上げは増え、市場占有率や収入も増える。大きくなればスケール・メリットが生まれ、より効率的な運営も期待できる。間接費の負担は分け合えるし、購買力が上がって原価が減る。財務や人事、マーケティングなどの重複する人員を減らせば、固定費も削減できるはずだ。一方で、新技術の取得や新市場の開拓、流通網の拡大をねらった買収もありうる。

企業離婚

しかし実際の企業合併や買収は、理想の結婚にほど遠い場合が多い。シナジー効果のむなしさについては、アメリカの実業家ハロルド・ジェニーンが1997年と99年の著書で詳述している。せっかく一緒になってもシナジー効果が生まれず、1＋1が2にもならない場合がある。なぜか。買収・合併の手続きが完了してから予想外の問題が浮上することもある（商売上の微妙な情報ほど、なかなか交渉中には明かされないものだ）。事業の統合が自己目的化し、将来計画がおろそかなまま合併する例もある。迅速かつ大胆な決断を下せず、事業統合に最適なタイミングを逃してしまう場合もある。しかし最

シナジーとは、2つの事業体が合体することで生まれる付加価値のこと。ビジネスの世界にはシナジー信者が多いが、学界には「シナジー効果は期待はずれに終わることが多い」とする説が根強い。

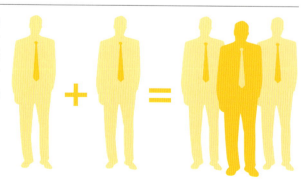

参照： グレイナー曲線 58-61 ■ チームと人材の管理 80-85 ■ 組織の文化（風土） 104-09 ■ 本丸を守れ 170-71

ビジョンを忘れるな

ハロルド・ジェニーン

ハロルド・ジェニーンは1910年、ドーセット（イギリス）に生まれたが、生後すぐに両親とともにアメリカへ移住、以後はずっとアメリカで暮らした。ニューヨーク大学で会計学を学び、実業家として成功。あまり関係のなさそうなビジネスをかき集めて巨大会社に仕立てるコングロマリット（複合企業）の生みの親とされる。1959年にはITTの社長兼CEOとなり、中規模の電話会社にすぎなかった同社を多国籍複合企業に育てあげた。18年の在籍期間を通じて、80以上の国で合計350もの買収・合併を行い、欧州各地やブラジルの通信会社に加え、米ホテル業界大手のシェラトンも傘下に収めた。大富豪となってからも質実剛健、率直な物言いを貫いたことで知られる。1997年没。

主な著作

1997年 『シナジーの神話』
1999年 『シナジーその他の嘘』
（いずれもブレント・パワーズとの共著）

もよくある失敗の原因は、両社の体質が異なっていてシナジーが生まれないケースだ。

たとえば独ダイムラー・ベンツは1998年に、米クライスラーを380億ドルで買収した。理屈の上では、米欧の有力2社が力を合わせれば、世界の自動車市場を支配できるはずだった。「対等合併」を印象づけるため、新会社は「ダイムラー・クライスラー」を名乗った。しかし結果は、典型的な異文化の衝突だった。ダイムラーは形式を重んじるピラミッド型の組織だが、クライスラーは自由でチームワークを重んじる体質。しかも後者は価格とデザインで勝負するアメリカ市場で苦戦し、前者は品質と豪華さを重視する世界の高級車市場に君臨していた。

クライスラーの幹部はやる気をなくした。ダイムラーが新会社の要職を独占し、彼らのやり方を押しつけてきたからだ。こうなれば「離婚」は時間の問題、ダイムラーは2007年に、クライスラーをわずか70億ドルで投資ファンドに売り渡すことになった。安易な買収・合併は高くつくのである。■

漢字の「危機」を見よ、そこには「危」と「機」が含まれる

危機管理

背景知識

テーマ
事業の危機

歴史に学ぶ

1987年 イアン・ミトロフとポール・シュリバスタバ、フィルダウス・ウドワディアが論文「効果的危機管理」を発表した。

1988年 シュリバスタバとミトロフ、ダニー・ミラーらが、組織の危機には学際的な対応が必要だとし、心理学と技術・構造的、社会・政治的な視点からの取り組みを求めた。

1995年 A・ゴンサレス=ヘレロとC・プラットが問題の診断、決断と行動、変更の導入、事後の監視からなる危機管理のモデルを提唱。

2000年代 テロや大きな事故に備えて事業の継続性を維持する計画が導入された。

2010年代 ソーシャルメディアの発達で危機が瞬時に知れわたるようになり、しばしば企業が苦境に立たされるようになった。

自然災害から大きな人災まで、人類の歴史は危機の連続といっていい。ビジネスも同様で、いつ会社に脅威を与えるような事態が社内外で発生するかわからない。危機はもともと予測不能であり、だからこそ経営陣の迅速な決断と行動が求められる。

経済のグローバル化でビジネスの世界は複雑性を増しており、一国の出来事が世界中に激震を起こしかねない。しかもインターネット時代の今は情報が瞬時に、しかも休みなく世界中を駆けめぐっている。だから危機は昔に比べてすぐに知れわたる。

危機対応

危機はいつどこで発生するかわからない。原因もさまざまで、技術的な問題もあれば人的なミスもありうる。従業員のストライキや詐欺被害、納入業

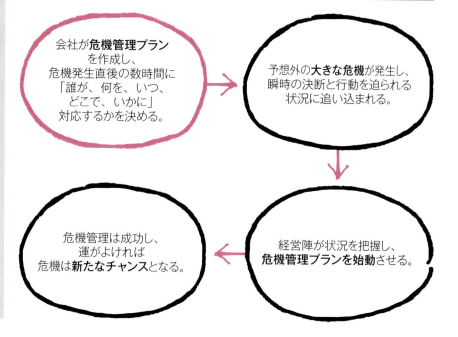

参照：リスク管理 40-41 ■ おごれる者は久しからず 100-03 ■ 失敗に学ぶ 164-65 ■ 万が一の備え 210 ■ カオスに備える 220-21

ビジョンを忘れるな

危機における納入業者の役割

西口俊宏とアレクサンドル・ボーデによる「トヨタ・グループとアイシン精機の火災」と題する論文によれば、1997年、トヨタの重要な部品納入業者であるアイシン精機の工場で火災が発生、悪くすればトヨタ自動車の工場が何週間も操業停止に追い込まれる事態となった。アイシン精機の納入する部品は、小さいけれどよそでは作れないものだったからだ。しかもトヨタ側には2、3日分の在庫しかない。やむなくトヨタはいったん工場の操業を止めたが、2日後には再開できた。それはグループ内外の協力企業の迅速かつ自発的な努力の賜物だった。200以上の協力企業が力を合わせて新たな製造ラインを提供し、トヨタからの指示を待たず、特許使用料や金銭的な補償の取り決めもなしに生産再開を急いだのだった。

薬物混入事件が起きるまで、タイレノールはアメリカでNo.1の頭痛薬だった。事件後、会社は3000万個の回収に莫大なコストを投じたが、消費者の信頼は回復できた。

者の倒産、原材料価格の暴騰、深刻な環境変化もありうる。どんな危機も会社の利益や評判を傷つけかねないが、会社がどこまで危機に耐えられるか、どこまで損害を食い止められるかは危機対応の迅速さと適切さにかかっている。

計画と決定

効果的な危機管理には入念な計画が欠かせない。準備があれば、いざというときも冷静かつプロフェッショナルな対応ができるだろう。まずは危機発生後の数時間に「誰が、何を、いつ、どこで、いかにして」対応するかを決めておこう。今はどんなに小さな危機もニュースになる時代だから、広報部門の迅速な対応も大切だ。悪い噂が広まれば消費者の信頼を失うことになる。

危機のときこそリーダーの真価が問われる。迅速に正しい決断を下すことが求められるし、うまく危機を乗り切れば損害を最小化でき、かつ会社の評判も高まるからだ。かつてアメリカのジョン・F・ケネディ大統領が言った

ように「漢字で書けば『危機』という語には危険の『危』と好機の『機』が含まれる」のだ。

危機を乗り切る

1982年、米製薬会社ジョンソン・エンド・ジョンソンはみごとな危機対応を見せた。危機の発端は、シカゴのドラッグストアで同社のベストセラー頭痛薬「タイレノール」に、青酸化合物が混入されているのが発見されたこと。同社はただちに出荷済みのタイレノールをすべて回収し、広告を止めた上で、頑丈なパッケージに三重のシールを貼ってタイレノールを再発売した。この誠実な対応が消費者に安心を与え、タイレノールはみごとに復活したのだった。

同じ頃、同じような危機に正反対の対応をしたアメリカ企業がある。ベビーフードのガーバー社だ。ある日のこと、1人の母親が地元のスーパーに瓶入りベビーフードを返品してきた。瓶にガラスの破片が入っていたという。ガーバーは自社で検査したが異物は発見できなかった。返品を持ち込まれた店も「証拠」を紛失していた。そこで同社は、製造ラインに問題はないと判断した。しかし別の30州の消費者からもガラスの破片を見つけたという苦情があい次いだ。そのたびに同社は検査したが、何も出ない。そこで同社は、悪意ある人に信用を傷つけられたと主張し、商品の回収を拒否した。しかし世論は同社を信用せず、一部の州はガーバー製品を店頭から撤去するよう求める事態となった。同社の主張には根拠があったが、赤ちゃんの安全を守る気持ちに欠けていた。結果的に、同社は企業における危機管理の基本を忘れていた。顧客の安全と幸せを守るという大原則である。■

効果的な危機管理は
終わりなきプロセス。
そこには始まりも終わりもない。
**ミトロフ&
シュリバスタバ&
ウドワディア**

短期利益を糧にしてこそ長期の成長はある
長期か短期か

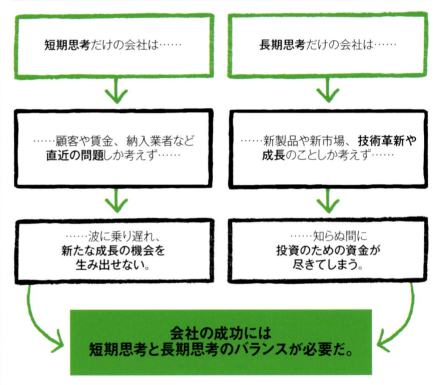

背景知識

テーマ
経営の知力

歴史に学ぶ

1936年 アメリカの作家F・スコット・フィッツジェラルドが「知性とは何か。それは同時に2つの相異なる考えを持ち、それでも平然と振る舞う能力だ」と書いた。

1994年 アメリカのジェームズ・コリンズとジェリー・ポラスが『ビジョナリー・カンパニー：時代を超える生存の原則』を刊行。

2007年 カナダ人のロジャー・マーティン教授が『インテグレーティブ・シンキング』を刊行し、立派な経営者は「統合思考」により、矛盾や異論の衝突から生じる緊張をうまく解決できると説いた。

会社の成功には短期と長期の時間枠を使い分け、そのバランスを維持する必要がある。短期で必要なのは賃金や仕入れ代金を払うキャッシュだ。しかし短期利益ばかりを追っていると先が見えにくい。逆に、先ばかり見ている会社は当座の資金繰りに行きづまる。米GEのトップに長く君臨したジャック・ウェルチが言うように「短期の利益を糧にしなければ長期の成長は見込めない。短期の経営、長期の経営だけなら誰にでもできる。両方のバランスをとってこそ真の経営」なのだ。

ビジョンを忘れるな 191

参照：2歩目を踏み出せ 43 ■ 成長を急ぎすぎない 44-45 ■ 求められる指導者像 78-79 ■ 投資と配当 126-27 ■ 説明責任と企業統治 130-31 ■ キャッシュフローの管理 152-53

1994年、ジェームズ・コリンズとジェリー・ポラスは100年以上の歴史をもち、かつコンスタントに市場平均以上の業績を挙げている大手企業（GE、マリオット、3Mなど）の経営手法を調べた。そしてこれらの会社がいかに長期と短期のバランスをとっているかを、中国古来の陰陽思想のシンボル（右図）で表した。調べた会社はどこも、相いれないアイデアをうまく嚙み合わせて管理していたからだ。つまり、「陰か陽か」の対立ではなく「陰も陽も」の両立。だからこそ短期でも長期でも成功を勝ち得ていた。

上場か非上場か

非上場会社であれば、株主の意向を気にせずに短期と長期の利益を追求しやすい。いい例がイギリスのアンソニー・バンフォード卿だ。父親のジョゼフが1945年に創業した農機製造会社JCバンフォード・エクスカベーターズ（JCB、非上場）の経営を受け継いだ彼は、JCBを農業機器の分野で世界第3位の大会社に育て上げた。今や同社は欧州各地と南北アメリカ、そしてアジアに22の工場をもつ。非上場ゆえに、バンフォードは自分の判断で投資の場所や時期を決めることができた。たとえばインドには1979年に進出、じっくり育てた結果、インド市場でシェアNo.1になった。2001年にはブラジルにも進出している。

数年で交代させられる上場企業のCEOと違って、バンフォードはじっくり腰を据え、短期と長期のバランスをとって経営にあたった。だから世界中で景気が後退していた2011年にも40％の成長を遂げ、翌12年にも記録的な売上げを達成できた。

しかし上場企業では株主の目が厳しく、経営者は株価の日々の変動に振り回されてしまう。株主は年に1度の配当にこだわる。とりわけ機関投資家のプレッシャーは大きいから、配当を犠牲にして利益を再投資する長期の成長戦略は難しくなる。2013年にはアップルも投資家の圧力に屈し、配当の支払いに同意している。

なお長短のバランスを維持するため、短期と長期の計画立案を別々のチームに委ね、短期の運営に専念する部門と長期の成長・革新を追う部門を分離している会社もある。■

陰陽のシンボルは先見的な企業のもつ二重性を表す。コリンズとポラスによれば「長期か短期か」の二者択一を捨て、「長期も短期も」の発想に立つのが賢いやり方だ。

ジャック・ウェルチ

ジョン（ジャック）・ウェルチは1935年生まれ。米マサチューセッツ大学で化学工学を学び、イリノイ大学で同分野の修士号、博士号を取得。1960年にGEに入社し、81年に会長兼CEOとなり、2001年に引退するまでその地位にあった。在任中、GEの企業価値（株式時価総額）は数十倍に膨れあがった。

その経営手腕は伝説的で、官僚主義を排し、変革と革新というGE精神に忠実であるかぎりマネジャーたちの自由な裁量を尊重した。1999年には米誌「フォーチュン」から「20世紀最高の経営者」と称えられ、英紙「フィナンシャル・タイムズ」からは「世界で最も尊敬を集める経営者」ベスト3のうちの一人と呼ばれた。2009年には米ストレイヤー大学に自らの名を冠した経営研究所を創設している。

主な著作

2001年	『ジャック・ウェルチ：わが経営』（共著）
2005年	『ウィニング：勝利の経営』

市場の魅力と事業の魅力をかけ合わせれば成長が見える

MABAマトリックス

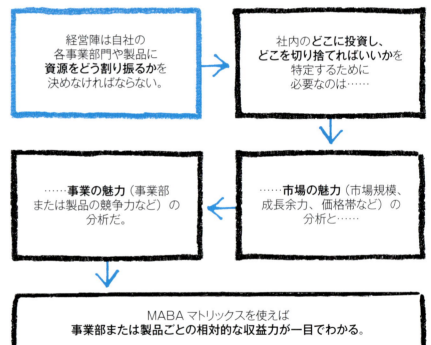

経営陣は自社の各事業部門や製品に**資源をどう割り振るか**を決めなければならない。

社内のどこに投資し、**どこを切り捨てればいいか**を特定するために必要なのは……

……**市場の魅力**（市場規模、成長余力、価格帯など）の分析と……

……**事業の魅力**（事業部または製品の競争力など）の分析だ。

MABAマトリックスを使えば**事業部または製品ごとの相対的な収益力が一目でわかる**。

背景知識

テーマ
経営戦略

歴史に学ぶ

1970年代前半 会社の資源をどの部門、どの製品にどれだけ振り向けるかを判断するツールとして、ボストン・コンサルティング・グループが市場占有率と成長率をベースにしたマトリックスを作成。

1970年代 マッキンゼーがMABAマトリックスを開発。

1979年 個々の業界の構造を分析し、より収益の上がるポジショニングを決めるうえで、マイケル・ポーターがファイブ・フォース（5つの力）モデルを提唱。

2000年 社内事業部門それぞれの価値を算出し、売却の是非を判断するツールとして、マッキンゼーがMACS（市場重視の企業戦略）を提唱。

20世紀前半までは会社の構造も単純で、たいてい事業部門は1つだった。しかし1950年代に入ると複数の事業部門を抱える巨大企業が登場してきた。しかし異質な事業部門をすべて効率的に運営するのは難しいので、さまざまな経営支援ツールが開発されることになった。その1つがMABAマトリックスだ（MA = market attractiveness = 市場の魅力、BA = business attractiveness = 事業の魅力）。それは9つのセルからなり、1970年代にマッキンゼーが巨大複合企業GE（当時すでに150もの事業部を抱えていた）のために開発したもの。だからGE/マッキンゼー・

ビジョンを忘れるな

参照： ライバルを知れ 24-27 ■ 本丸を守れ 170-71 ■ 良い戦略、悪い戦略 184-85 ■ ポーターの「5つの力」212-15 ■ バリューチェーン 216-17 ■ 製品ポートフォリオ 250-55 ■ アンゾフの成長マトリックス 256-57

マトリックスと呼ばれることもある。

MABAマトリックスは、事業部の独立性が高い会社において、どれだけの資源を各部門に振り向けるかを決めるにあたり、各部門の収益力と市場の状況を評価することで経営判断を支援する。各部門の挙げてくる予想（どうしても主観的になりがちだ）に基づいて判断する従来の方法に比べて、ずっとシステマチックで客観的だ。もともとは大企業向けに開発されたものだが、「事業部」を製品やブランドに置き換えれば中小規模の会社でも活用できる。

MABAマトリックスの使い方

MABAマトリックスでは、まず各事業部の将来性を2つの観点から判定する。市場（または業種）自体の魅力と、当該分野での各事業部の競争力だ。市場の魅力は、市場規模や成長余力、収益性、競争の程度などで評価される。事業の魅力は、各事業部または製品の持つ（または期待できる）市場占有率やブランド力、他社と比べた利益率の高低などで評価される。

次に市場の魅力を縦軸に、当該市場で活動する事業部の競争力（事業の魅力）を横軸に取り、しかるべき場所に位置づける。こうすれば各事業部の将来性を簡単に比較できるだろう。言い換えれば、このマトリックスは各事業部が価値を生み出す可能性を1枚のチャートに凝縮している。

各事業部（または製品）の評価には客観的なデータを用い、その結果はチャート上の位置に反映される。結果として、9つのセルは3つのカテゴリーに分類できる。積極投資で「育てる」、選別投資で「待つ」、資金回収や売却・清算を急ぐ「刈り取る」の3カテゴリーだ。

このカテゴリー分けができたら、次は戦略的分析に進み、どこに積極投資

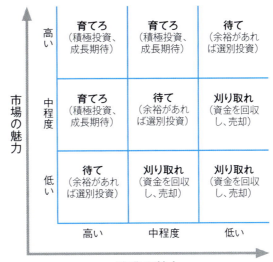

MABAマトリックスは、どの事業部門（または製品）を育て／維持し／売却すべきかを判断するのに役立つ。マトリックスの左上に入るのは市場も事業も魅力的な部門だから、ここはしっかり育てる。中間に入るのはどちらの魅力も中程度だから様子を見て、余裕があれば投資する。右下に収まるのは将来性を欠くので、早く刈り取って売却なり清算なりすればいい。

するのがベストかを決めればいい。近年では市場の魅力や事業部の競争力を評価する方法も洗練されてきたが、今日でも大企業のほとんどが、投資判断のプロセスにおいてMABAマトリックス（またはその改良版）を用いている。■

クラフトがキャドバリーを買ったわけ

米食品大手のクラフト（本社イリノイ州）は2010年に、英キャドバリーを約190億ドルで買収した。キャドバリーが魅力ある市場にいて、強い競争力をもつ（MABAマトリックスでいえば左上に位置する）と判断したからだ。クラフトはすでに世界第2位の食品会社で、強力な自社ブランドもあるが、売上げの80％を米国市場に依存しているのが弱点で、海外での成長にもっと資金を投じる必要を感じていた。一方のキャドバリーは2009年の上半期に、売上げ増の69％を新興国市場（ブラジル、ロシア、インド、中国を含む）で稼ぎ出していた。だからキャドバリーを傘下に収めれば、クラフトはこれら有望市場で足場を築けることになる。またキャドバリーにはチョコレートや菓子、チューインガムの世界的なブランドもあった（インドのチョコレート市場ではキャドバリーがシェアNo.1だ）。

生き残れるのは
パラノイアだけ
自己満足の罠

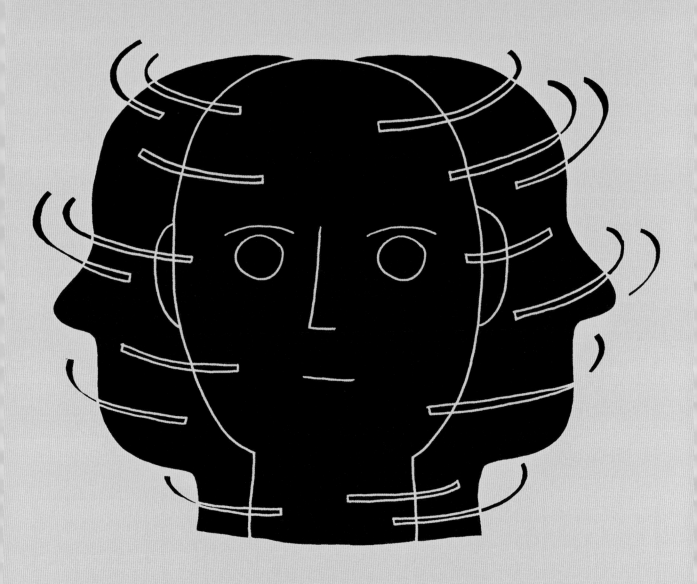

196 自己満足の罠

背景知識

テーマ
変化に備える

歴史に学ぶ

1979年 マイケル・ポーターが論文「競争の戦略―5つの要因が競争を支配する」で、経営者は常にライバルの動向に注意しているべきだと説いた。

1994年 チャールズ・ハンディが『パラドックスの世界』で、来たるべき脅威に備え、対応することの必要性をグラフで説明した。

1996年 インテルのアンディ・グローヴが著書で「生き残れるのはパラノイアだけ」だと説いた。

2007年 ナシーム・ニコラス・タレブが『ブラック・スワン：不確実性とリスクの本質』を著し、過去から未来を予測することは不可能であり、想定外の未来をこそ想定し、備えることの必要性を説いた。

己満足の罠には、たいてい社内よりも社外の人のほうが気づきやすい。そして経営者が気づかずにいると、罠にはまった会社は下降曲線をたどるしかない。かつて一世を風靡したカナダ企業RIMは、「ブラックベリー」で携帯電話によるメール送受信を飛躍的に容易にし、技術力で一時は市場をリードした。しかし、その成功に満足して革新の継続を怠り、アップルが目指す携帯電話の新しい可能性に気づかず、目も向けなかった。そこへ登場したアップルのiPhoneは、メールの送受信以外にも多彩な機能を盛り込んでいた。RIMはあっという間にトップの座から転落し、そのシェアは減る一方になった。経営陣が自己満足に陥り、技術の変化やライバルからの脅威に注意していなかったからだ。

順風満帆なときに気を抜きたくなるのは人の常だ。しかし慢心が高くつくのは歴史の教えるところでもある。インテル中興の祖アンディ・グローヴは言っている。「成功は自己満足を招き、自己満足は失敗を招く。パラノイア（極度の心配性）でなければ生き残れない」と。最後の一文は彼の著書のタイトルにもなったが、ここでのパラノイアは

> 企業の拠って立つ基盤が大きく変わろうとするとき。それが戦略的転換点だ。
> **アンディ・グローヴ**

下図に掲げた5つの質問を常に自分に突きつけているタイプをさす。グローヴは共産主義体制下のハンガリーを脱出した経歴の持ち主、用心深さというサバイバル術を若いころから身につけていた。後年インテルに加わってからは、その用心深さで会社を取り巻く状況に常に目を光らせ、いくつもの脅威を撃退してインテルを成功に導いたのだった。

戦略的転換点

事業に変化はつきものだ。なかには大きな変化もあり、昨日まで安泰だっ

グローヴの5つの質問

| 競争環境に変化は起きていないか？ | もはや昔のライバルは最大の脅威でないか？ | 補完的な会社のおかげで潤っているのではないか？ | 何か新しいことが話題になっていないか？ | もしも銃があったら誰に突きつけるか？ |

↓ ↓ ↓ ↓ ↓

パラノイアでなければ生き残れない。

ビジョンを忘れるな

参照：適応し、変身・刷新する 52-57 ■ ゲームを変える 92-99 ■ おごれる者は久しからず 100-03 ■ 失敗に学ぶ 164-65 ■ ポーターの「5つの力」212-15 ■ カオスに備える 220-21 ■ 売上げ予測 278-79 ■ 顧客に学ぶ 312-13

た地位から突き落とされることもある。そうした変化の時期を、グローヴは「戦略的転換点」と呼ぶ。点といっても瞬間的なものではなく、たいていは激動の時期がそれなりに続く。戦略的転換点をもたらすのは外部環境の変化かもしれないし、新たなライバルの登場かもしれない。いずれにしろ、今までいい思いをしてきた経営者ほど気づくのが遅い。

インテルにとって最初の戦略的転換点は1980年代に訪れた。日本勢が高品質・低価格なメモリーチップでアメリカ市場に乗り込んできたからだ。今までのやり方を変え、ポジショニングを変えてインテルを立ち直らせるまでに、さすがのグローヴも3年の歳月を費やし、高い授業料を払わされた。

10 Xの変化

経営学者のマイケル・ポーターは1970年代に、会社が対処すべき競争要因を5つに要約している。ライバル会社、代替製品、新規参入、納入業者、そして購買者（顧客）だ。グローヴはこ

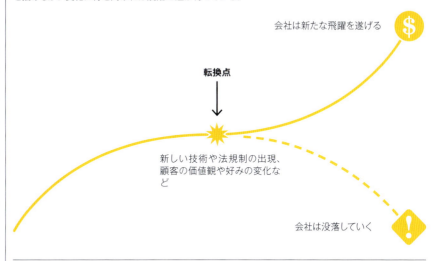

戦略的転換点は、競争環境に大きな変化（インターネットの出現など）が訪れた時点をさす。その変化に気づき、適応できた会社は成長カーブを描けるが、変化に背を向ければ没落の道が待っている。

れに「補完的製品」という要素を加える。A社の商品を補完し、顧客にとっての価値を高めるような製品やサービスを提供してくれるB社のもたらすインパクトだ。たとえばマイクロソフトの提供するソフトウェアはPCメーカーの製品を補完している。

これらの要因を、グローヴは風にたとえる。バランスよく一定の強さで吹く分には気にならないが、どこかの力が10倍（10 X）にも強まれば猛烈な嵐になる。経営者はふだんからそういう嵐（10 Xの変化）に備え、戦略の根本的な変更を検討すべきだ。このときの決断次第で、会社が新たな上昇気流に乗るか、失速して落ちていくかが決まる。ここで大事なのは「予想された変化」と「想定外の深刻な変化」を明確に区別すること。もちろん後者が10 Xの変化だ。

グローヴによれば、インターネットの出現はすべての会社にとって10 Xの変化だった。しかしインターネットの力に気づかず、あるいは自己満足の罠にはまって、インターネットを追い風にする行動を起こさなかった会社や

インテルはアンディ・グローヴの下で世界最大の半導体メーカーとなった。彼は従業員に、悪い知らせこそ早く持ってくるよう呼びかけた。

自己満足の罠

生き延びるのは最強の種ではない。
最も知的な種でもない。
最も変化に強い種だ。
レオン・C・メギンソン
アメリカの経営学者 (1921-2010)

業界もある。いい例が出版業界で、過去に革新的な経営で成長を遂げてきた会社でさえ、インターネットには鈍感だった。たとえばアメリカの大手書店バーンズ・アンド・ノーブルは1974年に、小売書店として初めてテレビCMを打った会社だ。75年には値引き販売の先陣を切ったし、89年には超大型店の出店を始めた。こうした革新で同社はアメリカ最大の小売書店となり、95年には全米各地に358の超大型店を展開していた。しかし翌96年にすべてが変わった。インターネットの寵児アマゾンが急成長し、あっという間に売上げでも企業価値でもバーンズ・アンド・ノーブルを上回ったのだ。

常に目を見開いて

いつどこで大きな変化が起きるかはわからない。だから経営陣は船乗りのように、水平線の彼方まで目を光らせ、どこかに潜む氷山を探し当てねばならない。もちろん今の企業は、こうした監視にさまざまな手段を用いている。大企業なら自社の売上げを把握し、ライバル会社と比較し、市場の動向を監視する専任チームをおいている。リスク管理の専任チームもあるだろう。直近のリスクだけでなく、世界各地の政治情勢や気候変動の影響、あるいは人権問題によるリスクも計算に入れるチームだ。

状況を見張るだけでなく、刻々と入ってくる情報の解析も大事だ。蓄積されたデータや過去の事例に依拠するだけでは適切な判断を下せない。ナシーム・ニコラス・タレブは名著『ブラック・スワン』で、未来は過去の繰り返しだと信じたがる私たちの性向を戒めている。過去（経験）に基づく未来予測は、未来にはまだ見ぬ可能性が潜んでいるという事実を無視している。つまり、白い白鳥しか見たことのない人は、すべての白鳥は白いと信じたがる。そしてオーストラリアへ旅し、黒い白鳥に出会うと腰を抜かすほど驚く。

タレブは「黒い白鳥」のたとえを想定外で衝撃の大きな科学的発見などの説明に用いているのだが、2001年9月11日にアメリカ本土で起きた同時多発テロや1987年10月の「ブラックマンデー」の株価暴落も「黒い白鳥」の例といえる。タレブによれば、企業がこうした事態を事前に想定するのは不可能だが、想定外の事態にも耐える知力と体力をつけておくことはできる。そうすれば、禍を転じて福となすことも可能だ。

現場の声を聞く

グローヴも、事業で蓄積したデータ（白い白鳥）は過去の分析に役立つだけで、未来の予測には使えないと考える。未来と向き合うつもりなら別なところに目を向けるべきだ。たとえば会社の掲げる戦略と実際にやっていることの不一致。どんなに立派な戦略も絵に描いた餅ではいけない。市場で、ライバルに勝つために厳しい現実と向き合い、日々戦っているのは誰か。現場の人たちだ。市場の新しい現実に、来るべき危機に真っ先に気づく位置にいるのは彼らだ。

黒い白鳥は珍しい。けれど確実にいる。初めて見た人が衝撃を受けるのは、過去の経験に頼って未来を予測していたからだ。

ビジョンを忘れるな 199

ブラックマンデー（1987年10月19日の月曜）には世界中で株価が暴落した。これが戦略的転換点となり、さまざまな分野で事業環境が激変した。

だから経営幹部は、顧客や納入業者と日常的に接している（たいていは社内的に低い地位にいる）人たちの声に耳を傾け、それを理解すべきだ。そのためには誰もが意見を出しやすい企業文化を育てておく必要がある。さもないと、みんな不都合な情報を上に挙げなくなってしまう。

同じ理由で、経営幹部たる者はコンサルタントのすすめるツールやモデルをもてあそぶだけでなく、社内でささやかれる噂話にも耳を傾け、人脈を広げる努力をすべきであり、しかるべき情報源も確保しておくべきだろう。

5回の「なぜ」

いったい何が会社の業績に影響を与えているのか。市場では、そして世界各地では何が起きているのか。一人で考えてもわからないから、経営に責任をもつ人たちは常に問いを発し続ける。その際、大事なのは「何が」に加えて「なぜ」起きているのかを問うことだ。1930年代にトヨタ自動車の創業者・豊田喜一郎の父が唱え、70年代まで同社で使われ続けた手法に「5回のなぜ」がある。「なぜ？」を繰り返すことで問題を掘り下げ、核心的な原因に迫る手法だ。

まず「なぜ納期に間に合わなかったのか」と問い、「予定より手間取ったから」という答えが返ってきたとしよう。では、なぜ手間取ったのか。「見積もりが甘かったから」。なぜ甘かったのか。「内容を細かく検討しなかったから」。なぜ検討しなかったのか。「他にも4つの案件を抱えていたから」。なぜ抱えこんだのか。「見積もりに十分な時間をもらえないから」。ならば現場に、もっと十分な時間を与えればいい。

こんな具合で、社内だけでなく社外の人とも質疑を重ねる。大事なのは問いかけの仕方だ。かのピーター・ドラッカーが言うように、「最大のまちが

> 悪いニュースを
> 教えてくれる人に耳を傾ける。
> これが非常に大切だ。
> **アンディ・グローヴ**

いはまちがった答えから起きるのではない、まちがった問いから起きる」のだ。

何を問えばいいか

現場に問うべきは、外部の競争環境だけではない。販売の現場では常に、現金が入ってくる一方でコストが流出している。マネジャーは現場のプロセスに目を光らせ、どうすればコストを減らし、マージンを増やせるかを問いかけなければいけない。

プロセスに改善の余地はないか。低コストの外注で済む作業はないか。マネジャーたる者、現状に満足してはいけない。マージンを増やし、収益を少しでも改善する方法を、常に探し続けるべきだ。

そうして収集した情報を自分の知識や経験に照らし合わせ、5年後、10年後の市場がどうなっているかを考える。どんな変化が予想でき、会社にどんな影響を与えるか、会社はそれをどう利用できるか。さまざまなシナリオを想定し、「枠をはみ出す」勇気を持って考える必要がある。

2001年にアメリカを襲った9・11テロは世界中に衝撃を与えたが、あれが戦略的転換点となった会社もある。たとえば「スイス」ブランドの多機能ポケットナイフで有名なビクトリノックスだ。同社は1884年から折りたたみ式ナイフを製造してきたが、あのテロを境にナイフ類の機内持ち込みが禁止されたことで大きな打撃を受けた。世界各地の空港ショップでの売上げが、総売上げのかなりの部分を占めていたからだ。

自己満足の罠

かつてのビクトリノックスはポケットナイフの売上げに依存していたが、ナイフの機内持ち込み禁止を戦略的転換点として商品構成を見直し、時計などの高級品にシフトした。

売上げの落ち込みは明らかで、わずか数か月で3割も減った。このとき経営陣は減少傾向が長期にわたって続くと判断し、生き残りを賭けた行動を決断した。ナイフ以外の、空港ショップで買ってもらえる商品（時計、旅行用品、香水、ファッションなど）の開発加速である。中国やインド、ロシアなどの新興国市場の開拓にも乗り出した。

一方で同社は、伝統の強み（スイス職人の熟達の技）を維持することにも努めた。人員削減を回避するために勤務シフトを減らし、残業をなくし、従業員に計画的な休暇取得を促し、一時的に社員を他社に「貸し出す」こともした。こうしてビクトリノックスは生き残り、新製品の投入によってブランド・イメージを向上させることにも成功した。今ではナイフ以外の製品が、総売上げの60％以上を占めるまでになっている。

混乱の回避

戦略的転換点の到来に気づくため、経営陣は過去の客観的データを分析する一方、最新の現場の声（主観的情報）にも耳を傾ける。そして気づいたら、大胆な行動を起こさねばならない。イギリスを代表する石油会社BP（ブリティッシュ・ペトロリアム）は国営会社として出発したが、1987年に民営化され、ジョン・ブラウンがCEOに就任した。ブラウンの前職はインテルの執行役員で、「経営者はパラノイアであれ」というアンディ・グローヴの思想に感銘を受けていた。だから就任早々、ブラウンは巨大なライバル会社よりもずっと大きな脅威に目を向けた。BPのビジネスのみならず、石油業界全体の未来を左右しかねない気候変動の問題である。

ブラウンは文献やデータを精査し、多くの専門家の意見に耳を傾け、気候変動が自社のビジネスに及ぼしうる影響に思いをめぐらした。そして、気候変動は喫緊の危機ではないが長い目で見れば確実に石油業界に影響を及ぼすと確信した。1997年に米スタンフォード大学で行った講演では気候変動が「現実」であることを認め、BPは責任ある行動を起こすと約束した。

当時としては画期的なことだ。ライバル会社の多く、特にアメリカの石油業界はまだ、人為的な原因による気候変動の存在を否定していたからだ。BPは代替エネルギーの開発投資に舵を切り、業界で初めて自社の温暖化ガス排出量の削減目標を掲げ、従業員には目標達成への協力を呼びかけた。

2001年には会社のロゴも刷新した。ヘリオス（ギリシャ神話の太陽神）のシンボルを鮮やかな緑で囲んだもので、"Beyond Petroleum"（石油を超えて）という語も添えた。それはBPがもっと地球にやさしいエネルギーの開発に取り組むという意思表示であり、現状に満足せず新たな困難に立ち向かっていくというメッセージでもあった。

しかし2007年にブラウンが去ると、後任のCEOは異なる戦略を採用し、代替エネルギー事業からの撤退を決めた。その後、ブラウン時代に築きあげた「環境にやさしい会社」という評価を吹き飛ばす出来事があった。2010年にメキシコ湾の深海油田掘削基地で起きた爆発事故（と、それに伴う膨大

利益を上げつつ
私たちの生きる世界の
現実と問題に責任をもつこと。
それが真の持続可能性だ。
ジョン・ブラウン
英BP社の元CEO (1948–)

ビジョンを忘れるな 201

な量の原油流出)である。

自己満足の排除

1990年代後半、BPのジョン・ブラウンとは正反対の道を選んだ会社がある。同じイギリスの服飾系大手小売業マークス＆スペンサー（M&S）だ。M&Sの経営陣は国内外の市場環境の変化を無視し、ひたすら社内の秩序維持に注力した。もともと同社はピラミッド型の組織で、従業員は上司の命令に従うべしとされていた。役員室は絨毯敷きで、いつも白手袋のウェイターが控えていた。従業員には時間厳守と効率、そして丁寧な接客が求められた（このへんの事情はジュディ・ビーヴァンの『マークス＆スペンサーの興亡』に詳しい）。M&Sにマーケティング部門はなく、首脳陣は広告など無用と信じていた。クレジットカードは受けつけず、支払いは現金が原則だった。

しかしライバル会社はもっと新しいビジョンを掲げ、店舗デザインも刷新して攻勢をかけてきた。こうなるとM&Sの店や服は色あせて見え、消費者は徐々に離れていった。売上げも利益も急落したが、それでも首脳陣は動かなかった。国内での利益は1997年

太陽と緑をイメージしたBPのロゴは代替エネルギーの開発に取り組む同社の姿勢を象徴していた。気候変動のような「10Xの変化」に取り組む姿勢は、このように明確に打ち出すべきだ。

の10億ポンドが頂点で、4年後には1億4600万ポンドまで落ちていた。株価も最高時の3分の1まで下がった。そして敵対的な企業買収の動きが表面化した2004年、ついに役員会が動いてスチュワート・ローズをCEOに起用、どうにか危機を乗りきった。

しかし業績の回復は長続きしなかった。再び自己満足の罠にはまり、2013年まで8四半期連続で売上げが減少した。そこで同社は新方針を打ち出し、店舗の改装とロジスティクス、IT部門への積極投資を表明するとともに、販売チャネルを広げ、店舗だけでなくインターネットやモバイル機器を通じた販売にも乗り出す計画を明らかにした。

こうした変化は、どんな会社にも求められるものだ。競争が激化し、マルチ・チャネル化とグローバル化が進む市場の変化に、経営は常にまっすぐ向き合わねばならない。そして、自己満足を排除すること。さもないとライバルに足をすくわれてしまう。■

アンディ・グローヴ

アンドリュー（アンディ）・スティーブン・グローヴは1936年、ハンガリーの首都ブダペストでユダヤ系の家に生まれた。ナチスのユダヤ人迫害を逃れ、ソ連軍によるハンガリー動乱鎮圧を生き延び、1956年に渡米。その際、本名のグローフ・アンドラーシュをアメリカ風に改名した。専門学校で工学を学んだ後、カリフォルニア大学バークレー校で化学工学の博士号を取得。両親をサンフランシスコに呼び寄せ、1963年に半導体製造のフェアチャイルド社に入社。68年にインテル創業に参加し、79年に社長、87年にCEOに就任。98年から2005年までは会長を務めた。CEO在任中の10年間で同社の株価は2400%も上昇し、インテルは世界で最も市場価値の高い会社の1つとなった。

慈善活動にも熱心で、癌や神経系難病の治療研究に莫大な寄付を行っている。非営利団体インターナショナル・レスキュー・コミッティーの監査役会にも名を連ねる。

人の**学習能力**をフルに**活かして**競争に**勝つ**

学びは一生

学びは一生

背景知識

テーマ
人材の育成

歴史に学ぶ

1920年代 チャールズ・アレンがアメリカで造船工の訓練プログラムを作成。そこには忠誠心などの人間教育も含まれていた。

1950年代 個人のニーズに即した職業訓練が登場。教室式の授業に替えて、一定の教材を用いて従業員が自分のペースで学ぶようになった。

1984年 経営学者のリチャード・フリーマンが、労働者も会社の将来に不可欠な利害関係者だと論じた。

1990年 経営学者のピーター・センゲが『最強組織の法則』を著し、「学習する組織」の概念を提唱した。

従業員の教育や能力開発に本気で取り組む会社は、市場の変化に適応し、巧みに変身していける。知的スキルとやる気のある従業員が助けてくれるからだ。変化が激しく細分化された市場で成功するカギが会社の適応力と先見性にある以上、従業員の訓練・育成に積極投資する会社はまちがいなく強くなれる。

そういう会社が、経営学者ピーター・センゲの言う「学習する組織」だ。それは「人々が能力開発にこだわり自分の真に求める結果を出そうとする場所、新しくて可能性を秘めた思考パターンが育つ場所、みんなが大志を抱いている場所、いかにして共に学ぶかをみんなが学び続ける場所」だ。

この理想に近づくには、集団的でコミュニティ志向のアプローチを採用し、従業員みんなが自分は会社の一部だと感じ、会社が自分を育ててくれると感じられるようにする必要がある。そうすれば従業員も会社のために尽くそうという気になる。センゲはこの理想的な会社像を著書『最強組織の法則』で提案し、成功の持続を目指す会社が従業員に求めるべき規律を次の5つに要約している。自己修練、メンタルモデル、ビジョン共有、チーム学習、そしてこの4つを統合したシステム思考である。

5つの規律

最初の2つの規律は個人にかかわる。センゲによれば、「自己修練」は自分の興味や関心を自分の能力向上に振り向けることを意味する。「メンタルモデル」は各自のもつ独特な思考方法を指し、なぜ自分はそんな考え方をするのか、それが自分の行動にどんな影響を及ぼしているかを、各自が日頃から問い直すものだ。このままで未来に適応できるのか、できないなら何をどう変えるべきか。それを考えるのが大事だとセンゲは言う。

残る3つの規律は集団的なもの。「ビジョン共有」では、みんなが何を望み、何を目標にし、いかにして目標を達成するかを全員で考え、決めていく。こうすれば「上司に言われたから」ではなく「みんなで決めたから」目標を実現しようという意欲が生まれる。「チーム学習」では従業員どうしの議論や対話を通じて、個人の総和以上のチーム力を発揮できるようにしていく。

最後の「システム思考」は、みんなで会社全体に目を配り、その行動パタ

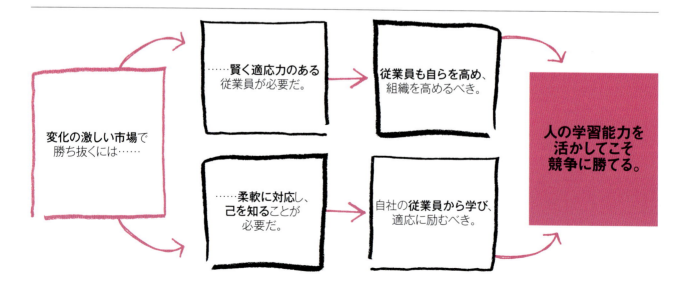

変化の激しい市場で勝ち抜くには……
……賢く適応力のある従業員が必要だ。
従業員も自らを高め、組織を高めるべき。
……柔軟に対応し、己を知ることが必要だ。
自社の従業員から学び、適応に励むべき。
人の学習能力を活かしてこそ競争に勝てる。

ビジョンを忘れるな 205

参照: チーム力 70-71 ■ 創造と革新 72-73 ■ 求められる指導者像 78-79 ■ チームと人材の管理 80-85 ■ 人材の活用 86-87 ■ 組織の文化(風土) 104-09 ■ EQの開発 110-11

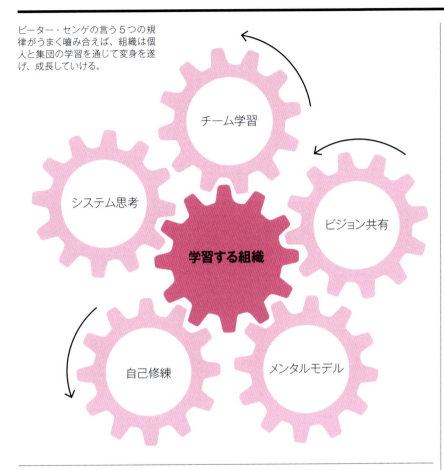

ピーター・センゲの言う5つの規律がうまく噛み合えば、組織は個人と集団の学習を通じて変身を遂げ、成長していける。

（図中ラベル: チーム学習／システム思考／ビジョン共有／自己修練／メンタルモデル／学習する組織）

た。しかし今は先進諸国からの流出も深刻になりつつある。

1990年代のアジアで最も離職率が高かったのはシンガポールだ。ホテル業界の離職率は1997年に57.6％、小売業界では95年の74.4％が97年には80.4％に上がっていた。そして同国とイギリスのビジネススクールが共同で行った調査では、こうした離職率の高さの主要な原因は、経営側にあるとされていた。

非熟練労働者の高い離職率も大きな問題だ。しかし「ハーバード・ビジネスレビュー」の2012年1月号に載ったハーバード・ビジネス・スクール教授ゼイネップ・トンの論文によれば、労働者への投資を増やしつつ生産コストを抑えている会社もある。つまり「非常に成功している小売チェーン店は……店員に重点投資するだけでなく、業界最安値を実現しつつ財務の健全性を維持し、かつ標準以上の顧客サービスを提供している。最も賃金水準の低い小売業でさえ、低賃金労働の強制は必然ではなく経営の選択なのだ。大事なのは従業員への投資と、従業員のみならず顧客に喜ばれ、会社のためにも

ーンを検証する能力をさす。単に習慣だからという理由で何年も続いてきた非生産的なプロセスや行動を見つけ出す上で、これは決定的に重要だ。

従業員の離職率

ここで注意すべきは、センゲの提案が企業における頭脳流出の深刻化を背景に登場したという事実だ。2004年にアメリカの経営学会誌に発表されたアリエ・C・グレビーク（オランダ・フローニンゲン大学）らの論文によると、労働市場の逼迫と技能労働者の不足が表面化した1990年代に、経営側は従業員の定着率低下を懸念しはじめた。

定着率の低下は企業にとっても国家にとっても大きな損失となる。有能な人材ほど、学習と成長の機会を求めて新たな（そして昇進の機会もある）環境に移ろうとするものだ。推定によれば、従業員一人の穴埋めには辞めた人物の給料の10％ないし175％の経費がかかる（辞めた人物の技能や分野による）。OECD（経済協力開発機構）のデータを見ると、熟練労働者の流出は1990年代前半から世界各地で増加している。その多くは途上国からの流出で、先進国にとってはプラスになってき

生産性の源は……
困難に立ち向かい、
権限をもち、
報われる人たちのチーム力だ。

ジャック・ウェルチ
米GEの元CEO (1935-)

206 学びは一生

なる慣行のバランスを取ること」なのだ。

現場の声に学ぶ

もちろん、従業員の定着率向上だけが学習への投資の目的ではない。センゲによれば、教育を通じて従業員の革新力・適応力を高めることは会社の成功につながる。いい例が日本の本田技研工業(ホンダ)のアメリカ市場参入だ。

1980年代にスタンフォード大学で経営学を講じていたリチャード・パスカルは日本企業、とりわけホンダの経営スタイルに注目していた。彼の見るところ、ホンダは「企業としての敏捷性」ゆえにアメリカ市場で成功した。その証拠は1959年にある。

この年、ホンダは250ccと350ccのオートバイをカリフォルニア州ロサンゼルスで発売しようと計画していた。だが事前の走行テストで、このクラスのホンダ製バイクはアメリカの道路事情やアメリカで求められる航続距離に合わないことが判明。これでは売れない、と現場は判断した。一方、ロサンゼルスに駐在するホンダの販売員3人は50ccのスーパーカブで市内を走り回っていた。日本でこそ飛ぶように売れていたが、パワー重視のアメリカ市場では通用しないと思われていたバイクだ。ところが小売大手のシアーズ・ローバックがこれに目をつけ、スーパーカブをアメリカで売りたいと申し出た。駐在員らは本社に、250cc級ではなくスーパーカブでアメリカ進出を果たすべきではないかと提案した。すると本社は現場の意見を入れて方針を転換した。結果、ホンダはアメリカ市場ですばらしい成功を収めたのだった。センゲの理論で言えば「現場の声がトップに届き、尊重された例」である。

先例を疑え

センゲの「学習する組織」の概念は、先人たちの知恵をふまえたものだ。たとえば1977年に、ハーバード大学のクリス・アージリスは学習の二重構造に着目し、会社も従業員も従来の思考方式を見つめ直せば学習能力や生産性を向上できると論じた。翌年にはマサチューセッツ工科大学教授のドナルド・ショーンの協力を得て、有名な『組織的学習:行動パースペクティブの理論』を著し、「二重目の学習」などの仮説を深化させた。

さかのぼれば、組織内学習に関する

> 個人の学習なくして
> 組織の学習なし。
> クリス・アージリス&
> ドナルド・ショーン

科学的研究は20世紀半ばに始まっている。当時の主な理論は2つで、まずはイェール大学のチャールズ・リンドブロムが1959年に、組織内の行動は将来的な予測よりも歴史的な先例に基づきがちだと論じた。次にはリチャード・サイアートとジェームズ・マーチが1963年の論文で、組織内の行動は決められた手順や常識、会社の採用している技術などのルーティン(決まり事)に左右されると指摘した。どちらも組織内行動のネガティブな面に着目した研究で、後に続いたアージリスやセンゲはこれらの知見に基づき、ネガティブな傾向を克服する道を探った。「学習する組織」の概念が登場した1990年代はいわゆる「不確実性の時代」で、事業運営がインターネットなどの最新技術に振り回されていた時代でもある。

1993年には英サセックス大学の科学政策部門に属する研究員マーク・ドジソンが、経済の不確実性と技術の急速な変化により企業内のあらゆるレベ

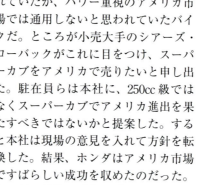

ホンダのスーパーカブはアメリカ市場でも大成功を収めた。経営陣が現場の判断を信じ、アメリカでは「マッチョな」バイクしか売れないという偏見を打破したからだ。

組織的学習では学習の輪を二重に想定する。一重目の学習では具体的な過ちが学習・修正され、二重目では過ちを招いた原因が学習・修正される。

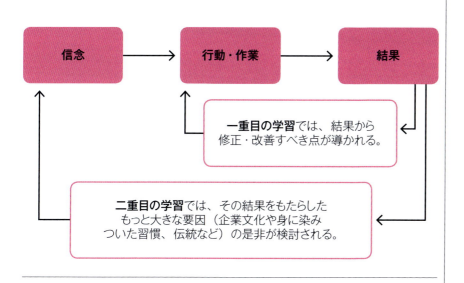

ルで学習の重要性が増していると指摘、学習こそ適応の最高の方法だとする心理学的な知見にも言及している。ドジソンも「組織的学習」（具体的な事例から組織が教訓を得ること）と「学習する組織」（継続的な学習の概念を組織が採り入れ、実行していくこと）の違いを強調している。

センゲの見るところ、継続的な学習に努力する企業は市場における競争で優位に立ちやすいという。■

ピーター・センゲ

著名な経営学者で組織学習の専門家ピーター・センゲは1947年、カリフォルニア州スタンフォードに生まれ、スタンフォード大学で航空工学を学んだ。その後マサチューセッツ工科大学（MIT）で社会システム学修士号、経営学博士号を取得、現在はMITスローン経営学大学院の上級講師。国際的な組織学習協会（SoL）の創設者・会長でもある。

センゲは「学習する組織」の概念を提唱し、新しいアイデアを受け入れ、従来のやり方を反省し、従業員の能力向上に務めるような組織づくりの重要性を説いた。「学習する組織は常に自らの能力を拡大し、未来を切り開いていく」のだ。

1999年には「ビジネス・ストラテジー」誌によって、20世紀の事業戦略に大きな影響を与えた24人の「世紀の戦略家」の一人に選ばれている。

主な著作

1990年　『最強組織の法則』
1999年　『フィールドブック 学習する組織「10の変革課題」』

ビジネスの未来は「少しずつ」をたくさん売るにあり
尻尾の長さ

背景知識

テーマ
需要曲線

歴史に学ぶ

1838年 フランスの数学家アントワーヌ・オーギュスタン・クールノーが需要と供給の関係を表すグラフを考案した。

1890年 イギリスの経済学者アルフレッド・マーシャルが『経済学原理』で需要曲線の概念を提唱した。

20世紀全般 たいていの場合、会社が売る商品の種類は限られていた。そして一部の人気商品が売上げと利益の過半をたたき出していた。

1990年代 インターネットが出現し、その破壊力で経済や社会の常識を変え始めた。

2004年 クリス・アンダーソンがロングテール（長い尻尾）という言葉で、需要曲線の頭の部分より尻尾のほうで大きな売上げが生まれる可能性を示唆した。

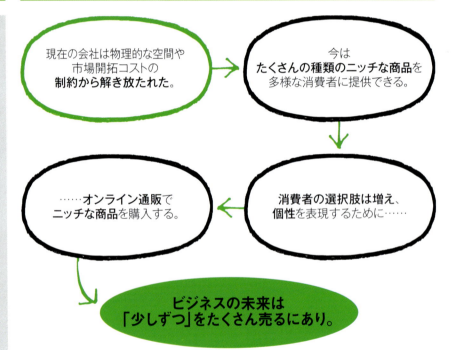

クリス・アンダーソンの「ロングテール（長い尻尾）」理論は経済学の常識を覆す。過去には、限られた種類の製品を大量に売るのが成功の秘訣だった。しかしアンダーソンによれば、これからの会社は「少しずつ」でもたくさんの種類を売ればいい。

今やグローバル経済の大動脈はインターネットであり、そこでの主役は伝統的な主要製品・市場（需要曲線の頭部に示される）から無数のニッチ（すき間）な、つまり少量生産の製品・市場（尻尾の部分）に移りつつある。従来の需要曲線は縦軸に価格を、横軸に販売量をとり、買う人がたくさんいれば価格が下がることを示していた。しかしアンダーソンは縦軸に売上げを、横軸に商品（の種類）数をとり、これからは多くの分野で、需要の少ないニッチ製品

ビジョンを忘れるな 209

参照： 起業は失敗を乗り越えてこそ 20-21 ■ 勝ち残るためのエッジを磨く 32-39 ■ 身軽に起業する 62-63 ■ 枠をはみ出す発想 88-89 ■ 小さいことはいいことだ 172-77 ■ Mコマース 276-77 ■ ビッグデータの活用 316-17

（長い尻尾の部分）が成長の原動力になると考える。

量より種類

かつて、供給は生産コストや物理的な在庫スペース、流通コストの制約を受けていた。しかし製造過程のデジタル化（多品種少量生産）とオンライン受発注、さらに流通の電子化（音楽やゲームなど）により、旧来の制約の多くは取り除かれた。だから個々の販売数は少なくても、商品の品揃えが巨大であれば今まで以上の売上げ・利益を生むことが可能だ。

音楽や本、映画などはロングテール理論のあてはまる典型的な例だ。地上の伝統的な書店は、売り場面積の制約があるので売れ筋の本しか置けない。しかしアマゾンは自社サイト上に、あらゆる本を並べられる。永久に1冊も売れないであろうタイトルも並べておける。その巨大な倉庫にも在庫していない本の注文を受けた場合は、出版社から読者に直送してもらえばいい。こうした1冊ごとの売上げを積み重ねれば、ベストセラーの売上げや利益を上回ることも可能になる。

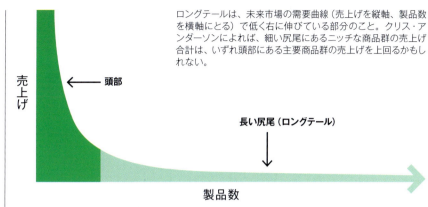

ロングテールは、未来市場の需要曲線（売上げを縦軸、製品数を横軸にとる）で低く右に伸びている部分のこと。クリス・アンダーソンによれば、細い尻尾にあるニッチな商品群の売上げ合計は、いずれ頭部にある主要商品群の売上げを上回るかもしれない。

音楽の世界ではアップルのデジタル音楽市場 iTunes が膨大なタイトル数を誇っているし、ネットフリックス（Netflix）は膨大な数の映像作品をストリーミングで配信している。こうして供給側がほとんど無限の選択肢を提供すれば、好みに合ったものを見つけた消費者はきっと買いたくなるだろう。

アジアは巨大で有望な市場だが、多くの異なる文化によって細分化されている。言い換えれば、どの国にもたくさんのニッチ市場がある。だから画一的な商品ではなく、言語や民族の違いに応じてアレンジした商品を提供すればいい。

すでにロングテールの存在に気づき、アジアの多様性をチャンスに変えている新興企業もある。たとえばブランドトロジーという会社は、さまざまな言語で交わされるチャットやソーシャルメディア上のメッセージを解析し、シンガポールと香港の顧客に提供している。広東語や日本語、韓国語などを母国語とするスタッフをそろえ、それぞれの言語のソーシャルメディアから集めた情報を解析し、それぞれの文化圏での流行や社会現象に関する深い知識を提供するのである。■

クリス・アンダーソン

ジャーナリストで起業家でもあるクリス・アンダーソンは1961年にロンドンで生まれ、5歳のとき家族に連れられてアメリカに移住。ジョージ・ワシントン大学で物理学を、カリフォルニア大学バークレー校で量子力学と科学ジャーナリズムを学んだ後、一時はロスアラモス国立研究所にも在籍した。有力な科学雑誌「ネイチャー」と「サイエンス」の編集部を経て、英誌「エコノミスト」に移り、ロンドン、香港、ニューヨークに赴任してテクノロジーや米ビジネスの担当エディターとして活躍した。

2001年に「ワイアード」誌に参加、2012年まで編集長を務めた。現在はカリフォルニア州バークレー在住。無人機製造の3DロボティクスでCEOを務める。

主な著作

2004年	「ザ・ロングテール」（「ワイアード」誌に載せた記事）
2006年	『ロングテール』
2012年	『メイカーズ—21世紀の産業革命が始まる』

先行きを楽観したければ、日頃から地獄への備えを忘れずに
万が一の備え

背景知識

テーマ
事業継続のリスク

歴史に学ぶ

1947-1991年 東西冷戦の時代、各国の政府や多国籍企業は核戦争などの不測の事態に備える対応策を準備していた。

1990年代後半 世界中の政府や企業が、いわゆるY2K問題（西暦2000年になったとたんにコンピュータの日付認識が狂い、大混乱が生じる事態）に伴うトラブル回避の対策に取り組んだ。

2010年 自然災害対策が不十分だったため、アイスランドで大規模な火山噴火が起きたとき欧州北部上空を通過する主要航空路が閉鎖された。人と貨物の移動が規制されたことで多くの企業が打撃を受けた。

2012年 金融危機が長引くなか、各国の企業はユーロ圏の崩壊という最悪の事態に備える対策の立案を急いだ。

この世の中、物事が計画どおりにいくことは珍しい。だから会社は日頃から市場の急激な変化に対する備えを固め、いざとなっても日々の業務に支障をきたさないようにしておく必要がある。

こうした緊急時対策では、さまざまな危機発生時にとるべき行動を決めておく。主要な部品会社の倒産といった業界内の危機もあれば、人災や天災、大規模停電などの技術的災害もある。あらゆる事態を想定し、その発生確率を算出し、損害を最小化するための対策を立てることだ。災害は避けられないが、備えがあれば復旧も早いはずだ。

優先順位を決める

こうした対策の立案では、いかにして重要業務を継続するかが大問題だ。顧客からの問い合わせにコールセンターを利用している会社なら、そこが洪水の被害を受けた場合に備えて代替施設を用意しておく必要がある。スタッフの出勤が困難になる事態に備え、在宅勤務を可能にする情報インフラの整備も必要だろう。

2011年3月には地震と大津波が日本の東北部を襲ったが、建造物の耐震性強化や早期警戒システムの整備などで少なからぬ被害が防がれ、救援・支援活動の立ち上げ・調整も早かったので多くの人命が救われた。対策が万全だった企業は、その日のうちに操業を再開できた。予測不能な大規模自然災害でも、備えがあれば被害を最小化できるのである。■

計画づくりの失敗は、
計画的な失敗に等しい。
ウィンストン・チャーチル
元イギリス首相（1874-1965）

参照： リスク管理 40-41 ■ 失敗に学ぶ 164-65 ■ 自己満足の罠 194-201 ■ 万全のシナリオ 211 ■ カオスに備える 220-21

ビジョンを忘れるな 211

「ありえない！」を想定してクリエイティブな対策を
万全のシナリオ

背景知識

テーマ
事業継続のプラン

歴史に学ぶ
19世紀前半 プロシア（現ドイツ）の軍略家カール・フォン・クラウゼヴィッツが戦略論を著す。

1940年代 米空軍が敵の先制攻撃を想定して、複数の反撃戦略を用意した。

1960年代 アメリカの未来学者で軍略家のハーマン・カーンが、政府も民間も「ありえないことを考え」て未来のシナリオを用意すべきだと論じた。

1973年 中東情勢の悪化でOPEC（石油輸出国機構）が主要国への禁輸措置を決定。世界中でオイルショックが起きた。

21世紀 各国の政府や民間部門が、食糧や水、エネルギーの不足や人口爆発にそなえて複数のシナリオを用意するようになった。

災害・事故対策はもっぱら突発的・一時的な危機に備えるものだが、政情不安や人口構成の変化など、今までとは違う「異質な未来」に備えることも必要で、こちらはシナリオ・プランニングと呼ばれる。もとは軍隊で使われていたプロセスだが、「もしも～だったら」という複数の想定をし、それぞれの場合の対応シナリオを書くことになる。

2年後（あるいは5年後、10年後）の世界はどうなっているか。地域レベル、国レベル、世界レベルではどうか。世の中の変化をできるだけ具体的に想定し、その現実性（何％の確率でそうなるか）を検証し、その影響を測り、影響を最小化する策を考え、さらには変化を利して成長する戦略を考える。いくらシナリオを書いても未来の不確実性は減らないが、いざというとき迅速に対応する助けにはなる。

変化への備え

石油大手のロイヤル・ダッチ・シェルは、もう50年も前から各種のシナリオを用意して変化に備えている。最初のうちは直感頼みのシナリオだったが、その後は統計などの科学的根拠にもとづくシナリオを作成し、公表してもいる。ただし公表したシナリオについての論評は一切しない。すればライバル会社や外国政府の判断に影響を与え、シナリオが狂いかねないからだ。

1973年にオイルショックが起きたときも、同社は用意したシナリオに助けられた。もちろん原油価格高騰の影響はこうむったが、そういう事態を見越したシナリオで別の調達先を確保していたので、他社に比べて損害は小さかった。■

1973年にOPECは石油の禁輸に踏み切ったが、シェルは事前に価格高騰の想定シナリオを用意していたのであわてずに対応できた。

参照： リスク管理 40-41 ■ 失敗に学ぶ 164-65 ■ 自己満足の罠 194-201 ■ 万が一の備え 210 ■ カオスに備える 220-21

収益性を左右するのは市場に存在する強力なフォースだ
ポーターの「5つの力」

背景知識

テーマ
競争戦略

歴史に学ぶ

1921年 アメリカの経済統計学者ハロルド・ホテリングが、ある市場で利益を出せるかぎり新規参入が続き、やがて飽和状態に達すると論じた。

1979年 マイケル・ポーターが「ハーバード・ビジネスレビュー」誌に「競争の戦略—5つの要因が競争を支配する」と題する論文を発表した。

2005年 W・チャン・キムとレネ・モボルニュが著書『ブルー・オーシャン戦略』で、既存市場で多くのライバルと競り合うよりも真っ青な海（競争なき市場）を目指すほうがいいと論じた。

2008年 マイケル・ポーターが世界的ベストセラー『競争の戦略』の全面改訂版を刊行した。

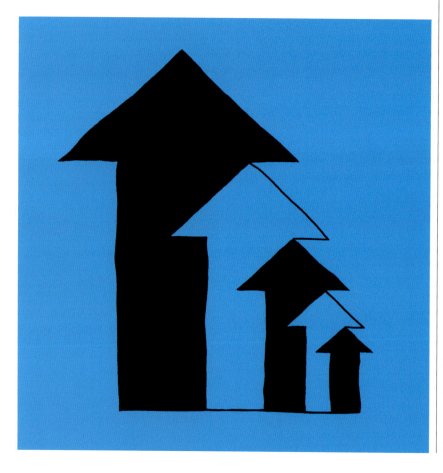

競争というものを理解し、うまく対応しないと会社は生き残れない。だから戦略の立案にあたり、当座の競争相手や最強のライバルに目を向けるのは当然だ。しかし、それだけでは視野が狭すぎる。市場での競争には、もっと別な要因も絡んでいるからだ。1970年代、この点に新たな知見をもたらしたのがマイケル・ポーターだ。

ポーターの1979年の論文「競争の戦略—5つの要因が競争を支配する」によれば、（ライバル会社だけでなく）市場に存在する複数の競争要因（フォース）を正しく理解することが大事で、そうすれば業界（または市場）の構造を把握し、利益率が高くて安定性のある

ビジョンを忘れるな 213

参照：ライバルを知れ 24–27 ■ 勝ち残るためのエッジを磨く 32–39 ■ 市場を率いる 166–69 ■ ポーターの戦略 178–83 ■ 良い戦略、悪い戦略 184–85 ■ バリューチェーン 216–17

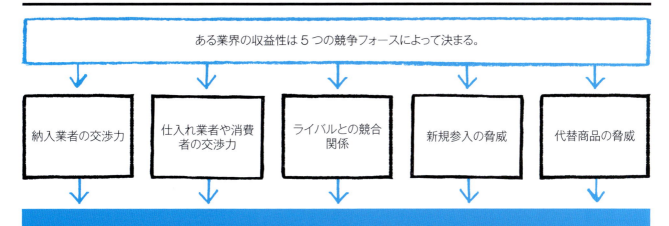

立ち位置を見つけられるはずだ。ポーターによれば、市場の構造を決め、競争のあり方を左右し、結果として収益性を決定づける競争要因は5つだ。一般に「ポーターの5つの力（ファイブ・フォース）」と呼ばれるもので、中心に当面するライバル企業が位置し、それを囲むように納入業者、仕入れ業者・消費者、潜在的な新規参入者、そして代替品が並ぶ。

ポーターのモデル

ポーターは「ファイブ・フォース」モデルの説明に、民間航空業界の例を挙げる。そこでは5つのフォースすべてが強く、従って業界全体の利益率が著しく低いからだ。まず、中心には強力なライバル（物量のアメリカ勢、個性のヴァージン・アトランティック航空、資金力のカタール航空など）が揃っている。価格競争も激しく、顧客は最安・最適なエアラインを自由に選べる。納入業者（機材メーカー、乗務員組合）は寡占状態で、値引きには応じない。新規参入はひっきりなしにある。

そして国内線に限れば代替品（高速鉄道、夜行バス、自動車など）もたっぷりある。

逆に、競争フォースの弱い業界（ソフトウェア、清涼飲料、石鹸など）にいる会社は高い利益率を享受しやすい。もちろん、どんな業界も自然災害や景気の波による影響は避けられないが、そうした影響はふつう短期にとどまる。しかし中長期的には、こうした業界の構造が競争と収益性を左右することになる。他にも製品・サービスの種類や市場の成熟度、法的な規制、技術面の参入障壁などの要因が想定できるが、ポーターの見るところ、いずれも収益性を決定的に左右するものではない。

競合関係のフォース

5つの競争フォースのうち、自社商品の競争力と収益性に最も大きく影響するのは既存ライバル企業との競合関係だ。競争が厳しければシェアの拡大は難しく、利益も確保しにくい。業界内にライバルが多く、業界全体の成長

が遅く、製品の差別化が困難で代替品が容易に手に入り、ライバル各社のシェアが横並びで、顧客のブランド忠誠度が低く、撤退したくても膨大なコストがかかる。そんな業界ほど、競合関係のフォースが大きな意味を持つ。

その典型がシティホテル業界だろう。ニューヨークのような大都市にはたくさんのホテルがある。ただし利用客数は比較的安定していて、急激な伸びは期待できない。同じ価格帯に属するホテルはどこも似たようなもので、

最初の者がカキを食う。
2番目の者には貝殻しか残らない。
アンドリュー・カーネギー
アメリカの鉄鋼王 (1835–1919)

ポーターの「5つの力」

> 5つの競争フォースで
> 規定される業界の構造が、
> その業界における
> 長期の収益性を決定する。
> マイケル・ポーター

チェーン展開のホテル・グループにも図抜けた存在はない。顧客側の選択肢は豊富で、価格比較も簡単にできる。そして巨額の初期投資をしているから、なかなか撤退できない。なんとか差別化したい大手グループは会員カードなどで顧客を囲い込もうと必死だ。

代替品のフォース

競合関係は最も見えやすいが、それが最も深刻な脅威とは限らない。たとえば穀物や鉱石、原油などのコモディティ市場では、もちろん競争は熾烈だが、利益率を抑える究極の要因ではない。もっと恐いのは「代替品」のフォースだ。こうした市場では、安い(あるいは品質のいい)代替品が容易に見つかる。しかも、仕入れ先をA社からB社に変更するコストは微々たるものだ。消費者レベルでも、ブラジル産のコーヒーをペルー産に替えるコストは、移動手段を自転車から自動車に替えるコストに比べると格段に低い。

一部の業界では、こうした代替品のフォースに対抗する策を講じている。たとえば清涼飲料メーカーは、自社ブランド専用の自販機(当然、他ブランドの代替品が入り込む余地はない)を増やしている。

買い手のフォース

買い手(仕入れ業者や消費者)の力が強ければ、メーカーに価格引き下げや品質向上を要求しやすい。どちらもメーカー側の利益を圧迫する要因となる。価格を下げれば実入りが減るし、品質を上げればコストが増えるからだ。買い手のフォースが最も強くなるのは、少数の買い手が大量に仕入れ、最終消費者への流通経路を握っていて、消費者が価格に敏感で、かつ代替品がたくさんあり、代替品への乗り換えコストが低い場合だ。買い手(大手スーパーなど)が自ら生産に乗り出すこともありうるから、メーカー側は苦しい。

食品や飲料の業界では、特に大手スーパーの発言力が強い。牛乳や卵など、特売品になりがちな商品の場合はなおさらだ。イギリスでも、酪農業者はスーパーの圧力に屈して赤字覚悟で出荷することがあるという。

納入業者のフォース

部品や原料の納入業者のフォースが強ければ、メーカーは高値で部品や原料を仕入れざるをえず、したがって利益が圧迫される。納入業者のフォースが最も強くなるのは、メーカーが多いのに部品や原料の納入業者は少なく、少ない納入業者が限られた資源を独占していて、別な原料や部品への乗り換えが容易でなく、そもそも代替品や代替業者がない場合だ。規模の大きい納入業者なら、自ら生産に乗り出すかもしれない。

納入業者が限られている典型的な商品は石油だ。産油国の力は強大で、OPEC(石油輸出国機構)が1973年に欧米諸国への禁輸を決めたときはパニックが起き、原油価格は4倍にも高騰した。

新規参入のフォース

利益率が高く参入障壁の低い市場があれば、新規参入が相次いで競争が激化し、結果として利益率が下がるのは時間の問題だ。もちろん既存の企業は、なんとか新規参入を阻もうと考えるだろう。しかし法的規制を含めた参入障壁が低く、消費者がブランドにこだわらず、かつ規模の利益を期待しやすい市場であれば新規参入のフォースは高まる。先行する各社のブランド力が弱く、その技術が特許などで保護されておらず、その製品が差別化しにくい場合はなおさらだ。

逆に、PC向けソフトウェアの市場では新規参入フォースが弱い。「ウィンドウズ95」以来、マイクロソフトが圧倒的なシェアを誇っていて、新規参入のうまみがないからだ。

立ち位置を選ぶ

競争フォースに規定された業界構造がわかったとして、ではどこに自社の生きる道を見つけるか。その例として、ポーターが紹介しているのはアメリカの大型トラック製造会社パッカーだ。

食品や飲料の業界では買い手のフォースが強く作用する。なぜなら価格的にも品質的にも代替品がいくらでもあるからだ。

ビジョンを忘れるな 215

ホテル業界では競合関係のフォースが強く作用する。大手のホテル・チェーンは会員カードの発行などで顧客の囲い込みに努めている。

買い手のフォースと競合関係のフォースが強い業界にあって、パッカーはいかにして生き残る道を見つけたか。

　大型トラックの市場では有力な運送会社（買い手）の発言力が圧倒的に強く、ニッチ（すき間）市場はないと考えられていた。しかし西海岸のワシントン州に本社を置くパッカーは、いわゆる「一匹狼」の運送業者に目を向けた。彼らは自分の所有するトラックに誇りを持ち、その1台に生活がかかっているから、大手ほど値段にうるさくない。高くても信頼でき、自分の好みに合ったトラックを欲しがる。

　そこでパッカーは、一匹狼タイプが欲しがるオプション（豪華な仮眠スペース、革張りのシート、室内の防音、見かけの格好よさ、など）をたくさん用意した。そして顧客の好みをデータベース化して販売店に提供した。保守サービスの機動性も高め、空力学的に燃費の改善につながる車体デザインも採用した。結果、同社は68年以上も黒字を出し続け、平均以上の配当も払い続けている。

　このように、ポーターの「5つの力」のモデルは業種を問わずに適用でき、それぞれのフォースも容易に算定できる。膨大なデータをうまく使って有効なサバイバル戦略を生み出す手段を、ポーターのモデルは現場のマネジャーに提供したのである。■

マイケル・ポーター

　マイケル・ポーターは1947年、ミシガン州で職業軍人の家庭に生まれた。父親の勤務の関係で、幼時には世界各地を転々とした。自身も兵役を務めた後、プリンストン大学で航空・機械工学を学んで1969年に卒業。71年にハーバード大学ビジネススクールでMBA、73年に同大学で経営・経済学の博士号を取得。

　経営や競争力に関する論文は125を超え、著作は18冊。企業経営のみならず国家や地域、社会、医療などの分野でも活発に発言している。各国の政府機関や企業、非営利団体にも助言している。

主な著作

1980年	『競争の戦略』
1985年	『競争優位の戦略』
1990年	『国の競争優位』

大事なのは
競争フォースに立ち向かい、
それを有利な方向に変える戦略だ。
マイケル・ポーター

競争上の優位がないところには手を出すな
バリューチェーン

背景知識

テーマ
競争上の優位

歴史に学ぶ

1933年 アメリカの経済学者エドワード・チェンバレンが『独占的競争の理論』で製品差別化の概念を提起した。

1970年代 欧米市場を日本製品が席巻するようになり、欧米企業は競争上の優位を失ったことに気づかされた。

1979年 米コンサルタントのアル・ライスとジャック・トラウトが『ポジショニング戦略』で、ライバルの弱点を突いて優位に立つ戦略を提唱した。

1985年 マイケル・ポーターが『競争優位の戦略』で、競争優位とバリューチェーンの理論を展開した。

製品やサービスを生み出し、提供するまでの一連の活動を**バリューチェーン**と呼ぶ。

↓

このチェーンには**主たる活動と二次的な（支援）活動**が含まれる。

↓

主たる活動に含まれるのは
仕入れ、製造、出荷、
マーケティング・販売、
アフターサービスなど。

二次的な活動に含まれるのは
購買、人事、技術、
社内インフラなど。

↓

バリューチェーンの分析により、どこで
コスト面の（または差別化による）優位を実現できるかを見つけ出せる。

ライバルより少しでも多く売り、少しでも多く利益を上げたいから、会社は必死で競争上の優位に立ち、そのポジションを維持したいと思う。GEを巨大企業に育てあげたジャック・ウェルチは「競争上の優位がない事業には手を出すな」と言いきっている。

ビジネス戦略論の大家マイケル・ポーターによれば、いわゆる「競争優位」にはコスト面の優位と差別化による（品質面の）優位がある。では、どうすれば優位に立てるか。それを理解するには、原材料が完成品となり顧客の手

参照：市場を率いる 166–69 ■ ポーターの戦略 178–83 ■
良い戦略、悪い戦略 184–85 ■ ポーターの「5つの力」 212–15

ビジョンを忘れるな

に届くまでの一連の活動(ポーターの用語では「バリューチェーン」)に注目することが必要だ。バリューチェーンには製品絡みの活動(原材料や部品の仕入れ、製造、アフターサービス)と市場絡みの活動(出荷・配送、マーケティング、販売)が含まれるが、どの段階でも価値を生み出すことは可能であり、その成否が競争優位の確保に関わってくる。

競争優位の確保

どれか1つにこだわり、そこで競争優位を築くと決めてかかるのではなく、すべての活動に目を向けることが大切だ。たとえばメルセデス・ベンツは、その品質で徹底した差別化を実現するだけでなく、アフターサービスの充実でもライバルの追随を許さない。またバリューチェーンの各段階を精査すれば、外注に適した作業が見つかるかもしれない。外注で人件費を節約すれば、そこにコスト面の優位が生まれるだろう。

バリューチェーンにおける主たる活動は、一連の二次的な活動に支えられている。購買、人事、技術(研究開発を含む)、社内インフラ(財務、法務など)であり、こうした活動でも価値を生み出し、競争優位を確保できる。二次的活動は「間接費」とみなされがちだが、技術の活用で効率を改善すれば、そこに価値が生まれることになる。

これらは水平的なバリューチェーンだが、垂直的なバリューシステムもある。製造業の場合なら、川上に位置する部品会社や川下に位置する配送業者との関係がそうだ。会社は自らのバリューチェーンだけでなく、自社を含むバリューシステムの一部としても活動している。だからそこで価値を生み出せば、やはり競争優位につなげられる。

もしもシェアが1桁台で、
しかもライバルが大企業なら、
残された道は差別化か死だ。
マイケル・デル
デル・コンピュータ創業者 (1965–)

価値の再定義

価値の創出と競争優位に関するポーターの学説は各方面に多大な影響を与えただけでなく、さらに改良されてもいる。たとえば1993年には経営学者のリチャード・ノーマンとラファエル・ラミレスが、複雑さを増した90年代の市場にあっては「チェーン」という直線的な考え方だけでは不十分で、価値の概念を再定義する必要があると論じた。また95年には実務家のジェフリー・レイポートらがインターネット空間の特性に注目し、ネット上のバリューチェーンに存在する活動にも価値を加えられると論じている。■

ベネトンのカラー戦略

1960年代にイタリアのベネトン一族が創業したファッション・ブランド「ベネトン」は、一貫して大胆なブランド・イメージを打ち出すことで差別化に成功してきた。その過程で同社は仕入れから配送まで、バリューチェーンの各段階を見直して顧客満足度の向上に努めてきた。

最新の流行に対応するため、製造業者はベネトンの服の多くを最初は染色せずに用意しておく。そうして出荷直前に、流行に合わせて染め分ける。製造段階のコストはかかるが、流通段階の在庫や売れ残りを減らせるし、顧客にも喜ばれる。また製品は工場からショップへ直送され、すぐ店頭に並ぶ。こうして強力なバリューチェーンができたからコストを抑制でき、市場の微妙な変化に迅速に対応することも可能になった。現在、ベネトンは120以上の国に6500以上のショップを展開。年間売上げは20億ユーロを超える。

ベネトンのバリューチェーンはブランドの差別化に役立っている。出荷直前に服を染め分けることで流行の変化にすばやく対応しているからだ。

居場所を知らなければ地図は役に立たない

能力を育てる

背景知識

テーマ
プロセス管理

歴史に学ぶ
1899年 アメリカのエンジニア兼コンサルタントのヘンリー・ガントが、スケジュール管理の「ガント・チャート」を作成した。

1970年代 データの流れを構造的に分析するため、データフローのダイアグラムが開発された。

1979年 フィリップ・B・クロスビーが著書『クオリティ・マネジメント』で、品質管理の成熟グリッドを発表。

1988年 ワッツ・S・ハンフリーがIEEEソフトウェア誌に発表した論文でCMM（能力成熟モデル）を発表。

2003年 アンドリュー・スパニイが著書『プロセス管理はチーム競技だ』で、戦略が事業プロセス・デザインを決め、それが組織デザインを決めると説いた。

CMMのレベル1：
プロセスは場当たり的で、ほとんど統制が効かない。

CMMのレベル2：
プロジェクトに応じたプロセスが固まり始め、反復が可能になる。

CMMのレベル3：
プロセスが定義され、積極的に実行される。

CMMのレベル4：
プロセスの測定・管理が可能になる。

CMMのレベル5：
注意深いモニタリングによりプロセスが最適化される。

プロセスとは、ある結果を出すために行われる一連の活動を意味する。目的は商品の製造から請求書の処理、顧客対応など、さまざまだ。近代経済学の父アダム・スミスは18世紀のイギリスで、ピン製造工場を観察する中で「分業」のアイデアを思いついた。複雑な作業を多くの単純作業に分割し、それぞれの専門家に委ねて生産性の向上を期すというアイデアだ。

プロセスの成熟

あるプロセスにおける一連のステップはフローチャートで表現できる。CMM（能力成熟モデル）の開発者ワッツ・ハンフリーが言うように、まずは自分が「プロセスの中のどこにいるか」を知ることが大事だ。ハンフリーによれば、プロセスの改善は生物の進化に似て、徐々に小さなステップを刻んでいくもので、決して急激に変わるものではない。CMMは、そうした改善の積み重ねを5つの段階として示した。

実をいえば、CMMは米空軍の資金援助の下で開発され、もともとは軍用ソフトウェアの開発を外部委託する際に業者を評価する目的で用いられた。しかし今では、広くビジネスにおける各種プロセスの成熟度評価に、とりわ

ビジョンを忘れるな 219

参照：仕事の仕方を進化させる 48-51 ■ 適応し、変身・刷新する 52-57 ■ シンプル・イズ・ベスト 296-99 ■ 日々の「カイゼン（改善）」302-09 ■ 非常事態に備える 328-29 ■ ベンチマーキング 330-31

アダム・スミスがピン工場の製造工程を観察し、プロセス全体を複数の単純なステップに分割すれば生産性が 240 〜 4800 倍も上がることに気づいた。

けITサービスの管理や社内システムの評価に使われることが多い。

CMMは、会社やチームがプロセスを成熟させていく過程を5つのレベルに分ける。レベル1では、みんな手探りで仕事をしていて、決まり事はないに等しい。これがレベル2になるとプロセスの形が見えてきて、一定の規律が生まれる。レベル3ではプロセスが定義され、標準化され、積極的に実行される。レベル4になると、プロセスは管理され、しっかりモニターされている。レベル5は完成形で、モニタリングやフィードバックによりプロセスが常に最適な状態で維持される。

業界比較

CMMは、同一業界内で異なる会社の能力を比較するのに使える。たとえばソフトウェア開発プロセスの成熟度などだ。IT系プロジェクトにおけるソフトウェア開発やシステム導入のプロセスはますます複雑になっており、その成否は会社の全部門に大きな影響を及ぼす。またCMMは組織内の諸プロセスがきちんと標準化されているか否かを判定できるので、プロジェクト管理やリスク管理、人材管理、システム・エンジニアリングなどの評価にも使える。社内の諸プロセスを改善したいマネジャーは、まずCMMで現状を把握し、次なる行動を考えるといい。また「改善」が具体的に何を意味するかを定義するのにも役立つだろう。■

目的は、
みんなが自分の働き方について
考え、どう改善できるかを
考えること。
ワッツ・S・ハンフリー

ワッツ・S・ハンフリー

「ソフトウェア品質の父」と呼ばれるワッツ・ハンフリーは1927年、米ミシガン州の生まれ。その問題解決能力は父親譲りだという。失読症に苦しみながらも高校を卒業後、米海軍の一員として第二次世界大戦を戦った。

復員後に大学で物理学を学び、後にシカゴ大学大学院でMBAを取得。卒業後はペンシルベニア州のカーネギー・メロン大学ソフトウェア工学研究所に籍をおき、ソフトウェア・プロセス・プログラムを創設し、ソフト開発プロセスの解明と管理に力を注いだ。

有名なCMMはこの時期に考案され、さらにPSP（個人ソフトウェア・プロセス）とTSP（チーム・ソフトウェア・プロセス）が続いた。後者は後にアドビやオラクルなどの有名企業で採用された。2003年にはナショナル・メダル・オブ・テクノロジーを受賞。妻バーバラとともに7人の子を育て、2010年10月28日、フロリダ州の自宅で死去。83歳だった。

主な著作

1995年	『パーソナルソフトウェアプロセス技法—能力向上の決め手』
1999年	『チームソフトウェア開発ガイド』
2005年	『ガイドブック—ソフトウェアエンジニア自己改善』

カオスは居心地悪い。でもその先には創造と成長が待っている
カオスに備える

背景知識

テーマ
変化と不確実性

歴史に学ぶ
1992年 M・ミッチェル・ワールドロップが『Complexity（複雑系）』で、複雑系の科学を概説した。

1997年 ショーナ・ブラウンが、カオスの周縁部（edge）では企業が変化に順応でき、崩壊を避けられると論じた。

2000年 リチャード・パスカル、マーク・マイルマン、リンダ・ジオヤが『カオスを乗り切る』で、経営システムが固まりすぎると独創的で革新的なものは何も生まれないとした。

2000年 ドットコム・バブルが崩壊、金融システムに衝撃が走った。

2001年9月11日 アメリカ本土を襲った同時多発テロは世界中の金融・経済システムに影響を及ぼした。

　トップダウンの階層的企業構造は産業革命の時代にさかのぼる。当時は経営がすべてを仕切っていた。しかし今はまったく異なるアプローチが求められる。

　21世紀最初の10年間には、世界各地で破壊的な事態が起きた。急速な技術の発展や新興国の台頭、世界秩序の崩壊もあって、企業にとっても不確実性こそが現実となった。会社組織も従来よりフラットに、統制より協調と柔軟性を重んじるものに変わらねばならない。大切なのはカオス（混沌）に溺れず、カオスを管理すること。アメリカの政治家トム・バレットが言うように「カオスは居心地悪いが、その先にはきっと創造と成長が待っている」のだ。

カオスの管理

　天候など複雑系のパターンを解明するカオス理論は組織にも適用できる。よきリーダーシップと明確なビジョン、開かれたコミュニケーション、そして強力な価値観があれば、カオスにも柔軟に対処できる。明確な限界を決めた上で従業員やチームには最大限の自主性と決定権を与えること。付与する権利・責任のレベルが高ければ高いほど創造と成長への意欲が高まり、結果もついてくるはずだ。

　会社の戦略は固定せず、常に見直して、顧客に提供する価値を高め、変化する外部環境への対応を怠らないことが必要だ。経営陣が柔軟であれば、スタッフはやる気を出し、環境変化にも迅速に対応しやすい。外部のパートナー企業とも、単なる取引を超えた協調関係を築くといい。そうすれば互いに適応力を高め、共に学べる。

カオスは創造の源

　社内の組織再編や変化がカオスをもたらすこともある。この場合も、積極的に従業員に参加してもらうことが必要だ。たとえば、2008年金融危機の

カオス理論によれば、複雑系の状態は初期条件に大きく左右される。日本のチョウの羽ばたきが連鎖反応を引き起こし海のむこうのハリケーンにつながる可能性もある。

ビジョンを忘れるな 221

参照： リスク管理 40-41 ■ 適応し、変身・刷新する 52-57 ■
創造と革新 72-73 ■ 自己満足の罠 194-201

```
┌─────────────────────┐    ┌─────────────────────┐
│ 経済、社会、政治の動きが │    │ 新しい技術が         │
│ カオスをもたらす。     │    │ さらに不確実性を増す。│
└──────────┬──────────┘    └──────────┬──────────┘
           │                          │
           ▼                          ▼
┌─────────────────────────────────────────────────┐
│ もはや厳密な統制は利かず、経営には柔軟性が求められる。│
└────────────────────────┬────────────────────────┘
                         ▼
┌─────────────────────────────────────────────────┐
│ 従業員のもつ情報と関与の度合いを増やせば、         │
│ よりクリエイティブになり、会社の柔軟性や変化を助けてくれる。│
└────────────────────────┬────────────────────────┘
                         ▼
┌─────────────────────────────────────────────────┐
│        カオスは居心地悪い。                       │
│        でもその先には創造と成長が待っている。     │
└─────────────────────────────────────────────────┘
```

カオスをチャンスに

トム・ピーターズの『経営革命』は、奇しくも1987年10月19日のブラックマンデー（世界中で株価が暴落した日）に発売された。絶妙なタイミングである。同書でピーターズは、未来は変化の連続であり、経営の常識が通じなくなり、100年続いた大量生産・大量販売の時代が終わるかもしれないと述べていた。

予想は当たった。予測可能なビジネス環境は消え去り、経営者もマネジャーも変化を受け入れざるをえない時代が来た。未来の勝者は前向きにカオスと向き合い、そこに新たな商機を見出す者だろうという予言も正しかった。これからの時代、生き残れるのは常に自社製品やサービスに新たな品質と価値を加え、移ろいやすい顧客の要望に応えて提供していける企業だけだ。この劇的な変化を、ピーターズは「革命」と呼んだ。

あおりで英HBOS（ハリファックス・バンク・オブ・スコットランド）がロイズTSBに救済合併された事例だ。それは欧州金融界で最も複雑な企業統合だった。前代未聞の外的なカオス（金融危機後の世界的な景気低迷）に加え、内部的なカオスも桁違いだった。なにしろ6000の支店と3000万の顧客を統合し、イギリス最大の銀行に生まれ変わらせるのだ。新しいビジョン、新しい仕事のやり方を確立する必要があったし、ITシステムや企業文化の違いを克服する必要もあった。もちろん顧客を安心させる情報発信も。

こういうケースで最大の難関は、買収された企業の従業員のモチベーションを維持することだ。彼らは顧客対応で疲れているし、人員整理の不安に怯えてもいる。だからこそ組織改革に関する丁寧な説明など、毎日のコミュニケーションが大事であり、問題解決やビジョン共有のための場を設けることも必要になる。そしてスタッフや顧客からのアイデアを吸い上げ、真摯に検討すること。そうすれば統合後の会社はカオスを克服するだけでなく、それを新たな成長の糧に変えていけるだろう。■

過去への執着は無意味だ。
かつて当然だった安定は
二度と戻らない。
トム・ピーターズ

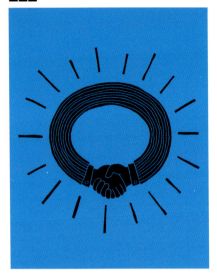

ずるがしこいより、愚直がいい。常に正しいことをしよう
経営のモラル

かつてアメリカの作家マーク・トウェインは、「常に正しいことをする」べきだと書いた。しかし、誰もがそうするとは限らない。ビジネスの世界でも、エンロンやリーマン・ブラザーズなど、派手なスキャンダルの末に信用を失い、立ち直れなかった会社がある。

目的のためなら手段を選ばぬ人もいる。19世紀後半にアメリカの石油業界を支配したジョン・D・ロックフェラーは、ライバルを閉め出すためなら平気で汚い手も使った。今でも競争に勝って会社を潤し、あわよくば私腹も肥やすためなら違法を承知で電話を盗聴し、あるいは談合に加わる人がいる。2013年には化学大手の米ダウ・ケミカルが価格操作を摘発され、12億ドルの罰金を請求されている。

株主の圧力に負け、あるいは業績連動型の報酬を増やしたい一心で、つい違法行為の誘いに乗ってしまう経営者もいる。株価の動きや会社の市場価値（株式の時価総額）も、時に甘い罠となる。たとえば1980年代には、ライバル会社ディスティラーズの買収をねらうビール大手ギネスの幹部が、不正に自社の株価を押し上げている。

しかし今は監視の目が光っていて、今まで以上に企業のモラルが問われている。2011年から13年にかけてはいくつかの多国籍企業が、税金逃れのために利益を他国へ移転させていると非難された。彼らのやり方は違法ではなかったが、それでもモラルに反するとみなされた。結果として消費者の見る目が変われば、いずれ隠すほどの利益は出なくなるだろう。■

2013年には一部の石油会社が、価格評価プロセスへの他社の参加を妨害し、結果的に価格を歪めたとしてEU（欧州連合）独禁当局の調査を受けた。

背景知識

テーマ
責任とモラル

歴史に学ぶ

1265年 イタリアの神学者トマス・アクィナスが「何人（なんぴと）も、その価値よりも高値でモノを売ってはならない」と説いた。

1807年 英米両国が大西洋を越えての奴隷売買を禁止。

1948年 国連が世界人権宣言を採択。

1970年 米経済学者ミルトン・フリードマンが、「企業の社会的責任は自らの利益を増やすことにある」と主張した。

1970年代 「企業倫理」という語がアメリカで広く使われるようになった。

2011年 国連人権委員会が「企業と人権の指針」を発表、企業活動と人権に関する国際標準を示した。

参照：法令・規則の順守 120-23 ■ 自分の報酬より会社の利益 124-25 ■ 談合は論外 223 ■ 企業文化と倫理 224-27 ■ 企業倫理の確立 270

「ちょっとだけ」でも許されない
談合は論外

背景知識

テーマ
競争の倫理

歴史に学ぶ
11世紀 イギリスで、独占や競争阻害行為を禁じる法律ができた。

13世紀 ボヘミア王ヴァーツラフ二世が、鉄鋼貿易業者の談合による価格つり上げを禁じる命令を出した。

1790年代 フランス革命後、同業者間の話し合いによる価格操作は無効かつ違憲、「自由に敵対する」ものと宣言された。

1890年代 アメリカでシャーマン法が成立、大手企業がライバル各社と手を組んで生産量や価格、市場占有率を操作することは違法となった。

2000年代 リスボン条約により、EU（欧州連合）圏では価格操作を含む「反競争的」な合意が禁じられた。

市場経済では、どんな会社も市場で競い合うもの。価格操作や内緒の取り決めのために「談合」するのは違法だ。しかし談合と協調は紙一重で、これは「協力」で談合ではないと言い張る企業もある。ライバルどうしが「協調」して他の競争相手より優位に立ち、利益を増やそうとするのは今に始まった話ではない。非公開情報をシェアする、商品供給をしぼって値段をつり上げる、話し合いで価格を決めるなど、手口はさまざまだ。2007年には、イギリスの航空会社2社による価格操作がメディアに大きく取り上げられた。BA（ブリティッシュ・エアウェイズ）の従業員がヴァージン・アトランティック航空の社員に、燃費サーチャージの情報を漏らしたのである。BA側は談合を認め、1億2150万ポンドの罰金を支払うことになった。

企業責任

大企業に属していると倫理感覚の麻痺してしまう人もいる。1990年代半ばにはアメリカと韓国、日本の5社が水面下で接触し、リジン（動物の飼料に配合する成分）の価格を国際相場よりつり上げることで合意した。結果、価格はわずか9か月で70％も上がった。関連した会社や個人には莫大な利益が転がり込むはずだった。しかし摘発され、米企業アーチャー・ダニエルズ・ミッドランドの幹部数人が実刑判決を受けた。アメリカ史上最大の独禁法違反事件である。■

> あさはかな私欲の追求が
> 悪いことは
> 以前からわかっていた。
> 今は経済に悪いこともわかった。
> **フランクリン・D・ルーズベルト**
> アメリカ合衆国第32代大統領（1882-45）

参照：法令・規則の順守 120-23 ■ 自分の報酬より会社の利益 124-25 ■ 経営のモラル 222 ■ 企業文化と倫理 224-27 ■ 企業倫理の確立 270

正しいことはやりやすく、悪いことはやりにくく

企業文化と倫理

背景知識

テーマ
企業倫理

歴史に学ぶ

紀元前44年 古代ローマの哲人マルクス・トゥッリウス・キケロが『義務について』で市民たる者の行動規範を論じた。

13世紀 イタリアの神学者トマス・アクィナスが、値段にはモラルが強く反映されると説いた。

20世紀初頭 アメリカ合衆国第26代大統領セオドア・ルーズベルトが、企業は「コミュニティ全体に奉仕」すべきだと呼びかけた。

1987年 エイドリアン・キャドバリーが「ハーバード・ビジネスレビュー」誌に発表した論文「倫理的経営者は自らルールを作る」で、企業の意思決定における倫理観と商業的利益の対立に注目し、世間の目はますます厳しくなっていると指摘した。

会社は利益を生み出すために存在する。これは基本中の基本だが、今はいかにして利益を生み出すかが大きな意味をもつ。

歴史を振り返れば、記録にあるかぎり初めて倫理に言及したのは古代ローマの哲人キケロで、紀元前44年の著書『義務について』で「何が正しいかは、人の意見ではなく自然が決める」と断じている。13世紀にはイタリアの神学者トマス・アクィナスが自然の摂理に言及し、それが神の合理的な計画の反映である以上、私たちが自然に正しいと感じるものもまた合理的であるとした。倫理的な行動とは理にかなった行動であるという考えは今日まで受け継がれている。アクィナスは市場

ビジョンを忘れるな 225

参照： リーダーの資質 68-69 ■ 求められる指導者像 78-79 ■ 組織の文化（風土）104-09 ■ 集団思考の回避 114 ■ 自分の報酬より会社の利益 124-25 ■ 経営のモラル 222 ■ グリーンウォッシュ 268-69

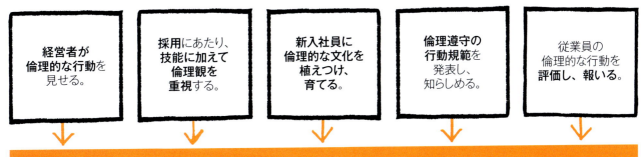

より倫理的に

ビジネスの世界ではどこまで許されるのか。その基準は時代とともに変わってきた。たとえばアメリカでは19世紀半ばまで、綿や砂糖の農園で奴隷労働があたりまえだった。ヨーロッパでも、産業革命の時期には労働者（学校に行けない子どもを含む）が低賃金で長時間、劣悪な環境で働かされていた。利益の追求と倫理や人道の両立が可能なことを初めて実証して見せたのはイギリスの社会運動家ロバート・オーウェンで、彼がスコットランドのグラスゴーに作った工場群ニューラナークは、そのモラルの高さで有名だった。

21世紀の今は、原料調達からマーケティングの方法まで、ビジネスのあらゆる面で倫理を守ることが求められる。さもないと消費者の信頼を失うことになる。まず大事なのは雇用の問題だ。カナダに本部をおく倫理的リーダーシップ研究所は倫理的な会社を「人々がともに働くコミュニティで、互いに尊重し合い、人間的にも成長し、心を満たされ、共通の目的に貢献し、やり遂げた仕事のもたらす個人的・感

（左段の「の原理にも初めて言及、商品の値段にはモラルが強く反映されると説いた。」は冒頭）

情的・金銭的な報酬を分け合う場」と定義している。また自分たちの成功は社内外のさまざまな人の協力のおかげだという認識を共有し、外部に対して倫理的行動の模範を示すことも必要とされる。

企業倫理を重んじて新規採用者の多様性（人種や性別、宗教など）に留意する会社は、まず人事施策を明確にし、「憲章」なり「行動規範」なりに文書化し、従業員の同意を得る必要がある。いざ職場に入り、困難な状況が生まれたときは、この文書に従って適切な対応をとることになる。

もちろん文書を用意するだけではダメで、経営指南の専門家でアメリカ人のスティーブン・コヴィーによれば、社内の全員が「正しいことはやりやすく、悪いことはやりにくい」と感じるような企業文化を育てねばならない。何が正しいふるまいかを日々意識することを通じて、従業員は「正しいことをやる」の意味を具体的に学んでいくわけだ。安全への配慮から収賄の禁止まで、会社が細かい指針を用意していれば、従業員も自分に求められている行動がどんなものかを理解しやすくなる。

スティーブン・コヴィー

スティーブン・コヴィーは1932年、米ユタ州ソルトレークシティの生まれ。リーダーシップの国際的権威で教師、コンサルタントでもある。農園で育ち、スポーツで身を立てるつもりだったが、進行性の難病で挫折。その後、ユタ大学で経営学を学び、2年間をモルモン教の布教に捧げた後、ハーバード大学でMBA、ブリガム・ヤング大学で博士号を取得。1983年に地元ユタ州でコヴィー・リーダーシップ・センター（後のフランクリン・コヴィー社）を創設。2012年に79歳で死去。

主な著作

1989年	『7つの習慣　成功には原則があった！』
1991年	『7つの習慣　原則中心リーダーシップ』

企業文化と倫理

ファッション業界は世界中から材料を調達し、世界中で縫製している。一方で消費者は調達・製造過程について一段の透明性を求めている。良心の痛みなくファッションを楽しみたいからだ。

トップが模範を示す

倫理を重んじる会社は、新人採用にあたって応募者の技能だけでなく、価値観も重視している。いざ採用した新人には、自分の役割と責任を、そして求められる行動規範をしっかり理解させることが必要だ。会社の掲げる価値観を教えたら、それが実際に現場で守られていることを、彼ら自身の目で確かめさせよう。言うまでもないが、倫理の模範を示すべきは会社のトップである。

かつてアメリカの経済学者ミルトン・フリードマンは、会社の社会的責任は「法の定める範囲」で、「嘘や詐欺を排除したオープンで自由な競争」を実現する「商売のルール」に従って自らの利益を増やし続けることにあると述べている。しかし2008年の金融危機で明らかになったように、規則や法律、規制をいくら揃えても、それだけで企業倫理を徹底させることはできない。だからこそリーダーが先頭に立って範を示す必要がある。あらゆる機会に、あらゆるレベルで自社の倫理規範を繰り返し語り、実践すること。それが企業文化の大切さを知らしめることに通じる。

スティーブン・コヴィーは著書『7つの習慣 成功には原則があった！』で、ダメな人はプライオリティ（優先順位）に従って時間を管理しようとするが、できる人は暮らしや人間関係をプリンシプル（原理原則、道義）に基づいて管理すると述べている。同じことは会社にもいえるはずだ。

倫理的リーダーシップ

倫理を重んじる会社のリーダーに、強圧的な人は少ない。たいていは気さくなタイプで、よき聞き手であり、事業を取り巻くさまざまな問題に目を配っている。そういう人物の率いる会社では、みんなの役割と責任分担が明確で透明性が高く、実績に基づく昇進制度があり、戦略は周知徹底されている。だから従業員は、自分がどこで、何をすべきか知っている。

リーダーが「ぶれない」ことも大切だ。多くの研究が示しているように、たとえ有能な人が集まっても、集団で行動していると、特に厄介な状況に直面した場合にはまちがった意思決定を下しやすい。それが利益重視・倫理軽視の風潮につながるのを防げるのは、トップに立つ者だけだ。しっかりした企業統治は死活的に重要であり、それにはCEO（最高経営責任者）と役員会の密接な連携とコミュニケーションが欠かせない。役割分担が明確で、役員会に結論を急がず議論を尽くす文化があれば、問題の発生に気づきやすく、迅速な対応も可能だろう。

これとは逆に、経営陣がおよそ倫理観を欠いていたのがエンロンのケースだ。同社はもともとアメリカの小さなパイプライン運営会社だったが、気がつけば全米7位の上場企業となっていた。CEOのジェフリー・スキリングは「正しく、今すぐ、よりうまく」というモットーを掲げ、常に限界に挑戦する企業文化を育てていた。それ自体はまちがっていないが、経営幹部が自ら不正会計に手を染め、莫大な損失を隠して決算を粉飾していた。結果、エ

私たちはパイオニア。
自立的で持続可能な
ビジネスは可能だということを
証明したい。
アリ・ヒューソン
アイルランドの倫理的ビジネスウーマン
（1961-）

ビジョンを忘れるな 227

ンロンは2001年に破綻し、スキリングとケネス・レイ会長は不正な資金洗浄や詐欺、インサイダー取引、共謀など46の罪に問われることになった。

正しいことをする

イギリスのファッション・ブランド「テッドベーカー」は1988年、スコットランドでシャツ専門のブランドとして生まれた。今はアジアや中東にも進出しており、その個性的なデザインで人気を集めているが、その企業統治はきわめて清廉かつ模範的だ。環境保護や社会・倫理的な問題に積極的に取り組むというポリシーをウェブサイトに掲げるだけではなく、それを従業員にも徹底し、日々の活動で実践している。

同社は企業活動のあらゆる場面で持続可能性を高めるという目標を掲げ、従業員に何を期待するかを具体的に示している。そうした活動の進捗状況を測定し、公表しているし、フルタイムの「グリーン・ガーディアン（環境の守護者）」をおいて持続可能性の改善に専念させてもいる。同社には「良心のチーム」というのもある。社内の各部門から選抜したメンバーで構成され、社会・環境・倫理の問題に責任をもって対応する組織だ。

今は倫理的な企業活動を支援する団体もたくさんある。そういう団体と組めば、自社の倫理性を高めるにも、また、株主にアピールするにも効果的だろう。テッドベーカーもNPOのMade-by（メイド・バイ）と組んでいる。Made-byは、ヨーロッパのファッション業界における社会・環境的条件の改善と「持続可能なファッション」の普及を目指す団体で、Made-byと提携した企業には、素材の原産地から縫製工場の労働条件まで、あらゆるプロセスでの倫理性の検証が求められる。また服にリサイクル奨励のマークをつけるなどして、顧客にアピールしているブランドもある。

そう、企業倫理の向上は売上げの向上にもつながる。倫理を守る会社の商品なら、顧客は安心して買えるからだ。そういう会社には有能なスタッフも集まるだろう。そして株主も、反倫理的な経営幹部の犯罪で思わぬ損失をこうむらずにすむ。■

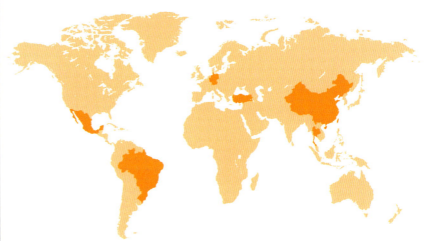

貿易で倫理性を確保するには、社内の規律を正すだけでは足りない。原料が紛争地から来ていないか、納入業者やパートナーも倫理を守っているかも調べる必要がある。企業倫理の透明性に前向きな企業は調達先やエネルギー・ミックス（化石燃料への依存度）、リサイクルの取り組み、従業員の多様性などを積極的に公表している。

エネルギー・ミックス　　リサイクルの取り組み　　従業員の多様性

成功するセールス

マーケティングを活用する

はじめに

 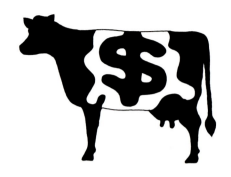 

会社経営におけるマーケティングとは何か。簡単に言えば、売れる仕組みを考え出すことだ。それは製品と利益をつなぐ架け橋であり、持てる知識や経験を総動員して、自社の製品・サービスを最適なチャネルに投入し、最も買ってくれそうな人を見つけることだ。そのためには市場を熟知することが欠かせない。顧客の行動パターンやライフスタイルを知らなければ、彼らが買いたくなるような製品・サービスは作り出せない。用途や機能、品質、見た目に関して、消費者は何を求めているか。買ったものが届くのに要する時間や買える場所、価格、アフターサービスやサポートのレベルについてはどうか。そうした詳細な情報があってこそ、顧客が絶対に欲しくなる製品やサービスを開発できるわけだ。

顧客を知る

理屈はともかく、現実に顧客第一を貫き、顧客のニーズや期待に応え、顧客に愛される企業になるのは大変なことだ。まずは、顧客の過去の買い物履歴に関するデータを集めることが出発点となる。これに人口動態やライフスタイルに関する統計的データの分析を組み合わせ、マーケティングのモデルを作りあげる。モデルというのは基本的に数学的な方程式であり、これに必要な変数を入れれば潜在的な購買率が導きだせる。

もちろん、こうした数学的手法による未来予測には危険が伴う。社会の風潮やテクノロジー、政治・経済状況の変化に常に目を光らせ、いち早く対応しなければ、経営学者セオドア・レビットの言う「近視眼的マーケティング」に陥ることになる。たとえば、今の消費者は携帯電話やタブレットへの依存を強めているが、先を見る目のある会社はいち早くモバイル機器を使った販売チャネルを構築して、この変化の波に乗っている。

顧客のニーズや欲求の予測に力を入れている先進的な企業は、1日ごとにデータの収集と分析を行い、マーケティング・ミックス(具体的な製品・サービスと、その販売ルートや価格、宣伝活動などの組み合わせ)を微妙に修正している。たとえば日本のコニカ・ミノルタはデジタルカメラについて、売上げデータや競合他社の動向、市場のトレンドをリアルタイムで監視することで、市場の変化にすばやく対応しようとしている。

マーケティング戦略

言うまでもなく、売るべき製品・サービスはマーケティング・ミックスの最も重要な要素だ。たいていの会社は複数の製品・サービスを提供しており、それを製品ポートフォリオとして管理しているが、個々の製品・サービスにはそれぞれの成長サイクルがあり、そのサイクルに合わせたマーケティング予算を投入することで利益の最大化を図る。アメリカの大手食品会社マース(Mars)の場合、大ヒット商品のチョコレート菓子「マース」が生み出す莫大な利益をアイスクリームやペットフードなどのマーケティングに注ぎ込み、事業の裾野を広げている。

こうした多様化・新規参入の決断においては、たとえばアンゾフの成長マトリックスが使える。予想されるリスクを考慮しつつ、既存製品と新製品の位置づけをマトリックス上で検討すればいい。新製品の開発と発売を決めたら、次にはその製品をいかに消費者に提示し、会社のメッセージをどう伝え

> マーケティングは1日で学べる。
> しかし使いこなすには
> 一生かかる。
> **フィリップ・コトラー**
> マーケティングの権威 (1931-)

成功するセールス 231

るかを考える。新商品の発売計画を練る上ではAIDAモデルが役立つ。AIDAは新商品の特徴を叙述するにあたって考慮すべき点を4つに要約したもので、いかにして消費者の注意（Attention）を喚起し、興味（Interest）をもたせ、欲望（Disire）を刺激し、行動（Action）に結びつけるかを明確にする。

個々の製品・サービスの開発・販売と並んで、ブランドの構築も重要だ。一定の品質を共有する製品群について、その代名詞となるようなブランドを構築しなければならない。マーケティングの達人セス・ゴーディンは言っている。「ブランドとは期待と記憶、物語、そして顧客と企業のつながりを体現するもので、消費者に他でもないその製品・サービスを選ばせる理由となるものだ。高い値段を払ってでも買い、選び、人に勧めたいと思わせる。それがブランド価値で、そういう行動につながらない場合、ブランド価値は認められていないことになる」

商品をPRする

ブランド・アイデンティティに合った製品・サービスができたら、次はどうやって製品を潜在的な顧客にアピールするかだ。プロモーション活動やインセンティブ（特典やプレゼント、割引など）を実施すれば、短期的には興味をもたせることができる。特に売り場スペースの確保が難しい家庭用洗剤やスナック菓子などの販売促進には効果的だ。

一方、人類最古のコミュニケーション戦略といえば消費者が発信するクチコミだ。今はソーシャルメディアの時代だから、フェイスブックやツイッター、YouTubeなどで自社製品・サービスが話題になるようにしかけ、クチコミによる情報の拡散を促すことができる。ある広告動画が人気になれば、それはまたたく間に世界中に広がり、何千万もの人の目に触れることになる。こんなに安いコストで潜在的な顧客とコミュニケーションが取れるなら、伝統的な広告など不要ではないかという疑問も湧くだろう。しかし長期のイメージ戦略やブランド価値の向上をねらうのであれば、やはり広告の役割は大きい。一定の計画の下に一定の広告を継続的に流せば、子供から大人までの幅広い世代に、キャッチフレーズやコマーシャルソング、商品パッケージなどを覚えてもらえる。

正直であれ

企業が顧客やライバル企業に向けて発信するメッセージは、慎重に考慮されたものでなければならない。市場の目は厳しいからだ。言行不一致が見つかったり、環境保護への取り組みについて一部の事実を誇張して伝えたりすれば嘘つきと非難されかねず、そうなったら社会的信頼を取り戻すのは難しいだろう。実際、ある会社の製品がどんなに魅力的に見えても、どうせ買うなら良心的な会社の製品がいいと考える消費者が増えている。だからこそ、組織内のモラル遵守の重要性を考慮し、納入業者や社員、消費者、そして社会に対する自社の行動規範を作ることが重要なのだ。企業の社会的責任など二の次だと言う株主もいるかもしれないが、今や社会的責任を果たさずして会社の成功なしと知るべきだ。もちろんマーケティング戦略でも、この点が核となる。■

自社製品のための顧客を
探してはいけない。
顧客のためになる製品を探せ。
セス・ゴーディン
アメリカの起業家（1960–）

マーケティングはすごく重要だ。だからマーケティング部門だけにまかせておけない

マーケティングのモデル

背景知識

テーマ
マーケティングモデル

歴史に学ぶ

1961年 イギリスでマーケティング科学研究所設立。

1969年 アメリカの学者フランク・バス、需要予測に使える画期的なマーケティング・モデルを発表。

1970年代 複雑な測定モデルや意思決定モデルの開発が進んだ。

1970年後半 店頭のレジで商品のバーコードを読み取る技術が普及し、新たなデータ収集が可能になり、より精度の高いマーケティング・モデルの開発が進んだ。

1982年 マーケティングの数学的モデルの研究に特化した専門誌「マーケティング・サイエンス」が創刊された。

1990年代 マーケティングの情報処理システムが進化して日常的な計算が自動化され、生産計画や需要予測の1日ごとの更新が可能になった。

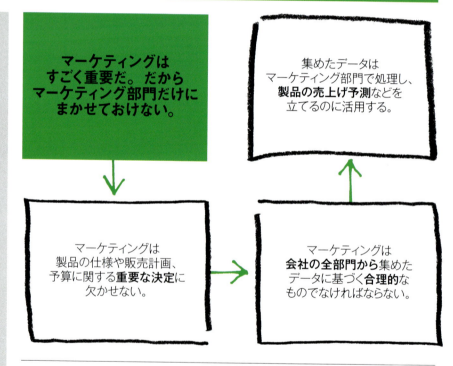

マーケティングの戦略を立てるには、まず消費者の購買行動を詳しく知る必要がある。その際に数学的なモデルを使って製品開発のプランを作り、意思決定の参考にするのは、近代的なマーケティングでは常識と言っていい。用意するのは消費者の購買パターンに関する数的なデータと、当該製品に関するさまざまな変数からなるコンピュータ・プログラムだ。これらを一定の数学的モデル（方程式）にあてはめると、当該製品に関する数値が割り出される。こうした数値は、市場のさまざまなセグメントに向けて、どのようなチャネルで売り込めばどれくらいの売上げが見込めるかを試算するのに役立つ。このデータを活用すれば当該製品の可能性、すなわ

成功するセールス

参照: リスク管理 40-41 ■ 成長を急ぎすぎない 44-45 ■ 組織の文化（風土） 104-09 ■ 集団思考の回避 114 ■ 良い戦略、悪い戦略 184-85 ■ 売上げ予測 278-79 ■ マーケティング・ミックス 280-83 ■ ビッグデータの活用 316-17

> マーケティングは結果につながってこそ意味がある。
> **ジェフ・スミス**
> バテージポイント・マーケティング (1962-)

ち投資に対する見返りを計算できるし、売上げを最大化するにはどのような要素を組み合わせればいいかを判断できる。

こうしたモデルの活用には、きちんとしたデータの収集が不可欠だ。もちろん全社的な情報である。製品の設計図段階から顧客の手に届くまで、全過程のすべてのステップが考慮されなければならない。「マーケティングはすごく重要だ。だからマーケティング部門だけにまかせておけない」と言ったのはアメリカの元祖ハイテク企業ヒューレット・パッカードの共同創業者デービッド・パッカードだが、それは要するに、どんなマーケティング戦略も会社全体で取り組まなければ成功しないことを示唆している。個々の活動とその予算について承認を得るだけでなく、社内の全部門との連絡を密にしてデータを集め、決まったことについては全社的な協力を得る。マーケティング部門にはそれが求められる。

集めたデータをもとに製品の売れ行きをシミュレーションし、市場の状況や消費者行動といった要因についてのさまざまな想定をもとに計算をしてみる。データの数が多ければ多いほど、長期にわたるデータであればあるほど、計算の結果は正確なものになるだ

ろう。こうした数字があれば、経営陣は想定しうるすべてのシナリオを検証した上で決断を下せる。

データの収集と活用

日用品大手のプロクター・アンド・ギャンブル(P&G)はデータ収集とモデリングに投資を惜しまず、製品が工場を出てから小売店の陳列棚に並ぶまでの全過程を数値化し、そのデータの蓄積とフィードバックに努めている。こうしたデータはただちに商品開発や販売計画に反映できるだけでなく、巨大データベースに蓄積されて将来にも役立つ。同社CEOのロバート・マクドナルドが2011年に言ったように、今や「モデリングとシミュレーション、その他のデジタルツールは企業における技術革新のあり方を変えている」のだ。

P&Gは社内でのデータ収集に注力すると同時に、社外のパートナーからの市場情報も重視している。同社の経営幹部は世界各地に散らばっているが、週に1度はテレビ会議を開いてデータを分析し、顧客の購買行動の変化にどう対応するかの意思決定を下している。マクドナルドCEOが言うように「データをそろえてこそブランドを構築でき、ブランドを育てていける」からだ。■

市場調査は重要だが、年齢や性別、消費者の経歴などに応じたデータを集めるには気の遠くなるような手間と時間がかかる。しかし一定のモデルを用いてコンピュータで計算すれば時間はぐっと短縮できる。

マーケティングモデルの起源

消費者行動を予測する数学的モデルが登場したのは1960年代のこと。直感や裏付けのないアイデアに頼っていたマーケティングを、もっと科学的なものにする必要があったからだ。

まずはアメリカの学者ロバート・ファーバーが数学的なシミュレーションとモデリングの応用を提唱。さまざまな条件を変えた場合に特定の商品に対する需要がどう変わるか（定価を1%上げたら需要がどう変わるか、等）を試算する測定モデルを開発した。ついで

1969年、同じくアメリカのフランク・バスが「バス・モデル」を発表。これは新製品が市場に受け入れられ、浸透するまでのスピードを予測するツールとして現在も使われている。

また意思決定支援システム(DSS)は、さまざまな測定モデルを用いて個々の意思決定がもたらす結果を予測するもので、類似した状況での実績値などを加味することにより、選択の最適化を支援する。

顧客を**深く知れば**、
顧客の**望む製品ができ**、
そうすれば黙っていても**売れる**
市場を理解する

市場を理解する

背景知識

テーマ
顧客にフォーカス

歴史に学ぶ

1920年代 アメリカで「市場調査」の概念が登場。

1941年 ロバート・マートンが「フォーカスグループ」の利用を提唱。

1970年 アメリカの経済学者ミルトン・フリードマンが、株主利益の最大化を目指すビジネスモデルを提唱。

1973年 ピーター・ドラッカーが、まずは「顧客を知れ」、それがビジネスの第一歩と提言した。

1995年 アメリカのジェラルド・ザルトマンが、広告イメージに対する消費者の無意識の反応を分析する「ニューロマーケティング」の手法としてZMETを提唱。

1998年 マーケティング学者ロバート・V・コジネッツが、インターネットのユーザーに関する民族学（エスノグラフィ）的アプローチとして「ネットノグラフィ」を提唱。

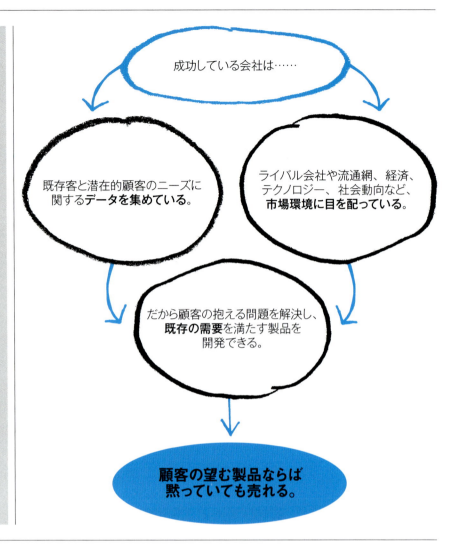

企業が市場で成功を勝ち取るには、製品を売りたい市場の環境と、そこにいる消費者の思考や行動のパターンを理解しなければならない。言うまでもなく、市場は会社の外にある。そこでは生きた顧客が暮らしている。そして市場環境という概念には、経済状況や法的規制、社会の風潮、現在進行形の諸問題、ライバル企業、流通インフラ、パートナーシップ、テクノロジーの変化などが含まれる。こうした市場の中心にいるのが潜在的な顧客だ。顧客の購買行動は上に挙げたような環境要因の影響を受けるし、個人のニーズや好みにも左右される。

したがって市場を理解するためには、社外の環境の全体像を把握する必要があり、同時に消費者の心理や特徴を深く理解しなければならない。そうして最終的には、今の消費者が困っている最大の問題は何かを見つけ出す。それができたら、豊かな発想力を駆使して対応し、その問題を完璧に解決できるような製品・サービスを提供すればいい。

データを集める

簡単な話と思われるかもしれない。だが市場には何万、何百万もの個人がいる。その一人一人が何を考え、どう行動するかを知るにはどうしたらいいか。彼らが個々に、あるいはみんなで抱えている問題や満たされざる欲望は何かを、どうすれば知ることができるのか。まずは顧客の暮らす世界（＝市場）を徹底的に調査するしかない。何が彼らを動かして購買の意思決定をさせるのか。価格や品質、デザインはどれほど重要なのか。市場環境における社会的、文化的、経済的、技術的な変化のうち、特に消費者が敏感なのはどれか。できることなら顧客の日常生活の詳細をくまなく知りたい。その人は

成功するセールス 237

参照: 思いっきり目立とう 28-31 ■ 未来の市場にフォーカスする 244-49 ■ 顧客に愛される会社 264-67 ■ 売上げ予測 278-79 ■ マーケティング・ミックス 280-83 ■ 顧客利益の最大化 288-89

毎日をどう過ごしているのか、彼または彼女の仕事をもっと楽にしてあげる方法はないのか、それ以外にも自分(の会社)が解決してあげられる問題はないのか……。つまるところ、こうした調査の目的は、偉大な経営学者ピーター・ドラッカーの言を借りれば「売り込みを不要にする」ことにある。

景気後退に負けず

1973年に、ドラッカーが経営者たちに与えた助言がある。いわく、「顧客を深く知れば、顧客の望む製品ができ、そうすれば黙っていても売れる」。当時は第二次世界大戦の終結以来(散発的な低迷期を除けば)一貫して続いていた右肩上がりの成長が止まり、欧米先進国は軒並み景気後退に見舞われていた。誰もが先行きを不安視し、どうすれば生き延びられるかを思案していた時代だ。

この景気後退が始まった年に、ドラッカーの名著『マネジメント』(1973年)は刊行されている。ドラッカーは同書で、成長を実現する唯一確実な方法は顧客を中心におくことだと説き、

> 顧客本位の経営とは、顧客が自社製品をどう使っているかを深く理解することだ。
> **ランジェイ・グラティ**
> ハーバード・ビジネス・スクール教授

「ビジネスの目的は何か。その定義はただ一つ、顧客を創造することだ」とも述べている。どういうことか。顧客がお金を払ってでもモノやサービスを欲しいと思う、その意欲が触媒となって会社が動き、原材料や資源を商品に変えていく。顧客の欲望やニーズがなければ商業活動は起きない。そして商取引きが成り立たなければ、顧客の欲望を満たす製品やサービスは生まれてこない。だから顧客第一なのだ。

ドラッカーはこうも言っている。顧客が何かを買うとき、その頭にあるのは特定の製品やサービスではなく、それが自分の役に立つかどうかだ。つまり顧客にとっての価値は、購入した商品の問題解決能力にある。

ドラッカーの発想は今でこそマーケティングの理論と実践の核となっているが、1970年代当時に主流だった「株主価値の最大化」という経営観とは正反対だった。当時の一般的な理論でビジネスの核とされていたのは会社の富であって、顧客のニーズや欲求ではなかった。企業経営はひたすら利益の増加を追求し、それによって株価を高め、株主へ利益を還元すればいいとされていた。それは経済学者ミルトン・フリードマンが1970年に「ニューヨーク・タイムズ」紙で提起し、その後マイケル・ジェンセンとウィリアム・メックリングが共著の論文「会社の理論(Theory of the Firm)」でさらに発展させた理論だ。論文のタイトルを見ればわかるとおり、ジェンセンらは会社の外にある世界(=市場)にはほとんど目を向けていない。彼らが注目したのは経営幹部と株主の関係であって、経営と市場

ピーター・ドラッカー

経営やマーケティングの世界で、おそらく最も有名で、かつ尊敬されているピーター・ドラッカーは、1909年、オーストリアの首都ウィーンの生まれ。幼少期からスケールの大きな考えに親しんでいた。父は経済学者で法律家、母は同国の女性としては初めて医学を学んだ先駆者の1人だ。両親が自宅で開くサロンには当時の高名な学者たちが集まり、若きドラッカーもその場に加わり、議論に参加していたという。

ドイツのハンブルク大学で法律を学んだ後、ジャーナリストとしてのキャリアを歩み始めたが、ナチスの台頭によりイギリスへ移住。後にアメリカへ渡り、ロサンゼルスに落ち着いて政治学を、さらに経営学を教えた。経済、リーダーシップ、マネジメントなどの分野で39冊の著書を世に送り、2005年に死去した。

主な著書

1946年 『企業とは何か』
1954年 『現代の経営』
1973年 『マネジメント』

市場を理解する

スケートボードはニッチ（すき間）市場で、その愛好家はファッションにもボードのブランドにも独特なこだわりがあるから、そのこだわりに寄り添うミクロなマーケティングが必要になる。

の関係ではなかった。

21世紀的な発想

株主利益の最大化という考え方は20世紀最後の20～30年間に支配的だったが、市場の理解と顧客中心の経営の重要性も徐々に受け入れられてきた。なぜなら、企業中心の経営戦略はどうも長続きしないようだということがわかってきたからだ。そして21世紀に入ると、人を中心としたビジネスの成功例がたくさん出てきて、顧客第一の経営戦略への流れが決まった。

2010年には経営学者のロジャー・マーティンが、「ハーバード・ビジネスレビュー」誌への寄稿で「顧客資本主義の時代」の到来を告げた。マーチンによれば、今はもはや株主利益を最優先する時代ではない。「この30年間、経営者はとにかく株主価値を最大にすることを最優先にしてきたが」とマーチンは書く。「実例を調べてみると、株主をより満足させられるのは顧客第一主義を貫く会社だということがわかる」

顧客を大事にせずに大失敗したのはイギリスの宝石会社ラトナーズ（Ratners）だ。1980年代の後半まで、ラトナーズは欧米各国に2,000軒ものショップを展開する世界的宝石メーカーだった。なにしろ値段が安いので絶大な人気を博していたのだが、それもあの最悪なスピーチまでだった。

1991年のこと、ラトナーズの社長ジェラルド・ラトナーは、ある経営者の集まりで自社の成功について得々と語りはじめ、つい口が滑って、うちの商品を安くできるのは品質を落としているからだと言ってしまった。本人はジョークのつもりだったかもしれないが、伝え聞いた顧客は怒ってラトナーズの店に背を向け、同社の株価は暴落し、時価総額は5億ポンドも減り、あわや倒産というところまで追い込まれた。顧客を侮辱する企業の払う代償は非常に大きいのである。

市場を知るということ

ドラッカーが顧客を深く知ることの重要性を初めて提唱して以来、市場環境は成熟の度を深め、その分だけ消費者や消費者グループを、そして市場全体を理解する作業は困難なものになってきた。その理由の一つは、市場の細分化だ。今の消費者は、絶えず変化を繰り返す小さな市場に分割されていて、いつどこの市場に移っていくかわからない。こういうミクロな市場には共通の願望や好み、ニーズを抱えた消費者が棲んでいる。一方で個々の消費者は多様な外部要因にさらされているから、それらが消費者の感じ方や考え方に与える影響も知る必要がある。

たとえばライバル企業が値下げに踏み切った場合、顧客の対応は分かれるだろう。値下げで購買欲をそそられる消費者もいるだろうが、ブランド価値に傷がついた（だから、もう買わない）と思う顧客もいるだろう。既存の顧客であれ潜在的な顧客であれ、価格の変更が及ぼす影響については熟慮が必要だ。

製品やサービスを潜在的な顧客に届ける流通システムも、慎重に考慮して構築すべきだ。買い手が最も喜ぶような方法で、製品やサービスを届けなければならない。インターネットによるオンライン通販の普及で、顧客が流通に求めるものは大きく変わった。自分が何を、いつ、どこで購入したいかを、売り手側が知っていてくれることをも期待している。

定量的データと定性的データ

経済状況や金利、法規制、テクノロジーの変化が顧客に及ぼす影響は無視できないが、マーケティングで最も考

グーグルもアップルも無料ソフトも、みんなすばらしい競争相手だ。おかげで私たちは、いつも気を引き締めていられる。
ビル・ゲイツ
マイクロソフトの創業者 (1955-)

成功するセールス 239

> 調査とはルールにもとづく
> 好奇心の発揮。
> つついたり覗いたりするのも、
> ちゃんと目的がある。
> **ゾラ・ニール・ハーストン**
> アメリカの人類学者（1891-1960）

慮すべきは社会的、文化的な変化だろう。これにはジェンダーやライフステージから収入やトレンド、世間の話題、特定の著名人の影響などが含まれる。

マーケティングでは、これらが顧客にどう影響するかを知り、最終的に何が購買行動の動機となるかを見きわめなければならない。まず考えられるのは顧客へのアンケートだ。この調査手法は1960年代から1970年代にかけて頻繁に使われ、定型化された質問紙による市場調査の概念が確立した。こうしたアンケート調査では、定量的データ（多数の対象者へのシンプルな質問に対する回答数から得られる）と定性的データ（少数のサンプル・グループの直接的な観察、または彼らとの突っ込んだ意見交換から得られる）の両方が集められる。一般に、顧客がある製品を買う・買わないを判断する理由を把握し、顧客の生活実態を理解する上では定性的なデータのほうが有効とされる。

20世紀後半にはフォーカスグループの手法が広く用いられ、製品に対する忌憚のない意見を集めるのに役立った。写真は1960年代のアメリカ広告業界を描いたTVドラマ「マッド・メン」から、集められた女性たちが口紅をチェックしているシーン。

1対1のマーケティング

1990年代以降、企業は顧客との直接的なコミュニケーション手段として、対面式の市場調査に替えて、インターネットに注目してきた。その過程でオンライン情報収集の手法が工夫され、たとえば1対1（ワン・トゥ・ワン）マーケティングなどが登場した。そこでは消費者一人一人について、その興味や欲求を記録し、詳細なプロファイルを作りあげていく。

心理属性プロファイリングという手法もある。消費者の興味や考え方が多岐にわたっている場合に、それを整理してマーケティングに活用するもので、特定の興味やモチベーションを共有する人たちをまとめて1つのグループとみなし、そのグループに対して最適なメッセージを送りつける。かつては「ベビーブーム世代」や「ジェネレーションX（1960-1970年代半ば生まれの人）」といった具合に人口や世代で顧客を分類していたが、心理属性プロファイリングを使えばより細かい分類ができる。そこでは消費者ごとに、好きなブランドや好きな音楽、好きなスポーツ選手、よく接するメディア、余暇の過ごし方、よく行く旅行先といった多彩な情報を盛りこんだプロファイルが作られる。

一方でソーシャルメディアやオンライン・コミュニティの運営業者は、ユーザーが自発的に、自らの属性や好き嫌いを詳しく書き込むように誘導している。インターネットのポータルサイトや検索エンジンなどの事業者は、一般企業にそうした情報の一部を提供し、その膨大なデータを企業がマーケティングに利用できるようにしている。オンラインで、あるいはモバイル機器を通じて買い物をした顧客の好みを観察・分析できるソフトウェアを使えば、CRM（カスタマー・リレーション・マネジメント＝顧客関係管理）が可能になる。顧客とその嗜好などから抽出されたデータを活用して、もっといろいろな製品・サービスを売り込もうとする手法だ。たとえばアマゾンは、顧客の購入履歴を使って類似の商品を薦めたり、興味を共有する他の顧客が最近何を買ったかを紹介したりして購買意欲を喚起している。

リアルタイム・データ

ソーシャルメディアの対極に位置するのが電話による顧客対応、いわゆる

240 市場を理解する

1対1マーケティングは、ソーシャルメディアその他のプラットフォームから集めた情報を活用し、一人一人にぴったりな広告を作り出す。右の消費者Aはアクティブでスポーツ好きなタイプなので、体を動かしたくなるようなメッセージで訴求すればいい。

CRM（顧客関係管理）は、購買履歴のデータを活用して一人一人に向けたマーケティングを行う。消費者Bはテレビが大好きなので、ネットショッピング業者は購買履歴に基づいて「お薦め」のDVDなどを紹介すればいい。

心理属性プロファイリングは、さまざまなグループに属する人々に共通する属性を見つけ出す。消費者A、B、Cに共通しているのは音楽の趣味（ギター）だから、この3人全員に訴求したいのであれば、ギター絡みのキャンペーンを実施すればいい。

コールセンター業務だ。電話での顧客対応は1980年代に始まったものだが、大型コールセンターの増加した1990年代になると、そこが貴重な情報の山であることがわかってきた。コールセンターにかかってきた電話を転送し、あるいは録音して聞けば、消費者が何を問い合わせてきたのか、改善方法は何か、解決すべき問題は何かを知ることができる。CRMが顧客の購買履歴を活用するものであるのに対して、こちらは顧客と売り手の直接のやり取りを知ることができる。この手法は現在、CEM（カスタマー・エクスペリエンス・マネジメント＝顧客経験管理）と呼ばれている。

また神経科学の発達によって、顧客の行動を深く理解することが可能になった。今の企業は顧客心理を掘り下げ、その意思決定の構造を見つけようとしている。「顧客を知れ」というドラッカーの教えを実践しているわけだ。

たとえば、ブランド研究の第一人者マーティン・リンストロームによれば、無意識のレベルで消費者を購買行動に駆りたてるものを理解しようと思えば、特定のイメージや音、匂いに接したときの脳波の変化を測るのが一番だ。これがニューロマーケティング（神経科学的マーケティング）と呼ばれる

この世に存在しない製品の必要性には、人はたいてい気づかない。
ジョン・ハーベイ・ジョーンズ
イギリスの実業家 (1924-2008)

手法で、ドラッカーによれば「ニューロマーケティングの主な目的は、顧客の頭の中で起きているプロセスを解読すること」にあり、「それによって顧客の欲求や望み、隠れた購買動機を見つけ、顧客が真に望むものを手に入れられるようにする」という。

ニューロマーケティングは顧客の理解を深める手法の1つであり、現にグーグルやディズニーなどは顧客の満足感などの検証によく使っている。しかし、それだけで顧客が何を買いたいかを知ることができるわけではない。市場や、それを形作っている要素を正しく理解するためには、もっと広い視野が必要だ。

場合によっては、テクノロジーで人の暮らしを変えたいと願う発明家や起業家の強い思いからイノベーションが生まれることもある。この場合は、潜在的なニーズはあるのに人が気づかず、したがって欲しいとも思っていな

成功するセールス

かった製品やサービスが突如として出現する。その典型例がアップルのiPadだ。こんなものがあれば人々の暮らしを変えられるぞという企業側の未来志向の発想が、みごとに市場での成功につながった例である。

革新的なソリューション

2010年にiPadが発表された当初は、投資家もメディアも懐疑的だった。こんなものを欲しがる人間がどこにいるのか、ちょっと重いけれどノートパソコンのほうが機能的ではないか、と。しかし蓋を開けてみると、iPadは飛ぶように売れた。顧客に気に入られたからだ。なにしろ楽しいし、動きは速く、iPodでできることは何でもでき、しかも画面が大きいから入力もしやすかった。

ビジネス誌「フォーチュン」の取材に応じたアップルのCEOスティーブ・ジョブズは、自分は過去に一度も市場調査などしていないと断言している。「消費者が何を求めているかを知るのは、消費者の仕事ではない」とジョブズは言う。「顧客の声に耳を傾けないという意味ではないが、見たこともないものを欲しいかどうかと聞かれても、答えるのは難しいだろう」

おそらくスティーブ・ジョブズは、消費者の求めるものが直感的にわかっていた。自分も消費者の一人、という感覚があったからだ。ジョブズは消費者の一人として、楽しく簡単にコミュニケーションや情報収集ができてクールなデザインのポータブル機器が欲しいと感じていた。

ピーター・ドラッカーは、顧客を理解することの重要性を強調している。しかし、ただ顧客の声を聞けばいいと

アップルのスティーブ・ジョブズは、テクノロジーの変化と人々の日常生活の双方に目を配り、まだ誰も気づいていないニーズを満たす革新的なソリューションを提案しようと考えた。その結果がiPadの誕生だ。

アレキサンダー・グラハム・ベルは電話の発明に先だって市場調査をしたかい？
スティーブ・ジョブズ
アップル創業者 (1955-2011)

は言っていない。ドラッカーが言いたかったのは、顧客の声を先取りして、もっと欲しくなるものを作り出せということだ。「企業が満たすべき"欲求"とは、それを満たす手段が提供されるまでは顧客自身も気づかなかった欲求ではないか」とドラッカーは論じている。「そこで企業が動き、具体的な需要に変えないかぎり、それは潜在的な欲求のままだ。"欲求"が"需要"に変わってこそ、顧客ができ、市場ができる」

経営学者のランジェイ・グラティも言っている。21世紀の新しくて競争熾烈な市場を理解するための第一歩は、顧客に適切な質問を投げかけることであり、その際に最も重要な質問は「あなたは今、どんなことに困っていますか」だ、と。グラティは続けて、こうも言う。企業に求められるのはクリエイティブな挑戦の1歩を踏み出し顧客の抱える困りごとの解決に役立ちそうな新製品を開発することであり、それができなければ21世紀の市場では生き残れない、と。■

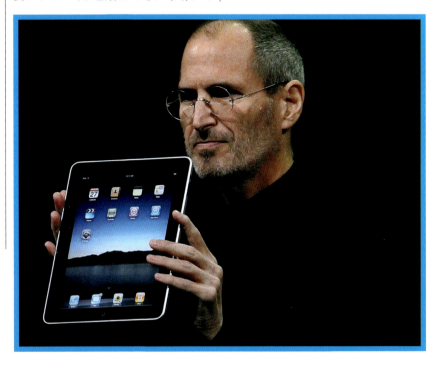

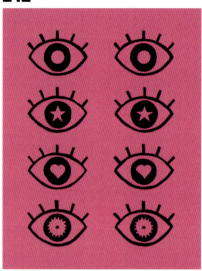

注意を喚起し、興味をもたせ、欲望を刺激し、行動に結びつける

AIDAモデル

背景知識

テーマ
AIDAモデル

歴史に学ぶ
1898年 E・セントエルモ・ルイスが、AIDAモデルのもとになる原則を発表。

1925年 アメリカの心理学者エドワード・ケロッグ・ストロング・ジュニアが著書『マーケティングの心理学』でAIDAに言及。

1949年 アメリカのマーケティング会社役員アーサー・F・ピーターソンが新薬の販売に関する著書で、AIDAをセールスのファネル（漏斗）と表現。

1967年 アメリカの大学教授チャールズ・サンクレージとバーノン・フライバーガーがEPIAモデルを提唱。露出（Exposure）、認知（Perception）、統合（Integration）、行動（Action）である。

1979年 アメリカの学者ロバート・L・アンダーソンとトーマス・E・バリーがAIDAにもとづくさまざまなモデルの階層に「ブランドへの忠誠」の追加を提案。

現代のマーケティングや広告活動の基礎となっているのがAIDAモデルだ。このモデルは、潜在的顧客を購買に導くための基本的な4ステップを記述している。最初の3ステップでは、ある新製品に対する注意（Attention）を喚起し、興味（Interest）を持たせ、欲望（Desire）を刺激する。これを踏まえて、最終ステップでは購入方法や購入できる場所を伝えて購買行動（Action）に導く。

AIDAモデルは、しばしばファネル（漏斗）にたとえられる。まずは幅広く注意を喚起し、だんだんしぼり込んで買う気を起こさせるプロセスが漏斗の形に似ているからだ。

AIDAモデルの使い方

最初に肝心なのは、顧客の注意を喚起することだ。注意を引くようなキャッチフレーズを使い、値引きや無料試用のキャンペーンを張り、店頭などで製品デモンストレーションを行うなどの方法がある。ひとたび注意を引くことができたら、今度は興味を抱かせる。ここで必要なのは、製品の特徴を羅列するのではなく、その製品が何に役立つかを簡潔に伝えることだ。次には、こんなこともできる、こんな効果があったと紹介し、あるいは有名人に使用体験を語らせるなどの手法で、欲望を駆り立てる。そうして最後に、その欲望を満たす簡単な方法があることを教える。ここで購入方法を伝えるわけだが、ネット広告ならばオンライン通販のサイトに飛べるリンクを張るだけでいい。

映画界での成功例

映画業界ではAIDAモデルが非常に効果的に使われている。映画会社は新作公開の何か月も前から、巨大ポスターなどで大々的な宣伝を始める。これで広範囲な潜在的観客の注意を喚起し、次いで短い予告編（ティーザー）を流す。本編の内容を断片的に見せるもので、これで興味を抱かせる。その次はフルバージョンの予告編（トレイラー）だ。そうして封切り直前には新聞広告やテレビのスポット広告で公開の日程や場所を告知し、消費者を映画館に走らせ、チケットを購入させる。

1999年の大ヒット作『ブレア・ウィッチ・プロジェクト』は、AIDAモデルに基づいて斬新なバイラル・マーケティング（ウイルス感染のように、メッセージを爆発的に拡散させること）の手法を実践した成功例だ。製作チームはまず専用のウェブサイトを立ち上げ、この映画の背景について好奇

参照：思いっきり目立とう 28–31 ■ ブランド構築 258–63 ■ インセンティブの活用 271 ■ 広告を打つ 272–73 ■ ざわめきパワー 274–75

成功するセールス 243

心をかき立てる謎めいた情報を載せた。このウェブサイトに注目が集まると、彼らはさらにビデオクリップや音声ファイルを増やし、さらに多くの人をサイトへ引きつけた。そして最後の「行動に結びつける」段階では、封切館をごく少数に限定するという作戦を採った。需要が高まったところで供給をしぼったわけで、結果としてファンは限られた封切館に殺到し、どこも満員という状況を生み出した。この作品の制作費はわずか3万5,000ドルだったが、全世界興行収入は2億8,000万ドルを超える大ヒットとなっている。

eマーケティング

eコマースの出現を受けて、イギリスの人気コピーライター、イアン・ムーアはeマーケティングに適したAIDAの改良版としてNEWAIDAを提案している。「NEW」はそれぞれ、ナビゲーション（Navigation）、使いやすさ（Ease）、言い回し（Wording）に対応する。市場はますます複雑になっているから、顧客の行動を把握するには今まで以上に洗練された方法が必要なのだろう。■

誰がAIDAモデルを作ったか

経営学者フィリップ・コトラーによれば、AIDAに言及した最初の例はエドワード・ケロッグ・ストロング・ジュニアの著書『マーケティングの心理学』（1925）。しかしストロングの著書には、そのアイデアは先駆的な広告人エリアス・セントエルモ・ルイス（1872-1948）に由来すると書かれている。同書によれば、ルイスは1898年に「注意を引き、興味を維持し、欲望を生み出せ」というスローガンを掲げており、後に4番目の「行動を起こさせろ」を加えたという。

AIDAという頭文字表記の初出は1921年、アメリカの広告業界誌「プリンターズ・インク」に載った記事「セールスとマーケティングの手紙の書き方」とされる。記事を書いたのは同誌編集スタッフのC・P・ラッセル。ラッセルはAIDAの4ステップの要点を説明した上で、この頭文字を続けて読むとオペラ『アイーダ（Aida）』と同じになると指摘し、「セールスの手紙を書くときは、"AIDA"と口に出してみること。そうすればうまく書ける」とアドバイスしている。

AIDA モデル

ATTENTION（注意）
目を引く広告や魅力的な値引きなどで製品・サービスの存在に気づかせる。

INTEREST（興味）
製品・サービスの良さを伝えて興味を抱かせ、顧客にとってのメリットを伝える。

DESIRE（欲望）
顧客の求めるニーズに合っていると確信させ、買いたいという欲求を引き出す。

ACTION（行動）
できるだけ簡単に買えるような情報を提供する。

販売

気づきから購入まで
一気に消費者を導ける
メッセージはない。
しかしAIDAを使えば、
メッセージのクオリティを
上げることができる。
フィリップ・コトラー
マーケティング学者（1931–）

近視眼的マーケティング

未来の市場にフォーカスする

246 未来の市場にフォーカスする

背景知識

テーマ
顧客サービス

歴史に学ぶ

1874年 フランスの経済学者レオン・ワルラスが、顧客のささいな好みの変化がビジネスに多大な影響を及ぼすことに気づいた。

1913-1914年 アメリカの実業家ヘンリー・フォードが、初めて工場に流れ生産のラインを導入。1台ごとの製造コストを抑えることが成長持続のカギだと説いた。

1957年 アメリカのマーケティング学者ロー・オルダーソンが、企業の生き残りと繁栄には成長と変化への適応が不可欠だと主張した。

1981年 アメリカのマーケティング学者フィリップ・コトラーとラビ・シンが「遠視眼的マーケティング」という概念を提唱、長期のビジョンはあっても目先の問題に対応できない企業の問題点を指摘した。

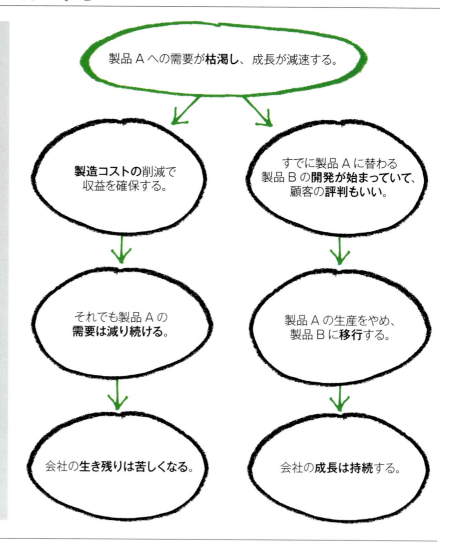

この商品は売れる、この市場の、こういう人に必ず売れる。そう頭から決めてかかると、往々にして失敗のリスクが高まる。市場環境の、そして消費者の変化にすばやく適応できないからだ。それでは商品の改良や新商品の投入もできず、変わってしまった市場で新たな成功のチャンスをつかむことも難しいだろう。

こうした頭の固さを、ハーバード・ビジネス・スクールのセオドア・レビット教授は「近視眼的マーケティング」と名付けた。レビットは1960年に「ハーバード・ビジネスレビュー」誌に寄せた同名の論文で、企業は将来を見据え、市場で生まれる新たなチャンスに常に目を光らせていなければならないと強調した。先が読めなければ成長は止まり、ビジネスは先細りになり、いずれ破綻する運命だ。

レビットによれば、商品を「いかにして売るか」にこだわり、消費者の置かれた環境や欲求の変化に目を向けないビジネスは、市場の動きについていけない。経済状況や政府の方針はいつ変わるかわからないし、ある日突然まったく新しい技術が出現するかもしれない。社会的な危機も起こりうる。そうした変化はただちに消費者の購買行動に影響を及ぼす。それでも、日頃から変化に備えていた会社なら柔軟に対応でき、消費者の新たな関心を引きつけ、成功を手に入れることができるだろう。肝心なのは先を見越して、常に顧客を中心に据えてビジネスを構築すること。会社を中心に据えてはいけない。顧客の満足を追求するのが会社の仕事、ものを生産するだけではダメだ、とレビットは言う。

成長か死か

レビットの考えを突きつめると、持続的な成長のパターンが見えてくる。
まず、新商品を携えて参入した会社

成功するセールス 247

参照：儲かるニッチを探せ 22-23 ■ 顧客に愛される会社 264-67 ■ 顧客利益の最大化 288-89 ■ 顧客に学ぶ 312-13

は当座の急成長を期待できる。しかし、どんな成長もいずれは先細りになり、勢いを失う。市場が飽和状態になるからかもしれないし、消費者の目が別なものに移ったせいかもしれない。そのとき近視眼的な企業は内向きになり、製造コストその他の社内的なコスト削減で対応しようとする。それで少しの間は利益の減少を相殺できるかもしれないが、会社を建て直すことはできないだろう。だがレビットによれば、もはやマーケティングの策が尽きてからでも、経営の目がしっかりと顧客を見据えていれば、成長を持続できる。

レビットがアメリカ企業の経営者に、「あなたのビジネスは何か？」と問いかけたのは1960年のことだ。それは「何を製造するビジネスか」よりも「いかに顧客を満足させるビジネスか」を考えろ、というメッセージだった。

今でこそ顧客の分析や市場のニッチ（すき間）探しはあたりまえのこととされるが、第二次大戦後の当時はアメリカの製造業が絶頂期を迎え、繁栄を謳歌していた時期、要するに「作れば売れる」時代だった。それでもレビット

> 販売はマーケティングにあらず。
> 顧客のニーズを見つけ、
> 生み出し、育て、満足させること。
> その一連の努力が
> ビジネスのプロセスだ。
> **セオドア・レビット**

はアメリカの製造業、とりわけ自動車業界に近視眼的マーケティングの弊害を見てとっていた。

自動車産業

表面上、当時のアメリカ自動車産業は破竹の勢いだった。1960年段階で、デトロイトに本社を置くビッグ・スリー（GM＝ゼネラルモーターズ、フォード、クライスラー）は米国内でも海外でも自動車市場を席巻していた。国内では93％の圧倒的シェアを誇り、海外でも全体で48％のシェアを確保していた。アメリカの労働人口の6分の1は自動車業界で働いていた。しかし、盤石に見えたビッグ・スリーの牙城にもヒビが入り始めていた。

1955年、ビッグ・スリーは記録的な業績を挙げた。しかし、その反動で1956、1957年の需要は大幅に落ち込んだ。これが製造業全体の脚を引っ張り、1958年には景気後退が見られた。アメリカにとっては1920年代末の大恐慌以来の事態だった。しかも一方で、ドイツやイギリス、フランス、日本のメーカーがビッグ・スリーのシェアを脅かし始めていた。

「デトロイト（の自動車メーカー）は一度も、本気で顧客の求めるものを調べたことがない。何を売るかを先に決めて、形ばかりの調査をしていたにすぎない」とレビットは言う。そしてアメリカ勢がライバルの追い上げに気づいたときは、すでに遅かった。愚かしいモデルチェンジやマーケティングの失敗を繰り返した後、1965年にはフォード・マスタングのような大馬力マシンの成功で一息ついたが、かつてのような市場支配力を取り戻すことは二度となかった。

1960年にセオドア・レビットの画期的な論文が発表されるまで、マーケティングは経営幹部が注意すべき重要な活動とは考えられておらず、販売や製造の現場にまかせておけばいい定型的な業務と見なされていた。だがレビットの論文「近視眼的マーケティング」によって、経営者も学者もマーケティ

デトロイトには廃墟と化した自動車工場が残る。それはレビットの言うように、アメリカの自動車メーカーが顧客のニーズに背を向けてきたことの報いなのだろう。

248 未来の市場にフォーカスする

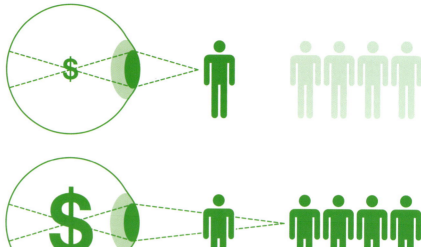

目先のことしか見ないマーケティングは、現時点の顧客ニーズにばかりこだわって新しい市場の可能性を見逃し、新規参入で得られるはずの機会や利益を失う。

将来を見据えたマーケティングには適応力があり、会社は路線を修正し、より広い消費者層に、より広範囲な製品を提供できる。もちろん、利益はずっと大きくなる。

ングの概念を見直すことになった。

マーケティングの威力

この歴史的な論文を執筆していた時期、レビットは一人の学生に大きな影響を与えた。学生の名はフィリップ・コトラー。後にレビットの主張を発展させ、マネジャーたちの経営観を一変させる提言をなす人物だ。

1960年当時、すでにマサチューセッツ工科大学(MIT)で経済学博士号を取得していたコトラーはハーバードの大学院で数学の研究に勤しんでいた。そしてレビットをはじめとするマーケティング専門家の思想に直接触れる中で、組織におけるマーケティングの役割の緻密な全体像を描き始めた。そして1964年に、今もマーケティング本の定番となっている『マーケティング・マネジメント』を出版した。この本は世界で初めて、学術的かつ科学的アプローチでマーケティングを捉えたとして高い評価を受けている。コトラーの教えで大事なのは、顧客をビジネスの中心におくということ、そして利益とは単に販売から生まれるものではなく、顧客に満足を提供することで生み出されるものだという思想だ。

レビットやコトラーの考え方は、まもなく産業界に具体的な影響を与えた。1962年、経営難に苦しむレンタカー会社エイビス(Avis)のCEOに、アメリカン・エキスプレスの役員だったロバート・タウンゼントが就任した。彼はまず、2本の柱を経営再建の軸に据えた。1つは「顧客第一」。もう1つは「従業員が自分の仕事を好きになれるような職場作り」だ。結果、エイビスの収支が黒字に転じたのは言うまでもない。

顧客を創造し、
顧客を満足させる有機体。
それが会社だと考えるべきだ。
セオドア・レビット

顧客サービス

2年後のエイビスは事業を海外へ拡大するまでに成長していた。そのときヨーロッパと中東、アフリカの事業を統括するマネジャーに起用されたコリン・マーシャルもまた、レビットの顧客中心のアプローチを早くから受け入れた一人だった。海外事業で大成功を収めた彼は本社に戻り、10年と経たぬうちにニューヨーク本社から全社を動かす立場になり、顧客サービスの改善をさらに追求することを通じてエイビスを業界トップに導いた。

そして1981年、マーシャルは英航空大手ブリティッシュ・エアウェイズ(BA)にスカウトされ、苦境にあった同社の経営を立て直し、顧客サービス重視のビジネスモデルを築き上げた。彼がやったのは収益を圧迫する運賃の値下げ競争ではなく、顧客サービス面での競争だった。マーシャルは顧客に、チェックインから機内での滞在、空港への着陸、入国検査だけに終わらない最高の「BAで飛ぶ体験」を提供しようと考え、世界で初めてとなる到着客用のラウンジを導入している。

成功するセールス 249

顧客満足

その後、他の航空会社（格安航空を除く）もBAと同様なビジネスモデルを相次いで採用した。今ではほとんどの航空会社が、顧客との結びつきを最大限に強くして長期にわたる競争力を確保しようとしている。たとえば米ユナイテッド航空は、予約者中の誰が常連の得意客かを地上スタッフがすぐ見分けられるシステムを導入し、予定のフライトがキャンセルされた場合に特別な対応をとれるようにしている。ライバルのアメリカン航空はフライト中の顧客満足度をさらに向上させるため、客室乗務員がフライト中にタブレット端末を使用する許可を連邦政府から初めて取得した。またファーストクラスとビジネスクラスの乗客にタブレット端末の貸し出しを始めたのも同社が初めてだ。今ではフライト中も乗客にインターネット接続を可能にし、各種アプリを提供することは顧客サービスの常識となりつつある。ちなみに、こうしたサービスの普及で大いに潤っているのがグーグルである。

グーグルは2005年に、当時は無名だったアンドロイドという会社を買収

空港の到着ラウンジのおかげで、BAの空の旅は一段と快適になった。BAは値下げ競争よりも、顧客サービスの向上に力を注いだ。

> マーケティングは、
> 製品を売りさばく方法を
> 見つけ出すアートではない。
> それは顧客にとっての
> 本物の価値を生み出すアートだ。
> **フィリップ・コトラー**

している。今で言う「スマートフォン」のプラットフォームを開発していた会社だ。その2年後、アップルがiPhoneを発売し、またたく間に市場を席巻した。てのひらサイズの端末でインターネットを楽しめるのだから、顧客が喜んだのは当然だ。このとき検索エンジン最大手のグーグルは、iPhone用に自社アプリを売りこむだけではアップルに取り込まれると考え、あえて他の携帯電話メーカーも巻き込み、オープンソース方式で、誰もが利用できるスマートフォン用OSを開発する道を選んだ。それが現在のアンドロイドOS。このOS自体は無償配布だが、グーグルは関連アプリの販売と、それらアプリ内の広告によって利益を生み出す仕組みを構築している。

グーグルは技術革新型企業の手本であり、顧客の抱えるさまざまな問題に対する新たなソリューションを常に探し、膨大な情報の管理を容易にしている。そう評したのはフィリップ・コトラーである。その師セオドア・レビットが今も生きていれば、グーグルの掲げる企業理念の次の一節には両手を挙げて賛成したにちがいない。いわく、「ユーザーに目を向けよう。そこからすべてが始まる」と。■

セオドア・レビット

現代経営学の祖の一人に数えられるセオドア・レビットは、ドイツのフォルメルツに生まれ、10歳のとき家族と共にアメリカへ移住。第二次世界大戦には米兵として参戦し、戦後にオハイオ大学へ入学した。経済学の博士号を取得後、1959年にハーバード・ビジネススクールに籍を置き、その翌年に有名な論文「近視眼的マーケティング」を発表した。その後30年はハーバード大学で教鞭をとり、ハーバード・ビジネスレビュー誌に26本の論文を発表した（自身は1985年から89年まで同誌の編集長を務めた）。2004年には同誌が「近視眼的マーケティング」を、過去50年のマーケティング学における最も偉大な発見と評した。なおレビットの1983年の論文「市場のグローバリゼーション」も大評判になり、"グローバリゼーション"の語が一躍、世界に知られるところとなった。

主な著書

1960年	論文「近視眼的マーケティング」（「ハーバード・ビジネスレビュー」誌）
1983年	『マーケティング・イマジネーション』

キャッシュ・カウは
ビジネスの心臓だ

製品ポートフォリオ

252 製品ポートフォリオ

背景知識

テーマ
製品の評価

歴史に学ぶ

紀元前9000年頃 交換可能な家畜(牛など)は通貨代わりに使われていた。

1960年代半ば ピーター・ドラッカーが経営を論ずる中で「キャッシュ・カウ」の語を使い始めた。

1968年 ボストン・コンサルティング・グループが市場の成長余力と市場占有率を軸とするマトリックスを考案した。

1970年代前半 コンサルティング会社マッキンゼーがクライアント企業のゼネラル・エレクトリックと共同でGE／マッキンゼー・マトリックスを開発した。

1982年 H・C・バークスデールとC・E・ハリスが「ポートフォリオ分析と製品ライフサイクル」と題する論文で新たなマトリックスを提唱した。

キャッシュ・カウ(cash cow)とは何か。文字どおりには「ミルクの代わりに現金を出す乳牛」であり、具体的には会社の安定した収入源となる事業や商品をさす。毎年確実に利益を生み出してくれて、事業の成長に必要な資金をもたらしてくれる製品やサービスである。それがもたらす現金は会社の血となり、社内を駆けめぐって日常経費を負担し、研究開発や新製品の立ち上げを支え、利益の薄い新規事業への「輸血」ともなる。

けなげな稼ぎ頭(がしら)

キャッシュ・カウになるものは、たいてい製品ライフサイクルの成熟期にある。熟年期(働き盛り)の人間同様、すでに初期投資の回収は終わっていて、たいしたメンテナンスの手間もなく、定年までは利益(ミルク)を出してくれる。今さら成長は望めないだろうが、それなりの蓄積(市場のシェア)があるから、それほど金をかけずとも、しかるべき収入を運んでくる。

ビジネスの世界で「キャッシュ・カウ」の語を初めて用いたのは経営学の大家ピーター・ドラッカーで、1960年代半ばのこととされる。ドラッカーはこの比喩を気に入っていたようで、

> 起業家が新しいものを好むのは当然だ。しかし(キャッシュ)カウも忘れちゃいけない。それがビジネスを支えているのだから。
> **ジョン・ウォリロー**
> イギリスの起業家(1971–)

さまざまな機会にこの語を用いている。歴史を振り返れば、大昔(紀元前9000年ころ)はウシやヤギ、ラクダといった家畜が貨幣がわりに使われていたのだから、言い得て妙である。

しかしドラッカーは、キャッシュ・カウの価値を認めつつも、それに依存しすぎるなと警告してもいた。別な製品が登場し、それが自社の製品ポートフォリオにおいて新たなキャッシュ・カウとなる見通しが立てば、早めに古いキャッシュ・カウの引退を計画することが重要だとも説いている。ドラッカーが例に挙げたのは1970年代半ば

ボストン・コンサルティング・グループ(BCG)

1875年、アメリカ北東部の港町ボストンで、地元の商人や船主に貸金庫のサービスを提供する会社ボストン・セーフ・デポジット・アンド・トラストが誕生。地元の名家ローウェル家が何代かにわたり経営を引き継ぎ、20世紀初頭には有力な金融機関となっていた。

1963年、同社CEOのジョン・ローウェルと気鋭の経営学者ブルース・ヘンダーソン(1915-92)が出会い、意気投合して設立したのがボストン・コンサルティング・グループ(BCG)。当初は事実上、ヘンダーソンのワンマン会社だった。

若き日に聖書を売り歩いていたヘンダーソンは、テネシー州のバンダービルト大学で工学の学位を取得後、ハーバード・ビジネス・スクールに学び、卒業を待たずに電機大手のウェスティングハウスに入社し、最年少で副社長となった。

BCG設立当初は顧客の獲得や大手コンサルティング会社との競争に苦戦したが、ヘンダーソンは「ビジネス戦略」の提供によって成功し、数年後には社員36人にまで成長、有名なBCGマトリックス(1968年)を考案した。以来、BCGはグローバル企業となり、今や世界各地に81のオフィスをかまえ、9700人以上を雇用している。

成功するセールス 253

参照：リスク管理 40-41 ■ 成長を急ぎすぎない 44-45 ■ グレイナー曲線 58-61 ■ キャッシュフローの管理 152-53 ■
市場を率いる 166-69 ■ MABAマトリックス 192-93 ■ マーケティングのモデル 232-33 ■ マーケティング・ミックス 280-83

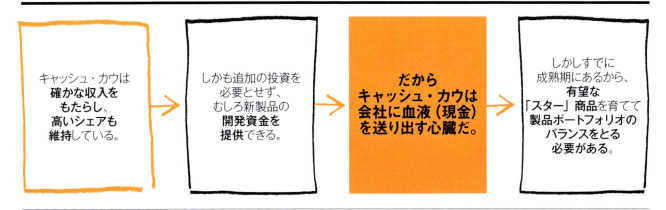

のIBMの事業だ。当時は大型の汎用コンピュータがIBMのキャッシュ・カウだったが、一方で新製品のパーソナルコンピュータ（PC）が急成長していた。実際、黎明期のPC市場でIBMは圧倒的な優位を占めていた。しかし当時の経営陣は、キャッシュ・カウ（大型汎用機）の地位が脅かされるのを恐れて、PCの販売を意図的に抑えていた。すると、その間隙を突いてライバル勢がIBM互換PCを相次いで開発、またたく間に市場を席巻した。これでIBMはPC市場のシェアを失い、二度と立て直せなかった。

それでもIBMは製品ポートフォリオの中心に伝統のキャッシュ・カウ（大型汎用機）を据え続けた。同社の健全性・確実性を評価する株主に配慮するあまり、技術革新に伴うリスクを避け、結果として1990年代におけるテクノロジーの急速な進化や市場の変化に乗り遅れ、ついにはPC事業を手放すことになった。

さて、「キャッシュ・カウ」の語をビジネスの世界に持ち込んだのがドラッカーだとすれば、これをビジネスモデルに組み込んだのはボストン・コンサルティング・グループ（BCG）だ。同社のBCGマトリックスは市場の成長と占有率（シェア）の関係をチャート化したもので、自社の製品ポートフォリオのうち、どの製品に集中投資し、どれを見限ればいいかを判断するツールとして人気になった。

製品ポートフォリオ

BCGマトリックスを使うには、まず製品ポートフォリオの概念を理解しなければならない。自社の提供する製品やサービスを一覧し、いくつかのカテゴリーに分けて整理するのが基本で、市場占有率（シェア）、売上げ、成長余力などのカテゴリーがある。また製品ライフサイクル（成長期、成熟期、衰退期）で位置づけることもできる。どの製品を製造し続けるべきかを判断するときは製品ポートフォリオを見て、それぞれの製品のライフサイクルと、製品ミックス全体とのバランスやシナジー効果を考えなければならない。

BCGマトリックスは、自社の製品ミックスの有効性や収益性を評価する際の分析ツールだ。会社はここで得られる情報を使って、製品ミックスが自社の短期的・長期的ニーズを満たすものか否かを確認し、優先順位を決め、

会社はその製品ポートフォリオに、
成長率もシェアも
異なる商品をそろえるべきだ。
ポートフォリオは
キャッシュフローのバランスを
取るためにあるのだから。
ブルース・ヘンダーソン

IBMは1981年に最初のPCを発売し、売れ行きは好調だった。しかし、そこに集中的に投資することなく、大型汎用コンピュータにこだわり続けた。

254 製品ポートフォリオ

BCGマトリックスは市場の成長余力（のびしろ）と市場占有率（シェア）によって製品を4つのカテゴリー（セル）に位置づけ、自社の製品ポートフォリオのバランスがとれているかを判断するのに役立つ。一方の軸は市場占有率の高低を、もう一方の軸は成長余力の高低を示す。左図でいえば、成長余力が低く、自社製品のシェアも低い製品群は左上の「犬」セルに入れられる。

を維持しているが、製品自体は成熟期にあり、市場全体も大きな伸びは期待しにくい。すでに成長の限界に達しているので大きな投資は必要ないし、市場のリーダーとして大量に売れるからスケールメリットも活かせる。つまり、たいしたコストをかけなくても黙々と安定した現金（ミルク）を生み出してくれる優秀なキャッシュ・カウだ。

マトリックスの実践例

BCGマトリックスを使って製品ポートフォリオを構築する際の模範的なケースとして、よく引用されるのがスイスの巨大食品企業ネスレの事例だ。8000ものブランドを持つ同社の基本戦略は、息の長い「牛」製品を育て、そのブランドのフレッシュ感を可能なかぎり保ち、利益率の高い製品群には惜しげもなく投資する一方、将来性が見込めない製品は切り捨てるというものだ。

世界的なコーヒーブランドの「ネスカフェ」は1938年のデビュー当初からずっと好調を維持しているが、その背景には人気ブランドに積極投資し、かつブランドの製品ラインを拡大し続けるという同社の戦略がある。そのインスタントコーヒーはかつて同社の「スター」だったが、今は安定した収益をもたらす「牛」として、会社が新

どの製品にどれだけの資源を割り当てるかを考える。

BCGマトリックスを使う

BCGマトリックスでは製品を4つのカテゴリーに分ける。犬（dog）、疑問符（question mark）、スター（star）、そして牛（cow）だ。「犬」に入るのは成長が止まり、シェアも低い製品だ。おそらく赤字、よくて収支とんとん、運がよければわずかに利益が出ている。市場がほとんど伸びていないから、状況が変わらないかぎり業績好転の望みはないに等しい。マトリックス内のこのセルに入る製品は、製品ポートフォリオから取り除く候補といえる。だが「犬」製品の事業を売却したり廃止したりする前に、経営者としてはその製品の戦略的価値も考慮すべきだろう。それ自体は売れていなくても、もしかするとライバル社の参入を防ぐ役割を果たしているかもしれない。もしかすると（今は停滞していても）いずれ市場が伸びるかもしれない。あるいは、自社の製品ポートフォリオ上で重要な他の製品を補完する役目を果たし、その製品に顧客を誘導する役に立っているかもしれない。

「疑問符」セルには、「犬」同様に自社のシェアは低いが市場の成長力は見込めるものが入る。ここでの会社の判断は難しい。まだ新しい製品なら、売れ始めるにはもう少し時間がかかり、製造過程やマーケティングにもっと投資が必要なのかもしれない。シェアが足りないなら、ライバル社を買収するという手もある。市場での位置づけを変える（リポジショニング）必要があるのかもしれない。あるいはもう見切りをつけるべきなのか。

「スター」セルには、成長市場で高いシェアを誇る花形製品が入る。そのポジションを維持し、さらにトップシェアを獲得するにはしかるべき投資が必要だろう。うまく育てれば、「スター」製品はいずれキャッシュ・カウとなる可能性がある。

「牛」に入るのは往年の「スター」製品だ。依然として市場で高いシェア

> 急成長中の製品は
> 成長のための投資を必要とする。
> 必要な資金は
> 成長率の低い製品が
> 稼ぎ出せばいい。
> 会社にはこの両者が同時に必要だ。
> ブルース・ヘンダーソン

成功するセールス

分野を開拓するのに必要な資金をもたらしている。一方、同社のオーガニック食品は、成長市場にありながらシェアが伸び悩む「疑問符」製品だ。香辛料製品のシェアは高いが、市場の成長速度は遅いので「牛」に分類していい。

ペットフード市場では、ネスレは一連の企業買収によってシェアを伸ばし、今や有力メーカーの1つになっている。もともとは「疑問符」セルに入っていて、へたをすれば「犬」セル行きだった製品を、企業買収でタイミングよく「スター」に変身させたのである。

ポートフォリオの管理

製品ポートフォリオの管理には、BCGマトリックスの改良版がよく使われる。たとえばアメリカのゼネラル・エレクトリック（GE）は1970年代に、コンサルタント会社マッキンゼーと組んでGE／マッキンゼー・マトリックスを開発した。BCGのセルは4つだが、こちらは9つあって、より複雑な分析ができると同時に、市場の魅力や競争上の強みなども考慮して製品を分類できる。また1982年にはH・C・バークスデールとC・E・ハリスがBCGマトリックスの4セルに軍馬（warhorse）とドードー（dodo）という2つのカテゴリーを追加した（ドードーは大型の水鳥だが、すでに絶滅している）。「軍馬」

「ネスカフェ」のコーヒーはネスレの最大ブランドで、そのブランド価値は174億ドルと見積もられる。第二次世界大戦中から成長を続け、2012年には100億ドルを売上げたキャッシュ・カウだ。

に分類されるのは、現状で高いシェアを確保しているものの市場全体が縮小傾向にある製品だ。したがって経営陣は、市場の回復に賭けて突っ走る（それなりの投資が必要）か、投資は最小限に抑えて馬の体力が続く限り走らせるかの決断を下さねばならない。「ドードー」に分類されるのは（名称から容易に推測できるように）絶滅寸前の製品。市場は縮小ぎみで、自社のシェアも低いから、もはや打つ手はない。

マトリックスの活用

経営学者リチャード・ベティスとW・K・ホールによる1981年の調査とP・ハスペスラフによる1982年の補足調査によれば、BCGマトリックスはアメリカ企業上位500社の半数近くで利用されていた。

しかしBCGマトリックスにも批判はある。単純化しすぎているとか、判断基準が投資効率よりもキャッシュフローに偏っているといった批判だ。1992年のコロラド州立大学による調査では、BCGマトリックスや同様のモデルを利用している企業の平均的な配当率は、利用していない企業よりも低かったという。

それでもBCGが製品ポートフォリオを整理し、製品戦略を練りあげる上で手軽に使える貴重なツールであることはまちがいない。■

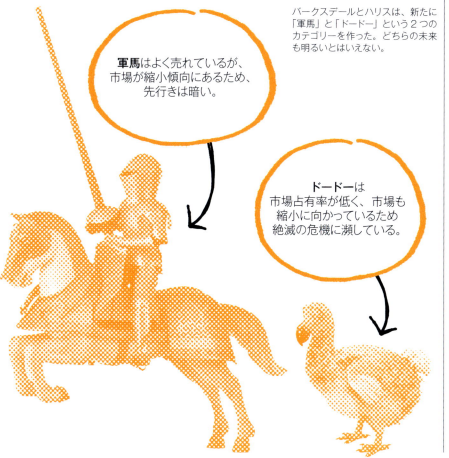

バークスデールとハリスは、新たに「軍馬」と「ドードー」という2つのカテゴリーを作った。どちらの未来も明るいとはいえない。

軍馬はよく売れているが、市場が縮小傾向にあるため、先行きは暗い。

ドードーは市場占有率が低く、市場も縮小に向かっているため絶滅の危機に瀕している。

事業の核は固めた。しかし事業拡大にはリスクがあり、多角化には倍のリスクがある。

アンゾフの成長マトリックス

背景知識

テーマ
戦略的プランニング

歴史に学ぶ

紀元前500年頃 古代ギリシャの戦争で初めて「戦略的プランニング」の概念が登場した。

1920年代 アメリカのハーバード・ビジネス・スクールが、民間企業向けの戦略立案ツールとして「ハーバード・ポリシー・モデル」を開発した。

1965年 イゴール・アンゾフが『企業戦略論：成長と拡大を求める経営のための分析的アプローチ』を刊行。企業戦略に関する書籍の第1号だった。

1980年 マイケル・ポーターが『競争の戦略』で競争戦略の理論を説いた。

1989-90年 ゲイリー・ハメルとC・K・プラハラードが「コア・コンピタンス」と「戦略的意図」の概念を提唱した。

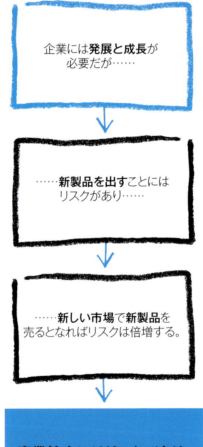

企業には**発展と成長**が必要だが……

……**新製品を出す**ことにはリスクがあり……

……**新しい市場**で**新製品**を売るとなればリスクは倍増する。

事業拡大にはリスクがあり、多角化には倍のリスクがある。

「アンゾフの成長マトリックス」は1957年に、「ハーバード・ビジネスレビュー」誌上で発表されたマーケティングのツールで、成長戦略の計画立案に用いる。数学者イゴール・アンゾフの考案したもので、会社に事業拡大の用意があり、成長に必要な資源もあることを前提としている。このマトリックスは製品の位置づけと市場の状況によって4つの選択肢を提供する。すなわち、市場浸透、市場開拓、製品開発、そして多角化の4戦略である。このマトリックスはまた、それぞれの戦略に内在するリスクも示している。意思決定にあたってはリスク要因の検討が重要で、さもないと自社の貴重な資源をドブに捨てることになりかねない。

4つの成長戦略

それぞれのアプローチは、自社の製品・サービスを変えるか変えないか、新しい市場に参入するか既存の市場にとどまるかで違ってくる。最もリスクが低いのは既存の市場で既存の製品をひたすら売りまくる「市場浸透」戦略だ。このアプローチで売上げを伸ばすには価格競争力をつける、広告を打つ、顧客を囲い込む、ライバル商品を駆逐するなどの作戦が考えられる。

成功するセールス 257

参照：リスク管理 40-41 ■ 2歩目を踏み出せ 43 ■ 成長を急ぎすぎない 44-45 ■ 本丸を守れ 170-71 ■ MABAマトリックス 192-93

アンゾフの成長マトリックスは今も有効か

イゴール・アンゾフ（1918-2002）は現代マーケティング戦略の祖とされ、その成長マトリックスは何十年にもわたってビジネス戦略の基礎的ツールとして用いられ、数多くのバリエーションが生まれてきた。コア・コンピタンスや競争戦略といった概念も、ここから生まれている。

しかし1970年代になると、アンゾフは「分析による麻痺」（ひとつの問題を考えすぎて行動に移れない状態）の問題に気づいた。そこで彼は、地域の実情や社内環境に応じて柔軟に対応することの重要性を説きはじめた。

もちろんアンゾフの成長マトリックスにも限界はある。市場の成長力と企業の成長戦略にしぼって考えているため、それ以外の要因（手持ちの資源の限界など）やシナリオ（企業が成長よりも生き残りを優先している場合など）は除外されている。しかし基本的には今も役立つもので、他のマーケティング・ツールと併せて使えばいい。現に今も多くの企業で、現実の（そして将来的な）成長を測定するツールとして広く使われている。

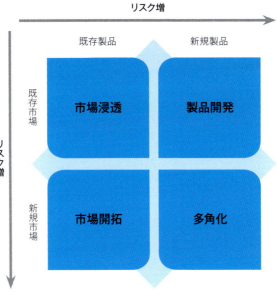

アンゾフの成長マトリックスは4つに分割された箱（セル）によって表現され、それぞれのセルが異なるマーケティング戦略を表す。その違いは製品の位置づけと市場の条件による。見てのとおり、最もリスクが低いのは「市場浸透」戦略で、最も高いのは「多角化」戦略だ。

既存の製品を別な市場に売り込むのが「市場開拓」戦略。この場合、ローカリゼーション（製品仕様を市場に合わせて調整すること）の費用を除けば、たいした追加投資は必要にならない。ただし新たな販売チャネルづくりには多少のリスクが伴う。なお、ここでの「新規市場」には地理的（外国など）、人口動態的（高齢者向け、女性向けなど）な新市場に加え、新たな販売チャネル（オンライン通販、直販など）も含まれる。

「製品開発」戦略では、新製品または大幅に改良した既存製品を既存の市場で売ることになる。ここでは新製品の開発と、それに伴う流通上のコスト、そして新たなマーケティング活動への投資がリスク要因となる。リスクを低くしたければ既存製品のモデルチェンジ版や関連製品を開発すればいいだろう。

最後に、最もリスクの高いのが「多角化」戦略だ。新しいジャンルの製品、新しい市場へのチャレンジである。この戦略は、既存の主力製品への依存を減らすという意味で長期的にはリスクの軽減につながる。しかし初期投資の額によっては当座のリスクが大きく膨らむし、チャレンジが失敗した場合の備えも必要だろう。

多角化の失敗例

イギリスの大手スーパー「テスコ」のアメリカ進出は、多角化戦略に伴うリスクを雄弁に物語る事例だ。同社は10年もの準備期間を経て、2007年に「フレッシュ&イージー」のブランドで出店を開始したが、市場を読み違えていた。中間層を狙うという位置づけで、高級品を置かない代わりに安売りもしない路線を取ったが、出店先のほとんどは労働者の集まる郊外住宅地で、顧客が求めるのは価格の安さだった。致命的だったのは、店舗が小型で（歩きの顧客には適していたが）自動車で買い物に来るアメリカの消費者には不評だった。テスコの投資は失敗に終わり、12億ポンドもの損失を出した。アンゾフの成長マトリックスを使っていれば、リスクは予見できたはずだ。■

戦略づくりに長けた企業ほど、戦略から結果を導く過程で……分析による麻痺に陥りがちだ。
イゴール・アンゾフ

差別化してこそ
一番になれる
ブランド構築

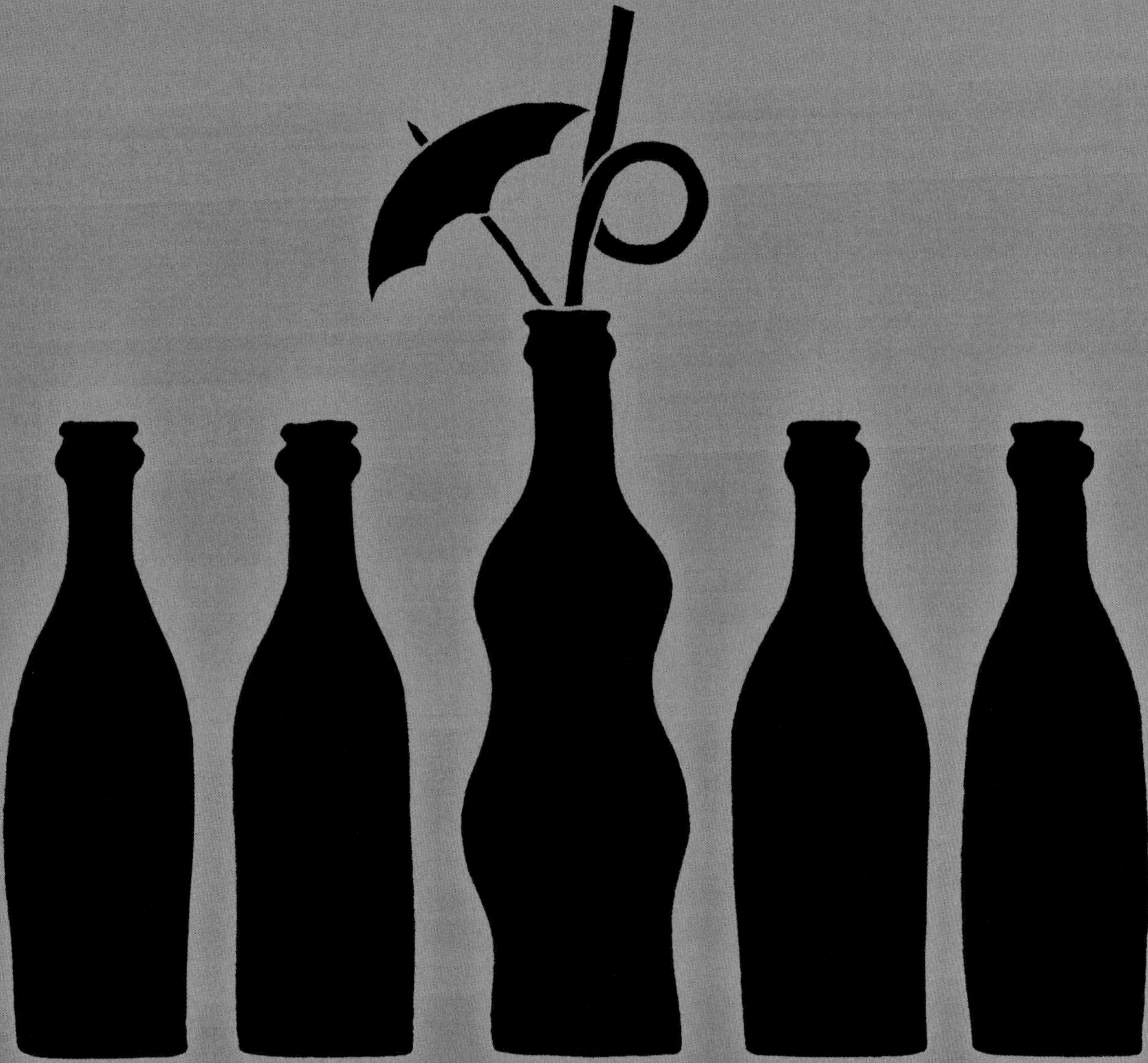

260 ブランド構築

背景知識

テーマ
ブランド構築

歴史に学ぶ

1850年代 産業革命の時代に大量生産が始まり、初めて供給量が需要を上回るようになった。

1880～90年代 アメリカやヨーロッパで、コカ・コーラやケロッグ、コダックといったブランド名が知れ渡り、製品の販売を後押しした。

1950年代 テレビが家庭に普及し、企業がマス・マーケットに向けてメッセージを発信しやすくなった。

2002年 アメリカのスーパーに陳列されているブランド数は、平均で約3万2000点だった（ちなみに1990年当時は平均2万点）。

2013年 ブログやソーシャルメディアで自分の好きな製品やサービスを積極的に推奨する人が増え、米国内だけで6000万人と推定された。

ブランドは、自社の製品・サービスを競合他社のそれと区別し、際立たせるためのもの。昔の人は家畜や奴隷に焼き印を押し、誰の所有物かを明確にした。中世の紙すき職人は透かし模様を入れて、誰の作品かわかるようにした。しかしロゴマークからキャラクターまで、ある会社の個性を象徴するものとしてのブランドが登場したのは19世紀後半のことだ。

当時の欧米社会では教養のある中流階級が増え、「必要なものを買う」だけでなく、幅広い選択肢の中から「好みのものを買う」ようになっていた。一方で似たような量産品の乱立もあって、メーカー各社は製品の差別化に知恵をしぼるようになった。コカ・コーラは1886年に、あの独特な書体のロゴをまとって発売され、その30年後にはあのウエストがくびれたボトルが登場している。クエーカー・オーツは1896年の広告で、クエーカー服を着た老人が片手に製品の箱を、もう片方の手に「ピュア」と書かれた紙を持っているイラストを使った。リーバイスなど、自社製品に社名入りのタグを貼る服飾メーカーも多い。いずれも顧客と製品の関係を密にするための工夫だ。

> 製品は工場で作られるが、ブランドは心で創られる。
> **ウォルター・ランドー**
> ドイツ出身のブランド専門家
> （1913-95）

広告の始まり

ブランドが目立ち始めたのは1950年代のことだ。第二次大戦後の好景気で大量生産が始まり、各家庭にテレビが普及し始めた頃で、ユニリーバやP&Gといった企業は、ありふれた石鹸や粉末洗剤にも独自性を打ち出す必要に迫られた。そこで考え出したのが、消費者に製品を手に取ってもらえるようなパッケージだ。セルフサービスのストアやスーパーが増えるなかでは、棚に並んでいるだけで消費者の目を引き、心に訴える仕掛けが必要だった。家庭用洗剤メーカーのパーシルの場合

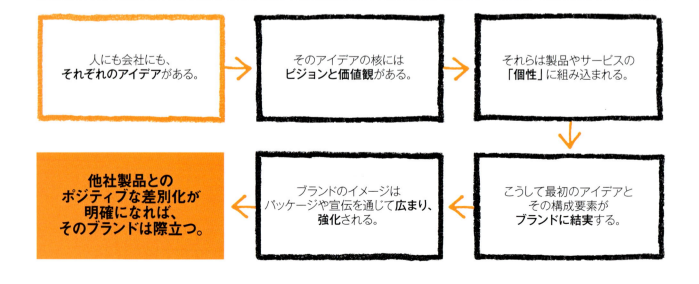

成功するセールス 261

参照：儲かるニッチを探せ 22-23 ■ 思いっきり目立とう 28-31 ■ 市場を理解する 234-41 ■ 顧客に愛される会社 264-267 ■ ざわめきパワー 274-75 ■ 顧客に学ぶ 312-13

航空会社として初めて「イージー（お手軽）」さをブランドにしたのがイージージェットだ。その「いいものを安く」のメッセージは強烈で、今では宅配ピザからオフィスの賃貸業までの多彩な事業を展開している。

は「あなたの白を真っ白に」というキャッチコピーを掲げて、白さにこだわる主婦のプライドをくすぐった。

ブランド構築

今の時代、ブランドはロゴマークやパッケージだけでは築けない。ブランド構築は、まずアイデアから始まる。そのアイデアがライバル社のアイデアと異なっていれば、ブランドとして成功しやすくなる。たいていは顧客の欲求やニーズに訴えることになるが、市場のニッチ（すき間）に割って入る製品やサービスの特徴を打ち出すこともある。新規参入の企業や新製品が市場のすき間にアピールする手法にもヒントがあるかもしれない。たとえばプレタ・マンジェはファストフードのチェーン店だが、主流のハンバーガーで競おうとはせず、従来のファストフード市場にはない健康食品で勝負した。新鮮で無添加な食材を使い、各店舗で毎日手作りの料理を提供するというコンセプトが、そのままブランドになった例だ。ゴミ袋のない掃除機を発売したダイソンのように、既存の技術を改良して斬新かつ画期的なデザインで勝負するブランドもある。あるいは、これまでに誰も想像せず、欲しいと思ったこともないような新製品（たとえばアップルのiPad）であれば、そのアイデアの斬新さがブランドになるかもしれない。

そしてアップルやダイソンのような成功ブランドの背景には、そのブランドと強く結ばれた顧客のコミュニティがある。iPadが好き、掃除機ならダイソンがいいと思い、アップル派、ダイソン派と見なされることを誇りに思うような人たちの存在だ。ちなみに、

こうした最強ブランドにはたいてい、それと対立する「○○嫌い派」が存在する。コカ・コーラには、ペプシコーラを愛する「反コカ・コーラ派」がいる。パソコンの市場には強力なMac派がいて、その対極にWindows派がいる。いずれにせよ、人は価値観を同じくするグループに帰属したいと思う生き物だから、その感覚をうまく利用すればブランドへの忠誠心（ロイヤルティ）を育てることができる。

> 製品の寿命は
> 短いかもしれないが、
> ブランドは永遠だ。
> **スティーブン・キング**
> イギリスの広告会社役員
> （1931-2006）

ブランドが製品を生む

製品がブランドを作るのか、あるいはブランドが製品を作るのか。実をいうと、どちらとも言いがたい場合が多い。たとえば格安航空のイージージェットだ。創業者のステリオス・ハジ＝イオアヌ卿が目指したのは、イージー（お手軽）で安い空の旅を、大手航空会社とは異なる手法で実現すること。だから名づけて「イージージェット」。実にわかりやすいブランディングで、1995年の創業以来ずっと使っている。今では世界中で10社以上が、この「イージー」ブランドでさまざまなビジネスを展開している。「イージージェット」という製品が「イージー」ブランドを作り、そのブランドが多彩な製品を生み出したことになる。基本のサービスを手頃な価格で提供するというシンプルかつ本質的なアイデアだからこそ、航空業界だけでなく、他の業界にも適用できたといえる。

262 ブランド構築

経営ビジョンと価値

会社のビジョンや価値観を構成するさまざまな要素を統合したところに、その会社の個性的なブランドができる。この「個性」こそが会社のUSP（ユニーク・セリング・プロポジション）となり、そのUSPが自社製品・サービスを際立たせ、競争上の優位をもたらす。一方で、単なるイメージにすぎないブランドを具体的な商品に仕立てていくのは会社のビジョンや価値観ということになる。

創業者や企業トップが実現したいアイデアの方向性を示すのが経営ビジョンだ。家具製造販売のイケア（IKEA）は、経営ビジョンに「より快適な毎日を、より多くの人に」提供することを掲げている。このビジョンを支えるビジネス・アイデアは「良いものを手頃な価格で」という実にシンプルなものだ。しかしイケアは、この基本のアイデアを徹底し、売り場作り（みんなが一息つけるカフェや子供の遊び場の併設など）から広告に至るまで、すべてのプロセスに反映させている。だからこそ安くて高品質な家具ブランドとして成功し、業界最大手になれた。

> 心をつかむブランドは行動を喚起する。心をつかむブランドはファンを獲得する
> **スコット・タルゴ**
> アメリカのブランド戦略家

開かれた会社

ビジョン（何を目指すか）だけでなく、価値観（何を大事にするか）もまたブランドに欠かせない要素であり、そのブランドの特徴となる。もちろん、自社の価値観について語るだけではいけない。その価値観は日々の事業活動に反映されなければならない。

フルーツたっぷりのスムージーで知られるイノセント（Innocent）は、1999年にイギリスのある音楽フェスティバルでドリンクを売っていた3人組の話し合いから生まれた。そして起業にあたって「オープンな経営」という価値観を掲げた。実際、イノセントのドリンク製品のラベルには「バナナフォンに電話して」という顧客に向けたメッセージが印刷されており、いつでも本社（「フルーツタワー」と呼ばれている）を訪ねてくれと書かれている。ウェブサイトでも、イノセントの「ファミリー会員」になって、次に何をすればいいかを提案してくれるよう促している。なぜなら「会社だけ（の判断）だと、まちがうこともあるから」だ。彼らのくだけた言葉づかいやカジュアルなアプローチからは、イノセントが本気で「オープンな会社」を目指し、顧客との対話を望み、顧客の声や価値観を大事にしていることが伝わってくる。

第3の場所

スターバックスをグローバルなブランドに育てあげたハワード・シュルツの頭には、他にはない個性的なコーヒーチェーンのアイデアがあった。その個性を一言で言えば「つながり感を醸し出す店づくり」である。シュルツが入社した1982年当時のスターバックスはシアトルに1店舗あるのみで、炒りたてのコーヒー豆を売るだけの店だった。シュルツは入社の翌年にイタリアを訪れ、現地のカフェのにぎわいを

アニータ・ロディック

1942年、イギリスの海沿いの町で生まれる。両親はイタリア移民で、アニータ・ロディックは自らを「生まれながらのアウトサイダー」と呼んでいた。1976年に、化粧品専門店ザ・ボディショップをイギリスのブライトンにオープンした。豊富な経験と、ヨーロッパやアフリカ、南太平洋諸国の旅での出会いをもとに、彼女は天然素材の化粧品をリサイクルできるボトルに入れて売り出した。ボディショップはその後、ロディック自身の意欲と巧みなキャンペーンを通じて倫理的な消費者のハートをしっかりつかんだ。ビジネスは（儲けるだけでなく）良いことをできると信じる彼女は、化粧品開発での動物実験の禁止やフェアトレードの推進に努め、グリーンピースやアムネスティ・インターナショナルなどの活動も積極的に支援した。

2000年には自伝的著作『ザ・ボディショップの、みんなが幸せになるビジネス。』を出版し、多くの活動家の共感を呼んだ。2004年に英王室から勲章を授与された。なおボディショップは2006年に、化粧品大手ロレアルの傘下に入った。2007年死去。

成功するセールス

```
         収益力
   ←――――――――――――→
        強い絆
   これぞ自分の求めていたブランドだ
        優位性
   他のブランドより、こっちのほうが良さそう
        機能性
   これって、他のブランドと比べてどうかな？
        妥当性
   これって、自分のニーズや
   予算に合うかな？
        認　知
   このブランド、
   どこかで
   見たことがある
                              忠誠度
```

ブランド・ピラミッドは1990年代半ばにコンサルティング会社ミルワード・ブラウンが提唱したもので、ブランドに忠実な顧客を育てるための5つのステージを説明している。この逆三角形の上に行くほど忠実な顧客が増え、収益も増える。

じっくり観察し、コーヒーは単なる温かい飲み物ではなく、人々のコミュニケーションをとりもつ存在だと気づいた。そして、このイタリア人の伝統をアメリカに根づかせようと決めた。

ここに、家庭でもなく職場でもなく、気軽に会話を楽しめてコミュニティ感覚を味わえる「第3の場所（サード・プレイス）」というコンセプトが生まれた。このアイデアはブランドの根幹となり、スターバックスの店舗設計にも貫かれている。だからゆったりした革のソファもあれば、カジュアルな椅子もある。誰でも自由に読める新聞も置いた。こうして1990年代には全米各地の街角に次々とスターバックスの店舗が誕生した。気さくに集える場所が欲しいという人々のニーズを、スターバックスが忠実に満たしているからだ。

倫理とブランディング

イギリスの実業家アニータ・ロディックは、1970年代に化粧品販売のザ・ボディショップを立ちあげた。事業経験はほとんどなかったが、他人と違うものを売らなければ成功しないことは直感していた。市場には大量生産の化粧品があふれていて、種類も豊富だったが、一方で消費者の間には原材料や製造方法、さらには環境問題などへの関心が芽生えていた。そこでロディックは、天然素材にこだわった製品を詰め替え可能なボトルに入れて売ることにした。つまり自分の信念をそのまま自社ブランドに重ね合わせたのだ。こうしてボディショップは、企業の社会的責任や人権の尊重、環境保全、動物保護、さらにはフェアトレードといった概念と密接に結びついたブランドとなり、グローバルな成功を勝ち得た。

ただし、ブランド力の強さゆえに逆風を受ける場合もある。1999年にはアメリカの女性ジャーナリスト、ナオミ・クラインが『ブランドなんか、いらない』を著し、ブランド否定の運動に火をつけた。この運動は経済のグローバル化に伴う弊害に消費者の目を向けさせ、Tシャツやスニーカーの有名ブランドが途上国の労働者を搾取している問題にも光を当てた。

一方、日本の「無印良品」は徹底したノーブランド戦略をとっている。無印良品の特徴は簡潔さだ。製品のパッケージはシンプルで、広告にもコストをかけず、口コミに頼るところが大きい。結果として、この「無印」路線が差別化の武器となり、「Muji」ブランドに忠実な顧客層を育てている。■

スターバックスのブランド・イメージは明確だ。1990年代に同社は、店舗を単にコーヒーを飲む場所ではなく、職場と家庭の中間にあって気軽に立ち寄れる場所と位置づけることで成功をつかんだ。

顧客に仕えよ、お客様は神様だ
顧客に愛される会社

背景知識

テーマ
顧客の囲い込み

歴史に学ぶ

1891年 顧客のリピート購買を促すためのスタンプカードがアメリカで登場。買い物をするたびにスタンプを押してもらえ、貯まると一定額の商品と交換できる仕組みだった。

1962年 サム・ウォルトンがウォルマートの1号店をオープンし、「お客様の満足を約束します」のスローガンを掲げた。

1967年 通話料無料の専用番号を使った電話によるカスタマーサービスがアメリカに登場した。

1981年 航空業界で初めて、アメリカン航空が得意客向けのマイレージサービスを開始して顧客の囲い込みに乗り出した。

1996年 インターネットの普及に伴い、オンライン通販業界にライブチャットや電子メールによる顧客サポートのサービスが登場した。

ビジネスは顧客に愛されてこそ成功する。この信念は19世紀後半からずっと、多くの起業家や経営の専門家に受け入れられてきた。当然のことながら、自分の買った製品やサービスに満足すればまた買うだろうし、友だちや家族にも薦めるだろう。そうすれば事業は成長し、結果として社員の給料も上がるだろう。

人の恋愛関係に似て、売り手と買い手の関係にも物理的なものと同時に感情的なものもある。両者のあいだに愛と信頼の関係を築くプロセスには、顧客との感情面の結びつきを深める売り手側の努力（＝愛）だけでなく、効率的な生産・流通システムの運用といったノウハウ（＝信頼）も必要になる。たと

成功するセールス 265

参照: ポーターの戦略 178-83 ■ 市場を理解する 234-41 ■ 未来の市場にフォーカスする 244-49 ■ インセンティブの活用 271 ■ 顧客利益の最大化 288-89 ■ 需要の拡大 294-95

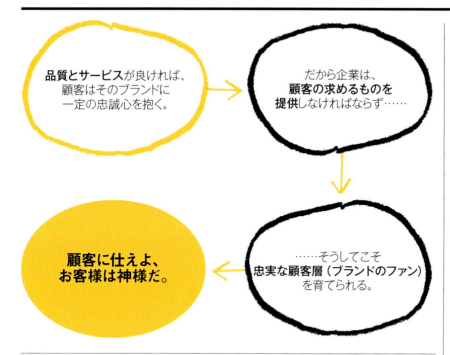

> 顧客の期待を超えよう。
> そうすれば、
> 彼らは何度でも戻ってくる。
> **サム・ウォルトン**

安さと満足が約束されている店。顧客がそう思ってくれればいい。そうなれば、もっと安い店を探そうとは思わなくなるだろう。買ったものに満足できなくても、うちは返品OKだ」。

えば注文処理に要する時間、適切な在庫、注文のしやすさ、配送時間の柔軟性、パッケージの見た目や開けやすさ、顧客が困ったときに対応するサービス・スタッフをどこに配置し、どんな制服を着せるかなどだ。

顧客満足

その昔、売り手が顧客を口説く場所は店頭だった。19世紀の初頭に登場したデパートもそうだ。ロンドンの百貨店セルフリッジズは創業当初から買い物客、特にショッピング好きな女性客をターゲットに設計されていた。そこでは素敵な品物を買えるだけでなく、現実よりも贅沢なライフスタイルを夢見ることができた。

しかし顧客のハートをつかむ最も強力な武器は、やはり値段だろう。安くていいものを買える魅力には抗しがたいもの。ちなみにコカ・コーラは1887年に、グラス1杯無料のクーポン券を発行した。記録のあるかぎり、これが世界初の無料クーポンとされる。

ウォルマートの創業者サム・ウォルトン(1918-92)は、顧客のお金を節約することを事業戦略の中核におき、20世紀で最も成功した商人と呼ばれるまでになった。「アイデアはシンプルだ」と彼は言う。「ウォルマートと言えば、

品質の重要性

製品やサービスの質も、顧客の心を動かす大事な要素だ。価格で顧客をつなぎ止めるには常に低さ(安さ)を追求しなければならないが、品質の場合は逆に高さを維持してこそ生産者と消費者の幸せな結婚を末永く維持できる。セルフリッジズの創業者ハリー・ゴードン・セルフリッジも「価格の記憶はすぐに忘れ去られるが、品質の記憶はずっと残る。この点を肝に銘じておけば、ビジネスは自然に大きく成長する」と語っている。

それでも、品質が売上げや利益に及ぼす影響を定量的に把握できるようになったのは1980年代に入ってからのことだ。マーケティング戦略の効果を

ロンドンの百貨店セルフリッジズは、買い物をしに行くだけでなく、そこへ行くこと自体が楽しい場所だった。そこにはカフェがあり、屋上ガーデンがあり、まだ珍しかったテレビのデモンストレーションを行ったりもした。

266 顧客に愛される会社

客観的に測定する方法が登場してきたからだ。それまでは品質を二の次にしていた経営者も数字を見て品質と利益の関係に気づき、品質を顧客獲得戦略の中心に据えたのだった。

良いものを買う

　市場で最大シェアを占め、したがって価格支配力をもつメーカーでなくても、利益を最大化するチャンスはある。顧客がもっと高いお金を払ってでも買いたくなるような品質を提供すればいい。たとえばスマートフォンの市場で、アップルのiPhoneのシェアはそれほど大きくないが、市場全体の利益の約50％を獲得してきた。魅力ある製品を作り、顧客に感動を与えれば、きっと顧客は欲しくなり、早く手に入れて見せびらかしたくもなる。そうなれば先行予約もするし、待つことも長蛇の列に並ぶこともいとわないだろう。

　この傾向が最も顕著に表れるのはファッションの世界だ。限定販売のハンドバッグや靴の奪い合いも、エルメス伝統のケリーバッグを1つ手に入れるために何年も待つことにも、顧客は喜んで耐えてくれる。しかし、こんなに顧客が寛容な業界は例外的だ。たいていの場合、顧客は購買プロセスのあらゆる段階で快適かつハッピーな体験を

したいと思い、メーカーやサービス提供者にそれを求めてくる。新規顧客の獲得がマーケティングの大事な仕事なのは確かだが、会社に安定した収入をもたらしてくれるのは既存の顧客だ。彼らは同じ製品やサービスを繰り返し購入してくれるだろうし、自社の別な製品も買ってくれるかもしれない。つまり、一部の得意客は他の顧客よりも会社に大きな利益をもたらしてくれるということ。この点に気づいた会社は収益性の高い顧客層にアピールし、もっと買いたいと思わせるキャンペーンにより多くの予算を投じるようになってきた。

ブランド品のバーゲンセール初日に開店前から長い行列ができるのは、そのブランドに忠実な顧客が多い証拠。イタリアのミラノでさえ、英バーバリーのショップには長蛇の列ができる。

　オンライン通販の世界では、過去の購買履歴に応じて電子メールを配信するなどしてリピート購入を促している。既存の通販や直販ルートでも、得意客（リピーター）限定の値引き販売や関連製品のセット販売は日常的に行われている。一方、伝統的な地上のショップにはメーカー側の費用負担で販売支援のスタッフを配し、きめ細かな対応で顧客との感情的なつながりを築こうと努力している。つまるところ、顧客に愛される会社となるためには常に高品質な製品やサービスを提供する一方、そのブランドや会社を利用し続けることの利益（便利、安心、安い、感じがいい、など）を顧客が常に実感できるようにしていかねばならない。

忠誠心を育てる

　顧客の忠誠心（ロイヤルティ）を確保する仕掛けについていえば、おそらく航空業界のマイレージプログラムが先駆的な存在といえるだろう。こうした仕組みは、キャッシュバックや割引で顧客に購買インセンティブを与えるだけでなく、顧客の好みや消費パターン、

リッカート・スケールは、アメリカの心理学者レンシス・リッカートが1930年代に発表したもので、消費者の態度を5つのスケールで測るツール。回答者は与えられた質問に対して、自分の感じ方に一番近いものを選ぶだけでいい。顧客からのフィードバックを得る手軽な方法と評価される一方、選択肢が少ないために結果が歪められるとの批判もある。

非常にそう思う　そう思う　どちらでもない　そう思わない　まったくそう思わない

成功するセールス

好きなブランド、販促キャンペーンへの反応といったデータの収集にも役立つ。こうしたデータを使えば、無駄の少ない在庫管理も可能になるだろう。アメリカの百貨店ノードストロムは、自社のカード会員の服のサイズや色の好みはもちろん、誕生日や記念日などの個人情報も把握している。会員カードで買い物をするとポイントが貯まる「ファッション・リワード」という仕組みがあり、一定のポイント数を貯めた顧客には次回以降のショッピングに使えるギフト券を発行している。同様な仕組みは、今や世界中で多くの店が実施している。

オンラインの挑戦

オンライン通販のショップの場合、顧客の囲い込み（忠誠心の高い顧客の獲得）は従来型のショップの場合以上に重要だ。しかし、まずは対面販売ができず、親近感が湧きにくいという弱点を克服しなければならない。

そこで靴のオンライン通販会社ザッポスは、顧客との関係構築と囲い込みにコールセンターを活用している。この会社はコールセンターを単なる苦情受け付け窓口と考えず、むしろ市場開拓の拠点と位置づけている。だからコールセンターのスタッフに求められるのはマニュアルどおりの対応ではなく、もっと柔軟な対応を通じて顧客との心のつながりを築くことだ。苦情を聞くだけでなく、顧客のために積極的な提案をする同社のコールセンターの評判は、今やブランド力の一部だ。予定よりも早く商品を届けるとか、一年中いつでも返品を受けつけるとか、そうしたシンプルな努力の積み重ねが、リピート率75%という成果につながっている。

デジタル時代の顧客を満足させる手法を確立したのは、アマゾン創業者のジェフ・ベゾスだ。顧客が商品を手にとって見られない、商品が届くまでに時間がかかる、といったオンライン通販の弱点を、ベゾスは翌日配送と無料返品というサービスで克服した。「現実のショップで不満を抱いた顧客は6人の友だちにその話をするだろう。しかしネット上では、いっぺんに6000人に話が伝わる」とベゾスは言う。その怖さをスタッフ全員が肝に銘じていればこそ、アマゾンはアメリカ企業の顧客満足度調査で常にトップの座を守っていられるのだ。■

> よそで買い物をしようと
> 決めるだけで、
> 顧客は君をクビにできる。
> **マイケル・バーグダール**
> 米ウォルマートの顧客担当役員（1954–）

得意客にショップカードを発行すれば来店頻度が増すと期待できるだけでなく、顧客の購買行動に関するさまざまなデータを集めることもできる。

顧客は常に正しいか？

「顧客は常に正しい」という言葉を初めて使ったのは、1909年にロンドンで百貨店セルフリッジズを創業したハリー・ゴードン・セルフリッジ（1856-1947）だとも、1865年にシカゴで自らの名を冠した百貨店を開いたマーシャル・フィールド（1834-1909）だとも言われている。いずれにせよ、この語は「新規顧客を開拓するより既存客を維持するほうが安上がりだ」という意味で使われるようになった。誇大広告がまかり通っていた時代には、新興の中産階級に大量生産品を売り込むキャンペーンでも使われた。しかし1990年代以降は「顧客がいつも正しいとは限らない」という認識ができ、むしろ顧客層を細分化して考えるアプローチが主流となっている。

一人一人の顧客について、その投資利益（この顧客にどれだけの資金を投じればどれだけの利益を得られるか）を算出して、より収益性の高そうな顧客を選別するのである。

グリーンで塗り固められたごまかし
グリーンウォッシュ

背景知識

テーマ
企業倫理

歴史に学ぶ

1980年代前半 科学者たちが極地上空のオゾン層に穴が開いているのを確認した。

1986年 アメリカの自然保護活動家ジェイ・ウェスターベルドが初めて「グリーンウォッシュ」という言葉を使用した。

1990年 「アースデイ」のイベントが始まってから20年、アメリカで販売される家庭用品の広告の4分の1に「リサイクル」や「オゾン層にやさしい」、「土に還る」といった言葉が躍っていた。

1992年 アメリカ政府の連邦取引委員会と環境保護庁が「環境表示ガイドライン」を発表し、グリーンウォッシュの規制に乗り出した。

1999年 「グリーンウォッシュ」の語が『オックスフォード英語辞典』に掲載された。

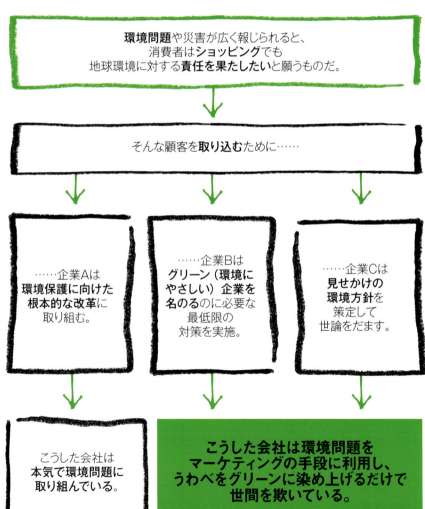

参照：危機管理 188-89 ■ 自己満足の罠 194-201 ■ 経営のモラル 222 ■
企業文化と倫理 224-27 ■ 企業倫理の確立 270

成功するセールス

「グリーンウォッシュ」の語が登場したのは、環境保護への関心が高まった1990年代のこと。企業や行政がでっち上げる、うわべだけの環境保護活動をさす言葉だ。一般に、黒を白と言いくるめ、適当な言い逃れをしたり問題に目をつぶったりする行為を「ホワイトウォッシュ（白塗り）」というが、「グリーンウォッシュ」は環境問題についての上滑りな主張（「地球にやさしい」など）を繰り返し、真剣な議論や断固たる行動を回避する行為と定義される。

この言葉を最初に使ったのは自然保護活動家でニューヨーク在住のジェイ・ウェスターベルトとされる。彼は1986年に発表したエッセーで、洗濯の回数を減らせば環境汚染を減らせるという理屈で宿泊客に「タオルの取り替え不要」の意思表示を求めるホテル業界の手法を批判し、それは環境保護に名を借りたコスト削減策だと切り捨てている。

高まる環境保護への関心

1980年代まで、たいていの経営者は環境問題をビジネスの障害とみなし、広報部門で対応すればいいと考えがちだった。しかし1985年に極地の上空にできたオゾンホールの問題が報道されると、オゾン層破壊の元凶とされるフロンガスを含むエアゾルの不買運動が各地で起きた。これ以降、環境保護運動に対する消費者の支持が高まり、企業側も自社製品やコーポレート・アイデンティティに環境保護のメッセージを盛り込むことのメリットに気づいた。

1987年に国連のブルントラント報告（囲み参照）が発表されると、マーケティングの世界にも環境保護のコンセプトを取り入れる機運が生まれた。そうして1990年代には「グリーン革命」が始まると喧伝され、企業もこぞって環境にやさしい製品を開発し、あるいは製造工程の改善に動き出したのだった。

環境に優しい企業

化粧品のザ・ボディショップや自動車のボルボ（スウェーデン）など、早くも1970年代から環境に配慮した経営戦略を取り入れていた企業もある。メディアは先進的企業の取り組みをこぞって書きたてたから、そうした会社の環境方針（グリーン・ポリシー）や「エコな製品」はとても魅力的なものに見えた。

しかし一方で、賢くなった消費者はマスコミの記事や企業の宣伝をうのみにしなくなり、環境保護活動をする企業の本音に疑いの目を向けるようになっていった。だから今は、いい加減な対応はできない。それでも企業側は「環境にやさしい」会社であることに商業的メリットがあると信じ、環境意識の高い消費者を顧客に取り込むようなマーケティング戦略を採用している。

実際、グリーンウォッシュは意外な業界でも起きている。原子力産業は、CO_2を排出しない原発は地球温暖化の阻止に役立つとアピールして、その危険性への懸念を払拭しようとしている。2006年には軍事産業大手のBAEシステムズが、鉛を含有しない弾丸を開発中だと発表している。

しかし今の消費者は賢いから、単なるグリーンウォッシュのパフォーマンスにはだまされない。■

グリーンに染め上げる

1987年に地球環境の保護を訴える国連のブルントラント報告が発表されて以来、環境保護を謳う広告やキャンペーンの数は劇的に増えた。1989年から1990年の間に、アメリカ市場では「環境に配慮した」と称する製品が倍増した。消費者の環境保護への関心の高さを示す各種市場調査もあって、このような広告やキャンペーンは1990年代前半まで盛んに行われた。しかし1990年代半ばになると、「環境にやさしい」けれど割高な製品を前にすると、消費者の気持ちと行動は必ずしも一致しないことがわかってきた。また環境保護への投資が必ずしも株主の支持を得られないとの懸念も生じてきた。

こうした状況の変化を受け、今はグリーンウォッシュも巧妙になっている。環境にやさしい施策を部分的に採り入れて会社をグリーンに染め上げる一方、決して収益構造には影響を与えない範囲にとどめる手法だ。

> 意図的に嘘をつく露骨なグリーンウォッシュは……さほど多くない。しかし、それに近いケースは数えきれないほどある。
> **アンドリュー・ウィンストン**
> アメリカの環境活動家

人々は企業に、利益の最大化を超えた何かを求めている
企業倫理の確立

背景知識

テーマ
企業倫理

歴史に学ぶ

1867年 カール・マルクスが、資本主義は労働の搾取によって成り立つと論じた。

1962年 アメリカ大統領ジョン・F・ケネディが消費者の基本的権利として、安全の権利、知る権利、選ぶ権利、意見を聞いてもらう権利を提唱。これをもとに、1985年には国連で「消費者の保護ガイドライン」が採択された。

1988年 フェアトレード財団が設立された。

2008年 学術誌「サイコロジカル・サイエンス」に、人間の神経は公正さを好むようにプログラムされているとする論文が載った。

2012年 ロンドン五輪の会場で飲食物を売る業者には、紅茶とコーヒー、砂糖、ワイン、チョコレート、バナナについてフェアトレード産品の使用が義務づけられた。

倫理へのこだわりは、フェア(公正)な関係を好む人間の本性に根ざしているらしい。だから企業倫理(取引上の諸原則や規則のモラル)にも20世紀の早い時期から関心が寄せられていた。初期に問題とされたのは労働者の権利と職場環境、そして「適正賃金」が払われているかどうかだった。しかし1960年代に入ると消費者の「知る権利」にも注目が集まり、企業活動の情報開示が求められるようになった。

だが倫理の問題が具体的に市場に反映されるようになったのは、1980年代にフェアトレードの運動が始まってからだ。フェアトレードでは、途上国の労働者を搾取せずに生産・輸入された外国産品に認証ラベルを貼り、消費者が商品の購入にあたって倫理的な観点も選択肢に入れることを可能にした。

1990年代にはグローバリゼーションが進み、安い労働力が豊富な途上国に生産を移管する企業が増えた。一方で消費者はますます倫理的な観点を重視し、自分の買った商品が苛酷な児童労働で作られているようでは困ると考えるようになった。

食品大手のユニリーバは自社の2010年版「持続可能な生活プラン」で企業倫理の目標を明らかにし、2020年までに環境負荷を半減し、すべての原材料の調達を持続可能な形にすると約束した。消費者はこれを歓迎したから、他の企業もこれに追随した。そうした約束のすべてが実現する保証はないが、それでも消費者は企業の約束に期待をかける。フェイスブックの創業者マーク・ザッカーバーグが言うように、今の「人々は企業に、利益の最大化を超えた何かを求めている」からだ。■

中米産のマヤコーヒーにはフェアトレードの認証ラベルがついている。それは現地のコーヒー農園労働者に公正な対価が支払われていることを保証するものだ。

参照：法令・規則の順守 120–23 ■ 経営のモラル 222 ■ 企業文化と倫理 224–27 ■ 市場を理解する 234–41 ■ グリーンウォッシュ 268–69

成功するセールス **271**

無料で何かがついてくれば誰もが喜ぶ
インセンティブの活用

背景知識

テーマ
インセンティブをつける

歴史に学ぶ
1895年 アメリカのポスタム・シリアル（現ゼネラル・フーズ）が、自社製品の販売促進のために割引クーポンを発行した。

1912年 クラッカージャックがアメリカで「おまけ入り」のポップコーンを発売したところ、大人気になった。

1949年 アメリカの製粉会社ピルズベリーが、自社製の粉を使った料理コンテストを中心としたキャンペーンを考案した。

1975年 比較広告「ペプシ・チャレンジ」のキャンペーンで、ペプシコーラはスーパー店頭での販売数でコカ・コーラを上回った。

1992年 イギリスの家電メーカーのフーバーが、100ポンド以上の製品を購入した顧客全員に無料航空券を進呈するキャンペーンを実施。好評を博したが、おかげで経費は約5000万ポンドにも膨らんだ。

景品や賞品、特別な値引き、増量などの特典。こうしたものを活用して顧客の購買意欲をそそる手法は昔からあり、「インセンティブ・マーケティング」とか「セールス・プロモーション」などと呼ばれる。新製品の発売時、売上げが伸び悩む製品の勢いを取り戻したいとき、あるいは自社の知名度やブランドを確立したいときなどによく使われる。

アメリカの実業家ウィリアム・リグレーは、インセンティブをつけて購買意欲をかき立てる手法の先駆けだ。1892年、彼は自社のチューインガムをプレミアム（おまけ）つきで売り出し、みごとに先行する大手ブランドから顧客を奪うことに成功した。

「押す」か「引く」か

現代のマーケティング用語でいえば、リグレーの手法は「プル（引く）」タイプのインセンティブだ。おまけや値引きで消費者を引きつけ、その需要を刺激することで小売店が仕入れを増やすように誘導する手法である。一方、「プッシュ（押す）」タイプのインセンティブは小売店や卸売業者に報奨金を出して大量の商品を仕入れさせ、彼らの販売意欲をかき立てる手法だ。

押すのであれ引くのであれ、こうしたインセンティブは短期間で売上げを急増させる起爆剤になるが、その効果は徐々に薄れていく。こうした販売促進策の成功には費用対効果の検討が欠かせない。効果が落ちてきたり、過剰なプロモーションで自社の評判に傷がつくようであれば、早めに切り上げたほうがいい。■

私が教わったのは、
テクノロジーは押し込めない
ということ。
顧客に引っ張り上げて
もらうしかない。
ビル・フォード
アメリカの実業家（1957-）

参照： 市場を理解する 234-41 ■ ブランド構築 258-63 ■ ざわめきパワー 274-75 ■ マーケティング・ミックス 280-83

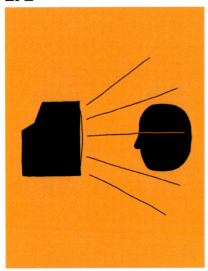

人は景気がいいと広告を打ちたがる。しかし景気の悪いときこそ打つべきだ

広告を打つ

背景知識

テーマ
広告

歴史に学ぶ

1729年 科学者でアメリカ合衆国「建国の父」の一人であるベンジャミン・フランクリンが、自社の発明品の広告を地元紙「ペンシルベニア・ガゼット」に出した。

1840年 米フィラデルフィア（ペンシルベニア州）に世界初の広告代理店が誕生した。

1931年 コカ・コーラが広告にサンタクロースのイラストを使用。おかげで太ったサンタのおじさんは世界の人気者になれた。

1955年 有名なマルボロ・マンの広告が登場。肺癌と喫煙の因果関係が指摘されていたにもかかわらず、マルボロは爆発的に売れた。

1994年 オンライン雑誌「ホットワイアード」のサイトに史上初のバナー広告が掲載された。1年後には早くもバナー広告の追跡や管理専用のサーバーが登場した。

不況が始まると**消費者の財布のひもは固くなる。**

↓

ブランドAのメーカーは利益の確保を図るために**広告費を削減**する。

↓

短期的に利益は膨らむだろうが、ブランドは**消費者に忘れられる**。

ブランドBのメーカーは利益の減少を覚悟で**広告費を維持または増額**する。

↓

短期的には利益を食われるが、ブランドは**消費者の記憶に残る**。

苦しい時期ほど広告は打たねばならない。

ビジネスの世界では、広告はお金の無駄づかいと見なされがちで、景気が落ち込むと真っ先に広告費がカットされやすい。だが、かつての広告界の重鎮ブルース・バートン（1886-1967）に言わせれば「人は景気がいいと広告を打ちたがる。しかし景気の悪いときこそ広告は打つべき」だ。なぜか。広告は既存の、そして潜在的な顧客と良好な関係を築くための持続的な活動であるからだ。

バートンは1920年代から1940年代にかけて、アメリカで大々的な広告キャンペーンをいくつも手がけた人物。彼の見るところ、売れないときの広告費削減は愚の骨頂で、むしろ苦しいときこそ広告を継続的に出し、市場における存在感を維持するべきだという。

成功するセールス

参照：思いっきり目立とう 28-31 ■ AIDAモデル 242-43 ■ 未来の市場にフォーカスする 244-49 ■ ブランド構築 258-63 ■ 顧客に愛される会社 264-67 ■ ざわめきパワー 274-75

Have a break – have a Kit Kat

チョコレート菓子「キットカット」は 1958 年以来、"Have a break, have a Kit Kat" のキャッチコピーを使い続けており、今やブランドの代名詞となっている。

メージを築き上げた顕著な例がネスレのチョコレート菓子「キットカット」だ。キットカットは世界各地 100 以上の国で販売されているが、そこに暮らす人のほとんどは、「Have a break（ちょっと一休み）」と聞いただけで「have a Kit Kat（ちょっとキットカット）」と続けられる。なぜなら、このキャッチコピーが 1958 年からずっと使われていて、キットカットの広告やマーケティング活動の重要な一部になっているからだ。

続く影響力

広告をやめる企業は、世間の人々の意識から消えていくリスクをおかすことになる。この議論には一定の説得力がある。日常的に情報や映像があふれている今の時代ならなおさらだ。テレビCMに対する視聴者の反応を精査した研究によれば、今の消費者は膨大な情報に圧倒され、表向きは広告メッセージに無関心を装い、そんなものに振り回されないと言っているが、それでも自分が以前から好意を抱いているブランドの広告には好意的な反応を示しやすいという。広告が効果を発揮するためには継続的な露出が必要だというバートンの見解を裏付けるデータと言えるだろう。■

景気の荒波に耐えて勝ち残るには、売れないときにも消費者の心に残るイメージを伝え続けることが大事なのだ。

バートンによれば、景気がよくて予算もたっぷりなときだけ広告を打ち、利益率が落ちてきたら広告費を削減するというのは間違いだ。広告をやめてしまえば消費者に忘れられてしまうおそれがあり、景気が戻ったときに広告を再開しても消費者の心を取り戻すのは至難の業だという。

ブランドづくり

会社や製品のイメージを確立する上で広告の価値を重んじたのは、バートンが最初ではない。トーマス・バラット（1841-1914）はしばしば「現代の広告の父」と呼ばれ、19 世紀後半にイギリスの石鹸会社ピアーズの広告を数多く手がけた。その一連の広告のおかげで、ピアーズは当時ほとんど石鹸の代名詞にまでなったのである。同社のフランシス・ピアーズ社長は広告費の使いすぎを心配していたが、娘婿のトーマス・バラットはリスクを恐れないタイプだった。そしてバラットは、常に商品を露出し続けることの重要さと、移ろいやすい市場の好みを常に広告でチェックすることの大切さを理解していた。

長期にわたる広告露出でブランドイ

> 早寝早起きして鬼のように働き、ひたすら広告を打て。
> **テッド・ターナー**
> アメリカのメディア王 (1938-)

エドワード・バーニーズ

PR（広報活動）の先駆者として知られるエドワード・バーニーズ（1891-1995）は各種のイベントをしかけ、プレスリリースを作成し、第三者の影響力を利用してクライアント企業の販売促進活動を助ける達人だった。

エドワード・バーニーズは精神分析の祖ジークムント・フロイトの甥で、心理学に精通し、自身の顧客を説得するために精神分析専門家の力を借りることもあったという。1920 年代にはアメリカン・タバコのキャンペーンを手がけ、女性の喫煙を「かっこいい」と見せることに成功した。

バーニーズは競争を愛し、P&Gの石鹸を売り込むにあたって石鹸彫刻コンテストを企画し、子どもの参加を呼びかけたこともある。

バーニーズは世論の風向きを変えるために各種の調査を実施し、専門家の意見を集め、経営者を集めた昼食会を開いたりもした。また、PR 活動の認知度を高め、それを企業活動の一部門として確立することにも尽力した。

どうせなら思いきり楽しく考えよう
ざわめきパワー

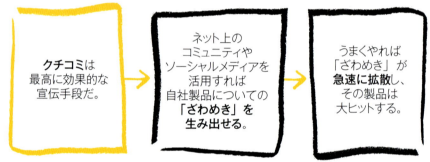

背景知識

テーマ
クチコミ・マーケティング

歴史に学ぶ
1970年代前半 アメリカの心理学者ジョージ・シルバーマンがクチコミの威力に注目し、新薬の開発にあたる研究グループ内で同僚の発言がもつ影響力を論じた。

1976年 イギリスの生物学者リチャード・ドーキンスが、流行の拡散は自然界における模倣と増殖のプロセスに似ていると論じた。

1997年 ウェブメール・サービス「Hotmail」が急速にユーザーを増やし、ネット上のバイラル・マーケティングの最初の成功例となった。

2012年 飲料メーカーのレッドブルが、冒険家フェリックス・バウムガートナーによる超高空からのスカイダイビングを支援。この模様はYouTubeでライブ中継され、再生回数800万という新記録を樹立した。

ざわめき（buzz）パワーを活かす。この表現自体はフレッシュだが、クチコミを利用する考え方は昔からあり、セールスの世界では常識と言っていい。今の市場には広告主の送り出すメッセージをうのみにしない賢い消費者があふれているから、発想の逆転で消費者のクチコミに頼るのが賢い選択となっている。巨大ブランドや広告会社のプロフェッショナルな声を信じてもらえないなら、消費者（アマチュア）自身に商品の話をしてもらおうという発想だ。

1973年、アメリカ広告業界の巨人デヴィッド・オグルヴィは広告キャンペーンで使う歌（CMソング）やキャッチフレーズ、CMに登場する人のファッションが世の中の流行に、さらには社会的なカルチャーになりうることに気づいた。ただし、「どうしかけたらカルチャーになれる（日本の業界用語では「化ける」）のかは誰も知らない」とオグルヴィは言った。クチコミが効くことは広告業界の常識だが、それが「化ける」かどうかは運まかせだったのだ。ただし笑いの効能はわかっていた。オグルヴィによれば「最高のアイデアはジョークから生まれる」。だから「どうせなら思いきり楽しく考えよう」。

メッセージを広める

21世紀になり、クチコミの主戦場はソーシャルメディアを中心とするオンラインの世界に移っている。そしてネット上のコミュニティに入り込んで、巧妙にクチコミ・マーケティングをしかけ、「化け」させることも可能になった。ただし、顧客の反応を引き出すには笑いが必要だというオグルヴ

参照：市場を理解する 234-41 ■ ブランド構築 258-63 ■
広告を打つ 272-73 ■ ベンチマーキング 330-31

成功するセールス 275

ミームと模倣

進化生物学者のリチャード・ドーキンスは1976年に、遺伝子が肉体的特徴を世代から世代へと伝えて増殖するように、アイデアや習慣、ファッションといった文化的情報も人から人へと伝達されているとする理論を発表し、こうした文化的データを「ミーム」と名づけた。遺伝子が増殖を繰り返すうちに突然変異を起こし、ときには廃れていくように、ミームも増殖の過程で変化し、廃れることがある。「遺伝子プール中の遺伝子が精子や卵子に乗って、肉体から肉体へと伝わって増殖するように、ミームプール中のミームは人の頭から頭へ、あるプロセスを通じて伝播し、増殖する。このプロセスは広い意味での模倣といえる」とドーキンスは記している。

この理論はインターネット・ユーザーの行動にもあてはまる。ネット上のミームには写真や絵、動画、特定のサイト名、キーワード、シンボルなどがあり、誰か一人がミームを発信し、これを別な誰かが「模倣」することで、どんどん模倣の輪が広がっていく。ミームに企業やブランドのメッセージを乗せて送り出せば、比較的少ないコストで膨大な量の露出が可能になるわけだ。

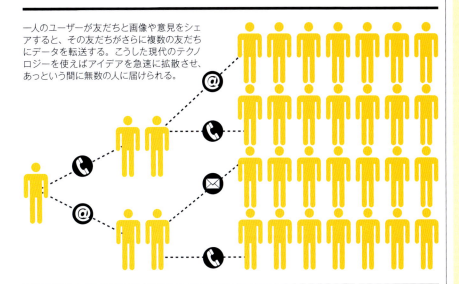

一人のユーザーが友だちと画像や意見をシェアすると、その友だちがさらに複数の友だちにデータを転送する。こうした現代のテクノロジーを使えばアイデアを急速に拡散させ、あっという間に無数の人に届けられる。

ィの指摘は今も生きている。ユーモラスで奇抜な、要するに左脳を刺激するようなアイデアほど化けやすい。

今でも人は、自分の体験を直接、口頭で（文字どおりクチコミで）他人に伝えている。しかしオンラインであれば写真や映像もシェアできるから、情報の拡散は昔よりも速く、かつ容易になっている。こうした時代の特徴を巧みに利用しているのが、たとえば「ゲリラ・マーケティング」だ。あまり予算をかけず、イベントなどの型破りな方法でサプライズを演出し、見た人たちがネットにコメントを書き込むよう仕向ける。また「バイラル・マーケティング」と呼ばれる手法は、主としてソーシャルメディアを利用し、広告主の作った楽しい動画などをウイルス（英語ではバイラス）のように拡散させ、有力ブロガーなどの好意的なコメントを引き出そうとする。

社会評論家マルコム・グラッドウェルは著書『ティッピング・ポイント』（2000年）で社会的な流行の力を論じ、いかにして氷山の一角のように小さなものが巨大な大衆現象に転化するかを説いた。著者は広く文化全般においてアイデアが増殖していくプロセスを論じているのだが、「アイデアや製品、……メッセージや行動はウイルスのように拡散する」というのはバイラル・マーケティングの概念そのものといえる。

最初の一歩

こうしたウイルス拡散のプロセスを真似するためには、まずオンライン・コミュニティに参加している顧客や、そのコミュニティで影響力のあるユーザーにはたらきかけ、彼らに最初の一歩を踏み出して（最初のウイルスをばらまいて）もらう必要がある。要するに彼らをブランドの旗振り役に仕立てるわけで、その際にはコメントの書き込みや「いいね」のクリックに一定のインセンティブを提供することが多い。

流行がすべての業界（ファッション産業など）は、ネット経由のクチコミ戦略の最前線にいる。ファッション通販サイトのエイソス（ASOS）はツイッターやフェイスブックを駆使して顧客による書き込みの増殖をはかる一方、楽しいイベントや映像の提供を通じてサイトへのアクセスを増やそうとしている。■

今や説得力のカギは
無数の人々の手に
握られている。
B・J・フォッグ
アメリカの行動科学者

EからMへ、電子商取引はモバイルの時代に

Mコマース

背景知識

テーマ
M（モバイル）コマース

歴史に学ぶ

1983年 アメリカの発明家チャールズ・ウォルトンが非接続型記憶チップの特許を取得、その後のMコマースと近距離無線通信への道を開いた。

1997年 フィンランドのヘルシンキに新型のコカ・コーラ自動販売機2台が設置された。コインを投じる代わりに携帯電話のSMS（ショート・メッセージ）を通じて代金を支払う仕組みで、これが世界初のMコマースとなった。

1999年 世界初の全国的なMコマースのサービスが日本（i-mode）とフィリピン（Smart Money）で登場した。

2007年 ノキアが近距離無線通信の機能を搭載した携帯端末を発売した。

2011年 グーグルが「グーグルウォレット」のアプリを発表。携帯端末にクレジットカード情報を記憶させ、財布（ウォレット）代わりに使えるようにした。

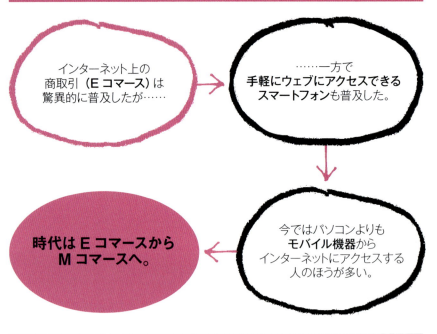

インターネット上で行われるすべての商取引を総称してEコマース（電子商取引）と呼ぶが、そのうち携帯電話などの移動体（モバイル）通信端末を経由したものはMコマースと呼ばれる。競売サイトeBayでのささやかな買い物から、株取引のような多額の資金が動く取引まで可能だ。基本的にはEコマースの仕組みと同じだが、小型の携帯端末用に開発された専用サイトやアプリケーションを使うことが多い。決済の仕組みはさまざまで、携帯電話の利用料金と一緒に支払う仕組みもある。クレジットカードの情報をモバイル機器に記憶させておき、スマートフォンの画面上の操作で支払いを済ます方法（グーグルウォレットなど）もある。ブルートゥースその他の近距離無線通信技術を用い、携帯電話やスマートフォンを専用の読み取り機にかざすだけでOKのシステムもある。

成功するセールス

参照：適応し、変身・刷新する 52-57 ■ 市場を理解する 234-41 ■ リーン生産方式 290-93 ■ 試行錯誤 310-11 ■ 正しいテクノロジー 314-15

> 今の消費者は買い物に行かない。いつでも買い物している。
> **チャック・マーティン**
> 米モバイル・フューチャー・インスティテュート CEO

Mコマースの発展

モバイル機器経由のオンライン通販は急速に売上げを伸ばしている。アメリカの調査会社フォレスター・リサーチの予測では、アメリカにおけるMコマース市場は2012年から2017年まで、年率48％の成長を続ける見込みだ。端末別で見ると、同じ5年間でスマートフォンによるMコマースは250％増、タブレットでは425％増とされる。欧州で最もMコマースの盛んなイギリスの場合、同じ5年間で55％増と予想される一方、従来型のインターネット通販の伸びは8％、昔ながらの店頭販売は1.6％増にとどまる見込みだ（バークレイズ銀行調べ）。

新興市場

Mコマースの急激かつ爆発的な成長の裏には、いくつかの要因が存在すると考えられる。スマートフォンやタブレットを使いこなす消費者の増加、パソコンよりモバイル機器でインターネットに接続する人の増加、そして電車での移動中などに気軽に行う「ながらショッピング」の増加などだ。こうしたサービスに対する消費者の信頼感が増していることも一因だろう。

スマートフォンの売上げが最も急速に増えているのは中国やインド、アフリカといった新興経済圏であり、当然のことながらMコマースも急成長が見込まれている。中国では中産階級に属する若者が増えているので、すでにMコマース人気に火がついている。またアフリカでは、パソコンを使ったEコマースを飛び越えてMコマースが普及しつつある。アフリカには身近に銀行支店のない地域もあり、そういうところでは携帯電話を通じた送金システムが銀行の代役を果たしている。

ケニア最大の携帯電話会社サファリコムが「M-Pesa」と呼ばれるモバイル・バンキングのサービスを始めたのは2007年のこと。M-Pesaは、携帯端末に電子的にチャージした金額の範囲で買物や送金ができるサービスだ。今のところ、M-Pesaはケニアとタンザニア、アフガニスタン、南アフリカ、インドでしか使えないが、サファリコムに出資している英ボーダフォンはM-Pesaの世界展開を考えているという。M-Pesaが世界を制するかどうかは別として、このままMコマースの勢いが続けば、グローバルなキャッシュレス社会の登場も遠くはないかもしれない。■

モバイル・バンキング

金融業界は当初からMコマースの推進役だ。フィンランドのメリタ銀行は1997年に世界で初めて、携帯電話のSMSを使ったモバイル・バンキングのサービスを立ち上げている。しかし本格的な普及には、さらなるセキュリティ（商取引の安全性の確保）と技術（機種や通信会社を問わずに使える仕組みの開発）の確立、そしてモバイル・バンキングを販売店にとっても消費者にとっても魅力的なものにする努力が必要だった。

今では、たとえばスペインのラカイシャ銀行は非接触型ATMを導入し、顧客が自分の携帯端末ををタップするだけで現金を下ろせるようにした。観劇チケットの購入や座席指定も可能で、支払い時に発行されたQRコードを見せるだけで入場できる。またオーストラリアのコモンウェルス銀行は、店頭でスマートフォンの画面にタッチするだけで支払いが完了するシステムを導入している。どこの銀行に口座があり、どこの店で買い物をしようと、財布がなくてもモバイル端末があればＯＫ。そんな時代が来るかもしれない。

M-Pesaの携帯電話による送金サービスは、ケニアで広く利用されている。M-Pesaは携帯電話のSMSを利用して送金や支払いを行うもので、端末が財布代わりになる。

未来予測は
バックミラーだけ見て
運転するのと
同じくらい難しい
売上げ予測

背景知識

テーマ
売上げ予測

歴史に学ぶ
1939年 過去の売上げ実績にもとづく定量的な予測の方法が開発された。

1959年 米空軍のシンクタンク、プロジェクトRANDが、専門家の意見を採り入れた未来予測のツール「デルファイ法」を開発した。

1970年 イギリスの数学者ジョージ・ボックスらが、歴史的なデータをもとにトレンドを予測する科学的なモデルを提唱した。

1980年代 コンピュータを使った予測モデルとして、INFOREMやE3が登場した。

2003年 米ノースウェスタン大学のスニル・チョプラとピーター・メインデルが、予測の精度とサプライチェーン管理の関連性を強調した。

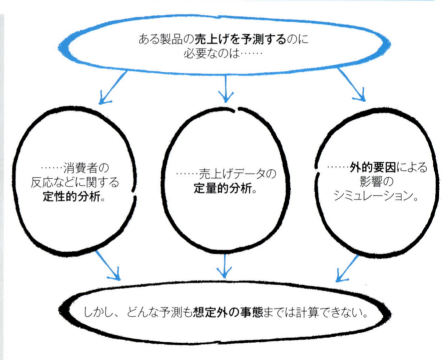

売上げの予測はマーケティングの重要な役割の1つだ。マーケティング部門のはじき出す売上げ予測に基づいて、社内の各部門は経営全般にわたる決定を下していく。

1930年代には経済学的なモデルを用いて市場ごとの売上げを予測する試みが登場し、50年代以降は定量的・定性的な分析が行われるようになった。定性的な分析が依拠するのは現場を仕切る管理スタッフの専門知識と、市場動向に関する彼らの経験知だ。定量的分析では、売上げの推移などの数値化されたデータが用いられる。過去の販売実績に照らして将来の売れ行きを予測することや、特定の製品・サービスに対する潜在需要を測定する市場調査なども定量的分析に含まれる。こ

成功するセールス 279

参照: 危機管理 188-89 ■ 長期か短期か 190-91 ■ 万が一の備え 210 ■ マーケティングのモデル 232-33 ■ リーン生産方式 290-93 ■ 時間の管理 326-27

れら定性的・定量的分析に加えて、国や地域の経済動向などの外的要因にも目を向け、その変化が定量的予測に及ぼす影響をシミュレーションすることも必要になる。

想定外の事態

もちろん、どれほど慎重に計算された予測でも、想定外の事態が起きれば役立たずになる。たとえば旅行産業の場合、その売上げ予測は天候や自然災害、世界各地の社会情勢などに大きく左右される。

また中国市場における高級時計の売上げは、同国の社会情勢によって大きな打撃を受けた。欧州各国の高級時計メーカーは、2009年から2011年まで中国市場での売上げを急速に伸ばしていた。しかし2012年後半から急激に落ち込み、四半期ベースで24%も下げたこともある。中国の経済成長が鈍化したことも一因だが、それはメーカー側もある程度まで予測していた。しかし想定外だったのは、中国共産党と政府による腐敗追放キャンペーンで起きた1件の逮捕劇だ。陝西省のある党幹部が複数の高級時計を自慢げに身につけている写真（なかには300万円以上もする時計もあった）がインターネットに流出し、この幹部が逮捕されたのだ。この事件は2012年9月に大々的に報道され、中国全土に知れ渡った。こうして高級時計は腐敗官僚のシンボルとなり、需要が激減したのだった。

> 未来について確かなことはただ1つ。
> それが今とは異なるということだ。
> **ピーター・ドラッカー**

予測は役に立つか？

経営指南の大御所ピーター・ドラッカーは予測というものを信用しない。1973年の著書『マネジメント』では「ごく短期のものを除けば……予測など無意味だという前提で始めるべきだ」と述べている。なぜか。1929年の夏にある経済誌が、株価は今後も上がり続けると宣言した数週間後に、あの大暴落が起き恐慌が始まったからだ。

国際的な大手監査法人KPMGによれば、ほとんどの会社が発表している予測は非現実的なもので、平均すると13%程度の誤差があるという。では、どうすれば精度を上げられるのか。KPMGによれば、データ管理とシナリオの想定を改善し、長期の予測をせず、短期の予測をこまめに修正していくしかない。

つまり、正確な予測は困難だが、それを承知で慎重に市場動向を読む努力を続ける。そうして会社の意思決定を助けるのがマーケティングの役目だ。■

上場企業の株価はさまざまな要因に左右されるが、中には予測しがたい要因もある。政変や災害、異常気象、グローバルな景気動向などだ。

正しく予測する

売上げ予測の精度を上げる方法の1つは、リードタイム（受注から納品までに要する時間）を減らすことだ。リードタイムが長ければ長いほど、予測の誤差は大きくなる。リードタイムを半分にすれば予測の誤差も半分になるとの仮説もある。

テキサス大学のエドムンド・プラターらは1990年代以降、情報技術を駆使して実需と供給量決定の時間差を縮め、需要をベースにしたサプライチェーンを築けば予測の精度を最大化できると論じてきた。需要を見てから企業が動けば、予測に依存する部分は減ることになる。実際、ウォルマート本部が各店舗に、発注を月に1度ではなく2週間に1度にするよう指導したところ、在庫を減らすことができた。リードタイムを短くしたことで、予測の精度が上がったからだ。

4つのPの配合で
マーケティング戦略を
盤石にする

マーケティング・ミックス

背景知識

テーマ
マーケティング戦略

歴史に学ぶ

1910年 ラルフ・バトラーが自身の担当する講義に「マーケティング」の名を冠した。

1920年代 マーケティングが学問の1分野として広く認知されるようになった。

1948年 ジェームズ・カリトンがマーケティングとは「素材を配合（ミックス）すること」だという考えを示した。

1953年 ニール・ボーデンが「マーケティング・ミックス」という語を提唱した。

1960年 E・J・マッカーシーがマーケティング・ミックスの構成要素として4Pを提案した。

1990年 ロバート・ローターボーンが4Pに代わる4Cを提唱した。

2013年 フィリップ・コトラーが5つ目のPとしてプリンシプル（Principle＝指針）を提唱した。

　会社が新製品やサービスを立ち上げるにあたり、それを効果的に売り込む戦略を策定し、実行に移すのを支援する理論的な枠組みを「マーケティング・ミックス」と呼ぶ。これで個々の取り組みの目的をはっきりさせれば、社内の他部門とは異なるマーケティング部門の大切な役割を明確にすることができる。

　新しい製品やサービスを市場に投入するにあたって、企業が考慮すべき要素はたくさんある。絶対に欠かせないのは製品の特徴（タイプ）、売る場所、売る価格、そして販売促進策だ。これらの要素は「素材」であり、これら素材を巧みに配合する処方箋が「マーケティング・ミックス」となるのだが、当該製品・サービスに対する顧客の反

成功するセールス 281

参照：マーケティングのモデル 232-33 ■ 製品ポートフォリオ 250-55 ■ インセンティブの活用 271 ■ 需要の拡大 294-95 ■ 品質で売る 318-23

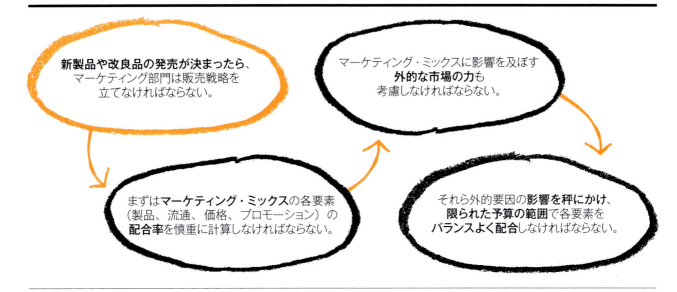

応を引き出すには配合の具合を微妙に調整しなければならない。加えて顧客やライバル会社の動向といった外部要因も考慮に入れる必要がある。そうしたものもまた、素材の配合に微妙な影響を及ぼすからだ。

配合のしかた

「マーケティング・ミックス」という語は、ハーバード・ビジネススクール教授のニール・ボーデンが1950年に提唱し、1953年のアメリカ・マーケティング学会における会長演説で初めて使ったものだ。このときボーデンは同僚のジェームズ・カリトン教授に敬意を表し、マーケティングとは「素材を配合（ミックス）すること」だと最初に説いたのは1948年のカリトン教授だと紹介した。ボーデンはこの表現に触発され、ではどのように配合すればいいかを考える中で「マーケティング・ミックス」に思い至った。

ボーデンは1964年の論文「マーケティング・ミックスの概念」で、マーケティング計画の作成にあたっては2つのリストを用意すべきだと論じた。

1つはマーケティング計画を構成する主たる要素（素材）を列記したもの、もう1つは、第1のリストに影響を与えうる外的要因の一覧だ。

第1のリストには、新商品の成功に不可欠な「素材」を並べる。製品プランや売り出し価格、ブランディング、流通、プロモーションなどだ。第2のリストには、会社がコントロールできない市場の力（消費者や小売店、競合各社の動向、公的規制などの外的要

マーケティング・ミックスは、マーケティング計画を構成する重要な要素ないし素材をリスト化したものだ。
ニール・ボーデン

因）が並ぶ。

ボーデンのモデルでは、まず外的要因の影響がどれくらいかを見定め、ついで第1のリストにある「素材」の配合を決め、自社の持つ経営資源の範囲で可能な最高のマーケティング計画を作る。検討すべき問題を1つも見落とさないためには、マーケティング・ミックスの全要素を一覧できるチャートを用意すべきだと、ボーデンは指摘している。

こうしたカリトンとボーデンの業績をふまえ、マーケティング・ミックスの概念はさらに進化していった。1960年には米ミシガン州立大学のエドモンド・ジェローム・マッカーシー教授が、マーケティング・ミックスを構成する「素材」は大きく分けて4つだと考え、それを4Pという簡潔な言葉で表現した。プロダクト（Product＝製品）、プレイス（Place＝流通）、プライス（Price＝価格）、プロモーション（Promotion＝販促策）の4つである。

今や古典となった1960年の『ベーシック・マーケティング』で、マッカーシーは4Pの本質を次のように説明している。まず「プロダクト」は、そ

マーケティング・ミックス

4Pはマーケティング・ミックスに不可欠な要素だ。この4つをバランスよく配合し、全体のバランスにも気をつけること。マーケティング・ミックスの構成要素としては別な要素も提案されているが、4Pが基本であることは変わらない。

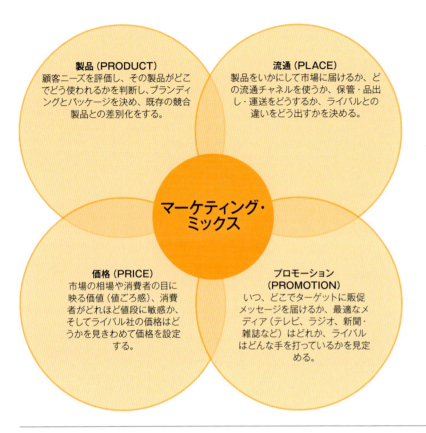

製品（PRODUCT）
顧客ニーズを評価し、その製品がどこでどう使われるかを判断し、ブランディングとパッケージを決め、既存の競合製品との差別化をする。

流通（PLACE）
製品をいかにして市場に届けるか、どの流通チャネルを使うか、保管・品出し・運送をどうするか、ライバルとの違いをどう出すかを決める。

価格（PRICE）
市場の相場や消費者の目に映る価値（値ごろ感）、消費者がどれほど値段に敏感か、そしてライバル社の価格はどうかを見きわめて価格を設定する。

プロモーション（PROMOTION）
いつ、どこでターゲットに販促メッセージを届けるか、最適なメディア（テレビ、ラジオ、新聞・雑誌など）はどれか、ライバルはどんな手を打っているかを見定める。

れが石鹸であれ特定政党の政策であれ、とにかく目指す市場に最適なものを開発すること。これにはブランディングや包装、品質保証など、製品に関するすべてのことが含まれる。「プレイス」は、その製品を当該市場に確実に、必要なときに必要な場所に届けることを指す。これには流通チャネルの選択や輸送、保管、品出しに関わるロジスティクスが含まれる。「プロモーション」は製品と市場の、そして製品と流通段階に関わる人々とのコミュニケーションを意味する。これにはパブリックリレーション（広報）や広告、販売促進業などが含まれる。そして「プライス」には、競合他社との比較を踏まえた価格設定、マーケティング活動に要する費用、そして消費者に受け入れてもらえる価格レベルなどが含まれる。消費者に「高すぎる」と言われたら、すべてのマーケティング努力は水泡に帰する。

不朽の方程式

1960年代以降、4Pはマーケティング戦略の決定に欠かせないツールとなって今日に到っている。4Pは業界の常識となり、ほとんどの教科書に載り、経営者の頭にも染みついている。その後4P以外の、あるいは4Pを補足する別なミックスがたびたび提唱されているが、いまだマッカーシーの理論にとって代わるものはない。

たとえば、1990年代にはノースカロライナ大学の広告学者ロバート・ローターボーンが、4Pは売り手の視点に偏っており、顧客の視点を大切にする20世紀後半のマーケティングにはそぐわないと異議を唱え、4Pに代わる4Cを提唱した。カスタマー・ソリューション（Customer solution＝顧客の問題解決）、コンビニエンス（Convenience＝利便性）、コミュニケーション（Communication＝対話）、そしてカスタマー・コスト（Customer cost＝顧客のコスト）である。ジャグディシュ・セスとラジェンドラ・シソディアが提案した4Aというのもある。アクセプタビリティ（Acceptability＝受け入れやすさ）、アフォーダビリティ（Affordability＝買いやすさ）、アベイラビリティ（Availability＝手に入りやすさ）、そしてアウェアネス（Awareness＝認知されやすさ）の4つである。

2005年にはチェキタン・デヴとドン・シュルツが、4Pはもはや時代遅れだと切り捨て、今の消費者の購買行動を左右するのは製品の機能や価格帯ではなく、もっと情緒的なものや価値観だと論じた。最近のEコマースに適した新たなフレームワークが必要だという議論もある。しかし『インターネット・マーケティング』の著者キャロリン・シーゲルは4Pを擁護し、こう述べている。「4Pを代替する、あるいは拡張

プロダクト、プライス、プロモーション、そしてプレイス。それぞれの変数のセットを1つにまとめたもの。それがマーケティング・ミックスだ。
E・J・マッカーシー

成功するセールス

> マーケティング・ミックスは、
> ある時点で会社が
> マーケティング上の決定を
> 下す際に使える材料を
> そろえたものだ。
> **フィリップ・コトラー**

するような議論は多々あるが、4Pは今も有効な概念であり、競争熾烈な市場で重要な戦術的ツールの配合を決めるうえで用いることができる」。

4Pの実践

ファッション産業は常に未来志向で、EコマースもMコマースも積極的に採り入れているが、そこでも4Pは生きている。

ファッションにこだわる人は、旬な服を今すぐに着たがる。そういう要望に応えるため、イギリスのストリート系ブランド「ベンチ(Bench)」は4Pの中でも「プレイス」(とりわけ製品を店頭に届ける速さ)に重点をおいている。そこで同社は伝統的な展示会やファッションショーに頼らず、営業社員がサンプルを持ってショップへ行き、そこのスタッフと話をし、その場で本社に注文書を送信するようにしている。注文書は自動的に処理され、数時間後には製造現場に届く。顧客(小売店と消費者)には流行の服がいち早く届くことになり、ベンチの服はいつも新しいという安心感が生まれる。一方、会社にとっては大幅な効率改善につながり、精度の高い売上げ予測が立てられ、シーズンの終わりに過剰在庫を抱えるリスクを軽減できる。

アパレルチェーンのザラ(ZARA)も4Pを活用している。やはり重点は「プレイス」におかれていて、週に2回は店頭に新製品が並ぶ。デザインのスケッチが商品となってショップに届くまでの時間は、わずか10日から15日だ。ここまで「プレイス」に力を入れているから、「プロダクト」に最新の流行を反映でき、インターネットを通じた即時性の高い「プロモーション」を展開でき、「プライス」も低く抑えられるわけだ。

マーケティング界の巨人フィリップ・コトラーも、4Pは今なお有効なフレームワークだと考えている。しかし2013年には、4Pを補足する5番目のPとしてプリンシプル(Principle＝指針)」を提案している。今の企業は単に利益を追求するだけでなく、良き企業市民としてふるまうべきだという考え方にもとづく提案だ。実際、ザラは5つ目のPも重視している。縫製工場を人件費の安いアジア各国に移転せず、製品の50％はスペイン国内で縫製しているのだ。だからこそ流行の変化にすばやく対応できるし、国内の雇用を維持することで社会的に高い評価も得ている。■

マーケティングのパイオニアたち

ニール・ボーデンはマーケティングの方法論、すなわち実践的な指針を作ることの重要性を感じていた。そして先人たちの考え方や仮説をベースに、1953年にマーケティング・ミックスの概念を提唱した。

ウィスコンシン大学教授のラルフ・バトラーは1910年に販売論の授業で「マーケティング・メソッド」と題する講義を行い、「マーケティング」という語を確立した。その後の1915年にはA・W・ショーが著書『市場経済に関する諸問題』で、製造と流通の仕事は別であることを明確にした。

1920年代に入ると、ポール・チェリントンらの努力によってマーケティングが学問の1分野として確立され、大学にもマーケティングのコースができるようになった。この時期から1930年代にかけては、ポール・デュラニー・コンバースがマーケティング・ミックスの構成要素である流通、価格、広告について詳しく論じ、それぞれの連携の必要性を強調した。

スペインのザラはマーケティング・ミックスの中でも「流通」を重視し、わずか2週間で新しいデザインを製品化し、店頭に並べられる態勢を整えた。

商品を届ける
生産後の勝負

はじめに

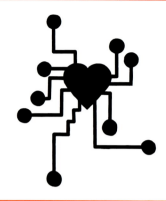

市場のグローバル化とめまぐるしいテクノロジーの進化により、消費者の期待値は高まり続けている。そんな今の時代に企業の成否を分けるのは、正しい製品を妥当な価格で販売し、しかるべきタイミングで、適切な流通チャネルで提供できるかどうかだ。

舵取りをまちがえればコストがかさみ、方向修正するには相応の時間がかかってしまう。品質や売上げを落とすことなく効率的な生産プロセスを保つには、絶えずプロセス全体の評価・見直しをすることが重要だ。顧客に「良いものを安く」提供することの強みにいち早く気づいたヘンリー・フォードは、T型フォードに毎年改良を重ねながら販売価格を下げ続けた。現在、多くの企業が「良い品を安く」の戦略で顧客に売り込んでいるが、特に不況になるとこの戦略は有効だ。

低コストで効率よく

品質を落とさずコストを抑える最善の方法は、まずはムダをなくすことだ。有名なのは「リーン生産方式」という手法で、生産から販売までの全行程を通じてムダを洗い出して排除するものだ。この手法を生み出したのは、品質と効率性を同時に改善する革新的な方法を編み出したジョゼフ・ジュランという経営コンサルタントだった。彼は1950年代に、日本科学技術連盟の依頼を受け、何百人もの国内屈指の経営者に向けて講演し、参加者たちはすぐに彼の考えを自社で実践した。トヨタも、ジュランのアイデアを取り入れた1社だ。トヨタがジュランのアプローチをさらに発展させて開発した「ジャストインタイム(JIT)」のカンバン方式は、現在広く採用されている。

「ジャストインタイム」の要は在庫管理であり、キャッシュフローのバランスを保つためにきわめて重要だ。過剰在庫の倉庫は金食い虫だし、在庫不足は顧客の流出を招くからだ。

コスト削減は、生産管理者が目指す究極の目標であり、それを達成する手法のひとつが製造方法の簡素化だ。これには、運用費のかかる余分な工程の排除だけでなく、作業のスピードアップやムダの削減を実現する革新を行うことも含まれる。実業家のマイケル・デルは、販売店を通さず、顧客が直接、製品仕様を選んで購入できるようにすることで、時間と中間コストを削減した。つまり、エンドユーザーからオーダーを受けて(ジャストインタイムで)製造し、ダイレクトに販売をするという手法を採り入れたのだ。

創造性と革新

革新はビジネスのあらゆるところから生まれる。日本語の「カイゼン(改善)」は日本古来からある考え方だが、製造業界では1950年代にトヨタが初めて採り入れた。創業から五代目の豊田英二は、工場作業員から役員に至るまでの全社員に対して、製品や製造工程の改善を常に考え続けるよう求めた。

今では世界中の経営者が同様な発想に立ち、現場のクリエイティビティを最大限に活用しようとしている。だが、大きな企業では、革新に向けた取り組み(あるいはその妥当性の検証)を、研究開発部門に限定していることが多い。市場ニーズの変化を見きわめ、その変化に適切に対応することに特化した部門をおくことで、革新的な製品には高い価格をつけて利益を出し、さら

> 製造業は、
> ただ部品を組み立てるだけの
> 商売ではない。
> アイデアをひねり出し、原理を試し、
> 技術を磨き、組み立てて
> 製品に仕上げる仕事だ。
> **ジェームズ・ダイソン**
> イギリスの発明家 (1947–)

商品を届ける

にブランドロイヤルティを築くことができると考えるからだ。

最近では、企業は顧客のクリエイティビティ（自由な発想）にも価値を見出しはじめた。「オープンイノベーション（＝開かれた革新）」と呼ばれるアプローチで、あらゆる情報源から新しいアイデアを取り込み、顧客からのフィードバックを製品開発プロセスに活かしている。これには、顧客はオンライン上で製品に対する格付けや批評ができて、企業も顧客からのフィードバックをすぐに活用できる利点がある。このほかにも、製品デザインの改良にオンラインのクラウドソーシングを利用する企業もある。

「ビッグデータ」時代の到来

コンピュータを使えば、膨大な量の正確なデータを集積することができ、従業員や製品ライン、市場に関する有益な情報を得ることができる。

このようにして集められたデータは、「ビッグデータ」と呼ばれている。ビッグデータのおかげで企業は今、顧客の購買嗜好や傾向をかなり正確に把握できるようになった。ウェブサイトの利用パターンを始め、オンライン／実店舗のどちらで、どんな場所でどんなふうに製品やサービスを購入したいのかまで、詳しく知ることができる。ビッグデータを駆使すれば、企業は自社が活動する市場の全体像を正確に把握することはもちろん、個人顧客に向けて、彼らの好みにあった製品を提案することも可能だ。

品質管理のコスト

企業が顧客を満足させようと努力するのは、リピート客を獲得し、評判の良いクチコミを広めてもらうためであり、これにより売上げは大きく伸びる可能性があるからだ。チョコレートやビール、シリアルといった日用消費材市場で活動する企業の顧客ロイヤルティは品質に左右される。サービス産業においては、このように「付加価値」を追求するアプローチが容易ではない場合がある。もし、競合他社が、採算に合わないレベルまで品質を上げてきたら、新たな戦略を考えなくてはならないからだ。

一方で、高品質の商品は長持ちし、買い替えの必要がない。この問題について、工業デザイナーのブルックス・スティーブンスはこう指摘した。消費者の、「今より少し良いものを、今いるわけではないけれど欲しい」という願望を引き出すことで、企業は売上げを増やせるはずだ、と。今の時代はまさにそうだ。スマートフォンの新機種は、前の機種がまだ使えるのに、定期的に発売される。高品質の製品をスムーズかつスピーディに提供するためには時間と資源を最大限に効率的に使う必要がある。これを実現するために生まれたのがTBM（time-based management：時間基準保全）という手法で、時間を原料と同じように活用するというものだ。しばしばクリティカルパス分析をする際に利用され、プロジェクトのあらゆる工程を洗い出し、工程を論理的な順列に配置することで、コストと時間の節約に役立てられる。

最後に、ベンチマーキングという手法を使えば、同じ業界で活動する競合他社の優れた事例（ベストプラクティス）からも、プロセスや販売手法の改善の糸口を見いだすことができる。つまり、顧客を満足させるために、最高の製品を最高の方法で提供できるようにするには、「ベストな施策はベストな事例から学べ」ということなのだ。■

改善とは、
たいていの場合、
まだ試していない何かをすることだ
新郷重夫
トヨタ自動車の技術者（1909-90）

安くても良いものを。たった1ドルでも価値は与えられる
顧客利益の最大化

背景知識

テーマ
品質の向上

歴史に学ぶ

1850年 イギリスの経済学者ウィリアム・ジェヴォンズが、「消費者選択」の理論を発表。それは「消費者はお買い得なものを求める」という理論だった。

1915年 アメリカの事業家ヴィンセント・アスターがニューヨークのマンハッタンに初のスーパーマーケットをオープンした。

1971年 事業家ローリン・キングと弁護士ハーブ・ケレハーが、世界初の格安航空会社サウスウエスト航空を設立（米テキサス）。

1995年 自由党のジャン・クレティエン首相時代のカナダ政府は、納税者に質の高い公共サービスを提供しようと、公共支出を約10％削減した。

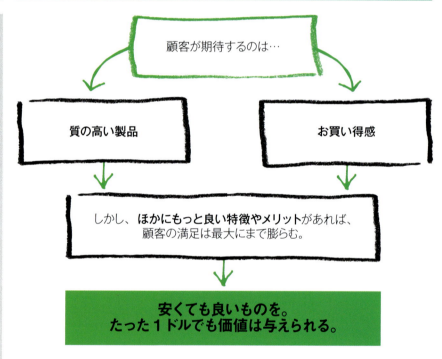

自動車会社フォードの創業者ヘンリー・フォードは、当時の大衆的なアメリカ人が買える量産型の自動車が市場に入り込めると考えた。そして1908年に発売されたT型フォードは、20年近くも好調な売れ行きを維持した。その間、フォードは定期的に改良を行った。たとえば、初期モデルのエンジンは手動レバー式だったが、後に電動式スターターに改良された。フォードはこの改良にかかったコストを顧客に負担させなかった。むしろ逆で、1909年から1916年まではT型フォードの価格を毎年のように下げ続けたのだ。フォードにとって重要だったのは、良いものを安く提供することだった。生産ラインでのコストダウンがかなうとそのまま販売価

参照： 従業員もお客様 132-37 ■ ポーターの戦略 178-83 ■ リーン生産方式 290-93 ■ 試行錯誤 310-11

商品を届ける 289

格に反映させたことが、フォード車の爆発的人気につながった。

　成功している企業が顧客の関心を得ている理由は、質の良い製品・サービスを、顧客が払ってもいいと思える価格で提供しているからだ。「100円ショップ」の海外版、アメリカのダラーツリーやイギリスのパウンドランドは、1ドルまたは1ポンドで買える商品を提供するビジネスモデルを基本にしている。たとえば、パウンドランドは2013年6月に、世界一安い1ポンドのブラジャーを発売した。生産コストに見合う価格設定であれば、良いものを安く売る戦略は成功する可能性が高い。顧客が、数ある競合の中で、安価でコストパフォーマンスの良い製品に惹かれるのは当然だろう。

「良いものを安く」を戦略に

　この戦略を最大限に活用しているのが、ヨーロッパのディスカウント・スーパーの2大チェーン、リドルとアルディだ。両チェーンは、より大規模なスーパーマーケットチェーンを踏み台

スーパーマーケット「リドル」の品揃えは必要最低限。倉庫のパレットに載せられたまま置かれている商品もある。だが、商品自体は質の高いものばかりだ。

> 商品を持って自慢げに、「これ高かったんだ」と言う人の気が知れないよ。
> **ポール・フォリー**
> イギリスのディスカウントチェーン「アルディ」の代表取締役（1958-）

にして、市場シェアを拡大してきた。金融危機以来、賃金が上がってもすぐその上昇率を上回るインフレが発生する中で、平均的な家庭では良いものを安く買える店を探して暮らしをしのいできたのだ。

　リドルとアルディの成功の秘訣は、価格の低さだけではなく、同時に質の良いものを提供していることだ。たとえば、リドルは2012年に、自社製品のアフターシェーブローション、「G.ベリーニ X-Bolt」を、3.99ポンドで発売。この製品はブラインドテストで、有名ブランドのディオール・オムや、ドルチェ＆ガッバーナ（D&G）の「ザ・ワン」、ヒューゴボスの「ボトルド」など、10倍以上も高価な製品より高い評価を得た。

　両チェーンとも、売り場の魅力よりも、価値のある品揃えに重きをおいた。倉庫から運んできたパレットのまま製品を提供するなど、ディスプレイに時間やコストをかけなかった。また、どこでも売っている人気ブランドの製品は扱わない。在庫のほとんどは知名度の低い業者から競争価格で安く仕入れている。

　製品を手頃な価格で提供するとともに、利益が出るようコストを低く抑えられるかどうかが、起業家にとって大きな課題だ。■

ヒュンダイ

　ヒュンダイは販売台数で世界第4位の自動車メーカーで、韓国では有数のチェボル（財閥）だ。ひたすら価格競争力のある商品を数多く提供する戦略を貫いてきたからだ。

　ヒュンダイが市場シェアを伸ばしてこれたのは、業界随一の保証期間を設定してきたからでもある。長期保証がセールスポイントであることはまちがいない。保証期間中に車が壊れても、無償で修理をしてもらえる。エンジンなら10年保証、車体は7年保証、ロードアシスタンスは5年間無料で対応してくれる。そんな長期保障が付いているにもかかわらず、ヒュンダイは比較的、低価格で自動車を販売している。

　そのうえ、装備も良い。ブルートゥース接続やLEDのランニングライトなどは標準装備だ。ヒュンダイは、価格に対しできる限り製品価値を高める戦略で市場競争を戦っている。

コストは
試算するために
あるんじゃない。
コストは
削減するためにある

リーン生産方式

背景知識

テーマ
ムダの削減

歴史に学ぶ

1908年 ミシガン州デトロイトのフォード・モーターが、T型フォードの量産を手がける。

1950年 W. エドワーズ・デミングが来日し、技術者やマネジャーに向けて、プロセス管理・品質管理について講義を行う(ソニーの共同創業者盛田昭夫もその中にいた)。

1961年 ニュージャージー州ユーイング・タウンシップにあるゼネラルモーターズの製造ラインで、初めてロボットが使われる。

2006年 アメリカの経営コンサルティング会社マッキンゼー・アンド・カンパニーが、各国政府は公共サービスの提供に際し、納税者の負担がより少なく済むよう、リーン生産方式を導入すべきだと主張した。

ビジネスにおいて、新製品や新しい技術の発想が浮かぶのは、それまでの製品や手法に収益力がなくなる危機に直面したときだ。「リーン生産方式」が生まれたのもそんな時だった。リーン生産方式は、ムダをなくす必要性から、トヨタ自動車が1950年代に編み出したものだ。当時のトヨタは、どちらかといえば効率の悪い自動車メーカーだった。多くの日本企業と同様、トヨタは戦後の不景気による物不足に悪戦苦闘していた。そんな折、トヨタは新しいアイデアを求めて、当時若き技術者だった豊田英二をアメリカミシガン州デトロイト近郊にあるフォードのルージュ工場へ赴かせた。豊田は3か月かけて、自

商品を届ける 291

参照: 適応し、変身・刷新する 52-57 ■ チーム力 70-71 ■ 創造と革新 72-73 ■ 市場を率いる 166-69 ■ 顧客利益の最大化 288-89 ■ シンプル・イズ・ベスト 296-99 ■ 時間の管理 326-27

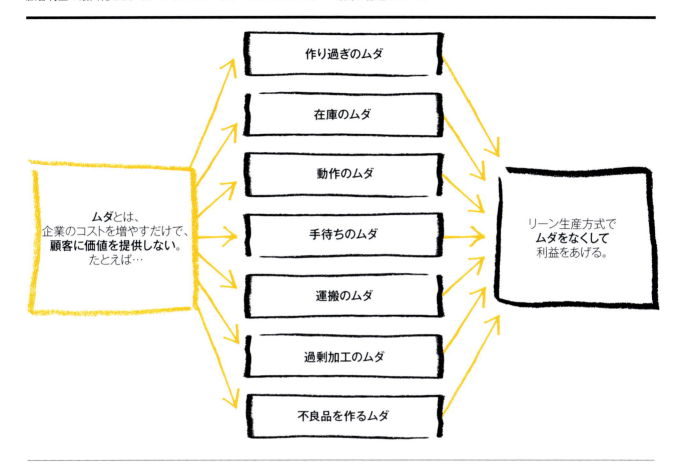

動車量産の先駆であるフォードの技術を学んだ。帰国すると、フォードのスケールの大きさに感銘を受けたことを報告した。ルージュ工場の規模は破格で、工場内に自社専用の線路や病院、複数の消防施設まであった。一方で、そこには「ムダ(無駄)」が山ほどあるとも感じていた。「ムダ」とは余分な工夫や物、時間を意味する言葉だ。そこで豊田は同僚とともに、フォードの生産性と経済性を再現しつつ、ムダを減らした新たな生産システムの開発に取りかかった。

7つのムダ

1970年代にトヨタで働いていた生産技術者の新郷重夫は、「7つのムダ」を特定した。1つ目は「作り過ぎのムダ」。昔の製造業は、売るより先に大量生産する傾向にあった。自社製品の需要を予測し、売れると期待する量の製品を生産してしまう。しかしこのやり方は、そもそもの需要予測が正確でなければ意味がない。予測が正しくなければ、企業は売れ残りの山を抱えることになってしまう。

2つ目のムダは、「在庫のムダ」。多くの量産企業は、売れ残りのほかにも、欠陥のリスクを軽減するために、原材料や生産途中の製品を在庫している。原材料の在庫をもつ理由は、業者の配送ミスや、原材料そのものに欠陥があって使えない場合の用心だ。製造の途中段階の製品の在庫は、機械の故障を危惧したものだ。これらはすべて、生産を滞りなく進めるためにプロセスに組みこまれている。だが、保管場所やスタッフが必要となることから、原材料や生産途中の製品の在庫はムダと見なされる。

3つ目のムダは、「動作のムダ」だ。作業スペースのデザインが良くない工場だと、従業員は製品の価値を高める以外のことに時間をとられる。たとえば、道具を探しまわったり、工場内を移動しなければならなかったり、部品を取るのに屈まなければならなかったりといった具合に手間がかかる。このタイプのムダは、サイクルタイム(生産単位当たりの生産時間)の増加につ

292 リーン生産方式

商品在庫は企業にとってコストだ。倉庫スペースの維持や管理スタッフの雇用に費用が発生するためだ。銀行に預ければ利息がつく現金が、在庫スペースでハンガーにかかっているようなものだ。

ながる。サイクルタイムが長くなるほど、生産性は低下し、その分労働コストが増加してしまう。

4つ目は、「手待ちのムダ」。生産ラインの機械がうまく連携せず発生した遅れは、結果的にボトルネックを引き起こす。違う部品を生産するために機械をリセットすることも時間のムダになる可能性がある。

5つ目は、「運搬のムダ」。時間とカネをかけて生産過程で工場を移動することは、コストをかさませるだけでなく、製品の価値を高めることにもならずムダである。

6つ目は、「過剰加工のムダ」。消費者は、必要だと思う製品特性に対してカネを支払うだけだ。複雑な作りや、オーバースペックな製品は、余計なコストをかけた上にさらなる収益にもつながらないのでムダである。

最後の7つ目のムダは、「不良品を作るムダ」だ。基準に満たない製品を作ることは時間と労力のムダそのものであり、さらに検品や再加工の手間も発生する。

この7つの「ムダ」に加え、トヨタはさらに2つの潜在的な問題、「ムラ」と「ムリ」を挙げている。ムラは、生産プロセスで生じるフローの乱れのことであり、業務の流れの安定性を損なう。ムリは、スタッフや機械に過度な負担をかけることを意味する。

リーン（＝ムダのない）戦略

こうした洞察をもとに、大野耐一は「トヨタ生産方式（TPS）」を生み出した。より少ないリソースでより多くを生み出すことを目指し、生産プロセスのムダをなくす手法だ。これにより、労働賃金や原材料、資源にも余分な経費をかけずに生産性を高めることが可能になる。一方、ムダのない生産管理を行えば、高い価格でも売れる高品質の製品を生産できる利点もある。

ムダのない製造業者（Lean producers）は、過剰生産やムダな在庫をなくすために、顧客から注文を受けて製造する「ジャストインタイム生産システム（JIT）」を導入している。彼らは在庫のための生産はしない。買い手から注文がなければ、生産はストップさせるのだ。ここでは、生産は消費者主導であって製造業者主導ではない。同じ原理が原材料や買い入れ部品の調達にも用いられている。ムダを出さない製造業者は、緩衝在庫も最小限しか持たず、日単位あるいは時間単位で業者から取り寄せている。しかし、材料の在庫を

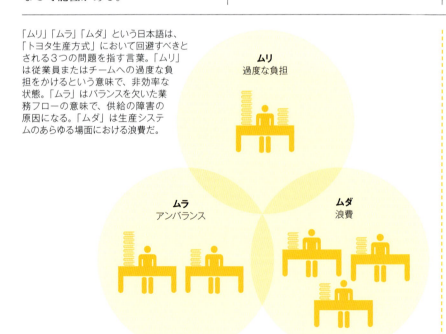

「ムリ」「ムラ」「ムダ」という日本語は、「トヨタ生産方式」において回避すべきとされる3つの問題を指す言葉。「ムリ」は従業員またはチームへの過度な負担をかけるという意味で、非効率な状態。「ムラ」はバランスを欠いた業務フローの意味で、供給の障害の原因になる。「ムダ」は生産システムのあらゆる場面における浪費だ。

「ジャストインタイム」の供給システムは、製造ラインから「ムリ」「ムラ」「ムダ」を排除する。これにより、必要なときに資材を受け取れるので、ムダがない。

持たないということは、欠陥部品が納入された場合には工場全体の稼働がストップする懸念もある。だから、ジャストインタイムを活用する製造業者にとって、欠陥品を出さない信頼できる供給業者を確保することが重要なのだ。

リードタイム

　在庫を持たない注文生産方式にはリスクもある。それはリードタイム（注文を受けてから消費者の手に製品が届くまでの時間）の長さだ。それが顧客の不満の種にもなり、ひいてはその後の売上げの低下にもつながりかねない。それゆえ、ムダをなくす取り組みを効率的に実践するために、企業は生産にかかるサイクルタイムを短縮しなければならない。生産スピードを高めるためにマネジャーがすべきことは、「動作のムダ」「手待ちのムダ」「運搬のムダ」に目を光らせることだ。最も簡単なところでは、作業環境のデザインと生産ラインを見直し、従業員が作業に必要な道具や部品をすぐ手に取れるようにすればいい。さらに、製造過程でボトルネックが生じたら、問題の箇所に機械や人員をより多く配置することで解消することが重要だ。

作り過ぎのムダ

　リーン生産方式に取り組む企業は、6つ目の「作り過ぎのムダ」への対応に、製品デザインの段階で、価値分析と呼ばれるプロセスを導入している。彼らが価値分析プロセスを利用するのは、コストのわりに消費者にとって価値がない製品の特性を見きわめるためだ。不要な特性を排除して、シンプルで安価な製品にできれば、利益を上げられるはずだ。

　マレーシアのチューン・ホテルズ（Tune Hotels）のような実用本位のホテルに見られるビジネスモデルは、まさにこの価値分析に基づいているといえる。彼らの最優先事項は手頃な客室料金だ。低い料金設定を実現するため、エアコンや洗面道具など、室料を上げるだけで顧客からは不要と見なされるサービスを追加オプションとした。そのかわり、顧客がより重視する清潔感や安全性といった基本部分に注力したのだ。

　7つ目の「不良品を作るムダ」をなくすには、質の高い製品づくりを目指すしかない。マネジャーは従業員を信頼し、どんな欠陥も見逃さない徹底したチェックを彼らにまかせるべきだ。従業員は問題解決のため生産ラインを止める権限を持ち、原因が判明し是正されれば、また生産を再開するだけで

生産ラインで働く従業員にとって、必要な部品がすべて手に届くところにあれば、どれだけ効率がいいことか。物を探す時間は「動作のムダ」となり、コストアップにつながる。

いい。

　ムダのない生産管理により、質の高い製品づくりが可能になるだけでなく、コストを低く抑えることもできる。資材調達の時点で問題を修正することで不良品を良品に作り直す時間とコストが削減できるのだ。■

> 顧客から
> 注文を受けた瞬間から
> 代金を受け取るまでの
> タイムラインを
> 何より意識している。
> 　　　　　　大野耐一

> ただ動くだけで稼げるのは
> 動物園の動物だけだ。
> 来園客は動く動物を見るために
> 金を払うからだ。
> 　　　　　　大野耐一

パイが足りないなら、もっと大きなパイを作ればいい

需要の拡大

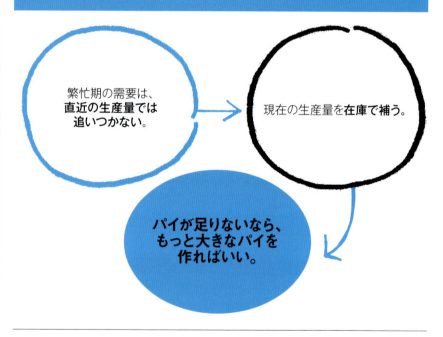

背景知識

テーマ
在庫管理

歴史に学ぶ
紀元前1万年頃 農業技術の進化により、余剰食料を生産できるようになる。穀物は不作時の備えや売買用に在庫されるようになった。

紀元前4100-3800年頃 古代シュメール人は、品物の出入りの記録をつけるために筆記体系を発明。

1889年 アメリカの統計学者ハーマン・ホレリスが機械読み取り式のパンチカードを発明。これにより、メモや在庫管理を手書きに頼っていた当時の商人たちは、複雑なデータを記録することができるようになる。

1974年 バーコードスキャナーが登場し、在庫管理の可能性が根本的に変わる。

2000年代 バーコードリーダーを使う在庫管理ソフトにより、即座にデータベースを更新できるようになる。

企業の成功のカギは、効率的な在庫管理にあると言ってもいい。たいていの市場では、顧客の需要は年間を通して変化するものだ。繁盛期には、製造が追いつかないかもしれない。需要に対して十分な供給ができなければ、買い手はほかのブランドを選ばざるをえず、結果、売上げは落ちるだろう。そのうえ、ひとたびライバル商品を試す機会があれば、消費者は自社へのロイヤルティを失い、二度と戻ってこないかもしれない。そうなると、いくら供給を整えたところで売上は回復せず、収益は下がる一方になる可能性もある。

在庫の種類

企業が在庫を持つのは保険のようなものだ。在庫があれば、予期せぬ売上げの急増や、突然の製造ストップにも対応できる。また、完成品に加えて、仕上げに用いる部品の資材や、不良品対応のための交換資材も在庫する場合

商品を届ける

参照： 幸運にめぐりあう幸運をつかむ 42 ■ 成長を急ぎすぎない 44-45 ■ 自己満足の罠 194-201 ■ インセンティブの活用 271 ■ 広告を打つ 272-73 ■ 売上げ予測 278-79 ■ リーン生産方式 290-93 ■ シンプル・イズ・ベスト 296-99

がある。その理由は、供給業者からの納品が遅れても、製造ラインを止めなくてすむようにするためだ。信頼のおける供給業者を確保していない企業ほど、原材料の在庫を持つ傾向にある。ほかにも、製造過程の仕掛品や未完成の製品も在庫する場合もある。仕掛品を在庫していれば、組み立てラインの機械が故障しても、生産フローを稼働し続けられるからだ。

在庫管理

効率的な在庫管理において重要なのは、在庫管理のコストを最小限に抑えつつ十分に需要を満たすバランスだ。在庫切れになれば、せっかくの注文を断るか、納品を遅らさざるを得ず、顧客を失うおそれがある。1993年には、玩具メーカーのバンダイがヒーローもののフィギュアで人気を博したが、巨大需要に製造が追いつくまで、イギリスでは「一人1つ」しか買えないルールを導入せざるをえなかった。

一方で、慎重になるあまり過度な在庫を抱え、不要なコストをかけている場合がある。在庫するには高額な倉庫使用料に加え、管理スタッフも必要だ。品質が劣化したり技術的に時代遅れになったりして、在庫品に価値がなくなるおそれもある。在庫を持つことによる機会費用（＝他の選択肢を選んでいたら得られたかもしれない利益のこと）も考慮する必要がある。在庫にかかっているキャッシュは、貯めておけば利子を生む可能性も、何かに投資できる可能性もあるのだ。

在庫の真の目的は、需要を満たすのに十分な量を、最短で納品し、最小のコストで賄えることだ。これを実現するために、ファストフード・チェーンのマクドナルドでは、売上予測にマニュジスティックスのコンピュータプログラムを活用し、在庫すべき正確な量を週間予測で算出している。

緩衝在庫

たいていの企業には緩衝在庫（バッファーストック）がある。これは、直近の需要を満たす以外の目的で置いておく在庫だ。在庫の補充には時間がかかるため、企業は緩衝在庫の数を下回る前に、業者に追加発注をする。リードタイム（発注から納品までの時間）が長ければ長いほど、必要な緩衝在庫の

> 優れた在庫管理体制があるからこそ、競合他社が古いモデルを必死に売りさばいているときに、デルは最新技術を低価格で提供できる。
> **ポール・ベル**
> デルの元経営幹部

量は大きくなる。需要が安定していて予測可能であれば、緩衝在庫は削減できるだろう。

オンライン企業は実店舗を必要としない。しかし、デジタルでダウンロードできる製品を扱うのでない限り、他の企業と同様、物理的な在庫場所は必要となり、通常在庫や緩衝在庫の管理が求められる。■

計画の甘さで過剰供給が発生し、さらに小売店の間でも供給過剰を引き起こした結果、過剰生産のロンドンバスをはじめ、大量の関連グッズが売れ残ってしまった。

ホーンビィ

イギリス政府は、2012年のロンドンオリンピック開催費用の約90億ポンドを捻出するため、オリンピックグッズの製造権を売却した。玩具メーカーのホーンビィはこの権利を買い取り、公式グッズを大量に製造した。

ホーンビィはコストを抑えるために、製品の大半を中国とインドで製造することにした。だがその外注によるリードタイムは、ホーンビィの想定を超えるものだった。納品には、中国からイギリスまで貨物船で6週間もかかるというのだ。

それでは需要のタイミングに合わせた生産を行えず、顧客への供給を在庫で賄わざるをえない。そのためホーンビィは、かなり前倒しでオリンピックグッズの売上予測をしなければならなかった。

しかし、その売上予測がきわめて楽観的だったことがわかった。ホーンビィがオリンピック需要で見込んでいた利益は200万ポンド。終わってみれば、130万ポンドものコストがかかっていた。ホーンビィは在庫を売りさばくために80％も割引せざるをえず、利益率は散々な結果となった。

必要のない作業を思い切ってなくす
シンプル・イズ・ベスト

背景知識

テーマ
プロセスの合理化

歴史に学ぶ

紀元前3世紀頃 ローマ人がランプを大量生産。手で成型するのではなく、二つの型を合わせる製法を用いた。

1730年代 アメリカの政治家ベンジャミン・フランクリンが産業界のムダの削減を説いた『プーア・リチャードの暦』が発刊される。

1760年代 産業革命が始まる。手仕事から専用機械の導入へ。

1900年代 自動車メーカーのフォードが、大量生産と規格化で自動車産業界に革命を起こす。

2010年 アメリカの発明家スティーブン・J・ペイリーは著書『発明を生む技術』で、複雑さを増す方向の革新は簡単だが、ベストな革新は簡素化から生まれると述べた。

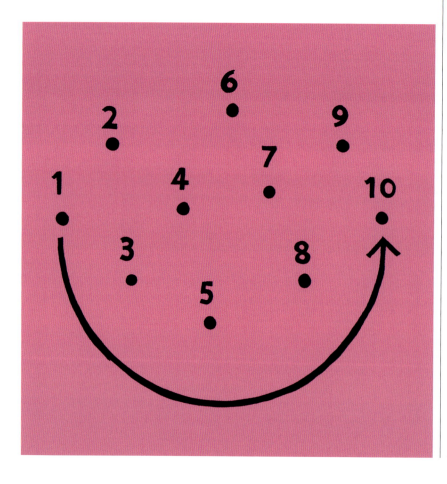

利益を改善するには、いくつか方法がある。収益を増やすか、コストを削るか、またはその両方だ。収益に悪影響を与えないように製品・サービスの提供コストを削減できれば、全体の利益は増えるはずだ。品質に対する顧客の信頼度を損なわずに製造コストを下げるには、費用のかさむ作業や不要な工程をカットして手法を簡素化するのが一つの方法だろう。人は何百年にもわたって、よりシンプルな製造方法を模索し続けてきた。シンプルなものほどコスト効率が良いからだ。簡素化が功を奏した初期の事例は鉄鋼業界にある。産業革命の時代、橋梁や船舶、鉄道などの製造に膨大な量の鋼材が必要とされたが、製

商品を届ける 297

参照：思いっきり目立とう 28-31 ■ 創造と革新 72-73 ■ 枠をはみ出す発想 88-89 ■ 学びは一生 202-07 ■ バリューチェーン 216-217 ■ リーン生産方式 290-93 ■ 日々の「カイゼン（改善）」 302-09

> 競争の激しい市場では、消費者は**価格に見合う価値**のある製品を探している。

> 企業は製品価格を下げるため、**製造コストを下げよう**とする。

> プロセスの合理化や、製品の単純化でコストは下げられるかもしれない。

> **不要な作業をなくそう。**

鋼には多大なコストがかかるため、品不足の状態が続いていた。イギリスでは1740年代以降、高温になるコークス炉で鋼材を生産していた。るつぼと呼ばれる粘土製の小さな耐熱容器に少量の鉄を入れ、溶鉱炉の中で3時間ほど熱すると不純物が除かれて鋼が残るという仕組みだった。

プロセスの簡素化

1850年代になると、イギリスの技術者ヘンリー・ベッセマーがより単純な製法を考案した。ベッセマー法では、るつぼは使わず、かわりに溶かした鉄に空気を吹き込んで、鋼を作る際に高温の鉄から出る不純物を取り除いた。この方法により燃費効率が向上し、それまで1トン当たり60ポンドもかかっていた製鋼のコストは7ポンドにまで削減できた。

新しい素材を使うことでプロセスを簡素化した例もある。1946年のアメリカで、ジェームズ・ワトソン・ヘンドリーがプラスチック射出成形技術を発明した。この技術を使った一体型の椅子やテーブルは、木製よりも安価で製造することができた。

大量生産

1900年代初頭、ヘンリー・フォードは自動車の製造方法を規格化し、製造業に革命をもたらした。フォードで組み立て製造ラインによる生産が始まる以前は、自動車は高い技術をもった職人たちのチームによって作られていた。彼らはほぼ手工具だけで、オーダーメイド・カーを作っていた。昔の製造業者が使っていた部品のほとんどは規格化されていなかったから、職人たちは部品を組み合わせるための調整に

ヘンリー・ベッセマーが発明した転炉は当時の製鋼に革命をもたらした。転炉内の鉄の温度を上昇させ、酸化の過程で不純物を除去する。

298 シンプル・イズ・ベスト

時間を費やしていたにちがいない。フォードは、世界初の規格化自動車を考案し、この作業を取り除いたのだ。

フォードの2つ目の功績は、ベルトコンベアの導入だ。それまで作業員たちは、原材料や部品、工具を取りに、工場内を歩き回らなければならなかった。製造途中の自動車を作業場から作業場へと運ぶために作業員を雇う工場もあった。フォードは、これらの不要な工程は簡単に排除できると考えた。そして作業員の配置をやめ、かわりにベルトコンベアを含む特殊機械を導入した。作業員は単一の作業だけをまかせられ、決まった道具を繰り返し使うようになった。その結果、数ある道具類の中から必要な工具をいちいち探しては取り替えるという、ムダな時間がなくなった。

最終的に、フォードは多仕様生産も止めた。ハイランドパーク工場で製造されるT型フォードは、寸分たがわず同じ車だった。フォードは、車体の色に至るまで、シンプルに徹すれば製造スピードが上がると考えていた。その方針から、生産車の仕様が変わるたびに発生する機械の調整や清掃の時間

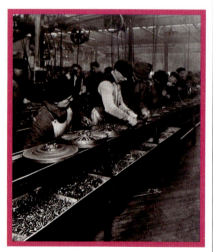

ヘンリー・フォードは、モデルTの製造組み立てラインにベルトコンベアを導入。作業員は手近に置かれた決まった種類の工具のみを使い、1つの作業に専念できる。

品質改善はほとんどの場合、デザインや製造方法、レイアウト、プロセス、手順の簡素化によってもたらされる。
トム・ピーターズ

も削ることができた。規格化により、途切れない作業フローが可能になり、製造にかかる時間は、それまでの12時間からたった1時間半にまで短縮できた。フォードは熟練の作業員や不要な作業時間を思いきって製造ラインから排除したことで、製造を単純化し、コスト削減を実現した。その分、販売価格を低く抑え、T型フォードの一大市場を作りあげたのだ。

製品をカスタマイズする

もう少し最近では、コンピュータ・メーカーのデル（Dell）が、供給網の合理化によって、1990年代に驚異的な成長率を達成した事例がある。創業者マイケル・デルが土台にしたビジネスモデルは、コストの優位性で他社を凌駕するというものだった。彼は2つの方法でこれを実践した。まず1つめは、カスタムメイドの製品に特化したこと。顧客は自分の好きなデザインを選び、デルはその注文通りに組み立てる。デルは実質的には在庫を持たないも同然で、買い手主導の生産体制を敷いた。このジャストインタイム方式の主なメリットは、在庫保有のコストがかからないことだ。製品は、完成したらそのまま顧客のもとに届けられた。

買い手に直接届ける手法

デルがコスト優位を得るために採った2つ目の方法は、同業他社とは異なり、家電販売店を通さずインターネットで直接顧客に販売するというものだった。つまり、利益の一部を第3者に支払う必要がないというわけだ。400ドルのコンピュータを売れば、デルには400ドルがそのまま入ってくる。販売店を通さなかったためにデルの市場シェアが下がることはなく、むしろその逆だった。たいていの顧客は、もっと自由に自分好みのコンピュータを作りたいと思っていたし、自宅へ直送される便利さも評価された。デルは簡素化したビジネスモデルにより、コストを抑えてライバルより安い価格設定を実現し、市場シェアを獲得することができた。

製品を顧客に直接販売するデルの手法は、他業界でも採用された。今や世界最大のオンラインストアとなったアマゾンは、1995年に書店経営（及びそのコスト）を必要としないオンラインでの書籍販売を開始した。

しかし2000年以降、デルはライバルの勢いに押され気味だ。デルの手法を真似てコンピュータの直販をする企業もあれば、ヒューレット・パッカードのように、生産プロセスの効率化によってデルの価格優位性をしのぐ企業

シンプルであることは、複雑であることより難しい。一生懸命に努力して思考を整理しなければならない。
スティーブ・ジョブズ
アップルの創業者 (1955-2011)

商品を届ける 299

デルの製品は、販売店を介さず、工場から直接顧客のもとへ配送される。デルは価格競争に勝つため、販売店を省くという大胆な手段でコストカットを実現した。

も出てきた。アップルの復活もまた、デルの市場シェアを落ち込ませた一因だ。アップルは、幅広い価格設定で製品ラインを展開しているうえ、顧客が一部仕様を変えられるというメリットも備えている。

シンプル化するサービス産業

サービス産業の企業もまた、生産システムの不要な手順をなくして効率性を高めようとしている。企業が生き残るには、ときにこうした変革も必要になる。たとえば、昔は、多くの独立型フード系ベンチャー企業が、人手を要する昔ながらの方法で、生の食材を一から調理して料理を提供していた。その後、高まる低価格フードの需要の波を捉えて、もっと簡単な手法を採り入れた事業チェーンが出てきた。彼らは調理済みの商品を買い入れ、顧客の注文に合わせてレンジで温めて提供した。これなら、調理技術の指導も、生の食材を調理する時間もいらない。このような手順を排除することで、コストを削減し、利益率を下げることなく顧客に低価格のサービスを提供することが可能になる。

しかし、こうしたイノベーションは流行のように繰り返す場合がある。近頃では、作りたてを食べたいという需要が高まり、各店舗で調理して販売する新たなタイプのファストフード・チェーンが出現している。昨今の情勢から、プロセスの合理化によるコスト削減を目指す企業は少なくない。しかし本当に生き残れるのは、顧客のため、品質を落とさず低価格を実現できる企業だけだろう。■

あらゆるものはできる限りシンプルに作らねばならない。しかしシンプルすぎてはいけない。
アルベルト・アインシュタイン
物理学者 (1879-1955)

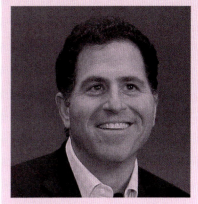

マイケル・デル

1965年、米テキサス州ヒューストン生まれ。歯科矯正医の父と株式仲買人の母の間に生まれたマイケル・デルは、生まれながらの商才の持ち主だった。12歳の頃に切手コレクションの販売で1,000ドルを稼ぎ、今は廃刊となっている「ヒューストンポスト」の新規購読の勧誘もしていた。1983年にテキサス州の医大予科に進学するも、すぐにピーシーズ・リミテッドというコンピュータ会社を立ち上げ、経営に力を注ぐ。開業して2年後にはイギリスに初の海外拠点を出し、1988年にはデル・コンピューター・コーポレーションに社名変更して株式公開を行い、時価総額は3,000万ドルの資金を調達した。1992年に経済誌「フォーチュン」のトップ500企業に選出されたときには、選ばれた会社のCEOのうち最年少の27歳だった。2000年までに、オンライン直販（1996年開始）で、1日当たり1,800万ドルの収益を生み出すようになる。2004年にCEOの職を退き、慈善活動に専念するも、2007年に返り咲き、2013年にデルを自ら買収し、株式を非公開化した。

主な著作
1999年　『デルの革命』

ムダをなくそう、そうすれば利益が湧いてくる
ジュランの理念

背景知識

テーマ
ムダを削減する

歴史に学ぶ

1931年 ウォルター・シューハートは、ウェスタンエレクトリックで自身が取り組んだ品質管理プロセスについて、『工業製品の経済的品質管理』に集約した。

1969年 ウィーン中から集めたゴミを燃やすために、シュピッテラウ焼却場が開設される。受賞歴もあるこの施設は、エネルギーを生成し、地元病院に温水を提供している。

1994年 チャールズ・ハンディは、著書『パラドックスの時代』の中で、オフィススペースを削減するために、在宅勤務をする従業員が増えることを予測している。

1999年 セールスフォース・ドットコムとグーグルがクラウド・コンピューティングのサービスを開始。この技術を利用すれば、自社のデータを保存するために高額なサーバを使う必要がなくなる。

資源と労働の**生産性を向上させてムダをなくす**ことが、効率性を高める。

↓

ムダをなくして得られた**効率の向上**で**単位当たりの平均原価が下がる**。

↓

単位当たりのコストを低く抑えることが**企業の成長**につながる。節約した分は次のいずれかに活用できるから……

↓ ↓

売上増をねらって値下げの資金にする。

利益率の改善をねらって新製品の開発費に充てる。

↓

ムダをなくそう、そうすれば利益が湧いてくる。

商品を届ける

参照： 成長を急ぎすぎない 44–45 ■ バリューチェーン 216–17 ■ 顧客に愛される会社 264–67 ■ リーン生産方式 290–93 ■ シンプル・イズ・ベスト 296–99 ■ 日々の「カイゼン（改善）」302–09 ■ 品質で売る 318–23

ムダは百害あって一利なし。生産性を高めることも顧客満足度を高めることもなく、コストを増やすだけだ。ムダの削減でカネを節約できれば、競争力を高めて成長につなげていくこともできる。

品質管理の達人ジョセフ・ジュラン（1904–2008）は、ルーマニアで生まれるも、幼少期にアメリカへ移住した。1920年代にウェスタンエレクトリックで勤務し、統計的サンプリングと品質管理の経験を積んだ後、品質管理のエキスパートとなった。ムダは収益力を弱める要素であると指摘したジュランは、企業に、ムダを排除するチャンスに常に目を光らせるよう説いた。そうすれば製品の品質が上がり、製造プロセスへの信頼性も高まるからだ。

ムダをなくすということ

ビジネスの「ムダ」とは何か。度重なる故障で期待どおりの生産性を見込めない高額機械への投資から、社内の品質監査をクリアできない製品、売上げが伸びない製品に至るまでさまざまだ。こんなムダを削減できるなら、作業員の増加も、追加の資本投資も、原材料や部品の追加発注も必要とせずに、生産性は向上するはずである。

ジュランによれば、コスト低減が企業の成長に役立つ方法は2つ。1つは、平均コストを削減した分で低価格を実現して消費者に還元することだ。たとえば、ムダの削減に取り組んだ結果、平均コストを10％削減できたとするなら、その分だけ販売価格を下げても、従来と同じ利益率を確保できる。値引きは事業の成長を促進してくれる。ライバル企業よりも値段を抑えれば、市場シェアの拡大につながる。もっといえば、競争の激しくない市場でも、値引きによって製品が買いやすくなるという利点もある。低価格にすることで、ブランドの魅力を広く知ってもらえる機会となり、ターゲット市場を拡大することによって成長の可能性を生み出すことになる。

ムダを削減して節約できた利益を再活用

単価当たりのコストの削減は、利益率を高めることにつながる。単価コストを下げて節約できた分を消費者に還元しないなら、販売量は同じままで利益を増やすことも可能だ。ムダの削減から生じたこの利益は、売上増や成長という事業目標のために再投資できる。ムダを排除して節約できたキャッシュを効率よく活用する方法としては、新たな広告キャンペーンなどがある。

またあるいは、そうして得た利益の大半を、研究費や新製品開発費に充てる企業もある。製品ライフサイクル、技術の進歩、消費者の嗜好の変化といったものを考えると、製品が市場で生き残れる時間はたいてい限られているようだ。こういった投資の効果が得られれば、時代に求められる特徴や利便性のある次世代製品が消費者の関心を呼び、結果として高い売上高を期待できるだろう。■

フォルクスワーゲンの工場の塗装ロボットは人員コストの削減を可能にする。さらに、必要最小限の量の塗料で塗装できるようプログラムすることができる。

フォルクスワーゲン

2012年、ドイツの自動車メーカーのフォルクスワーゲンは、2018年までに世界で最も環境に配慮した自動車メーカーとなることを目指すと発表した。この目標を達成するために、同社は製造プロセスのムダの排除に取りかかった。

自動車の製造過程に、鋼板からシャーシ（ボディ）の部分を切り出す作業がある。効率的に切り出されなければ、高価な鋼板にムダな切断片が出てしまうだろう。フォルクスワーゲンの経営陣はこれに対して、新たな切断機を導入したほか、ムダな切断片が出ないように鋼板の大きさを変えることで、自動車1台にかかる鋼板の量を15％削減することに成功した。塗装部門では、最先端の塗装ロボットを導入し、使用する塗料を半分に削減した。

これらの節約によって、フォルクスワーゲンは価格の引下げを実現した。たとえば、ゴルフ・カブリオレは2013年6月時点で約6650ユーロも価格を下げた。彼らが実践したムダの削減は、2013年5月には世界販売台数6％増という結果をもたらした。

機械と設備、そして人材
3拍子揃えて、
価値を高めろ

日々の「カイゼン（改善）」

日々の「カイゼン（改善）」

背景知識

テーマ
効率の改善

歴史に学ぶ

1859年 イギリスの科学者チャールズ・ダーウィンが『種の起原』で、進化のプロセスは段階的であるという進化論を発表。

1882年 スコットランドの造船会社ウィリアム・デニー＆ブラザーズが、従業員からアイデアを集めるための提案箱を設置する。

1990年 マサチューセッツ工科大学のマイケル・ハマー教授が「ハーバード・ビジネス・レビュー」誌に「情報技術を活用した業務再構築の6原則」と題する論文を寄稿、常に製造プロセスを見直すことの大切さを説いた。

1997年 カイゼン・インスティテュート創業者の今井正明が『現場カイゼン』を出版。製造ラインの現場からアイデアを得たカイゼンが最も効果的だと強調。

日本の古くからの教えである「カイゼン（改善）」は、もはやこの国の文化だ。本来は、充実させるとか、好転させるという意味で用いられるが、ビジネスではもっと哲学的な意味合いで使われる。ビジネスにおける改善とは、プロセスを絶え間なく向上させることによって効率を高めることにほかならない。

最新機器を導入することばかりが改善ではない。むしろ、改善につながる一歩は、従業員や彼らのアイデアから生まれるものだ。従業員は毎年のように、改善の取り組みを通じて、ビジネスの効率化を目指した膨大な数のアイデアを生み出す。とはいえ、1つ1つのアイデアが、生産性や全体の効率性に与える影響はほんのわずかかもしれない。だが、変革を積み上げていくことで、決定的な競争優位に立てるのだ。改善に終わりはない。そして、改善に向けたアイデアは、管理職も平社員も関係なく、社内全体から集積することが重要だ。

トヨタ方式

改善の取り組みを初めて工場レベルで実施したのは、1950年代の自動車メーカーのトヨタだ。現在「トヨタ生産方式（TPS）」で有名な生産システムの先駆けであり、まさにムダを排除すべく作られた仕組みだ。トヨタは、従業員の能力を眠らせておくことも、排除すべきムダの1つに挙げている。豊田英二はすべての社員に、ただやみくもに上司に従ってがむしゃらに働く以上のことを求めた。トヨタでは、従業員は尊重され信頼される対象だ。そのかわり現場の作業員にも、品質に関わる問題の解決や、効率性の向上に貢献することが求められた。今井正明が創業したカイゼン・インスティテュートによれば、カイゼンの実践には、すべての従業員が、2つの任務を負っていることを理解することが重要だ。1つ

> できないという前に、
> まずやってみろ。
> 豊田佐吉

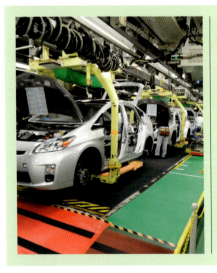

トヨタ自動車

トヨタ自動車は1937年創業。さまざまなモデルのセダン車を製造している本社工場は、創業者・豊田佐吉の「温情友愛の精神を発揮し、家庭的美風を作興すべし」という教えが今も息づいている。

第二次大戦後の時期に資金繰りの苦しくなったトヨタは、同社の歴史で初めてのリストラを実施。1951年、同社はカイゼンの原理に基づき、画期的な提案システムを導入。創業以来の「顧客第一主義」や「品質第一」の原則がトヨタの発展を支えることとなり、1957年にはアメリカへの輸出を開始した。

1962年には、会社と労働組合が、相互信頼と相互尊重に基づいた関係を基盤とする「労使宣言」に調印。

1999年までに、国内生産量は累計1億台に到達。現在もカイゼンとチームワークの2本柱を指針にしている。

商品を届ける 305

参照：2歩目を踏み出せ 43 ■ 適応し、変身・刷新する 52-57 ■ イエス・マンの弊害 74-75 ■ 人材の活用 86-87 ■ 人は金で動くか 90-91 ■ リーン生産方式 290-93

は業務そのもの、もう1つは業務効率の向上だ。

日本には「ゲンバ（現場）」という言葉があり、ビジネスにおいては生産活動による付加価値が生まれる場所をさす。そもそも「カイゼン」は、問題の所在を知っているのは現場のプロであり、それは生産ラインの作業者であるという信念に基づいている。したがって、改善案は経営陣からではなく、現場の作業員からあがってくるべきだとされる。障害や異常の分析や是正が可能なのは、現場であってデスクの上ではないからだ。カイゼン運動において、企業の最大の財産は従業員なのだ。

QCサークル

改善が最も効果を出せるのは、個人よりチームの活動だ。さまざまなスキルや資質、あるいは物の見方をもった人材による相乗効果が、画期的なアイデアや解決策を生み出すのだ。改善プロジェクトで活動するチームは、「QCサークル」と呼ばれる。QCサークルは、同じ部門で働くメンバー（同じ製造ラインで働く同僚）のほか、異なる視点を持った他部門のメンバーの混合で構成される。

これによりQCチームには、エンジニアからは技術的な助言、営業部員からは顧客視点の意見、といった多角的な情報が集まることになる。

1964年、トヨタは豊田市の工場内にQCサークルを作った。このチームは今も少なくとも週1回は集まり、それぞれの部門の課題についてディスカッションをしている。通常業務の始業前、朝一番のミーティングで、みんな積極的に意見を出し合い、品質上の課題とその解決について話し合う。改善のアイデアを出すときによく活用するのが、フィッシュボーン（魚の骨）・ダイアグラムだ。

魚の骨に見立てたグラフィックで、問題を多角的に捉え、解決の選択肢を模索するものだ。チームのメンバーは、考えられる発生要因を、次の6つのいずれかに分類して検証する。人材、手法、機械、資材、測定、自然要因だ。問題の要因の解決方法は、5つのW（Why = なぜ、When = いつ、Where = どこで、Who = 誰が、What = 何を）を使って評価される。

日本の会社では、従業員のアイデアに対する報酬が現金で支給されることはない。真に効果的な改善を望むなら、自分のアイデアが改善の糸口になれば誇りと満足を感じるはずだ、というところだろう。その証拠に、新入社員は入社時に、会社とは常に改善ありきであり、日々改善に努めることが肝要だと叩き込まれる。

改善をうまく取り入れている企業は、従業員が積極的にアイデアを出したくなるような仕組みを導入し、高いモチベーションを維持している。フレデリック・ハーズバーグをはじめとす

306 日々の「カイゼン（改善）」

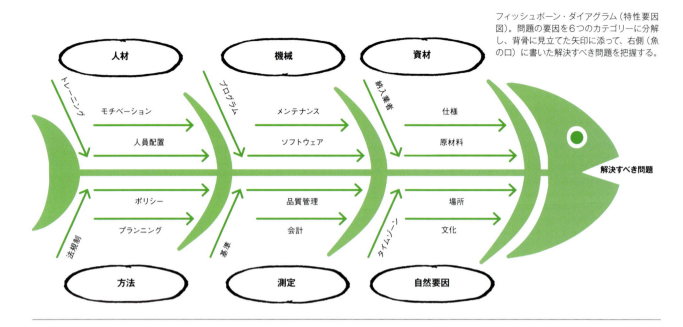

フィッシュボーン・ダイアグラム（特性要因図）。問題の要因を6つのカテゴリーに分解し、背骨に見立てた矢印に沿って、右側（魚の口）に書いた解決すべき問題を把握する。

る、モチベーション理論の研究者によれば、従業員は、問題解決や意思決定にかかわったり、昇進の機会を得たり、仕事をしながら精神的に成長したりすることに喜びを感じるのだという。つまり、従業員は喜んで改善に参加しているはずで、だから金銭的な賞与は必要ない。

従業員に力を与える（エンパワーメント）

今までの業務のあり方を変える意思決定を、部下に委ねる権限委譲もひとつのやり方だ。権限委譲は、特定の業務をこなすだけの委任に比べて影響範囲が広い。

権限委譲をされた従業員は、何をどうすべきかを遠慮なく判断することができるのだ。製造現場から出た良いアイデアをすぐに実践するためには、権限委譲は不可欠だ。毎週アイデアは生まれ続けるが、ひとたび改善の方針が決まったら、良いアイデアやその後の改良以外には目もくれず突き進むべきだ。それによって、従業員は自分たちが出した解決方法の効果を測ることに

なるからだ。

改善を効果的に実践するためにカギとなる企業文化とは何か。言うまでもなく、経営陣と従業員との間の、信頼感やロイヤルティ、相互尊重である。たとえば、売上げが横ばいの市場において、生産性を高めるアイデアは、従業員にとって雇用の不安になるかもしれない。

職を失うことを恐れていては、節約やコスト削減などに考えは及ばないものだ。改善に取り組む多くの日本企業は、終身雇用を取り入れている。1980年代から1990年代のソニーの事例を見てみよう。景気低迷で売上げが落ち込むと利益確保のために人員削減を実施するのが当然だった時代に、ソニーはこのアプローチをしなかった。解雇は改善に必要な信頼を壊すと考えたからだ。ソニーの共同創業者の盛田昭夫いわく、「日本の経営者にとって最大の使命は、従業員と会社の間に健全な人間関係を築くことだ」。

社内に流れる家族的な雰囲気の中で、従業員と経営者は運命共同体なのだという感覚を作り上げることが重要だ。その結果、改善によって生産性を上げたソニーは、好況時期には新たな市場へと進出することができた。

欧米へ広がる改善ブーム

日本車の輸出攻勢がアメリカの自動車産業を悩ませていた1984年秋、日本車の強さの源流を探るべく、マサチューセッツ工科大学が研究を開始した。5年の歳月と500万ドルをかけたこの研究プログラムの結果は、ジェームズ・ウォマック、ダン・ジョーンズ、

考えるのが
経営者だけだったら、
会社は前へ進めない。
盛田昭夫
ソニー創業者 (1921-99)

商品を届ける

> みんなが
> チームワークの精神で団結でき、
> 心のおもむくままに
> 能力を発揮できる。
> そんな職場を作り出したい。
> **盛田昭夫**

ダン・ルースの共著『リーン生産方式が、世界の自動車産業をこう変える。』にまとめられ、欧米の製造業が考えもしなかった「リーン生産方式」の世界を紹介した。

当時のアメリカの自動車産業は、1台当たりの生産時間を短縮し、在庫を減らし、欠陥を減らしている日本車メーカーに脅威を感じていた。そこへ同書が出て、日本の成功は「リーン生産方式」がもたらしたもので、その生産方式のカギは「カイゼン」だと説いたのである。

『リーン生産方式』を読んだ経営者はこぞって、改善の考え方を自社のビジネスモデルに取り入れ、改善の哲学は北米、ヨーロッパへと徐々に広がっていった。

いち早く取り入れたのはローバーだ。当時ローバーの株を20%取得していたホンダの指導のもと、同社は1991年にロングブリッジ工場で「現場ウォーク」を実施した。週1回以上、マネジャーやスーパーバイザーと製造現場の従業員が、一緒に製造ラインを視察して回り、非効率なものを見つけては、問題の解決策を見いだすというプログラムだ。「現場ウォーク」では、経営陣と従業員の間に壁はない。役職や業務の如何を問わず協力して現状を知り、共に問題を見いだし、教え合いを通じて成長し、一緒に改善を果たすという基本原理が実践された。

改善を実践する

QCサークルの仕組みをイギリスで最初に導入したのは、陶磁器メーカーのウェッジウッドだ。1980年以降、

> 優れた企業は
> エクセレンスなど信じない。
> ひたむきに改善し、
> ひたむきに変革を繰り返すのみだ。
> **トム・ピーターズ**
> 『エクセレント・カンパニー』の著者 (1942-)

週に1時間、さまざまな部門を代表するQCサークル80チームが一堂に会した。各チームはそれぞれの部門が抱える問題点を見つけ出すよう求められ、6か月以内の解決を目指す。経営陣に提案されるQCサークル考案の解決策のほとんどが承認され、導入された。その結果、従業員のモチベーションは保たれ、生産性は向上した。さらに、従業員のアイデアで生産過程の粘土と塗料の量を削減し、コスト削減が実現した。

ウェッジウッドのQCサークルプログラムの責任者であるディック・フレッチャーによれば、QCサークルの活動費1ポンドにつき、実に3ポンドのコスト削減が実現したという。

インドの鉄鋼大手タタ・スチールも改善の取り組みを導入し、歯切り盤という工作機械の生産性を高めることに成功し、その結果、生産量を増やした。

問題について誰かと話し合うことは、解決策を見つける近道だ。他部門からのアドバイスが、異なる観点や幅広い選択肢を与えてくれる。

日々の「カイゼン（改善）」

改善の対極にある BPR

ビジネス・プロセス・リエンジニアリング（BPR）は、改善とはまったく異なるアプローチだ。継続性はないが、大きな資本投資が必要となり、その分、生産性やコスト削減、製品の品質向上に大きな成果が期待できる。BPRを導入する企業が目指すのは、日常業務の小さな変革ではない。むしろ、5年前後の周期で徹底的に生産プロセスを洗い直し、効率性を改善するというものだ。このアプローチを利用するのは、一般に危機的状況に対応するときだ。ただしBPRを導入した企業は、ライバルに追いつくと安心してしまい、現状に甘んじた結果、また危機的状況に陥ってはBPRを繰り返すことになりかねない。

BPRを導入する企業の効率化の源泉は、もっぱら経営者や有能なコンサルタントが考案したアイデアだ。変革の指針はトップダウンで、従業員は指示に従わざるをえないことが多い。ときには大規模なリストラも含まれる。生産システムの自動化で人件費を削減したい企業がBPRを採用することも多い。

だが、一時的とはいえ急進的な変化をもたらすBPRより、時間をかけて小さな変革を積んで効率向上を図る改善のメリットは大きい。開発や導入、テストなどでそれなりに時間がかかるBPRに対して、改善は常に業務を走らせながら生産性を高め、しかるべき効果をもたらす。まるでイソップ童話の「ウサギとカメ」だ。BPRに比べて、改善はコストを抑えて生産性を向上できる。

高額な機械を購入して新しい生産システムを採用するのとは違い、従業員のアイデアは基本的にはタダだ。改善の原動力は何といっても人なのだ。

改善は常に効果的か

むろん、改善がうまく機能しない企業もある。権威的な中間管理職やスーパーバイザーは、改善の形を歪めてしまう。彼らは何でも自分で決めたがる反面、変化に対する抵抗感を示す場合がある。この手の上司は、現場の作業員に意思決定の権限を与えたがらないものだ。

作業現場へのロボットの導入は大規模かつコストのかかる変革であり、人員の削減につながる。この手のBPR事例は従業員を疎外したものになりがちだ。

良いアイデアを出してもそのたびに却下されれば、たちどころに従業員の士気は下がり、会社に貢献しなくなるだろう。企業が築いてきた労使関係もまた、改善の結果に大いに影響する。マネジャーと従業員の間の信頼関係がなければ、改善は失敗に終わる可能性は高い。その場合、改善は従業員にとって何の見返りもない作業となり、やる気を失ってしまうだろう。

完璧な製造方法など存在しない。その前提のうえに改善は実施される。だが、本当にいつもそうだろうか？　どんな企業も、真っ先に重要な問題の改善に取り組もうとするはずだ。したがって、改善を重ねれば重ねるほど、次第に重要な問題は減っていき、いずれは改善によって得られる効果も減っていくだろう。

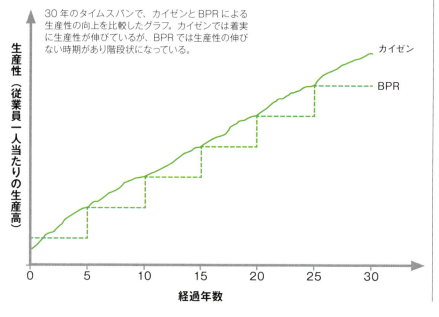

リスクを取って見返りを得る

　技術の進歩と消費者の嗜好は常に変化し続けるものだ。先鋭的な新製品や手法が登場すれば、古いものは排除していかなければならない。改善に肩入れする企業は、抜本的な見直しを避け、地味な変化を選ぶ傾向にあるかもしれない。ここで危険なのは、大胆な施策に打って出たライバルに遅れをとることだ。フィンランド企業のノキアがその良い例だ。ノキアは、クラシックなデザインが人気だった「キャンディバー型」の携帯電話端末で何年も大きな成功を収めていた。だがその間に、サムソンやアップルといったライバル企業は、リスクに果敢に挑戦していた。その結果、彼らは革新性でノキアを抜き去り、市場トップの座を奪い去ったのだ。■

イソップ童話の「ウサギとカメ」は、ウサギがスタートダッシュを切るものの、昼寝をしてしまい、ゆっくりと歩みを進めてきたカメが追い越し、勝負に勝つ。改善はカメの歩みのように、日々の微調整の繰り返し。一方でウサギのBPRは、急激で劇的な変化をもたらす。

遅くても**着実に前へ進む**カメのように、最後に笑うのは地道な**改善の積み重ね**だ。

自信過剰で勝負に負けたウサギのように、**大規模で派手な変革をするBPR**は、長いスパンでは効率が悪い。

学びと革新は一心同体
試行錯誤

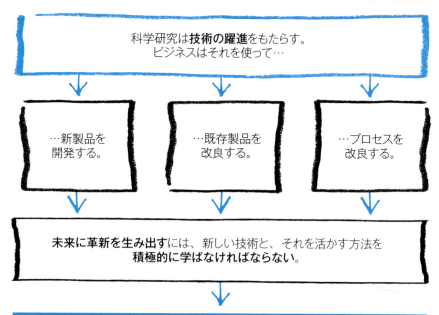

背景知識

テーマ
研究開発

歴史に学ぶ

1790年代 フランス革命後、フランス政府と科学者クロード・シャップがフランス全土に通信網（腕木通信システム）を整備した。

1806年 イギリスの科学技術者イザムバード・キングダム・ブルネルの誕生年。ブルネルは後にプロペラ式の蒸気船や川の下を通るトンネルの設計・建築を手がけた。

1939-45年 ジェットエンジン、ペニシリンなどの医薬品の量産、輸血などの技術が第二次世界大戦中に開発された。

1942年 オーストリア系アメリカ人の経済学者ヨーゼフ・シュムペーターが、産業においては古いものを破壊して新しいものを生み出すことが革新だと論じ、「創造的破壊」という用語を提唱した。

研究開発とは、言うまでもなく調査と創造のことであり、新発見や、既存の製品やプロセスの改良をもたらす作業だ。科学的な研究が肝となるソフトウェア業界や製薬業界の企業にとっては、研究は技術的な突破口であるとともに、業界最先端に身をおく術だ。その他の業界では、既存製品の改良が研究の主な位置づけとなる。

ギャップを埋める

研究開発の対象が、地道な市場調査で見つかることもある。たとえばシリアルメーカーのケロッグは、イギリス

商品を届ける 311

参照：勝ち残るためのエッジを磨く 32-39 ■ 日々の「カイゼン（改善）」 302-09 ■ 品質で売る 318-23 ■ 計画的陳腐化 324-25 ■ 時間の管理 326-27

人が朝食には健康的なナッツを使った甘めのシリアルを望んでいるという調査結果を受けて研究部門に新製品の開発を指示。結果、新発売の「クランキーナッツ」はイギリス市場で第2位の売れ行きを達成した。

一方で、市場調査が示す方向性がまちがいの場合もある。たとえばソニーのウォークマンは、当時ソニーの技術者だった木原信敏によって1978年に開発された。しかし市場調査では、こんなものは売れないと出た。事前に実施したフォーカスグループの意見では、音楽は仲間と一緒に聴くもので、一人きりでは聴かないという結論だったのだ。だがソニーの経営責任者・盛田昭夫は研究開発部門に開発の続行を指示。結果、ウォークマンはソニー史上最も成功した製品となった。

より多く、より頻繁に

グローバル化と急速な技術の進歩で競争は激化し、製品が売れる期間はますます短くなっている。この厳しい市場環境で、企業はより短いスパンで新製品を発売することが求められる。現

> イノベーションか死か。
> **デーモン・ダーリン**
> 「ニューヨークタイムズ」紙編集者 (1956-)

状に甘んじて革新性を発揮できない企業は、ライバルに遅れを取ってしまうだろう。経営者が研究開発部門に投資しなければ、ビジネスの明日はない。

BMWのように、売上げのかなりの部分を研究開発部門に投じて成長の原動力としている企業もある。その規模は自衛手段の枠を超えるものだ。いち早く発売した新製品は割増価格で提供し、ライバルが追いつくまで独占的に利益を吸いあげる。さらに、先駆のメリットである消費者のブランドロイヤルティも獲得できるだろう。研究開発

部門への投資が少ない企業は喜んで他社の模倣をするが、強力な顧客基盤の構築には遠く及ばない。

研究開発にとって技術の進歩よりも重要なこととは何か。盛田昭夫によれば、技術の進歩そのものよりも、それが製品に反映されて消費者に価値と利便性を与えることが重要だ。だから研究開発は、多岐にわたる専門分野からなるチームによって進められるべきだ。もちろんそこには消費者の心を読むプロであるマーケティング部門も加わらねばならない。■

地上または上空にあるGPS受信装置は、地球を周回する人工衛星が送ってくる時刻・位置情報を刻々と受信している。

全地球測位システム（GPS）

全地球測位システム（GPS）の技術は1960年代から1970年代にかけてアメリカ政府が開発した。当初は軍事目的で、海・空軍が潜水艦や戦闘機の位置を正確につかむために開発された。

1983年にレーガン米大統領が、民間企業の商業利用にGPS通信を開放。この決定に多くの企業が好機を見いだし、今でいう「カーナビ」の開発が始まった。

GPSは、革命的な技術革新の事例の最たるものだ。だが実際は、新たに登場した製品のほとんどが既存製品をマイナーチェンジしたものだ。GPS端末メーカーのトムトムをはじめとする企業は、革命的な製品開発ではなく、進化を目指した研究開発を行っている。目標は、より安価でより優れたデザイン、そして最新の機能を備えた新製品を発売することだ。

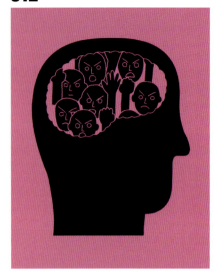

苦情を言ってくる消費者は最高の先生だ
顧客に学ぶ

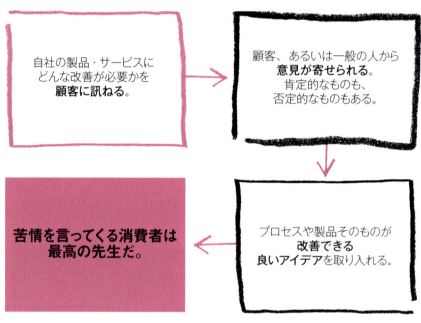

背景知識

テーマ
オープン・イノベーション

歴史に学ぶ
1989年 ベルリンの壁が崩壊。鉄のカーテンの向こう側の企業も顧客からの苦情に対応する時代が到来した。

2000年 スティーブン・カウファーが旅行専門サイトの「トリップアドバイザー」を立ち上げ、顧客によるホテルやレストランの格付けを開始。

2003年 組織理論家のヘンリー・チェスブロウが『オープン・イノベーション（邦題＝ハーバード流イノベーション戦略のすべて）』を刊行。企業に社内外からの情報を取り入れることを提唱した。

2009年 ネット上にビジネス・プランを掲げ、不特定多数の賛同者から少額の資金を調達するクラウドファンディングが、専門サイトの「キックスターター（kickstarter.com）」でスタート。

　昔は、新製品の開発・デザインをするのは自社の従業員と決まっていた。開発に必要な情報も、社内の研究開発部門が集積していたから、むろん情報も機密として門外不出だ。これは自前主義（クローズド・イノベーション）といわれる発想で、企業は知的財産を自ら生み出すべし、と信じられてきた。ところが最近になって、逆の発想のアプローチが現れたのだ。「オープン・イノベーション」の概念は、企業はもっと製品開発を外部に開放すべきという考えに基づいている。製品開発プロセスに、価値あるインプットをしてくれる顧客の意見を取り入れるというアプローチだ。

フィードバックを集める

　インターネットの普及で、顧客からフィードバックを得る仕組みは大きくさま変わりした。たとえば、製品に対

商品を届ける 313

参照：儲かるニッチを探せ 22-23 ■ 市場を理解する 234-41 ■ 顧客に愛される会社 264-67 ■ 広告を打つ 272-73 ■ 試行錯誤 310-11 ■ ビッグデータの活用 316-17

するネット上での格づけやレビュー書き込みをチェックすれば、企業は簡単に顧客の好き嫌いを知ることができる。

IT業界では、大手のソフトウェア企業は体験版のテスト（βテスト）で、新製品の品質を向上させる。このとき活用するのが、インターネットでプレリリース版のソフトを配布する手法だ。つまり、ソフトウェアやプログラミングに関心のある一般ユーザーに新製品を試す機会を提供するのだ。彼らは体験版を使ってみて見つけたバグを指摘し、彼らの思う解決方法を企業に提案してくれる。おかげで実際のリリース前にこの製品の品質を向上させることができ、新製品が市場で成功する確率もあがる。

クラウドソーシング

企業は顧客からさまざまなことを学べるし、学ぶべきだという考えは広まりつつある。そのひとつの例がクラウドソーシングだ。クラウドソーシングは、新製品のアイデアや資金を世間一般から募るというもので、そのタイプはさまざまだ。たとえば、映画製作の資金集めもあれば、シトロエンや日産が行ったような新製品デザインのアイデア募集もある。シトロエンはこのプロジェクトをフェイスブック上で実施した。このプロジェクトのグループには、一般の人が誰でも参加でき、ドアの数や内装カラー、機器仕様を含む、新製品のデザインに必要な6項目に希望を投稿することができた。そしてシトロエンは公約どおり、フェイスブックにあがった意見に沿った新車を開発したのだ。

肯定的な意見も否定的な意見も集まるのがクラウドソーシングだ。製品開発プロセスにこれらを活用するメリットがあるのは言うまでもない。とにかく安上がりだ。クラウドソーシングを利用する企業の多くは、寄せられたアイデアに一銭も払わない。参加者はみな、無償でアイデアを提供することを厭わない人たちだ。もしもフィードバックの対価を現金で支払う仕組みにすれば、獲得できるアイデアの数はたぶん少なくなる。

クラウドソーシングは、社外にいる専門家の知恵とアイデアを無償で借りる夢の仕組みなのだ。■

オジー・オズボーンの公式ウェブサイトには、2007年リリースのアルバム『ブラックレイン』のうち、次のシングルとしてリリースする曲の投票が設置された。3曲にしぼられ、最終的にタイトル曲「ブラックレイン」に決まった。

顧客と接すれば接するほど
問題が明らかになり、
何をすればいいかも見えてくる。
ジョン・ラッセル
ハーレー・ダビッドソン社長 (1950-)

ウィキペディア

オンライン百科事典「ウィキペディア」は2001年、ラリー・サンガーとジミー・ウェールズがクラウドソーシングのプロジェクトの一環としてサービスを開始。プロのライターや編集者ではなく、一般ユーザーに、オンライン上に記事を書きこませるかたちで製品化した。

2013年7月までに「ウィキペディア」に掲載された記事は実に2200万件、285の言語で、7万7000人もの匿名かつ無償の執筆者によって書きこまれた。「ウィキペディア」は、インターネットにアクセスできるユーザーなら誰でも書き込みや編集ができるオープンソースだ。閲覧する人にも利用料は求めない。運用費は、支援者からの寄付で賄われている。支援者の多くは、記事の即時性と更新の簡便さのある「ウィキペディア」は、従来の百科事典より優れていると絶賛する。「ウィキペディア」はクラウドソーシングの概念を限界まで突き詰め、消費者（読者）の力だけに頼ってつくりあげる製品を目指している。

テクノロジーは変化を進めるエンジンだ
正しいテクノロジー

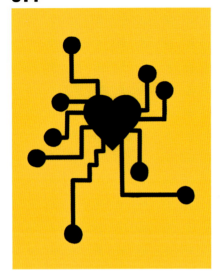

背景知識

テーマ
変化をコントロールする

歴史に学ぶ

1822年 イギリスの数学者チャールズ・バベッジが、世界初の「プログラム可能な機械式計算機」を設計。

1951年 イギリスの食料品メーカー、J・ライオンズが、1企業に特化した初のコンピュータ・システムLEO（ライオンズ・エレクトロニック・オフィス）の利用を開始。売上高の記録に使われた。

1981年 米マイクロソフトがMS-DOSを開発。IBMがこれを採用したことでパソコン・ブームに火がついた。

1998年 アメリカの銀行やヘッジファンドが、株や債券、デリバティブなどの金融商品を売買するシステムを開発。高頻度取引の元祖となる。

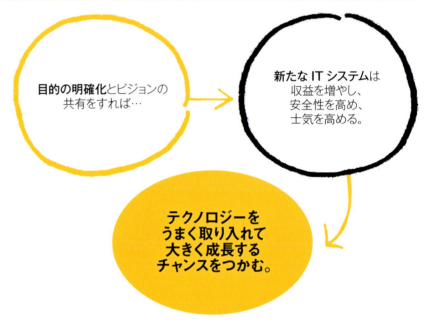

目的の明確化とビジョンの共有をすれば…

新たなITシステムは収益を増やし、安全性を高め、士気を高める。

テクノロジーをうまく取り入れて大きく成長するチャンスをつかむ。

　今の時代、コンピュータの1台くらいはどこの会社にもある。しかし大きく育つ可能性を秘めているのは、ITに積極的に投資する会社だろう。ITに期待できるのは、まず生産性や信頼性の向上、そして人的ミスのリスク軽減だ。2013年、エアインディアは効率化を目指して、パイロットや客室乗務員のシフト管理をコンピュータ化した。これで手作業での管理に比べて格段に効率的にシフトが組めるようになった。以前は同じ給料でも乗務時間にばらつきがあり、乗務員の間から不満も出ていた。だがコンピュータ化によって緻密なシフト管理が可能になった。エアインディアは、えこひいきを排除し、不公平感をなくすことで従業員の士気を高め、顧客サービスの向上につなげ、収益力を高めようとした。操縦士などの乗務時間に関する国際基準を守り、運航の安全性を担保するねらいもあった。

商品を届ける 315

参照： 思いっきり目立とう 28-31 ■ 勝ち残るためのエッジを磨く 32-39 ■ バリューチェーン 216-217 ■ 売上げ予測 278-79 ■ 日々の「カイゼン（改善）」 302-309 ■ 顧客に学ぶ 312-13

> 過ちは人の常。
> それを
> コンピュータのせいにするのも常。
> **ロバート・オーベン**
> コメディ作家 (1927-)

最新のIT技術を導入すれば成功するというものでもない。アメリカの投資銀行JPモルガンは、トレーダーがデリバティブ（金融派生商品）取引のリスク評価をするための最新ITプログラムを導入したが、適切に機能せず、2012年に60億ドルもの巨額損失を出した。

マネジメントから変わることが重要

では、大規模なITプロジェクトをどのように運営すれば、惨事を起こさず、進歩をとげられるのか。2005年に英ランカスター大学が実施した研究によれば、経営陣の目的意識が明確であれば成功の確率が高まるという。明確な目標があれば、ITデザイナーはユーザーにとって利便性の高いシステムを構築できる。一方、目標が明確でないと余計な機能をつめこむ結果になり、システムの使い勝手は悪くなるだろう。

2005年のオーストラリアでは、交通課の警察官の生産性を高められる仕組みが導入された。州政府がパトカーに車両ナンバー自動認識装置を搭載したのだ。この装置を使えば、警察官が署に戻らず、道路にいながらにして政府の犯罪者追跡データベースにアクセスし、リアルタイムで車両情報を照合できる。現場の警察官がデータベースを利用できることで、盗難車や、税金逃れや無保険の車両の特定も可能になり、取り締まりの効率が向上した。

成功に必要なこと

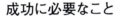

ITプロジェクトの導入にはビジョンの共有も重要だ。顧客対応や製造ラインに従事する現場の従業員は、導入の意図とメリットを十分に理解し、適切なトレーニングを受けなければならない。従業員にとって、積み重ねてきたスキルや仕事を失うことは脅威であり、それが変化に対する抵抗になれば、導入は失敗に終わるかもしれない。この懸念を乗りきるためにも、マネジメントは新たなITシステムの必要性を、

> 一般論として、
> ソフトウェアをまともに動かすには
> 現場で実際に使いこみ、
> 何度も失敗を重ねる必要がある。
> **デビッド・パーナス**
> カナダのソフトウェア・エンジニア (1941-)

率直かつ正直に全社員に伝えなければならない。■

今では世界中のパトカーに何らかの車両ナンバー自動認識装置が搭載されている。怪しい車両はオンサイトでチェック、摘発できる。

ビッグデータを使わないのは自殺行為、高速道路を目隠しして走るに等しい
ビッグデータの活用

背景知識

テーマ
データ分析

歴史に学ぶ
1995年 アメリカのネットスケープがインターネットの「クッキー」を開発。

1997年 NASAの科学者マイケル・コックスとデビッド・エルスワースが、スーパーコンピュータで処理される膨大な量の情報をビッグデータと命名。

2000年 ペンシルベニア大学の経済学者フランシス・X・ディーボルドが論文「ビッグデータ マクロ経済の測定と予測へのダイナミック・ファクター・モデル」を発表。

2013年 エドワード・スノーデンが、米国家安全保障局（NSA）はネットのビッグデータを収集して国民を監視していると告発した。

デジタル・コミュニケーションが起きる場所には膨大な量の情報が集まる。

↓

「ビッグデータ」を管理・分析すれば…

↓

…何百万という人々の**視聴傾向や購買動向**が見えてくる。

↓

ビッグデータを使わないのは**自殺行為、高速道路を目隠しして走るに等しい。**

今は政府も企業もあたりまえのように膨大な量の情報を収集・分析している。こうした「ビッグデータ」には、支払いに使ったクレジットカードやデビットカードの情報から、ネット・ユーザーのサイト閲覧履歴、ソーシャルメディアからの情報、スマートフォンやゲーム機などから得られる情報まで、あらゆる個人情報が含まれる。その巨大さゆえ、従来のデータベースではビッグデータの保存・管理は困難だった。

ビッグデータの活用

ビッグデータは、消費者動向やターゲット顧客に関する市場調査に利用される。これによって、市場で利益が見こめるすき間を見いだすのだ。アメリカの保険会社プログレッシブ保険も、ビッグデータを使って利益の増加を目指す企業だ。同社は、自動車の故障診断用ポートに特殊なデバイスを装着したドライバーに安い保険料を適用することで、シェアの獲得をねらった。このデバイスは、スピードや故障頻度、急加速といった、その自動車の運転に関する情報をGPS経由で保険会社に自動送信する。保険会社が欲しいのは、保険料の払い漏れもなく、保険金を支払う大事故も起こさない安全なドライ

参照: 儲かるニッチを探せ 22-23 ■ ライバルを知れ 24-27 ■ 勝ち残るためのエッジを磨く 32-39 ■ 売上げ予測 278-79 ■ 正しいテクノロジー 314-15

商品を届ける 317

「ビッグデータ」は巨大な消費者情報の宝庫だ。消費者はクレジットカードやデビットカードやゲーム、オンライン検索、ネット中継などの利用時に必ず自分の情報を提供している。企業はこれらの情報を分析し、ターゲットのしぼり込みに利用する。

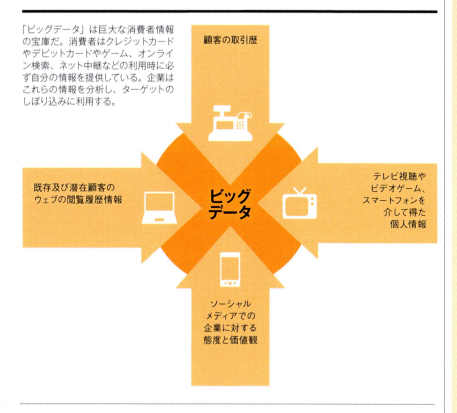

ネットビジネスの「クッキー（Cookie）」活用

「ビッグデータ」の最も良い例は売上げデータだ。アメリカの通販サイトのアマゾンは毎日、何億もの顧客のブラウザ履歴や購買データを収集している。アマゾンは、ブラウザに保存されているテキストファイル「クッキー」を利用して、顧客がどんな商品に関心をもっているかを把握している。この情報を活用して、顧客の興味をそそる商品を勧め、もっと買い物をするよう促しているのだ。

「クッキー」は、顧客がサイト上で入力した名前や住所、クレジットカード情報などを、顧客のパソコンのハードディスク上に保存するサイト固有のIDのようなものだ。これにより、顧客がウェブサイトに再び訪れると、パソコンに保存されたそのIDが企業に送られるので、企業は顧客を判別することができ、名前を呼びかけてユーザー名などを入れた挨拶文を表示することができるようになるのだ。また、顧客が一度でも入力した住所やクレジットカード情報をすぐに呼び戻すことができるので、通販サイトにとっては処理のスピード化と顧客満足度の向上が期待できる。

バーだ。プログレッシブ保険はこのビッグデータを活用し、最高の顧客を抽出することができる。

ビッグデータを活用して新たな収入源を得たのは、アメリカのビデオレコーダー製造会社ティーボだ。ティーボの製品はインターネットに接続されている。これにより、同社はティーボ利用者の膨大な視聴データを比較的低コストで収集できる。最終的に、ティーボはこの情報を広告主に販売している。広告主である企業は、このデータと自社製品の売上げデータの相関性から、テレビ広告の効果測定ができるメリットがあるというわけだ。

商品開発への活用

アメリカの動画配信会社ネットフリックスは、製品開発にビッグデータを活用している。2011年、利用者数3300万人突破が間近に迫ると、ネットフリックスはイギリスのBBC制作のドラマ「ハウス・オブ・カード」のリメイク版の製作を決定した。ビッグデータの情報から、ネットフリックスは同シリーズのアメリカ版製作には1億ドルの価値があると見込んでいた。オリジナル版がかなりのダウンロード数を獲得していたからだ。製作にもビッグデータが活用された。同シリーズのファンは、ケビン・スペイシー主演映画も好む傾向があるので、彼と何度もタッグを組んでいるデビッド・フィンチャーを監督に抜擢したのだ。■

データを入手する前に
仮説を立てるのは
大きなまちがいだ。
アーサー・コナン・ドイル
「シャーロック・ホームズ」シリーズの
作者、医師（1859-1930）

製品が消費者の手に渡れば、おのずと答えは返ってくる

品質で売る

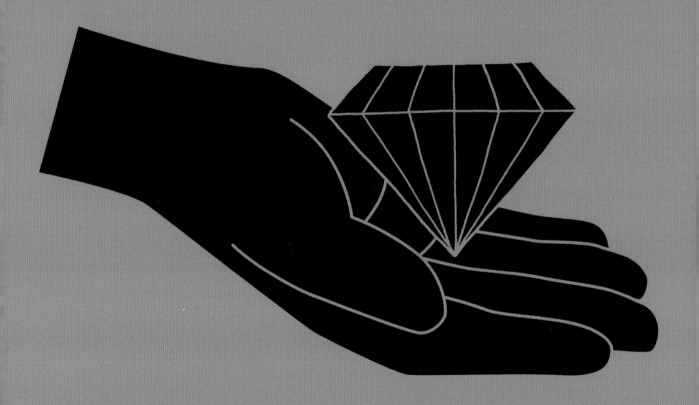

320 品質で売る

背景知識

テーマ
品質で勝負する

歴史に学ぶ

1924年 ドイツのモンブランが高級万年筆「マイスターシュテック」を発売。今日でも高級品の代名詞となっている。

1970年 腕時計メーカーのハミルトンが、初のデジタル式時計を開発。2100ドルという価格にもかかわらず人気を呼んだ。

1985年 ピーター・ドラッカーが『イノベーションと起業家精神：実践と原理』を出版。その中で、品質は売上げを左右する最も重要な要因だと述べる。彼は、品質を最終的に評価するのは消費者だと主張した。

2005年 英ヴァージン・グループの総帥リチャード・ブランソンが初の商業的宇宙旅行プランを発売。12万ドルという価格設定ながら金持ち客の注目を集めている。

勝負は質、値段ではないと人は言う。実際、高品質で顧客にアピールしている会社は少なくない。需要を増やす上で、販促活動や流通、価格などの重要度は製品の質に比べればずっと低いと考えるからだ。

一見、この考え方は矛盾してみえる。市場によっては低価格がものをいうのは事実だ。たとえばライアンエアは低コストを武器に、どこよりも安い航空運賃を提供し、競争上の優位を確保している。しかし商品によっては、いくら価格が安くても（結果として）顧客にとっては高くつく可能性がある。商品の質が悪ければ、きっと交換や修理などの追加コストが発生するだろう。

収益を拡大するには販売量を増やすという手もある。大々的に広告を打ち、ライバルのシェアを奪おうと試みる企業もある。しかし販促活動に頼ると、たいてい費用がかかりすぎてしまう。たとえばイギリスでは、わずか30秒のテレビCMに5万ポンドもかかる（2013年段階）。

高品質な製品の提供は、値引き販売や大量販売に代わる収益拡大のアプローチだ。高水準の製品は消費者の購買意欲をかき立て、得意客を増やすことにも通じるはずだ。

品質とは何か

品質の果たす役割を理解するために、まずはこの用語の意味を正しく知ることが大切だ。製造の文脈においては、企業が欠陥品を出さずに、信頼性と耐久性を備えた顧客の期待以上の製品を作ることができたとき、品質と呼べるものが生まれる。

質の高い製品は信頼を生む。たとえば高品質のタイヤは、たいてい質の低いものに比べて深い溝が刻まれ、非常時や状態の悪い道でも滑りにくくできている。タイヤの質が人の命にかかわる可能性もあるのだ。また、原材料には耐久性に優れたゴムが使われているため、質の低いタイヤより長持ちし、ドライバーは頻繁に交換するコストや手間に煩わされることもない。

高品質の条件は原材料の質だけではない。設計も同じく重要な要素だ。設計次第で、高い価格をつけても顧客に納得してもらえる新たなメリットを提供できるからだ。タイヤメーカーのブリヂストンは、2011年にランフラットテクノロジーを採用した新しいタイヤを発表した。これは革新的な設計により、パンクしたタイヤでも80キロの距離を時速80キロで走行することを可能にしたものだ。おかげでドライ

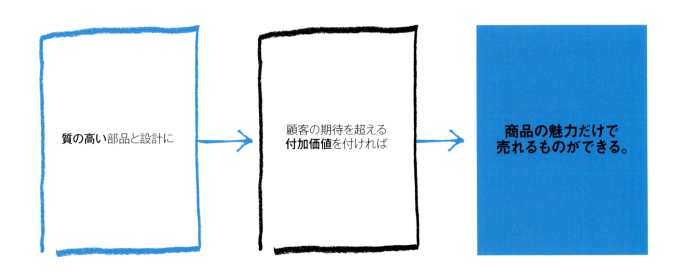

質の高い部品と設計に → 顧客の期待を超える**付加価値**を付ければ → **商品の魅力だけで売れるものができる。**

商品を届ける 321

参照：儲かるニッチを探せ 22-23 ■ 勝ち残るためのエッジを磨く 32-39 ■ 身軽に起業する 62-63 ■ 市場を率いる 166-69 ■ マーケティングのモデル 232-33 ■ ブランド構築 258-63 ■ 需要の拡大 294-95

バーは道路脇でタイヤ交換を行わずとも、安全に作業できる最寄りの場所まで自力でたどり着けるようになった。

他と一線を画す特徴を製品に組み入れられれば、その分価格を上乗せし、製品価値を高めることができる。機能などその他の面でライバル製品と同等の場合、プレミアム価格に見合う価値を顧客が認めれば、収益は大いに増えるだろう。

品質は勝つ

エスティ・ローダーは「高品質は売れる」の哲学のもと、1946年に化粧品会社を立ち上げた。幼い頃から、日に当たると肌が早く老化する、と母に言い聞かされてきたローダーは、やがて化学者である叔父とともに独自のスキンクリームの開発を始めた。成功する起業家の例に漏れず、ローダーも自分の商品には需要があると信じていた。1935年には、最初のラインアップの販売を始めた。リッチな多目的クリームに、クリームパック、クレンジングオイル、そしてスキンローションだ。

> 収益を増やすカギは常連客だ。
> 彼らが
> 新たな客を連れてきてくれる。
> W・エドワーズ・デミング

初め、ローダーは広告を一切使わなかった。商品が優れているから、何もしなくても売れると考えたのだ。販売促進は顧客の力に頼った。顧客はローダーの製品を試して気に入ると、繰り返し購入するようになる。さらに、周りの友人に薦めてくれるようにもなる。ローダーはこの販売促進の形を「女性のクチコミマーケティング」と名付けた。

最近では、韓国のサムスンが品質主導の販促で大きな成功を収めている。サムスンは競争優位を確保するのに、派手な広告キャンペーンに頼っていない。その代わり、ブランドイメージよりも製品の品質を重視する顧客層に訴求を行ってきた。

サムスンのGalaxy S4は2013年4月に発売されると、市場のリーダーであるアップルのiPhoneの市場シェアをまたたく間に追い抜いた。Galaxy S4の方がアップルの最新機種iPhone5よりも技術的に進んでいると評価されたためだ。Galaxy S4のディスプレイ解像度はiPhone 5より1インチあたり約100ピクセルも大きく、搭載カメラの機能や解像度もより優れていた。さらにイギリスの消費者雑誌「Which?」が行った調査では、プロセッサーの速度が2倍も速いことがわかった。

サムスンの価格設定はアップルよりやや低いが、サムスンよりもっと安く販売されているアンドロイド携帯のライバルはアップルのシェアを奪えていない。サムスンのGalaxy S4は、その高い品質の力で成功したのだ。

ブランド忠誠心

低価格製品においても、品質は重要なセールスポイントになる。質が良ければ、顧客のブランド忠誠心が育まれ、継続顧客が生まれるからだ。動きの速い日用品の市場では、各メーカーは高品質の商品で顧客の維持と拡大に努めている。ビール、歯磨きペースト、チョコレート、朝食シリアルなどは家庭で頻繁に購入され、直ちに消費される。年間を通して定期的に購入されるため、商品が成功すればその販売規模は膨大になる。

どんな低価格の商品でも、決まったブランドを買い続けてくれる消費者は企業の宝。品質は信頼を生み、顧客のリピート率を上げる要素の1つだ。

322 品質で売る

こうした市場の典型的な例がトイレットペーパーだ。アメリカのメーカー、チャーミンが実施した調査によると、アメリカでは1年間に1260億ロールが購入されるという。これほどの巨大市場では、たとえシェアが低くても、数百万ドル規模の収益を得ることもできるだろう。他社製品に手を出さず、決まったブランドの製品を買い続けてくれる消費者のブランド忠誠心には、計り知れない価値がある。

高品質のブランドは、質の低いブランドよりもブランド忠誠度を得やすい。たとえばトイレットペーパーなら、チャーミンがより質感が柔らかく丈夫な製品を作れば、消費者は他社製品ではなくチャーミンを繰り返し買うようになるだろう。結果、販売量が増え、収益の拡大につながる。つまり、マーケティングにお金をかけて客を呼びこまなくても収益を向上させることができるのだ。

サービスと品質

優れた品質のもう1つの指標として、「顧客の期待を超えるサービスの提供」が挙げられる。具体的には効率の良さや顧客対応の迅速さなどだ。170か国以上で展開する保険会社チューリッヒは、毎月60万件を超える顧客と電話・郵便・インターネットを通じて取り引きを行っている。同社は顧客・従業員・株主から評価される世界最高の保険会社となることを目指し、品質の確保を積極的に進めている。同社のiクオリティ・プログラムは、従業員が顧客に気を配り、顧客のニーズや期待の変化を見逃さないようにするための取り組みだ。ほかにも、従業員の仕事を定期的にチェックしたり、大規模な市場調査を行って顧客の体験に基づくフィードバックを集めたりしている。さらにチューリッヒでは、不満を抱えた顧客に対応する際のプロトコルも用意されている。たとえば満期保険金の支払いが遅い、というクレームに対しては、「5つの理由」を用いて、

> 品質とは用途に対する適正だ。その適性は顧客が判断する。
> **ジョセフ・ジュラン**
> アメリカの品質管理の専門家
> （1904-2008）

原因は顧客側の請求の遅れであることを理解してもらう。満期10日前に自動で請求手続きが行われるシステムを導入してからは、同様のクレームは78％も減った。2万5000人分のアンケートに基づいて選ばれるFTフィナンシャル・アドバイザー賞で5つ星の評価を受けるなど、チューリッヒはサービス関連の賞を数多く獲得している。

付加価値

高品質の製品は付加価値を付けることによっても生み出せる。付加価値とは、製品を作るための原材料コストと販売価格の差に相当する。企業は、既存顧客や潜在顧客にメリットをもたらし、彼らに訴求するような新しい特徴、革新的な機能、付属品を加えることで、製品に付加価値を付けることができる。

ホテル業界を例にすると、イビスは宿泊客に快い眠りを提供するため、特注のベッドや寝具を用意して付加価値を付けている。特注品にかかるコストは、顧客維持率の改善や、室料の値上げによる利益率改善でまかなっている。他のホテルではより大胆なアプローチも見られる。高価格帯の市場では、ホテルはその役割の基本を見直すことで付加価値を生み出している。快適に眠れる場所を提供するだけでなく、ホ

価格が安く購入頻度の高い歯磨きペーストやトイレットペーパー、洗剤などの**日用品**は、メーカーに巨大な収益をもたらす。

商品を届ける 323

サービスや物品を無料で提供するなど、ホテルの宿泊客が期待していない贅沢なおまけをつければ良い意味で驚いてもらえるだろう。

テルでの「体験」を売るのだ。その「体験」において、ホテルのサービスの一要素である「感動」を客の予期しないさまざまな形で提供する。たとえば高画質のテレビや高級ブランドのシャワージェルにシャンプー、シャンパンのサービス、持ち帰りできるスリッパなどだ。

付加価値を生む努力は絶え間なく続けなくてはならない。顧客にとって「感動」はすぐに「期待」に変わってしまうからだ。もし、あるホテルが高まり続ける客の要望に応えられなければ、客はライバルに流れてしまうだろう。成功しているホテルは、室料が高くなりすぎない程度に客を「感動」させられる新しい仕掛けを絶えず探している。低コストで「感動」を提供することこそ理想的な付加価値の生み出し方であり、それによってリピート客を増やし、最終的には健全な収益をあげることができる。■

品質とは、作り手が製品に仕込むものではない。消費者が価値を見出し、金を払おうとするものだ。
ピーター・ドラッカー
アメリカのマネジメントの権威 (1909–2005)

W・エドワーズ・デミング

ウィリアム・エドワーズ・デミングは1900年に米アイオワ州スーシティで生まれる。コロラド大学で物理学を学んだ後、イェール大学で博士号を取得。卒業後はベル電話会社の研究所に勤め、チームの一員として品質管理の改善に取り組んだ。

デミングの主な考えの1つは、原材料と部品の品質はその調達価格よりも重視すべきとするものだ。資材の品質は完成品の品質を左右する主な要素であるためだ。ゆえに、メーカーは調達先を価格のみで選定してはいけないと主張した。理想としては、特定の調達先と信頼に基づく長期的な取引関係を築くのが望ましい。それができれば、より質の高い資材を確保しやすくなる。

さらにデミングは、品質は、持続的かつ安定した生産プロセスから生まれるものだと考えた。

主な著作

1982年　『危機からの脱出』
1993年　『デミング博士の新経営システム論』

今より少し良いものを、今いるわけではないけれど欲しいと思わせる

計画的陳腐化

背景知識

テーマ
売上げの維持

歴史に学ぶ

1924〜39年 照明メーカーのオスラム、フィリップス、ゼネラル・エレクトリックがカルテルを結び、1000時間以上の寿命を持つ点灯する電球を開発しないよう合意していた。

1932年 バーナード・ロンドンが「計画的陳腐化で不況を終わらせる」と題するリーフレットで、需要を促すために製品寿命を制限する法案を通すべきだとイギリス政府に訴える。

1959年 フォルクスワーゲンが「私たちは計画的陳腐化を良しとしない。車を買い替えさせるための変更はしていない」というスローガンを掲げ、わざと長持ちしない車を生産しているとされるメーカーを非難した。

2013年 アップルは、2007年に発表した初代iPhoneは今や時代遅れだと宣言した。

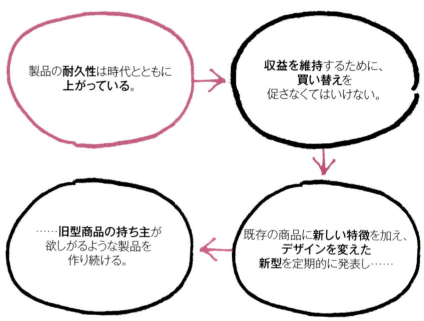

長持ちするものを作る、これは物づくりの基本にも思えるが、あえてほんの数年で古くなってしまう製品を作るメーカーもある。そうすれば顧客に新しい製品を買わせることができるからだ。2、3年で部品が摩耗したり、より高機能な新製品が登場したりすれば、誰でも買い換えたくなる。かつては、電球やストッキングなどがあまり長持ちしないように作られていた。最近では、プリンターのインクカートリッジや、バッテリー、白物家電のパーツなど、部品の寿命がきても交換が難しく費用もかかるため、製品ごと新型に買い替えたくなるものが多い。ペンやカミソリなど、使い捨てで作られるようになったものもたくさんある。企業は安く作れて、消費者は簡単に捨てられるというわけだ。

商品を届ける 325

参照：成長を急ぎすぎない 44–45 ■ 枠をはみ出す発想 88–89 ■ 本丸を守れ 170–71 ■ 経営のモラル 222 ■ グリーンウォッシュ 268–69

デザイン・外見を刷新する

アメリカの工業デザイナー、ブルックス・スティーブンスは、「計画的陳腐化」という用語を、「今より少し良いものを、今いるわけではないが欲しい」という願望を消費者に起こさせることだと定義した。計画的陳腐化の戦略はもともと、技術の進化が将来の売上げにマイナスの影響を与えると気づいたゼネラルモーターズ（GM）が編み出したものだ。1950年代にGMは、ラジエーターグリルやバックライト、車体のデザインを数年ごとに刷新するようになった。顧客に、より頻繁な買い替えを促すためだった。

過去30年の間、自動車の耐久性や信頼性は技術の進化とともに高まってきた。昨今の車の寿命は長い。エンジンやトランスミッションを定期的にメンテナンスすれば、40万2000キロ以上の走行が問題なく可能だ。平均的な使用頻度なら、消費者が10年以上も乗り続けられる計算になる。10年に1度しか車を買い替えないとしたら、メーカーは十分な売上げを確保できないだろう。

売上げ水準を高めるため、今日では多くの自動車メーカーが計画的陳腐化を活用し、既存車種を定期的に化粧直しして買い替えの頻度を上げようとし

> ステータスシンボルは重要だ。
> **ブルックス・スティーブンス**
> アメリカの工業デザイナー (1911–95)

> 陳腐化が意味するのは何かの終わりではなく、始まりだ。
> **マーシャル・マクルーハン**
> カナダのメディア論者 (1911–80)

ている。頻繁なデザイン変更には、ステータスを気にする自動車オーナーに、まだ十分に走る車を捨てて最新型の車に乗り替えるよう促すねらいがある。

新しい特徴

車の買い替えを促すために自動車メーカーが採用している手法はほかにもある。新型車種に、最先端の技術を用いた機能、たとえば車内の娯楽の質を上げるタッチスクリーン式のマルチメディアシステムや、車線逸脱や衝突の危険を知らせる警報機能などの安全技術を付加するといった方法だ。

通信機器を製造しているサムスンやアップルも、計画的陳腐化によってまだ使える携帯電話やタブレットを新しくより良いものに替えるよう消費者を促し、収益の増大を図っている。競争の激しい通信機器市場では、計画的陳腐化をライバルに先駆けて行った企業がその効果を得られ、買い替えの頻度もライバルより高くなる。サムスンはこの戦略をみごとに活用して収益を押し上げている。2013年7月、同社は55億ポンドの過去最高益を記録し、前年比は47％増に及んだ。同じ時期に、欧州のスマートフォン市場でのアップルのシェアは30.5％から25％に下落した。その一因に、「Sトランスレーター」という新機能（音声からテキストへ9カ国語に翻訳できる）を備えたサムスンのGalaxy S4の大成功があったのはまちがいない。

ステータスの不安

計画的陳腐化はサッカーの世界でも活用されている。毎シーズンの始めには、ほとんどのクラブが少なくとも2種類のレプリカキットをファンに向けて発売する。ホーム用・アウェイ用の新ユニフォームには、たいてい前シーズンとは明らかに異なるデザインが採用されている。このタイプの計画的陳腐化は、ステータスの不安を利用した戦略だ。多くのファンは、周りのファンから浮かないように、あるいはクラブへの忠誠を示すために、新しいユニフォームを買おうとする。たとえ、去年買ったユニフォームが新品同様でも。■

イギリスのサッカークラブが寄付したユニフォームを着るジンバブエの子どもたち。ヨーロッパのファンは、デザインが毎シーズン変わる中、昨シーズンのユニフォームを買うことはない。

時は金なり
時間の管理

背景知識

テーマ
製品開発

歴史に学ぶ
紀元前5世紀 古代ギリシャで長期にわたる投資を評価する際、お金の価値が下がることを考慮に入れた割引キャッシュフローが用いられた。

1764年 イギリスの発明家ジェームズ・ハーグリーブスが「ジェニー紡績機」を発明する。これまで一人の織物工が扱える糸巻き(スプール)は1つだけだったが、この発明により、一度に8個の糸巻きが扱えるようになった。

1994年 日産のマネジャー、クリス・ベイリスが、「サイマルテニアス・エンジニアリング」こそ、最もすみやかにそして効率的に最適設計を達成する方法だと説く。

2001年 アメリカのユタ州に集まったソフトウエア開発者たちが、アジャイルソフトウェア開発の手法を探るためのマニフェストを宣言する。

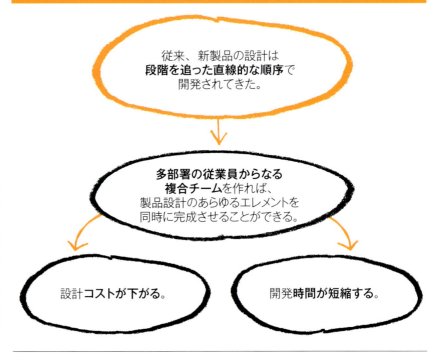

時間には金銭的な価値がある。たとえば、従業員が実りのない会議で午後を無駄にすれば、会社にとってそれは金銭的なコストとなるし、その時間もっと生産的な仕事をしていれば得られたであろう「機会費用」も生じる。この点を重くみたのが、時間ベースの管理という手法。それは、他の管理モデルが原材料や諸経費(間接費)を重視するのと同じように、時間の使い方を重視し、評価するという考え方だ。時間ベースのアプローチは、社内全体の労働力を効率的に管理できるし、真の原価を集計できる。その上、新製品の開発・発売に要する時間を短縮することによってコストダウンも可能になる。

あるプロジェクトにおいて時間のコストを削減したければ、「サイマルテニアス・エンジニアリング」と呼ばれ

商品を届ける 327

参照：創造と革新 72-73 ■ キャッシュフローの管理 152-53 ■ 市場を率いる 166-69 ■ バリューチェーン 216-17 ■ リーン生産方式 290-93 ■ シンプル・イズ・ベスト 296-99 ■ 非常事態に備える 328-29

るプロセスを用いるのもひとつの方法だ。これは新製品を世に出すのに必要な工程をすべて同時平行で行うというやり方。順番に工程をふんでいくやり方に比べ、新製品の開発時間を数か月、あるいは数年も短縮できる。

アプローチの比較

従来、企業が新製品を開発するときは複数の作業を順番に行ってきた。設計にかかわる部署はそれぞれ独立して作業を行い、自分たちの仕事が終わると次の部署に製品を渡すといった具合だ。こうして半製品がデザイン、エンジニアリング、製造といった部署の間を移動することになる。

だが、このやり方でミスを起こすと必要以上に時間を食ってしまう。新製品の車が設計されたとする。別々の部署が別々のパーツを、ある順序に従い独立して作り上げる。ところが、試作品を作る段階でこれらのパーツを組み立ててみると、納得のいかない出来になることが多いのだ。たとえば美しいシートなのに設置してみると見た目がそぐわなかったりする。ひとつの不具合を解消するためには、該当するパーツをいくつかの部署に転々と戻さなくてはならなくなる。

一方、時間ベースの管理を用いるメーカーは、さまざまな部署の従業員をチームにまとめ、新製品の製造に最初から共同で取り組ませる。この場合、プロジェクト責任者の役割がカギとなる。開発にとりかかる段階で、専門分野の違うメンバー全員が必要とされる設計トレードオフ（何を優先して、何を犠牲にするか）に同意していることを確実にしておかなくてはならないからだ。最初に設計の一体性が実現していると、最後になって作り直すはめにならずにすむし、発売までの時間を大幅に短縮できる。

時間ベースの管理が効果をあげるか否かは、現場の作業員次第だ。柔軟性とマルチスキルの持ち主で、自分のスキルと同様に他人のスキルに敬意を払い、互いの情報を尊重するような社員でなくてはうまくいかない。そしてマネジャーは職場の構造を柔軟にして、信頼の精神を育てるような心構えがなくてはならない。

今ではこの管理方法が多くのハイテク関連企業の基盤を築いている。市場の変化や顧客の欲求にすばやく対応でき、従業員には自主性・創造性・生産性の3拍子が揃った職場環境を提供できるからである。■

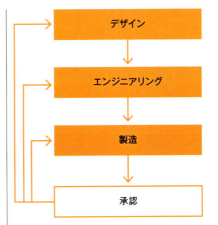

新製品の開発を直線的なプロセスで行うと、試作品の半製品も、個々のパーツも、それぞれが複数の部署間を行ったり来たりすることになる。これでは時間がかかる上にコストも高くつく。

サイマルテニアス・エンジニアリングの手法では、あらゆる関連部署は1つの複合チームにまとめられ、なにか問題が起こった場合は共同で解決を目指す。その結果、時間も金も抑えられる。

アジャイルソフトウエア開発（ASD）

ソフトウエア業界では、コンポーネンツの変更が間をおかずに再三行われ、顧客の需要もくるくる変化する。そのため、開発者たちは迅速かつ最良のプロジェクト管理法を模索してきた。

2001年、ソフトウエア開発者のグループがアメリカのユタ州に集い、その方法について議論した結果、アジャイルソフトウエア開発の手法の基礎ができあがった。アジャイルソフトウエア開発は顧客を最優先し、（たとえ開発の最終段階であっても）要求の変化を受け入れることを宣言している。顧客に、競争によるメリットを最大限に享受してもらうためだ。しかし、創立者も言及しているように、この手法を行うには、柔軟かつ信頼できる姿勢でビジネス系の人たちと開発者が日常的に対話し、彼らが必要とするサポートをすべて行うことが条件だ。これらの条件に加えて、定期的に業務の検討を行えば、この自律的に編成されたチームはかなりのスピードで優秀な設計を生むことができるだろう。

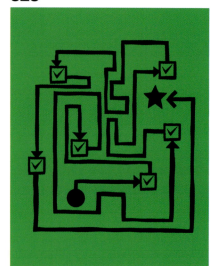

クリティカルパスを考えないプロジェクトは、舵のない船

非常事態に備える

背景知識

テーマ
計画手順

歴史に学ぶ
1814年 ナポレオンがロシア遠征で敗退する。大陸軍（ラ・グランド・アルメ）の冬の装備が不足していたためだ。

1910年 アメリカの技師ヘンリー・ガントがガントチャートを考案する。プロジェクト完成までの工程を表すもので、あらゆるアクティビティ（タスク）の開始日と終了日が記入される。

1959年 モーガン・ウォーカーとジェームズ・ケリーが革新的な論文「クリティカルパスの計画と進行」を著す。

1997年 イスラエルの物理学者エリヤフ・ゴールドラットが『クリティカルチェーン』を著す。遅れや問題が生じるなどの不確実性を考慮して「リソースバッファ」の配置を助言した。

優れた戦略プランというものは、プロジェクト遂行に必要な**あらゆるアクティビティを特定**している。

↓

これらのアクティビティを**論理的な順番**で並べる。

↓

可能なかぎりアクティビティを**同時進行**で行うようにすれば、時間を短縮できる。

↓

プロジェクト全体の遅れにつながるような**クリティカル・アクティビティに注目**する。

↓

クリティカルパスを考えないプロジェクトは舵のない船のようなもの。

最短時間で複雑なプロジェクトを遂行したい、そんなときマネジャーたちがよく用いるのはクリティカルパス分析（CPA）というプロセスだ。開発者は数学者のモーガン・ウォーカーとジェームズ・ケリー。1957年に化学製品メーカーのデュポンが、もっともコストのかからない工場閉鎖の計画を立てるのに用いたのが最初だった。ウォーカーとケリーのアドバイスに従ったデュポンは工場閉鎖のコストを25％削減した。1960年代

商品を届ける

参照：勝ち残るためのエッジを磨く 32-39 ■ バリューチェーン 216-17 ■
リーン生産方式 290-93 ■ シンプル・イズ・ベスト 296-99 ■ 時間の管理 326-27

工期が20日間のプロジェクトにおけるクリティカルパス（緑色の太線）を示したネットワーク図。ノード（ここでは円）には完了日が記入される。ノードの右上の数字は、タスクに要する最早開始日、ノードの右下は、これ以上遅れるとプロジェクト完成が間に合わなくなる最遅完了日だ。ここでは、タスクB、D、Gに余裕がないため、この経路がクリティカルパスとなり、すばやい作業が必要となる。それ以外のタスクにはどれもある程度の余裕が見られる。

の初め、NASAは旧ソ連との宇宙開発競争に勝ち抜くため、クリティカルパス分析を使って開発プログラムの綿密なスケジュールを組んだ。おかげでNASAは宇宙船とロケットの開発を粛々と続けることができた。

計画ツール

CPAはプロジェクトの段階を順番に描いた計画ツール。どのアクティビティ（タスク）を終わらせた後に、どのアクティビティを開始するかを示している。時間短縮のために複数のアクティビティを同時にスケジューリングすることも可能だ。これによってプロジェクトにとってのクリティカル・アクティビティを特定できる。クリティカル・アクティビティとは、もしそれが遅れてしまうと、プロジェクト全体の完成が滞るようなタスクを指す。

プロジェクトマネジャーはこれを視覚的に説明するのに、段階を追ったネットワーク図を用いる。この図の肝はクリティカルパスだ。クリティカルパス上にあるタスクにはフロート（余裕期間）がない。もしもクリティカル・アクティビティが遅れてしまいそうであれば、追加の人員や設備を導入するといった対策が必要になる。これらの人手と手段はフロート（余裕期間）のある、つまりクリティカルパス上にないアクティビティからまわすこともできる。

金と時間を節約する

メーカーは新製品の発売計画にCPAを用いることもできる。同時に行えるタスクがわかれば、開発に要する時間を短縮できるし、発売時期も早まるからだ。早くプロジェクトを終えれば、それだけコストも下がる。高額な設備の賃料を削減するためにCPAを用いる企業もあるだろう。マネジャーがネットワーク図をよく検討することで、いつ、そしてどのくらいの期間、設備を借りるべきかが予測できる。■

シドニー・オペラハウス

シドニー・オペラハウスは20世紀を代表する現代建築のひとつ。計画・管理がきちんとなされていないプロジェクトは失敗に終わりかねないという壮大な見本でもある。この世界的に有名な劇場芸術センターが開館したのは予定より10年遅れの1973年。総工費は、当初の予算の14倍以上にのぼった。

できるだけ早期の開館を目指して、政府は1959年に着工を指示したが、デンマークの建築家ヨーン・ウツソンはまだ建築図面を完成させていなかった。

早めに建設を開始することになったせいで、さまざまな問題が起こった。当初用いられた演壇の柱には屋根を支えるだけの強度がないと判明したのもそのひとつだ。かわいそうにウツソンは、自身の設計が工事の遅れと予算オーバーを招いたといわれのない批判を受けた。本来なら責められるべきは、お粗末なプロジェクト管理である。

建設時のさまざまな困難を克服し、シドニー・オペラハウスは工学技術と設計技術の粋を集めた建築物のアイコンになった。

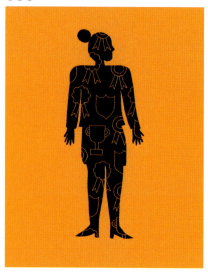

ベストなものから
ベストを盗め
ベンチマーキング

背景知識

テーマ
競争上の優位

歴史に学ぶ

紀元前241年 ローマ軍が嵐のさなかカルタゴ船を拿捕。その設計を真似て新たに船を建造し、アエガテス諸島沖の海戦にてカルタゴ軍を破る。

1820年 スコットランドの実業家ジェームズ・フィンレイソンが、フィンランドのタンペレに紡績工場を設立。生産方法は、世界に名だたるランカシャーの紡績工場をモデルにした。

1972年 オランダのサッカーチーム、アヤックスが「トータルフットボール」という戦術を用いてヨーロピアンカップ（UEFA チャンピオンズカップ）で優勝する。トータルフットボールでは、キーパー以外のフィールドプレーヤーは臨機応変にポジションチェンジができる。スペインのサッカーチームFCバルセロナも続いてこの戦法を採り入れ、大きな成果をあげ続けている。

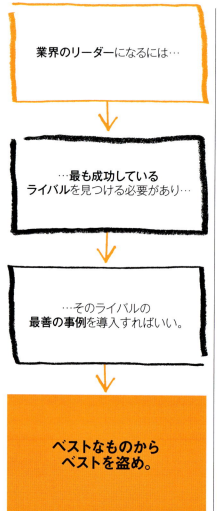

業界のリーダーになるには…

…最も成功している
ライバルを見つける必要があり…

…そのライバルの
最善の事例を導入すればいい。

**ベストなものから
ベストを盗め。**

　ずまずの業績だけれど、もっと上を目指したい。そう思うなら、どうすればライバル企業を超えられるかを考えるといい。他社のやり方を分析し、自社と比較するベンチマーキングの手法を用いれば、企業は効率よく改善すべき分野を特定し、他社から業界内の最善の事例を学ぶことができる。最善の事例はライバル会社がもっていることもありうる。それは最低原価だったり、顧客満足度1位だったり、あるいは最短納期だったりする。もしそうであれば、設備、社員教育、生産方法など、ライバルのやり方を注意深く評価することだ。いったん最善の事例を理解したら、それを自社に取り入れて、業界トップのレベルまで業績を上げることを目指せばいい。

高い費用対効果

　企業は試行錯誤を重ねて効率化を図ろうとする。だが、それではスピードに欠け、コストも高くつきがち。ベンチマーキングのいいところは、業績を上げる方法としては比較的安くつくということだ。他の企業が犯した高コストのミスを繰り返さなくてすむのだから。ベンチマーキングのプロセスを経て効率的な実務がわかれば、その方法

商品を届ける

参照： ライバルを知れ 24-27 ■ 仕事の仕方を進化させる 48-51 ■ 集団思考の回避 114 ■ 群れない覚悟 146-49 ■ 自己満足の罠 194-201 ■ シンプル・イズ・ベスト 296-99 ■ 試行錯誤 310-11

を採用でき、改善もすばやく行えるというもの。それによって業績は業界最大手のレベルまで上がるだろうし、結果的に競争力のギャップはたちどころに埋まる。将来は定期的にベンチマーキングを繰り返せばいい。

ゼロックスの経験

ベンチマーキングを実際に行ったのは複写機メーカー、ゼロックスだった。1980年代のことだ。それにより同社は市場シェアを回復させた。当時は日本のライバル企業キヤノンやリコーに顧客を奪われて10年が経っていた。これらの企業が伸びてきたのは、製品の品質を落とさずにゼロックスよりも安値をつけることができたからだ。ゼロックスはライバル会社の製品を持ち込み、分解して自社の弱点を知ろうとした。その結果、彼らが発見したのは、キヤノンとリコーが比較的少数の共通部品で製作できるような製品設計をしているということだった。彼らは無駄のない設計により、大量の部品を購入して経費を下げ、消費者に低価格の製品を提供するという、いわゆる規模の

> ベンチマーキングをやればよその会社が実現してくれたクリエイティブな変化を簡単に入手できる。
> **ジョン・ラングレー**
> 英バークレイズ銀行の重役

経済（スケールメリット）の恩恵を受けていたのだ。ゼロックスはさっそく自社の設計を簡略化し、さまざまな機種の部品の共通性を20％から70％まで高めた。

米ゼロックスのマネージメントチームは、日本の複合機工場を訪れ、生産方法をさらに学ぶことまでした。そしてアメリカに戻ると、目にしてきた生産方法の多くを採り入れた。ベンチマーキングのおかげでゼロックスは製品の信頼性も改善できた。1981年から1990年にかけて顧客のクレームは60％減少。同時期の生産コストは50％以上削減され、利益率を維持しつつ、日本企業に対抗できる程度に価格を抑えることができた。

水準を高めるために

政府もベンチマーキングを用いて成果の向上を図ってきた。たとえば、2000年から2009年、経済協力開発機構（OECD）は65か国の教育水準を調査し、読解力、数学的リテラシー、科学的リテラシーのすべてにおいてフィンランドがトップであることを発表した。今では世界中の教員が、フィンランドの教育上の成功を学びに毎年同国を訪れている。■

フェラーリのピットクルーには明確な指揮系統がある。そのため、燃料補給とすべてのタイヤ交換を7秒以内で行える。

さまざまな業界のベンチマーキング

なかには、まったく異なる業種の組織から学ぼうとする企業もある。2005年、グレート・オーモンド・ストリート小児病院の二人の医師は、F1レースでフェラーリのピットクルーが効率的に作業する姿に感銘を受けた。

二人の医師はアラン・ゴールドマンとマーティン・エリオット。彼らが目の当たりにしたのは、時間のロスを避けるために意見を交換したりせずたった一人の指示に従うクルーたちと、ピットストップの規格化された繰り返し作業だった。

クルーメンバーは1つの役目だけを担い、それを完璧にこなせるようになるまで何度も何度も練習を繰り返していた。

ゴールドマンとエリオットはフェラーリの事例に学んで病院の勤務形態を変えることにした。職務分担を明確にし、各スタッフにそれを徹底する一方、勤務シフトごとに指示役のリーダーを決めた。その結果、手術室と集中治療室間の患者の引継ぎミスは70％減少したという。

経営学人名録

経営学人名録

ビジネスはサバイバル・ゲームであり、しばしば大きなリスクを引き受けることにもなる。勝ち残るにはさまざまな学問分野からの知見が必要で、経営者には人と数字を、そしてシステムを理解する力が不可欠だ。実際、経営の理論や思想に大きな足跡を残してきた人には心理学や数学、工学などの専門家が少なくない。なかには自らの理論を実践に移して成功し、大きなビジネスに育てあげた人もいる。

本書では、そうした偉大な先達の理論や思想に触れつつ、できるだけ多くの起業家の成功例を紹介してきた。しかし他にも興味深い思想を掲げ、立派な業績を残してきた人がたくさんいる。以下はその一部である。

キャサリン・アイゼンハート
（1947-）

スタンフォード大学教授で、変化の速い情報通信産業など、シリコンバレーを舞台とするベンチャー企業の経営戦略に詳しい。アメリカのブラウン大学で機械工学を学んだ後、スタンフォードでコンピュータ・サイエンスの修士号と経営学の博士号を取得している。著書『変化に勝つ経営』（1998年、ショーナ・ブラウンとの共著）は競争戦略に関する定番の教科書となっている。

参照：自己満足の罠 194-201 ▪ カオスに備える 220-21

大野耐一
（1912-90）

独学で技術を学んだ大野耐一の洞察力と手法は、トヨタを世界トップクラスの自動車メーカーへと導いた。1912年に満州（現：中国）の大連に生まれた大野は、高校を卒業してトヨタに入社し、生涯を同社に捧げた。部品や製品の在庫を極限まで減らす「カンバン方式」を推進したことで知られ、海外の子会社では市場のニーズに応じた柔軟な製造方式を採り、無駄を減らすよう努めた。

参照：リーン生産方式 290-93 ▪ 需要の拡大 294-95

ピエール・オミダイア
（1967-）

インターネットを通じたオークションで消費者どうしがモノを売買する仕組みを生み出したピエール・オミダイアは、イラン系フランス人としてフランスのパリに生まれた。幼少期に家族とともにアメリカへ渡り、ボストン近郊のタフツ大学でコンピュータ・サイエンスを学ぶ。卒業後、アップルのソフト開発に携わった後、1991年には法人向けeコマース・ソフトウェアの開発会社を共同設立。1994年に同社を退社し、モバイル・コミュニケーション事業の会社に入社するも、空いた時間を使って消費者向けeコマースの可能性を模索し続け、1995年にオークション専用サイトを立ち上げる。これが後のeBay（イーベイ）である。

参照：身軽に起業する 62-63 ▪ ゲームを変える 92-99

ロザベス・モス・カンター
（1943-）

ハーバード・ビジネス・スクール教授のロザベス・モス・カンターは、アメリカのクリーブランド出身。大学院では社会学を研究していたが、後にビジネス関係の研究でキャリアを築いた。ハーバード大学とイェール大学で教鞭を取るかたわら、経営学に重要な影響を与えた『企業の中の男と女』をはじめ、数多くの経営書を著した。

参照：組織の文化（風土）104-09 ▪ 多様性の価値 115

イングヴァル・カンプラード
（1926-）

スウェーデンの実業家で、世界的な家具ショップ「イケア」の創業者。スモーランド地方のプィエッテリートで生まれ、少年時代から商才を発揮し、遊び半分でマッチや文房具などを近所に売り歩いていた。17歳の時、学業で優秀な成績をおさめたご褒美に両親

からもらったお金を元手に自分の会社を設立。まずは訪問販売、次いで通信販売を手がけたが、1948年に地元の職人が作る家具の販売を始め、いっきに事業を拡大した。お洒落で、かつ低価格の家具を提供するイケアは、今や世界各国で300以上の店舗を展開している。「限られた予算でも金持ちみたいに部屋を飾れる」品揃えが自慢だ。

参照：ゲームを変える 92-99 ▪ リーン生産方式 290-93

クレイトン・クリステンセン
(1952-)

1952年、アメリカのユタ州生まれの経営思想家。モルモン教徒として、1971年からの2年間は韓国で布教活動に従事。帰国してユタ州のブリガムヤング大学、次いでイギリスのオックスフォード大学で経済学を学んだ後、アメリカのハーバード・ビジネス・スクールでMBAと博士号を取得。経営コンサルタント業のかたわら、公共政策系のシンクタンク「イノサイト」の設立に参加。現在はハーバード・ビジネス・スクールの経営学教授。1997年の著書『イノベーションのジレンマ』はベストセラーになった。

参照：ゲームを変える 92-99 ▪ 危機管理 188-89 ▪ 自己満足の罠 194-201

ビル・ゲイツ
(1955-)

ウィリアム（ビル）・ヘンリー・ゲイツは1955年、アメリカのシアトルに生まれた。父は弁護士、母も各方面で積極的な活動をしていた。13歳のとき、友人のポール・アレンと一緒にコンピュータのプログラミングを始めた。ハーバード大学で2年間法律を学んだ後、1975年にアレンとともにマイクロソフトを創業。ゲイツはCEOとし

てマイクロソフトを世界有数の企業へと育て、自身もアメリカ有数の資産家となった。現役引退後は慈善活動のための財団（今のビル＆メリンダ・ゲイツ財団）を設立。妻メリンダとともに慈善活動に専念している。

参照：市場を率いる 166-69 ▪ 正しいテクノロジー 314-15

パンカジュ・ゲマワット
(1959-)

インドのジョドプルで生まれたパンカジュ・ゲマワットは、30年間アメリカに住んだ後、スペインへ移住。若い頃から学問に優れており、ハーバード・ビジネス・スクールの修士課程を終えてわずか3年で博士号を取得した。コンサルティング会社マッキンゼーで短期間働いた後、ハーバードへ戻り、最年少の教授に就任した。グローバルな経営戦略に詳しく、現在のようなグローバル化のあり方には疑問を投げかけ、国内と海外のバランスが重要だと説いている。

参照：市場を理解する 234-41

スマントラ・ゴシャール
(1948-2004)

組織論の第一人者。インドのコルカタで生まれる。デリー大学で物理学を学び、インディアン・オイルでマネジャーとして働いた後、マサチューセッツ工科大学（MIT）とハーバード・ビジネス・スクールで2つの博士号を同時に取得した。1994年にロンドン・ビジネス・スクールで経営戦略の教授に就任。12冊の著書のうち、『地球市場時代の企業戦略』と『個を活かす企業』は現代の経営観に大きな影響を与えた。

参照：組織の文化（風土） 104-09

ジョン・コッター
(1947-)

ハーバード大学教授で、リーダーシップと変化への対応に詳しい。電気工学とコンピュータ・サイエンスを学んだ後、ハーバード・ビジネス・スクールで経営学の博士号を取得。2001年には雑誌「ビジネスウィーク」により、リーダーシップ論の第一人者に認定された。著書多数、『企業変革力』(1996年)はベストセラーになった。

参照：リーダーの資質 68-69 ▪ ゲームを変える 92-99

フィリップ・コトラー
(1931-)

現代マーケティングの祖とされるコトラーは1931年、シカゴの生まれ。マサチューセッツ工科大学（MIT）で経済学博士号を取得した後、ハーバード大学に移籍。従来は重要視されていなかったマーケティング活動に注目し、企業経営における重要な部門と位置づけた。また経営者の目を「価格」から「顧客の満足」に向けさせた功績も大きい。マーケティング本の定番『マーケティング・マネジメント』(1967年)をはじめ、著作は50冊を越える。

参照：マーケティングのモデル 232-33 ▪ 市場を理解する 234-41 ▪ マーケティング・ミックス 280-83

ジョセフ・ジュラン
(1904-2008)

ルーマニア出身のジュランは、8歳のときに家族とともにアメリカに移住した。学問に優れていた彼は、学年を4つ飛び級して、電気工学の学位を取得。ウエスタン・エレクトリック社の主任技師となっていた1937年、連邦

338 経営学人名録

仕事に従事する。1974年から81年までマッキンゼーでコンサルタントとして働いた後、独立。ロバート・ウォーターマンとの共著『エクセレント・カンパニー』（1982年）はベストセラーとなった。
参照：カオスに備える 220-21

アンリ・ファヨール
（1841-1925）

1841年、トルコのイスタンブール生まれ。フランスのサンテチェンヌ国立高等鉱山学校で工学を学んだ後、鉱山技師となった。現場で技術的な課題の解決や経営に革新的なアプローチを試みるなかで独自の組織論を生み出し、当時の常識を覆した。会社を組織体とみなす考え方のパイオニアであり、日常業務の改善などでも画期的な業績を残している。
参照：シンプル・イズ・ベスト 296-99 ▪非常事態に備える 328-29

C・K・プラハラード
（1941-2010）

コインバートル・クリシュナラオ・プラハラードはインドのタミル・ナドゥ州で生まれた。マドラス大学で物理学の学位を取得すると、ユニオンカーバイドに入社し4年間働く（彼は著書で、この期間を自身の大きな「転換期」だったと述べている）。インド経営大学院でMBAを取得した後、ハーバード・ビジネス・スクールで博士号を取得。大学教授になるまでの間、経営不振の欧州電機大手フィリップスの再起に一役買って経営コンサルタントとしても名を挙げた。ゲイリー・ハメルとの共著『コンピタンス経営』をはじめ、数多くの著作がベストセラーになっている。
参照：本丸を守れ 170-71 ▪学びは一生 202-07 ▪ゲイリー・ハメル 337

リチャード・ブランソン
（1950-）

ヴァージン・グループの創設者。世界的な冒険家でもある。1950年、イギリスのサリーに生まれ、69年にレコードの通信販売を始めたのが起業の第一歩。72年にはレコーディング・スタジオを開設し、自社レーベルを立ち上げた。その後、ヴァージンのブランドはさまざまな業種へと拡大し、今ではヴァージン・アトランティック航空を筆頭に、200を超えるグループ企業が30以上の国で活動している。環境保護や地球温暖化対策に熱心な一方、「宇宙観光」の実現に向けた事業会社を立ち上げてもいる。
参照：起業は失敗を乗り越えてこそ 20-21 ▪ブランド構築 258-63 ▪ざわめきパワー 274-75

ルパート・マードック
（1931-）

徹底した大衆迎合路線と大胆な企業買収により、一代で巨大なメディア帝国を築き上げた人物。オーストラリアのメルボルンに生まれ、全寮制の高校に学んだ後、イギリスに渡ってオックスフォード大学で経済学を学んだ。1952年、父の死去によりアデレード（オーストラリア）の地方紙「ザ・ニューズ」の所有権を相続。いったんロンドンの大衆紙「デイリー・エクスプレス」に就職してメディア・ビジネスの修業をした後、帰国して「ザ・ニューズ」の経営を指揮し、犯罪とスキャンダルを面白おかしく報じるスタイルで発行部数を飛躍的に伸ばした。これで経営に余裕が出ると、浮いた資金で次々と新聞社やテレビ会社を買収。ついにはイギリスの名門紙「ザ・タイムズ」やア

メリカの経済紙「ウォールストリート・ジャーナル」も手に入れた。2011年から2012年にかけてはイギリスで、傘下の大衆紙が違法な電話盗聴による情報収集をしていたことが明るみに出て廃刊に追い込まれたが、グループ全体を仕切るニューズ・コーポレーションは安泰だ。
参照：思いっきり目立とう 28-31 ▪ロベルト・チビタ 336

松下幸之助
（1894-1989）

パナソニック創業者。日本の和歌山県に生まれる。貧しい家庭環境ゆえ9歳で大阪に丁稚奉公に出された。1917年、22歳で電球のソケット製造販売の事業を起こし、1918年に松下電気器具製作所（現パナソニック）を創業。その独特なリーダーシップのスタイルはジョン・コッターの著書『幸之助論』（1997年）に詳述されている。
参照：リーダーの資質 68-69 ▪ジョン・コッター 335

エルトン・メイヨー
（1880-1949）

オーストラリアの産業心理学者にして経営学の権威。同国アデレードに生まれ育ち、地元の大学で医学や哲学、心理学を学び、従業員の定着率の心理的側面を研究。これがハーバード・ビジネス・スクールの目に留まって教員として招聘され、有名な「ホーソン研究」（「ホーソン実験」とも）に参加。従業員のパフォーマンスは彼ら自身の技能だけでなく職場環境にも左右されることを見出した。
参照：チーム力 70-71 ▪人は金で動くか 90-91 ▪日々の「カイゼン（改善）」 302-09

ロザリア・メラ
(1944-2013)

　いわゆるファストファッションの代表的ブランド「ザラ」の共同創業者。スペインのラ・コルーニャで労働者階級の家庭に生まれ、11歳で学業をあきらめ、針子として働き始めた。13歳で別な服飾店に移り、そこで働いていたアマンシオ・オルテガと出会い、1966年に結婚。その9年後、高級ブランドなみのデザインを安く提供する「ザラ」の1号店をオープンした。今や世界各地に展開するザラの店舗は2000を超えている。2013年にはアメリカの雑誌「フォーブス」から「地球上で最も裕福なたたき上げの女性」と呼ばれた。

参照：勝ち残るためのエッジを磨く 32-29 ▪ 適応し、変身・刷新する 52-57

盛田昭夫
(1921-99)

　ソニーの創業者。愛知県の小鈴谷村（常滑市小鈴谷）に生まれる。幼い頃から数学が大好きで、大阪帝国大学理学部で学ぶ。第二次世界大戦中は海軍にいて、そこで井深大と出会い、後に二人で東京通信工業（現ソニー）を創業した。1958年に社名を「ソニー」に改め、日本初のトランジスタラジオやビデオカメラ、携帯音楽プレーヤーのウォークマンなどで世界の家電市場をリードした。盛田の下で、ソニーは日本を代表する国際的なブランドとなった。アメリカに工場を建てたのも、アメリカ人を役員に起用したのも、日本企業としてはソニーが初めてだった。

参照：勝ち残るためのエッジを磨く 32-39 ▪ 仕事の仕方を進化させる 48-51 ▪ ゲームを変える 92-99

ヤン・ユァンチン（楊 元慶）
(1964-)

　中国安徽省出身。コンピュータ・サイエンスの修士課程在学中にレジェンド（現：レノボ）の営業職に就く。IBMから買い取ったPC部門の運営を29歳の若さで引き受け、古い体質だった同社に成果主義を導入し、多様なスタッフと膨大な調達網、異なる顧客基盤を巧みにまとめ上げてきた。現在は同社CEO。2012年と2013年に、自分のボーナスを返上して一般従業員に分配したことでも有名。

参照：求められる指導者像 78-79 ▪ ゲームを変える 92-99

エスティ・ローダー
(1908-2004)

　1908年、ニューヨーク市クイーンズ区でユダヤ系移民の家に生まれる。薬剤師だった叔父から美容化粧品の作り方を教わり、最初は自分の作った製品を地域の美容院で売っていた。その会社は今や世界的なブランドに成長し、女性や非白人を積極的に登用することでも知られている。

参照：品質で売る 318-23

シェール・ワン
(1958-)

　台湾出身の経営思想家。アメリカの教育を受ける。カリフォルニア大学バークレー校で経済学を学んだ。卒業後に入社したコンピュータ会社でパソコンの重さに気づき、「もっと小さい」マシンが欲しいと思いついた。1997年にはこのアイデアをもとに、小型の端末を受託製造する会社HTCを設立。2013年段階で、アメリカ人の使うスマートフォンの6台に1台はHTC製だった。先端技術のトレンドを見きわめるセンスは抜群で、熱心な慈善家でもある。

参照：創造と革新 72-73 ▪ 正しいテクノロジー 314-15

用語解説

あ行

アーリーアダプター Early adopter 新製品や新技術を、率先して使用・採用する人または企業。

アウトソーシング Outsourcing 特定の社内業務や作業を、国外を含む外部企業に委託すること。

赤字 Deficit 支出が収入を上回っている状態。

EQ Emotional intelligence Quotient 心の知能指数、感受性指数。自分や他者の感情を理解・評価し、適切に対応する能力。アメリカの心理学者ダニエル・ゴールマンによれば、EQの高い人はビジネスの世界で成功しやすく、指導者としての資質も高い。

eコマース E-commerce 電子商取引。インターネットを通じて、個人や企業が製品・サービスを売買すること。"e"は"electronic"の略。

一番手の優位 First-mover advantage ある市場に一番乗りしたことで得られる競争上の優位。

インフレ Inflation ある経済においてモノやサービスの価格が上昇基調にある状態。

営業利益率 Operating margin 収入に対する営業利益の割合。会社の収益性を示す指標の1つ。

衛生要因 Hygiene factors 職場環境を構成する要素のうち、従業員の不満を高め生産性を下げる方向で働くもの（不衛生な職場、等）。米心理学者フレデリック・ハーツバーグが提唱した。従業員の満足度を高める要素は"モチベーター（動機づけ要因）"と呼ばれる。

エクイティ Equity 投資用語では、ある会社の発行した株式の時価（株価）の意。会社の"持ち分"の意で用いることもある。また会計用語では、資産総額から負債総額を引いた"純価"を指す。

エモーショナル・セリング・プロポジション Emotional Selling Proposition マーケティング戦略の1つで、顧客とブランドを結びつける情緒的な絆（誇り、笑い、欲望など）を創出・維持し、購買意欲をあおること。

Mコマース M-commerce タブレットやスマートフォンなどの携帯（モバイル）通信端末を用いて行う電子商取引（eコマース）。マウスとキーボードの仕様を前提としたPCベースのeコマースに比べて使い勝手がよい。

LBO（レバレッジド・バイアウト） Leveraged buy-out 企業や投資家グループが、大量の借入金をレバレッジ（てこ）に他の企業を買収すること。

か行

買い占め Buy-out ある会社の経営を支配できるだけの株式を買い集め、経営権を握ること。

会社 Corporation 独立した法人格をもち、株主によって所有され、監督当局によって営業を認められた組織。従業員や株主とは別個の存在であり、独自の権利・義務を負う。法人として資金を借り入れ、資産を所有でき、民事訴訟の原告とも被告ともなりうる。

カイゼン Kaizen 日本企業の始めた"改善"活動。現場での継続的な活動により、絶えざる生産性の向上を目指す。

過剰 Surplus 供給が需要を上回っている状態。

活動基準原価計算（ABC） Activity-based costing 間接経費を細かく分析し、どの活動がどの経費を生んでいるかを明確にする会計方式。直接経費を算定し、これに間接経費を推定で上乗せする伝統的な原価会計よりも正確にコストを把握できる。

株式 Share 会社の所有権の1単位。英語では"share"または"stock"。

株主 Shareholder ある会社の株式を保有する個人または法人。英語では"shareholder"または"stockholder"。

カルテル Cartel 価格を維持ないしつり上げる目的で、商品やサービスの生産・提供の調整に合意した企業グループ。

間接費 Overhead 地代家賃など、会社が存続するかぎり定期的に発生し続ける経費の総称。営業経費とも。

起業家 Entrepreneur 利益を得る目的で商業的なリスクを引き受け、自らの事業を立ち上げる人。英語ではアントルプルヌール（entrepreneur）と呼ぶが、これは元来フランス語で「仕事などを請け負う人」の意。

企業合併 Merger 複数の会社を合体させ、新たな会社とすること。新会社の株主価値が、合併前の各社の株主価値の合計を上回れば成功と言える。

企業買収 Takeover ある会社が別な会社を買い取ること。友好的な買収と敵対的な買収があり、後者の場合には株主の争奪戦になる。

キャッシュフロー Cash flow 現金収支。事業の執行における現金の流れ。

供給 Supply 購入しうる製品またはサービスの総量。

用語解説 **341**

競争上の優位 Competitive advantage **市場**で競争相手よりも優位に立つための戦略の1つ。価格や料金を低く設定する、他社の製品・サービスから**差別化**するなどの手法がある。

金利 Interest rate 資金の借り手に請求される利息の年率。借入金総額の何%という形で示される。

クラウドソーシング Crowdsourcing インターネットを通じて不特定多数の人の知恵を借りて、事業に役立つアイデアを見つけようとすること。なおインターネットを通じて不特定多数の投資家から、特定の事業のための**資本**を募ることはクラウドファンディング（crowdfunding）と呼ばれる。

クリエイティブ・アカウンティング Creative accounting 各種の会計手法を駆使して**会社**の財務状況をより良く、またはより悪く見せる行為。まっとうな行為ではなく、しばしば**利益**を粉飾する不正行為の意で用いられるが、論理的には合法的なクリエイティブ・アカウンティングもありうる。

景気後退 Recession ある国や地域における総生産が減少している状態。

原価会計 Cost accounting 会計方式の1つで、直接経費を算出し、これに**間接経費**の推定値を加えて全体の経費を算定する。

公開有限責任会社 Public limited company 構成員の責任が各自の**投資**（出資額）の範囲に限定される会社で、その**株式**が公開されている（**証券市場**で売買できる）会社のこと。英語では"plc"と略記される。

コスト・リーダーシップ Cost leadership 価格主導権。**競争上の優位**を確保する戦略の1つで、特定の産業ないし**市場**で自社製品・サービスを最安値で提供すること。

固定費 Fixed cost 地代家賃や給与など、企業の活動状況に関係なく発生する経費。

さ行

在庫 Inventory 倉庫などに予備として蓄えてある製品や半製品、原材料。決算では**資産**に計上される。なお英語の"inventory"は"棚卸資産"の意でも用いられる。

財務機能 Treasury function 基本的には、**キャッシュフロー**を管理し、**収入**と**流動性**のバランスを保つ役割。必要に応じて**利益**をひねり出すことや**リスク**の管理、**株主**対応なども含まれる。

債務不履行 Default 期限どおりに融資などの債務を返済できないこと。

サプライチェーン Supply chain 供給網。モノやサービスの生産・**流通**にかかわる一連のプロセス。

差別化 Differentiation 他社の同様な製品・サービスに対して、自社の製品・サービスの違いを、価格や機能、**マーケティング**手法などで際立たせる戦略。ライバルに対する**競争上の優位**を確保するために行う。

CEO 最高経営責任者。Chief Executive Officer の略。「**役員会**」で指名され、役員会に直接報告する。

自己資本利益率 Return on Equity 企業の業績を判断する指標の1つで、自己資本額に対する**利益**の割合のこと。英語では"ROE"と略記される。

資産 Asset **会社**が所有する経済的資源のうち、価値を生み出すために使えるもの。

市場 Market ある製品やサービスを購入するであろう消費者全体。また売り手と買い手がモノを取り引きする環境（店や通販サイトなど）。

市場占有率 market share 特定の業種・部門における総売上げ（市場規模）に占める自社（または自社**商品**）の割合。

持続可能性（サステナビリティ） Sustainability 経営戦略の一環として、資源の枯渇や環境破壊によって事業の継続が脅かされないように配慮すること。

シナジー Synergy 統合効果。複数の**会社**や事業部門の統合により、単純総和より大きな価値を生み出すこと。

資本 Capital **会社**が事業を進めるために使う金銭及び物理的**資産**（機械、設備等）。

シャドーバンク Shadow bank いわゆる"ノンバンク"の金融機関。正規の銀行に比べて当局の規制・監督が強くないため、借りやすい反面、**金利**は高くなる。

自由市場経済 Free market （政府ではなく）個人または民間企業が**需要**と**供給**に基づいて生産計画を立て、実行していく経済。そこでの価格は**市場**が決める。

集団（グループ）思考 Groupthink コンセンサス（合意）を重視する集団力学の作用によりチーム内で異論反論を出しにくい空気ができること。正しい意思決定がゆがめられる。

収入 Revenue 一定の期間に事業活動によって稼いだ金額。売上げ。基本的には販売価格と販売数量によって決まる。

需要 Demand ある製品やサービスに対して消費者が抱く購買願望や購買意欲、購買力の総体。

証券 Securities **証券市場**で売買される**投資商品**の総称。**株式**のほか、社債などの債券、先物（オプション）などを含む。"有価証券"とも。

証券市場 Stock market **株式**や債券を売買する公的な場所。

商品 Commodity 自由に売買・取引できる品物や製品、サービス。

新興企業（スタートアップ） Start-up ゼロから始めて創業したばかりの**会社**。

342 用語解説

信用収縮　Credit crunch　銀行が急に融資に慎重になり、資金調達が困難になる状況。バブル経済で信用供与を増やしすぎた結果、不良債権が積み上がると信用収縮が起きやすい。

ストック　Stock　(1) **株式**。(2) 販売目的で保管している**在庫**。

製品ポートフォリオ　Product portfolio　経営戦略の一環として多彩な**商品**または事業部門をそろえ、**リスク**や成長力を考慮して分散管理すること。

た行

貸借対照表　Balance sheet　**会社**の財務状況を要約した書類で、**資産**と**負債（債務）、資本**を対照して一覧できるようにしたもの。通常、決算時に発表する。

多角化　Diversification　**リスク**を最小化しつつ**収入**を増やす目的で、さまざまな事業部門や異なる**市場**、あるいは異なる地域に分散して資本を投下すること。

談合　Collusion　複数企業が話し合って価格を決め、**市場**での価格競争を排除する行為。

強気市場　Bull market　**株式**価格が上昇基調にあり、楽観的で経済成長が期待できる時期。

投機　Speculating　巨額の収益を期待して**リスク**の高い投資を行うこと。

倒産　Bankruptcy　個人または法人が債務を返済できないことの法的な宣告。

投資　Investment　狭義には、**会社**や政府・自治体などの発行する債券や**株式**を購入すること。広義には、事業を通じて**利益**を生み出す目的で設備の購入や人材確保に資金を投じること。

投資利益率　Return on Investment　ある**会社**への投資額と、そこから得られた金額の割合。英語では "ROI" と略記される。

独占　Monopoly　ある**市場**に参入し ている**会社**が１社しかなく、したがって競争が存在しない状態。供給側が圧倒的に有利なので**商品**種類は限られ、値段は高止まりしやすい。

閉じられた革新　Closed innovation　**会社**における技術革新や発明はあくまでも社内で、外部の知識やアイデア、経験に頼らず、自社の従業員によって担われるべきだとする（もっぱら 20 世紀的な）考え方。

トップ企業　Market leader　当該**市場**において最大の**市場占有率**を占める企業。

な行

内部留保　Reserves　**利益**金のうち、**会社**が**株主**に分配せず、将来の**投資**に備えて社内に残しておく金額。

ニッチ市場　Niche market　すき間**市場**。大手企業が相手にしない特殊な製品やサービスにこだわる少数の消費者で構成される。

は行

買収　Acquisition　企業が別な企業の一部または全体を買い取ること。

配当　Dividend　企業が**株主**に対して年に一度行う支払い。通常は**利益**の一部をあてる。配当率は取締役会の裁量で決める。

バイラル・マーケティング　Viral marketing　新製品・サービスの立ち上げにあたり、インターネットのソーシャルメディアやツイッターを利用して「クチコミ」を急速に広め、消費者の興味をかき立てる手法。"バイラル (viral)" は "ウイルス性の" の意。

バリューチェーン　Value chain（マイケル・ポーターの競争優位の理論で）製品やサービスを生み出し、提供するまでの一連の活動。それぞれの活動で価値（バリュー）が生まれ、**商品**に加えられていくと考える。

比較優位　Comparative advantage　**会社**や個人がライバルよりも低いコストで、同等なモノやサービスを提供できる能力。

非公開有限責任会社　Private limited company　構成員の責任が各自の**投資**（出資額）の範囲に限定される点は**公開有限責任会社**と同じだが、その**株式**を公開していない（証券市場で売買できない）会社のこと。英語では "Ltd" と略記される。

開かれた革新（オープン・イノベーション）　Open innovation　昔ながらの**閉じられた革新**の対極に位置する考え方で、インターネットやソーシャルメディアを活用し、外部の人材やそのスキルを借りて社内の革新（イノベーション）を促すという 21 世紀型の発想。

複合企業（コングロマリット）　Conglomerate　異なる分野・部門で活動する２つ以上の事業を抱える**会社**。

負債　Liability　債務とも。**会社**が第三者に対して負う金銭的な支払い義務。また、その会社の**資産**に対して第三者（貸し手）が主張できる権利。

プライベート・エクイティ（PE）　Private equity　**投資**の１形態で、自己資金や借入金を投じて非公開（**株式**を上場していない）企業を**買収**または支配すること。

ブランド　Brand　**会社**または**商品**の特徴を表し、競争相手との明確な**差別化**に資するもの。通常は名称やデザイン、ロゴマーク、パッケージなどをさすが、外部との特徴的な関係（エコ、フェアトレード等）もブランドに含まれる。

ブリックス　BRICS　新興経済圏の有力５か国。ブラジル、ロシア、インド、中国、南アフリカの頭文字を並べたもの。いずれ欧米先進国の経済的優位性を脅かす存在と目される。

ベンチマーキング　Benchmarking　当該業界の**トップ企業**（の**商品**）と

用語解説 343

比較して、自社（の商品）の業績や業務のあり方を評価する方法。

ベンチャーキャピタル Venture capital　有望そうな**新興企業**の立ち上げに際し、資金を提供するファンド。

簿外処理 Off-balance-sheet finance　一部の**負債**や**資産**を**貸借対照表**に記載せず、**株主**の目から隠す不正な会計処理。

ポジショニング Positioning　**マーケティング**戦略の1つで、ある**市場**で自社ブランドを有利な場所に位置づけること。

ま行

マーケティング Marketing　製品やサービスを消費者・顧客に販売するためのプロモーション活動。顧客のニーズを見きわめ、**予測**し、迅速かつ柔軟に対応することが必要とされる。

マイクロプルヌール Micropreneur　極小（マイクロ）な**起業家**（アントルプルヌール）。自己資本のみで、たいていは家族以外の従業員を雇わずに起業する。定職を持ちつつ、サイドビジネスとして起業する人も含まれる。

マイクロローン Micro loan　資本力のない起業家や零細企業に対する少額融資。新興国などで女性の経済的自立を促すため、無担保で融資を実行する場合もある。

や行

役員会 Board　"Board of directors"とも。ビジネス用語では**会社**等の取締役会を意味する。役員は**株主**総会で選出または指名され、企業活動や業績を監督する任を負う。

ユニーク・セリング・プロポジション（USP） Unique Selling Proposition　**マーケティング**戦略の1つで、自社製品・サービスのユニークさを際立たせ、他社には真似のできない特徴を消費者に訴求する手法。

予算 Budget　想定される支出や**収入**を書き込んだ財務計画。部門単位、プロジェクト単位、事業部単位などでも作成される。

予測 Forecasting　過去のデータに基づいて将来の傾向を導き、製品・サービスに対する将来的な**需要**を試算すること。

利益 Profit　**会社**の収入からすべての経費、税金、営業費を差し引いた後の剰余金。

ら行

リスク Risk　**投資**の世界では、投資額や**資産**にかかわる不確実性をさす。リスクの高い投資は、高い**配当**を期待できる反面、うまくいかなければ出資金のすべてを失うこともありうる。また日常的な業務にも、製造工程や人材面、あるいは社内システムなどの欠陥に伴うリスクが潜んでいる。

流通 Distribution　製品やサービスを生産・製造・提供者から消費者・ユーザーへ、一定のチャネル（販売店、代理店など）を通じて届けること。

流動性 Liquidity　ある**資産**を自由に、その価値を減ずることなく売買できる可能性。現金はいくら交換しても価値が減らないから、最も流動性の高い資産とされる。逆に、用途の限定される生産設備の流動性は低い。

レバレッジ Leverage　借入金をてこ（英語で"leverage"）にして、個人や企業が事業に新規資金を投じること。みんながレバレッジを利用すると短期的には景気がよくなる（いわゆるバブル経済）が、企業の**負債**も膨らむので、どこかで反動が来て不況に転じる（バブルがはじける）

ことが多い。

ロングテール Long tail　直訳すれば「長い尻尾」。イギリスの**起業家**クリス・アンダーソンによれば、**需要曲線**の頭（最も太い部分）にある人気**商品**よりも、尻尾（最も細い部分）にあるニッチ（すき間）商品のほうが長い目で見れば総売上げは多くなる可能性がある。

わ行

ワーキング・キャピタル Working capital　流動資本。日常業務に投入できる**資本**をさす。流動**資産**と流動**負債**の差額。

索 引

太数字は見出し項目の掲載ページ。

あ

アークライト，リチャード　166-67
アージリス，クリス　206-07
アイゼンハート，キャサリン　334
ＡＩＤＡモデル　242-43
ＩＢＭ　107, 109, 253
アクィナス，トマス　224-25
アサヒビール　50
アジャイルソフトウエア開発（ＡＳＤ）
　327
アップル　37, 96-99, 127, 191
　iPad　97-98, 149, 241
　iPhone　29, 37, 97, 148, 168, 196, 249,
　266
　iPod, iTunes　29-30, 55, 96-97, 168
アマゾン　34, 39, 174-175, 209, 239, 267,
　317
アメリカ
　家計支出パターン　135-36
　米国会計基準（ＧＡＡＰ）　121, 122
アラクルーズ　129
アルディ　180, 181, 289
アンゾフの成長マトリックス　256-57
アンダーソン，クリス　208-09
ＥＳＰ（エモーショナル・セリング・プ
　ロポジション）　29-30
ｅコマース→インターネット・ビジネス
イージージェット　47, 261
eBay（イーベイ）　63, 98, 174-75, 334
イギリス
　銀行救済／公的資金　121
　プレ・パッケージ型会社管理　141-
　42

イケア　30, 262, 334
李健熙（イ・ゴンヒ）　51, 56, 57
一番手の強み　34-39
イノセント　108, 262
イノベーション（革新）
　オープン・イノベーション　312-13
　カイゼン（改善）　304-09
　革新的なソリューション　241
　協力と創造性　71
　差別化戦略　181-83
　失敗に学ぶ　164-65
　従業員と革新性　72-73
　従業員の多様性　115
　特許戦争　35
　ナイン・ドット・パズル　88-89
　プロセスの合理化　296-99
　枠をはみ出す発想　88-89
井深大　168, 169, 339
今井正明　304
インスタグラム（Instagram）　41
インターネット・ビジネス　174-77
　ｅマーケティングとＡＩＤＡモデル
　243
　Ｍコマース　276-77
　オンライン通販／ｅコマース
　34-36, 174-77
　旧来の制約をとりのぞく　209
　競争上の優位（強み，エッジ）　34-
　39
　顧客関係管理（ＣＲＭ）　239-40
　顧客の囲い込み　267
　顧客の好みに合わせる　177
　小さいことはいいことだ　174-77
　小さな業者　177
　１０Ｘの変化　197-98
　ビッグデータ分析　316-17
　フィードバック　176, 312-13
　ロングテール（長い尻尾）理論
　208-09

インテル　102, 196-97, 201
インドの経済成長　135-36
ウィキペディア　313
ヴィクトリノックス　199-200
ウェッジウッド　307
ウェルチ，ジャック　69, 75, 190, 191,
　205, 216
ウォルトン，サム　149, 265
ウォルマート　149, 265, 279
ウォンガ／ペイデイローン　123
エアアジア　21
エアインディア　314
エイソス（ASOS）　275
エイビス　248
ＭＡＢＡマトリックス　192-93
Ｍコマース　276-77
エモーショナル・セリング・プロポジショ
　ン→ESP
エンロン　142, 150, 154, 226-227
オーストラリア
　シドニー・オペラハウス　329
　犯罪追跡データベース　315
大野耐一　292-93, 334
オミダイア，ピエール　98, 174-75, 334
オランダ東インド会社　127
オリヴァー，ジェイミー　59
オリンパス　131, 154

か

カーネギー，アンドリュー　40, 213
ガーバー　189
カイゼン（改善）　304-09
カオス理論　220-21
価格操作，競争　222, 223
学習する組織　204-07

価値分析
  カイゼン（改善）　304-09
  バリューチェーンと競争上の優位
    216-17
  品質　323
  リーン生産方式　290-93, 306-07
合併と買収　186-87
株主
  株価の急騰　146-47
  株主価値の最大化　124-25, 237-38
  株主の圧力／企業買収　60-61
  顧客第一主義　238
  自社株の買い戻し　155
  上場企業　191
  世界初の株式会社　127
  説明責任　130-31
  強気（上げ相場）　121, 146-47
  配当　126-27
  未公開企業　125
  群れない覚悟　146-49
  リスク管理　140-41, 144-45
カンター, ロザベス・モス　334
カンプラード, イングヴァル　334
危機管理　59-61, 102, 188-89
起業
  株主の圧力／企業買収　60-61
  官僚主義　60
  技量と時間の投資　62-63
  幸運　42
  事業計画　21
  事業の拡大　43-45
  自己資金成長率（ＳＦＧ）　44-45
  新規参入のフォース　214
  成長の危機とグレイナー曲線　58-61
  統制の危機　60
  フォーカス戦略　181-82
  マイクロ起業家　63
  リスク管理　40-41
  ロングテール（長い尻尾）理論
    208-09
起業家精神　20-21, 43, 46-47
  マイクロ起業家　63
企業文化→組織の文化（風土）

企業倫理　222, 224-27, 270
  価格操作／談合　222, 223
  グリーンウォッシュ　268-69
  クリエイティブ・アカウンティング／
    粉飾決算　121, 122
  時価主義会計　122-23
  説明責任と企業統治　130-31
  ブランディング　261, 263
  法令・規則の順守　120-23
  倫理の規範　226
  倫理的リーダーシップ　226-27
  倫理へのこだわり　270
技術革新
  ＩＴ　314-15
  優れた技術力と製品力　36
  適応　54-57
キッドソン, キャス　50-51
キャタピラー　122-23
キャドバリー　171, 193
キヤノン　331
競争
  価格操作　222, 223
  組織の文化（風土）　106-09
  ムダをなくす　301
競争上の優位→コンペティティブ・ア
  ドバンテージ
金融危機
  オイルショックとシナリオ・プランニ
    ング　211
  カオス理論　220-21
  金融リスク　154
  世界金融危機　102, 125, 129
  日本　144
  万が一の備え　210
  レバレッジと借金　150-51
金融詐欺　153
グーグル　34, 36, 72, 87, 174, 249, 276,
  300
クラフト　193
クリステンセン, クレイトン　94-95,
  96, 99, 335
グレイナー, ラリー　47, 58, 59, 60
グローヴ, アンディ　102, 196-99, 200,
  201

ケイ, ジョン　127
ゲイツ, ビル　238, 335
ゲッティ, ジャン・ポール　75
ゲマワット, パンカジュ　335
ケロッグ　310-11
研究開発
  差別化戦略　181-83
  試行錯誤　310-11
  市場調査　310-11
  ビッグデータ分析　316-17
  利益の再活用　301
コア・コンピタンス　171
ゴアズ, アレック　157
広告　272-73
  ビッグデータ分析　316-17
  ブランド構築　260-61
コヴィー, スティーブン　131, 225, 226
ゴールマン, ダニエル　110-11
ゴーン, カルロス　79
５回の「なぜ」　199
コカ・コーラ　165, 260, 265, 271, 272,
  276
顧客サービス
  アジャイルソフトウエア開発（ＡＳＤ）
    327
  競争力　249
  顧客関係管理（ＣＲＭ）　239, 240
  顧客のニーズ, 満足　38, 136
  サービスと品質の提供　322-23
  戦略の選択　180-83
  フィードバックとインターネット
    176-77, 312-13
  ミクロな市場　238
顧客の忠誠心（ロイヤルティ）　265-67
  オンラインの挑戦　267
  顧客の囲い込み　267
  品質の重要性　265-67
  良いものを安く　288-89
  リッカート・スケール　266
国際財務報告基準（ＩＦＲＳ）　121-22
心の知能指数（ＥＱ）　110-11
ゴジャール, スマントラ　335
コダック　184, 185
コッター, ジョン　46, 69, 335

コトラー，フィリップ　29, 243, 248, 249, 283, 335
コニカ・ミノルタ　230
コリンズ，ジム　101-03
ゴルダー，ピーター　36, 37
コンペティティブ・アドバンテージ（競争上の優位）
　一番手の落とし穴　36-37
　一番手の強み　34-36
　一番手の強み，参入のタイミング　37-39
　ＭＡＢＡマトリックス　192-93
　顧客サービス　248
　顧客のニーズ　38
　コピー商品　148-49
　市場におけるマッピング　26-27
　失敗を大切にする　98-99
　ＳＷＯＴ分析　25-27, 184
　優れた技術力と製品力　36
　創造と革新　72-73
　代替品のフォース　214
　二次的な活動　217
　破壊的イノベーション　94-96
　バリューチェーン　216-17
　ポーターの「５つの力」　212-15
　ブランド・ロイヤルティ（ブランドへの忠誠心）　35, 98, 321-22
　ベンチマーキング　330-31

さ

サード・プレイス→第３の場所
財務戦略
　ＭＡＢＡマトリックス　192-93
　価格操作／談合　222, 223
　影の銀行　129
　活動基準の会計　159
　借りる／貸す　128-29
　金融リスク　140-45
　原価計算　158-59
　国際財務報告基準（ＩＦＲＳ）　121, 122
　市場の拡大　134-37
　賃金と定着率　134-35
　動機づけ　90-91
　投資と配当　126-27
　分散投資　128-29
　法令・規則の順守　120-23
ザッポス　267
ザ・ボディショップ　262, 263
サムスン　31, 37, 51, 56, 57, 321, 325
ザラ（ＺＡＲＡ）　283, 339
シーメンス　62, 95-96
ＪＣバンフォード・エクスカベターズ（ＪＣＢ）　191
自己満足の回避
　現場の声を聞く　198-99
　５回の「なぜ」　199
　混乱の回避　200
　１０Ｘの変化　197-198
　ブラック・スワン（黒い白鳥）　198
　補完的製品　197
　枠をはみ出す　199
シスコシステムズ　71
持続可能　31, 45, 50
シトロエン　313
ジェニーン，ハロルド　186, 187
シャムロック型組織　77
従業員
　カイゼン（改善）　304-09
　カオスへの備え，従業員の参加　220-21
　学習する組織　204-07
　経営破綻とリスク　142-43
　現場の声を聞く　198-99
　参加型経営　137
　仕事への満足と衛生要因　90-91
　仕事への満足と企業文化　108
　従業員の離職率　205
　スタッフの自主性，才能　79, 86-87
　生産性の向上　206
　賃金と定着率　134-35
　発展途上国，労働力の流出　205
ジュピターショップチャンネル　157
需要
　在庫管理　294-95
リーン生産方式　290-93, 306-07
ジュラン，ジョセフ　300-01, 322, 335-36
ジョブズ，スティーブ　73, 94, 96, 97, 99, 103, 149, 168, 241, 298
ジョンソン・エンド・ジョンソン　189
ジョンソン，ジョン・Ｈ　99, 336
ジレット　35, 36, 168, 171
シンガポール航空（ＳＩＡ）　183
新郷重夫　291
ＳＷＯＴ分析　25-27, 184
スーパードライ　30, 45, 122
スターバックス　262-63
スティーブンス，ブルックス　336
スナップル　23
スピード（Speedo）　27
スポティファイ　61
スミス，アダム　124, 180, 218, 219
住友商事　157
スリーエム（３Ｍ）　42, 87, 165, 191
スリム・エルー，カルロス　336
スローン，アルフレッド　336
製造
　新しい特徴　325
　イノベーション　299
　計画的陳腐化　324-25
　カスタムメイドの製品　298
　技術革新　37, 38
　キャッシュ・カウ　252-55
　高品質な製品　39, 320
　サイマルテニアス・エンジニアリング　326-27
　時間の管理　326-27
　大量生産　297-98
　直接販売　298-99
　ＢＣＧマトリックスと製品ポートフォリオ　253-55
　ビジネス・プロセス・リエンジニアリング（ＢＰＲ）　307-09
　品質と顧客の忠誠心　265-67
　プロセスの合理化　296-99
　リーン生産方式　290-93, 306-07
　流通システム　238
セムコ（・グループ）　137

セムラー，リカルド　137
ゼネラル・エレトリック（ＧＥ）　129, 190-91
ＧＥ／マッキンゼー・マトリックス　192-93, 255
ゼネラルモーターズ（ＧＭ）　144, 155, 247, 325
セルフリッジズ　265, 267
ゼロックス　331
センゲ，ピーター　204-05, 206, 207
全地球測位システム（ＧＰＳ）　311
戦略的思考　184-85
　アウトソーシング（外部委託）　171
　アンゾフの成長マトリックス　256-57
　ＭＡＢＡマトリックス　192-93
　買い手のフォース　214
　カオス理論　220-21
　危機管理　188-89
　企業買収　148
　業界の立ち位置　214-15
　クリティカルパス分析（ＣＰＡ）　328-29
　コスト・リーダーシップ戦略　180-81, 182
　差別化戦略　181-83
　周辺的な事業を手放す　171
　消費者の選択　180
　新規参入のフォース　214
　戦略的転換点　196-97, 199, 200
　戦略と行動の不一致　198-99
　代替品のフォース　214
　納入業者のフォース　214
　ポーターの「５つの力」　212-15
　フォーカス戦略　180, 182
　本業を守る　170-71
総合的品質管理→ＴＱＭ
ソーシャルメディア
　危機管理　188-89
　クチコミ　274-75
　クラウドソーシング　313
組織の文化（風土）
　学習する組織　204-07
　寛容　74

企業統治と会計　130-31
儀礼・式典　108
権力格差　106-07
傲慢という弊害　108
個人主義 vs. 集団主義　106, 107
仕事への満足度　108
シャムロック型組織　77
集団思考の弊害　108
組織の力学　76-77
男性性 vs. 女性性　106, 107
長期志向 vs. 短期志向　106, 107
能力成熟モデル（ＣＭＭ）　218-19
不確実性回避　106, 107
文化的特性　106-08
文化の威力　108
ソニー　168, 306, 311, 339

た

大宇グループ　153
ダイソン　37, 164, 261
ダイムラー　115, 187
多国籍企業の利益の移転　222
タタ，ジャムシェトジー　131
タタ・モーターズ　108
ダンカートン，ジュリアン　122
チームワーク
　アノミー　70-71
　学習する組織　204
　ＱＣサークル　305-06, 307
　グループと帰属意識　70-71
　混乱期，統合期　82-83
　時間の管理　326-27
　集団思考　114, 115
　集団の産物　85
　人材のマネジメント　84-85
　組織的学習　206-07
　チームワークの利点　82
　ベルビン・チーム・インベントリー　83-84
　役割分担　83-84
チビタ，ロベルト　336

チャーミン　322
張茵（チャン・イン）　47
張欣（チャン・シン）　336
中国の経済成長　134, 135-36, 154, 279
チューリッヒ　322
チューン・ホテルズ　21, 29, 293
チョウドリ，シビル　337
ツイッター　22, 54
ＴＱＭ（総合的品質管理）　56
Ｔシステムズ・インターナショナル　125
TWG Tea（ティーダブリュージー・ティー）　26-27
ティーボ　317
ディズニー，ウォルト　97, 99
テイラー，フレデリック・ウィンズロー　159
テスコ　165, 180, 181, 257
テッドベーカー　227
デミング，Ｗ・エドワーズ　49, 51, 323
デュポン　328-29
テリス，ジェラード　36, 37
デル　149, 295, 298-99
デル，マイケル　298, 299
テロの衝撃　199
トイザらス　37, 147
ドーキンス，リチャード　275
「ドクターマーチン」の靴　56
トフラー，アルビン　54, 337
豊田英二　290, 304
トヨタ自動車　44, 107, 135, 155, 169, 189, 199, 290-93, 304-06
ドラッカー，ピーター　69, 109, 126, 130, 199, 237, 240-41, 252-53, 279, 323

な

ナイキ　29, 108
ナイン・ドット・パズル　88-89
ナイアー，ヴィニート　47, 337
日産自動車　79, 313, 326
日本

カイゼン（改善）304-09
　地震と万が一の備え　210
　バブル崩壊　144
任天堂　89
ヌーイ，インドラ　337
ネスレ　62, 254-55, 273
ネスレ，アンリ　337
ネットフリックス　55-56, 209, 317
ノードストロム　267
ノキア　148, 184, 276, 309
ノット・オン・ザ・ハイストリート
　177

は

ハーズバーグ，フレデリック　87, 90-
　91, 305
バートン，ブルース　272-73
バーナーズ＝リー，ティム　174, 177
バーニーズ，エドワード　273
バーンズ・アンド・ノーブル　198
パウンドランド　289
バス，フランク　233
パッカー　214-15
パナソニック　338
バフェット，ウォーレン　49, 129, 144,
　147, 149, 155
ハマー，マイケル　49-50, 51
ハメル，ゲイリー　170, 171, 256, 337
バラット，トーマス　273
バンダイ　295
ハンディ，チャールズ　76-77, 143, 300
ハンフリー，アルバート　25, 27
ハンフリー，ワッツ・S　218-19
ピアーズ　273
ピーターズ，トム　55, 221, 298, 307,
　337-38
ＢＰ　41, 200, 201
光るキャップ　95
ピクサー　83
ビジネスの適応と成長
　学習する組織　204-07

グレイナー曲線　58-61
自己資金成長率（ＳＦＧ）　44-45
仕事の仕方の進化　48-51
持続可能　31, 45, 50
執行者と経営者　49-50
成長速度を算出する　44-45
成長の行きすぎ　45
長期のサバイバル　57
能力成熟モデル（ＣＭＭ）　218-19
ＢＣＧマトリックスと製品ポートフォ
　リオ　253-55
ビジョンの実現　50
不景気と適応力　56-57
ビジョン
　学習する組織　204-05
　危機管理　188-89
　ビジョンの実現　50
　ブランド構築　261-63
ヒューレット・パッカード　63, 157,
　233, 298
ヒュンダイ　289
ヒル，エマ　73
品質
　技術革新　37, 38
　ＱＣサークル　305-06, 307
　高品質な製品　39, 320
　ＴＱＭ（総合的品質管理）　56
　品質と価格　266-67
　品質と顧客の忠誠心（ロイヤルティ）
　　265-67
　品質で勝負する　320-23
　付加価値　322-23
ファーガソン卿，アレックス　84-85
ポーターの「5つの力」　212-15
ファヨール，アンリ　78, 112, 338
ファルド，リチャード　102, 143, 145
フーバー　37, 271
フェイスブック　36, 72, 89
フェラーリ　182, 331
フェルナンデス，トニー　21
フォード，ヘンリー　78, 99, 134-35, 136,
　167, 246, 288, 297-98
フォード・モーター　135, 247, 288-89,
　290-91, 297-98

フォルクスワーゲン　301, 324
不確実性回避　106, 107
負債
　借りる／貸す　128-29
　レバレッジ　150-51
富士フイルム　185
プライマーク　136-37
ブラック・スワン（黒い白鳥）　198
プラハラード・C・K　170, 171, 256,
　338
ブランソン，リチャード　60, 320, 338
ブランド構築　260-63
　広告　260-61
　差別化・フォーカス戦略　181-82
　第3の場所　262-63
　ブランドが製品を生む　261
　ＵＳＰ（ユニーク・セリング・プロポ
　　ジション）　262
　倫理とブランディング　263
ブランド・ロイヤルティ（ブランドへの
　忠誠心）　35, 98, 321-22
ブリヂストン　320-21
ブリティッシュ・エアウェイズ（ＢＡ）
　223, 248-49
ブリティッシュ・エアロスペース (BAe)
　148
ブリン，セルゲイ　174
ブルントラント報告（国連）　269
プロクター・アンド・ギャンブル（Ｐ＆
　Ｇ）　38, 72, 89, 233, 260, 273
プログレッシブ保険　316-17
分散投資　128-29
ペイジ・ラリー　174
ヘス，エドワード　45
ベゾス，ジェフ　39, 63, 99, 174, 267
ベニス，ウォーレン　68, 86, 87
ベネトン　217
ベルビン，メレディス　82, 83-84
ベン＆ジェリーズ　183
ベンチ（Bench）　283
報酬と業績
　オーナー，私利私欲　124-25
　経費削減　125
　自己資本利益率（ＲＯＥ）　155

自分勝手なふるまい　125
リスク　142-43, 156-57
法令・規則の順守　120-23
ボーズ　181
ポーター，マイケル　180-82, 184, 197, 212-15
ボーデン，ニール　281, 283
ホーンビィ　295
ポスト・イット　42, 165
ボストン・コンサルティング・グループ（ＢＣＧ）　252-55
ホフステード，ヘールト　106-08, 109
本田技研工業（ホンダ）　120, 126, 206, 307
本田宗一郎　164

ま

マークス＆スペンサー（Ｍ＆Ｓ）　201
マーケティング
　ＡＩＤＡモデル　242-43
　インセンティブ・マーケティング／セールス・プロモーション　271
　売上げ予測　278-79
　ＥＳＰ（エモーショナル・セリング・プロポジション）　29-30
　「お馴染み」感　30
　技術面の優位　167-68
　近視眼的マーケティング　246-48
　クチコミ　274-75
　顧客関係管理（ＣＲＭ）　239-40
　顧客経験管理（ＣＥＭ）　240
　顧客サービス　246-49
　市場調査　239-40
　市場におけるマッピング　26
　市場の拡大　134-37
　市場のすき間（ニッチ）　22-23, 26
　市場の先導者　166-69
　消費者の目とアーリー・アダプター　168-69
　心理属性プロファイリング　239
　測定モデル　233

　ニッチ（すき間）　22-23, 177, 180-82
　ニューロマーケティング（神経科学的マーケティング）　240-41
　バス・モデル　233
　ビッグデータ分析　316-17
　顧客にフォーカス　236-41
　ブランドの旗振り役　275
　マーケティングモデル　232-33
　ユニークであり続ける　30
　４つのＰとマーケティング・ミックス　280-83
マードック，ルパート　338
マイクロソフト　214
マイスペース　89
マクドナルド　24, 30, 56, 91, 171, 295
マズロー，エイブラハム　70-71, 73
マッカーシー，エドマンド・ジェローム　281-82
マッキンゼー・マトリックス（ＧＥ／マッキンゼー・マトリックス）　192-93, 255
松下幸之助　338
マドフ，バーナード　153
マネジメント
　エゴイズム　100, 101
　カイゼン（改善）　304-09
　カオスの管理　220-21
　危機管理　188-89
　クラブ文化　76, 77
　クリティカルパス分析（ＣＰＡ）　328-29
　効果的なマネジメント　68-69
　コンサルタントとイノベーション　88-89
　参加型経営　137
　時間の管理　326-27
　失敗に学ぶ　164-65
　集団思考の回避　114
　上場か非上場か　191
　スタッフの自主性，才能　79, 86-87
　説明責任と企業統治　130-31
　尊大なマネジメント，規律を失う　101
　中間管理職　49-51

　長期思考と短期思考　190-91
　マネジメントから変わる／ＩＴプロジェクト　315
　ミンツバーグのマネジメント論　47, 112-13
　類型論　77
マルベリー　73
マンチェスター・ユナイテッド（マンＵ）　142
未来予測　198
ミンツバーグ，ヘンリー　47, 112-113
無印良品（Muji）　263
ムダをなくす
　ジュランの理念　300-01
　ムダと競争　301
　リーン生産方式　290-93, 306-07
Made by（メイド・バイ）　227
メイヨー，エルトン　70, 112, 338
メラ，ロザリア　339
メリルリンチ　110
モウリーニョ，ジョゼ　69
モトローラ　50, 51
モバイル・バンキング　277
モラル→企業倫理
盛田昭夫　311, 339
モンゴメリー，デビッド　34, 35, 36

役員
　経費削減　125
　顧客と従業員　135-37
　説明責任と企業統治　130-31
　手当／役員報酬　124-25
　リスク　143-45
揚元慶（ヤン・ユァンチン）　339
ＵＳＰ（ユニーク・セリング・プロポジション）　29-31
４つのＰとマーケティング・ミックス　280-83

ら・わ

ライアン，アーサー　137
ライアンエア　182-83
ラトナーズ　238
楽天　63
リーダーシップ
　「イエス・マン」の弊害　74-75
　エゴイズム　100, 101
　カオスの管理　220-21
　カリスマ的リーダー　78
　危機管理　188-89
　効果的なリーダーシップ　78-79
　後継者育成　69
　行動マネジメント　74-75
　心の知能指数（EQ）　110-11
　コスト・リーダーシップ戦略　180-
　　81, 182
　事業拡大に必要なスキル　46-47
　資質　111
　信頼関係　79
　スタッフの自主性，才能　79, 86-87
　倫理的リーダーシップ　226-27
リーバーマン，マービン　34, 35, 36
リーブス，ロッサー　29, 31
リーマン・ブラザーズ　102, 143, 145,
　　154

利益
　価格操作　222, 223
　株主利益　124-25
　キャッシュフローの管理　152-53
　在庫管理　294-95
　多国籍企業の利益の移転　222
　品質と価格　266-67
　利益の再活用　301
　利益のための会計　121-22
　倫理　122-23
リコー　331
リスク管理（危機管理）　40-41
　売上げ予測　278-79
　学習する組織　206-07
　株主　140-41, 144-45
　起業（会社の立ち上げ）　20-21, 41
　金融危機　151
　金融リスク　140-45
　経営不振／企業破綻　141-42
　自己資本利益率の最大化　155
　シナリオ・プランニング　211
　従業員，破綻　142-43
　所得格差　144
　多角化　256-57
　納税者による救済　143-44, 145
　能力成熟モデル（CMM）　218-19
　評価（フィードバック）　108
　非連結子会社　154
　ブラックスワン（黒い白鳥）　198

　プレ・パッケージ型会社管理　141-
　　42
　簿外処理　154
　マイクロ起業家　63
　万が一の備え　210
　役員，CEO（最高経営責任者）
　　143-44
　レバレッジと負債　150-51
リッカート・スケール　266
リドル　289
倫理→企業倫理
ルメルト，リチャード　184, 185
ルノー　51, 79
レイ，クロック　24, 42
レビット・セオドア　29, 180, 246-48,
　　249
レバレッジド・バイアウト（LBO）
　　151, 156
ロイヤル・ダッチ・シェル　211
ロイヤルバンク・オブ・スコットランド
　　（RBS）　74, 127, 143
ローダー，エスティ　321, 339
ローバー　307
ロックフェラー，ジョン・D　164-65,
　　222
ロディック，アニータ　262, 263
ロングテール（長い尻尾）理論　208-
　　09
ワン，シェール　339

訳者あとがき

　経営とは何か。一生懸命に何かをする、そして成し遂げることだ。

　二足歩行を選んだ人間は、体力では四本足の獣に勝てない。だからさまざまに工夫をこらし、試行錯誤を重ねて生き延びてきた。その営みを経営と呼ぶ。経営の「経」は織物の縦糸のことで、転じて「すじ道」や「すじ道をつける」の意となった。獣を倒して生き延びるための「すじ道」を考え、実行に移す。何万年かの昔には、それが人類にとっての「経営」だった。

　経営の基本は今も昔も変わらない。具体的な目標を立て、そこへ至るすじ道をつけ、実行する。ただし昔と違って、今の「目標」はさまざまだ。ただ生き延びるだけではなく、快適さとか豊かさとかの要素が加わっている。年金暮らしの独居老人にも巨大な多国籍企業にも、それぞれの目標、つまり経営方針があっていい。

　そして目標がさまざまなら、そこへ到達する「すじ道」もさまざま。でも選択肢が多すぎて選ぶに困る。そんな状況から生まれたのが経営学だ。言い換えれば、私たちが手探りでたどってきた膨大な数の「すじ道」データを解析し、状況に応じた最適なサバイバル術を探る学問。実に奥が深い。

　その奥の深さを、平易な図解をたくさん使ってわかりやすく説明したのが本書である。原題は"The Business Book"。英語で"The Book"と言えば「聖書」のことだから、本書はビジネスに携わる人たちのバイブルということになる。先人の教えをかみ砕き、コンパクトにまとめ、これからサイドビジネスで何かを始めようという人にも大会社創業家の御曹司にも、読みやすく理解しやすいように書かれている。先に書いたように経営の目標はさまざまだから、本書はこれからNPOなどの非営利団体を立ち上げようとする人にも、幸せな家庭を築こうとする新婚カップルにも役立つはずだ。

　なかば冗談めかして言えば、英語のビジネス(business)は「忙しさ」を意味するビジネス(busyness)に通じる。忙しい人が目標達成のすじ道をつけるためのツール。それがビジネス(経営学)なのだ。

　そう思うから、翻訳にあたってはできるだけ平易な言葉で、カジュアルに語るように心がけた。結果として、いわゆる「経営学用語」とは異なる訳語を採用したところもある。その是非については読者の判断をあおぎたい。

　なお翻訳作業には秋山絵里菜さん(「部下のハートに火をつけろ」)、熊丸三枝子さん(「お金をもっと働かせよう」)、大木由美さん(「商品を届ける」)の協力をいただいた。ここに記して感謝したい。一方で編集担当の樋口真理さんは競馬の騎手よろしく、4コーナーを回ってからの筆者に効果的かつ無駄なく鞭を入れ続けた。いまスケジュールどおりに本書が読者の手に届くのは彼女のおかげである。

　2014年秋

沢田　博

出典一覧

Dorling Kindersley would like to thank Chris Westhorp for proofreading; Margaret McCormack for the index; Harish Aggarwal for jacket design; Alex Lloyd and Ankita Mukherjee for design assistance; and Alexandra Beeden, Henry Fry, and Miezan van Zyl for editorial assistance.

PICTURE CREDITS

The publisher would like to thank the following for their kind permission to reproduce their photographs:

(Key: a-above; b-below/bottom; c-centre; f-far; l-left; r-right; t-top)

21 Getty Images: Bloomberg (bl). 27 Getty Images: Al Bello (tl). 30 Getty Images: Bloomberg (bl). 35 Alamy Images: DPA Picture Alliance (tl). 36 Corbis: Bettmann (tl). 38 Corbis: Lucidio Studio Inc. (bl). 39 Corbis: Karen Moskowitz (bl). 41 Alamy Images: Everett Collection Historical (bl). 43 Alamy Images: Ashway (br). 45 NASA: JPL-Caltech (tr). 47 Getty Images: MN Chan (bl). 50 Corbis: Jenny Lewis (bl). 56 Alamy Images: Eddie Linssen (bl). 57 Corbis: Bettmann (tr). Getty Images: Chung Sung-Jun (bl). 61 Getty Images: Charles Eshelman (tl). 63 Corbis: Kimberly White (tl). 69 Getty Images: WireImage (tr). 71 Corbis: Ann Kaplan (bl). Getty Images: View Pictures / UIG (tr). 73 Getty Images: Dave M. Benett (tr). 75 Corbis: Bettmann (bl); Jade / Blend Images (tr). 79 Corbis: Catherine Cabrol (tl). 85 Getty Images: Paul Taylor (br). 87 Corbis: James Brittain (tl). Warren Bennis: (bl). 89 Getty Images: Godong / UIG (tl). 94 Corbis: Kim Kulish (bl). 95 Corbis: David Cabrera / Arcaid (br). 97 Getty Images: Bloomberg (b). 98 Getty Images: Bloomberg (br). 101 Getty Images: WireImage (tr). 102 Corbis: Gonzalo Fuentes / Reuters (bl). 103 Corbis: Porter Gifford (tr). 109 Getty Images: Britt Erlanson (tl). 111 Getty Images: Kris Connor (bl). 114 Corbis: Arnd Wiegmann / Reuters (br). 121 Alamy Images: Wavebreakmedia Ltd PH07 (br). 123 Getty Images: Bloomberg (tr). 125 Getty Images: AFP (tl). 127 Corbis: The Gallery Collection (tl). 129 Getty Images: Bloomberg (tl). 131 Getty Images: Martin Harvey (tl). 134 Alamy Images: Everett Collection Historical (tr). 135 Getty Images: Yawar Nazir (bl). 137 Alamy Images: Islandstock (tl). 141 Getty Images: Bloomberg (tl). 142 Corbis: Monty Rakusen / Cultura (tr). 144 Getty Images: Giuseppe Cacace (tl). 145 Corbis: Endiaferon / Demotix (bl). Getty Images: Bloomberg (tr). 149 Corbis: Brooks Kraft (tr). Getty Images: Phil Boorman (bl). 151 Corbis: Roderick Chen / First Light (tl). 153 Corbis: John Eveson / Frank Lane Picture Library (br). 154 Getty Images: James Nielsen (cr). 157 Corbis: Alan Levenson (tr). Getty Images: Bloomberg (bl). 159 akg-images: (bl). 165 Corbis: (bl). 167 Corbis: Frank Moore Studio (tr). 168 Corbis: George Grantham Bain (tl). 169 Corbis: Tony Savino (bl). 171 Alamy Images: Lilyana Vynogradova (tr). 174 Corbis: James Leynse (bl). 175 Alamy Images: Allan Cash Picture Library (br). 176 Corbis: Juice Images (tl). 181 David Tenser: (br). 183 Alamy Images: Allstar Picture Library (bl). Getty Images: AFP (tr). 184 Getty Images: Cavan Images (cr). 187 Corbis: Bettmann (tr). 189 Corbis: Leif Skoogfors (tl). 191 Getty Images: WireImage / R. Born (bl). 197 Alamy Images: SiliconValleyStock (bl). 198 Corbis: Ocean (br). 199 Corbis: Bettmann (tl). 200 Courtesy of Victorinox, Switzerland: (tl). 201 Alamy Images: PhotoEdit (tc). Corbis: Brooks Kraft / Sygma (bl). 206 Alamy Images: Brett Gardner (bl). 207 TopFoto.co.uk: (bl). 209 Getty Images: Tim Klein (bl). 211 Getty Images: AFP (br). 214 Corbis: Imagerie / The Food Passionates (br). 215 Getty Images: Allan Baxter (tl). 217 Fotolia: Africa Studio (br). 219 Dreamstime.com: Adistock (tl). 220 Getty Images: Diana Kraleva (bc). 222 Getty Images: Image Source / Dan Bannister (br). 226 Alamy Images: Newscast (tr). 233 Getty Images: wdstock / E+ (cra). 237 Corbis: Steve Smith (bl). 238 Alamy Images: Ashley Cooper (tl). 239 Rex Features: Everett Collection (br). 241 Getty Images: Justin Sullivan (br). 247 Corbis: Timothy Fadek (bl). 249 Corbis: C. Devan (bl). Getty Images: Duane Howell (tr). 253 Science Photo Library: Hank Morgan (crb). 255 Alamy Images: Interfoto (bl); The Natural History Museum (bc). Getty Images: Bloomberg (tr). 261 Getty Images: AFP / EADS (tr). 262 Corbis: Colin McPherson (bl). 263 Corbis: Brendan McDermid / Reuters (br). 265 Rex Features: Daily Mail (bc). 266 Getty Images: Marco Secchi (tr). 267 Corbis: Fotodesign Holzhauser (bl). 270 Alamy Images: Guatebrian (cb). 273 The Advertising Archives: (tl). 277 Alamy Images: Benedicte Desrus (br). 279 Getty Images: Junko Kimura / Bloomberg (bl). 283 Corbis: James Leynse (br). 289 Alamy Images: Marc MacDonald (bl). Corbis: Alexander Demianchuk / Reuters (tr). 292 Alamy Images: Chris Pearsall (tl). 293 Getty Images: Gerenme / E+ (tc). 297 Getty Images: Science & Society Picture Library (br). 298 Corbis: Bettmann (tl). 299 Getty Images: George Frey / Bloomberg (tl); Andrew Harrer / Bloomberg (tr). 301 Alamy Images: CoverSpot (bl). 304 Getty Images: Kurita Kaku / Gamma-Rapho (bl). 307 123RF.com: Hongqi Zhang (bl). 308 Getty Images: Peter Macdiarmid (tr). 311 Alamy Images: World History Archive / Image Asset Management Ltd. (bl). 313 Getty Images: Jo Hale (tr). 315 Corbis: George Steinmetz (br). 321 Getty Images: Buena Vista Images / Stockbyte (bl). 322 Alamy Images: Photosindia Batch11 / PhotosIndia.com LLC (cb). 323 Corbis: Catherine Karnow (tr). Dreamstime.com: Weixin Shen (tl). 325 Getty Images: Tom Shaw / Allsport (br). 329 Dreamstime.com: Mishkacz (br). 331 Alamy Images: DPA Picture Alliance Archive (bl).

All other images © Dorling Kindersley.

For more information see:
www.dkimages.com